2014 北京市国土资源年鉴

BEIJINGSHI GUOTU ZIYUAN NIANJIAN

北京市国土资源局 编

中国社会科学出版社

图书在版编目(CIP)数据

北京市国土资源年鉴. 2014 / 丁晓主编. —北京：中国社会科学出版社，2014.12

ISBN 978 - 7 - 5161 - 5331 - 4

Ⅰ. ①北… Ⅱ. ①丁… Ⅲ. ①国土资源 - 资源管理 - 北京市 - 2014 - 年鉴 Ⅳ. ①F129.91 - 54

中国版本图书馆 CIP 数据核字(2014)第 303341 号

出 版 人　赵剑英
责任编辑　李敦球
责任校对　林福国
责任印刷　张雪娇

出　　版
社　　址　北京鼓楼西大街甲 158 号（邮编 100720）
网　　址　http://www.csspw.cn
　　　　　中文域名:中国社科网　010 - 64070619
发 行 部　010 - 84083685
门 市 部　010 - 84029450
经　　销　新华书店及其他书店

印刷装订　北京宝德伟业印刷有限公司
版　　次　2014 年 12 月第 1 版
印　　次　2014 年 12 月第 1 次印刷

开　　本　880 × 1230mm　1/16
印　　张　22
字　　数　425 千字
定　　价　298.00 元

中共中央政治局委员、北京市委书记郭金龙（左二）到房山区检查指导国土资源管理工作

北京市副市长陈刚（中）到北京市国土资源局参加群众路线教育实践活动

北京市国土资源局局长魏成林（左二）参加第二届国土资源节约集约模范县（市）表彰会
领取国土资源节约集约模范县（市）创建活动优秀组织奖

北京市国土资源局举办第44个世界地球日主题宣传活动周启动仪式
局党组书记张国玉(右一)为学生代表赠送科普图书

北京市国土资源局领导带队开展第三次处长深入基层服务基层活动

北京市国土资源局领导带队到密云县西田各庄镇西智村调研矿山治理项目选址

国土资源部检查组对北京市国土资源局廉政建设监督工作情况进行检查

国土资源部地籍司率领国土资源部农村集体土地确权登记发证国家级抽查第三组到延庆检查所有权登记发证工作

北京市国土资源局领导参加首都之窗走进直播间栏目访谈

北京市国土资源局领导带队上门服务用地单位（北京自来水集团）

北京市国土资源局于五四青年节组织团员青年进行综合素质拓展教育活动

北京市国土资源局组织反腐倡廉教育活动

北京土地学会与台湾南投县地政士公会召开农地重划与土地开发整理交流研讨会

北京市加强保障性住房用地收购储备工作，图为朝阳区焦化厂项目用地

北京市加强高标准基本农田建设，图为顺义区木林镇高标准基本农田建设项目

北京市落实国土资源部和住房和城乡建设部要求，坚决清理整治“小产权房”，图为昌平区崔村镇南庄营村小产权房拆除现场

编辑说明

一、《北京市国土资源年鉴 2014》是一部全面记载2013年度北京市国土资源现状、国土资源利用与管理情况的综合性年刊，是北京市国土资源局主编的具有基础性、综合性、全面性特点的公报性、年史性的工具书，为各级领导、各级部门了解北京市国土资源情况、实施科学决策，为各行各业及有关单位查询资料、获取信息等提供服务。自2007年起，每年出版一期，本书为第8期。

二、《北京市国土资源年鉴 2014》篇目设置进行部分调整，主要由特稿、大事记、市级国土资源管理、区县国土资源管理、学术社团、统计资料及附录等七个部分构成，全面记录2013年北京市行政区域范围内的国土资源现状及国土资源利用管理等基本情况。为免累赘，凡年鉴表述只有月、日而未写年份，即为2013年。本书使用的是第二次全国土地调查数据。

三、参照《国家技术监督局、国家土地管理局、农业部关于改革全国土地面积计量单位的通知》（技监局量发〔1990〕660号）要求，本书中平方公里（Km^2）用于领土、地区疆域等大面积的测量统计；公顷（hm^2）用于较大的农田耕地面积、林地和草地面积等的测量统计；平方米（m^2）用于较小的耕地面积、建筑用地包括农村宅基地面积的测量统计；万平方米用于建筑用地面积统计。

四、《北京市国土资源年鉴 2014》的编辑工作得到北京市国土资源局领导的高度重视，北京市国土资源局各区县分局、机关各处室、直属各事业单位、北京土地学会、北京市房地产估价师和土地估价师协会积极撰稿，提供资料，使年鉴编辑工作得以顺利进行，在此一并表示感谢。

五、文中纰漏与不足之处，恳请广大读者批评指正。

《北京市国土资源年鉴 2014》编辑部

2014年11月

《北京市国土资源年鉴 2014》

编　委　会

《北京市国土资源年鉴2014》

编　辑　部

《北京市国土资源年鉴2014》

规范性简称对照表

名称	规范性简称
北京市国土资源局	市国土局
办公室	办公室
研究室	研究室
法制处	法制处
科技与对外合作处	科技合作处
调控和监测处（综合处）	调控监测处
规划处	规划处
耕地保护处	耕保处
地籍处	地籍处
土地利用处	利用处
征地处	征地处
矿产资源勘查储量处	勘储处
矿产资源开发处	矿开处
地质环境处	地环处
地热处	地热处
财务处	财务处
审计处	审计处
信访处	信访处
人事处	人事处
机关党委（基层工作处）	机关党委
离退休干部处	离退处
监察处	监察处

北京市国土资源执法监察总队（执法监察处）	执法总队
北京市国土资源勘测规划中心	规划中心
北京市土地权属登记事务中心	登记中心
北京市土地利用事务中心	利用中心
北京市土地整理储备中心	储备中心
北京市国土资源局信息中心	信息中心
北京市国土资源局机关后勤服务中心	服务中心
北京市国土资源局东城分局	东城分局
北京市国土资源局西城分局	西城分局
北京市国土资源局朝阳分局	朝阳分局
北京市国土资源局海淀分局	海淀分局
北京市国土资源局丰台分局	丰台分局
北京市国土资源局石景山分局	石景山分局
北京市国土资源局门头沟分局	门头沟分局
北京市国土资源局房山分局	房山分局
北京市国土资源局通州分局	通州分局
北京市国土资源局顺义分局	顺义分局
北京市国土资源局大兴分局	大兴分局
北京市国土资源局昌平分局	昌平分局
北京市国土资源局平谷分局	平谷分局
北京市国土资源局怀柔分局	怀柔分局
北京市国土资源局密云分局	密云分局
北京市国土资源局延庆分局	延庆分局
北京市国土资源局经济技术开发区分局	经济技术开发区分局
北京土地学会	土地学会
北京房地产估价师和土地估价师协会	估价师协会

目　　录

第一部分　重要文献及特稿

第二部分　大事记汇总

第三部分　市级国土资源管理

第四部分　区县国土资源管理

第五部分　学术社团

第六部分　统计资料

第七部分　附录

重要文献及特稿

在北京市第十四届人民代表大会第二次会议上的讲话（摘录）

北京市市长　王安顺

（2014 年 1 月 16 日）

进一步深化农村改革。坚持和完善农村基本经营制度，深入推进土地流转起来、资产经营起来、农民组织起来，赋予农民更多财产权利，促进城乡要素平等交换、公共资源均衡配置。加快构建新型农业经营体系，鼓励承包土地经营权向新型经营主体流转，推进农用地承包经营权、集体建设用地使用权确权颁证，建立农村产权流转交易市场。推广大兴西红门、海淀东升经验，开展统筹利用集体建设用地试点。探索闲置农民住房有组织盘活利用。开展征地制度改革试点，推进征地农转非和整建制农转居，使农民成为拥有集体资产的市民。

增强资源能源保障能力。坚持最严格的水、土地资源管理制度，加强资源能源利用效率评价。

完善重大产业项目统筹协调机制，强化各级各类园区土地节约集约利用评价。

坚持把新型城镇化作为治理“城市病”、实现城乡一体化的重要抓手，修改城市总体规划，推进经济发展规划、城乡建设规划、土地利用规划“三规合一”，划定城市开发边界，优化城乡功能和空间布局，坚决扭转城市发展“摊大饼”，提升城镇化质量。

加强乡镇统筹，以盘活存量为主，提高建设用地集约化水平，力争 4 到 5 年明显改善城乡结合部地区面貌。严格规划和用途管制，严肃查处违法建设、销售“小产权房”。抓好 48 个新型农村社区试点建设。

坚持以公租房和共有产权房为重点，理顺建设管理体制，建设保障性住房 7 万套。加快推进已开工项目，年内竣工 10 万套，确保“十二五”期间提供 100 万套。加快推进城六区棚户区改造和环境整治，2017 年基本完成四环路以内的棚户区改造任务，年内同步完成 1000 万平方米老旧小区综合改造。推进自住型商品住房建设，加快已供地项目实施进度，新增 5 万套供地，优化住房供应结构。继续严格执行房地产调控各项政策措施，坚决保持房价基本稳定，促进房地产市场平稳健康发展。

保持打击违法用地违法建设高压态势，严明纪律，严格执法，确保违法建设“零增长”，拆除存量违建 1000 万平方米。

深入贯彻落实党的十八届三中全会精神 积极稳妥推进首都国土资源改革创新

——在2014年北京市国土资源局工作会议暨党风廉政建设工作会议上的报告

北京市国土资源局局长、党组书记　魏成林

（2014年2月20日）

同志们：

这次会议的主要任务是，认真贯彻落实党的十八大、十八届三中全会、市委十一届三次、四次全会、北京市“两会”和全国国土资源工作会议精神，回顾总结2013年工作，研究部署2014年和今后一个时期重点任务，推动首都国土资源事业不断改革创新发展。

一、2013年工作回顾

2013年全系统认真学习贯彻党的十八大和习近平总书记一系列重要讲话精神，深入开展党的群众路线教育实践活动，落实保红线、保发展、保权益责任，按照市委、市政府的工作部署和要求，扎实开展各项工作，取得了显著成效。

（一）土地供应调控成效明显

2013年安排使用新增建设用地计划指标2454公顷，农用地指标约2297公顷，耕地指标约952公顷。全年供应国有建设用地4610公顷，完成计划的81.6%，同比增长12.03%。落实房地产调控政策要求，加大住宅用地供应成效显著。住宅用地供应1783公顷，同比增长52.65%，其中商品住宅用地供应978公顷，完成全年计划指标的115%，较上年增加207%。首次推出自住型商品房用地，所供土地可建自住型商品住房约227万平方米，圆满完成市政府下达的“年内实现2万套自住型商品房用地供应”任务。供地节奏更加均衡有序，定期公布土地市场信息，正确引导市场预期和社会舆论。全年土地市场共推出土地2326公顷，成交2119公顷，成交额约1853亿元，上缴市财政专户1873.41亿元。基本完成土地储备开发1973公顷，新增土地储备开发1087公顷，实现投资约977亿元，到期贷款全部按期归还。全年办理国有土地登记20378件，土地抵押权登记6345件，抵押贷款金额7305.48亿元。

（二）服务群众融入工作各环节

圆满完成全年各项折子工程和为民办实事等督查任务。保障性安居工程供地提前完成任务，全年累计完成保障性安居工程供地805公顷，各类保障房及自住型商品房建筑规模占住宅总建筑规模的66%，确保国务院下达我市16万套保障性安居工程建设用地需求。制定差别化供地政策，首次将养老设施用地在年度国有建设用地供应计划中单列指标，积极支持医疗、交通设施、学校等公益事业发展，研究出台相关供地政策。切实维护被征地农民合法权益和长久生计，开展维护被征地农民合法权益专项检查，整改纠正征地补偿安置不落实、违规征占土地侵害农民合法权益等问题，促进土地征收管理更加依法规范。完善集体土地建设公共租赁住房试点政策，试点项目的推进规范有序。农村集体土地所有权确权登记发证成果通过市级验收、国家级抽检，十三个区县完成集体建设用地确权登记发证试点任务。将加强地质灾害防治作为汛期工作的重中之重，局领导带队对十个山区县进行了汛前检查和汛中巡查。开展1∶5万地质灾害详查，确定各类地质灾害隐患点4496处，对地质灾害隐患点的避险路线和避险场所进行调查评价，开展应急调查51次，确定灾情40起，全年发布突发地质灾害气象风险预警24次，确保群众安全度汛。

（三）依法行政工作深入推进

对新增“小产权房”零容忍，坚决严肃查处在建在售的小产权房项目。加大曝光力度，对全市农业大棚违法建设租售项目实施清理整改，配合有关部门做好高尔夫球场清理整治后续工作。认真落实公开通报和挂牌督办违法违规案件工作，初步实现新增违法建设零增长。完成2012年土地矿产卫片执法检查，查明违法占地面积比例为14.9%，违法占用耕地比例为6.2%，问责比例为4.7%，比去年下降0.55个百分点。全年立案查处违法用地案件508件，查处矿产违法案件56件。加快推进行政审批制度改革，将行政审批事项由80项精减为28项，精减比例占65%。圆满完成2013年人大建议、政协提案办理任务，办理工作得到了人大代表和政协委员的认可，得到了上级领导的好评。坚持开门接访和到区县实地接访，涉地、涉矿信访各项指标明显下降。

（四）土地节约集约利用再上新台阶

完成《“十二五”土地资源保护与开发利用规划》中期评估和2012年度北京市土地利用总体规划实施评价。基本完成市区乡三级基本农田保护区专项规划和《北京市土地整治规划（2011－2015年）》编制工作。完成平原地区100万亩绿化造林工程总体规划和2013年新增35万亩林地空间落地方案编制。严格落实耕地保护责任，做好耕地保护责任目标履行情况的年度检查工作。继续加强耕地占补平衡管理工作，不断完善耕地补偿指标分配政策。积极开展在施土地整治项目清理检查工作，切实提高耕地质量。继续发挥模范县（市）创建活动典型引领和示范作用，落实“十二五”期间单位GDP建设用地下降30%目标，开展区县下降目标分解和2012年度落实情况评估。积极稳妥推进闲置土地清理处置工作，出台《北京市闲置土地处置工作方案》（试行）。

（五）矿政管理不断取得新进展

规范采矿权、探矿权管理，严格落实矿产资源补偿费、采矿权价款征收、储量评审备案及压覆矿产资源核查。编制完成《北京市绿色矿业发展规划》，三个国家级绿色矿山试点单位获得国土部批准。开展矿产资源开发利用情况年度检查、矿产资源开发利用情况核查和新关闭矿山情况核查工作，《北京市主要矿产资源“三率”调查与评价报告》通过评审。加强地热资源合理开发利用，编制《北京市地热开发利用方案编制大纲和审查大纲》，提高地热资源监督管理水平。拓展地质服务工作领域，继续推进地质资料汇交监管平台和地质资料集群化信息共享服务平台建设，全市性的重点基础地质调查年度任务全部完成。

（六）干部队伍建设呈现新气象

积极创建学习型党组织，组织全系统194名处级领导干部脱产集中轮训，学习贯彻习近平总书记系列讲话和党的十八届三中全会精神。严格执行干部选拔任用“四项监督制度”，组织系统内竞争上岗1次，开展民主推荐16次，提拔处级干部41人。加强领导班子和干部队伍建设，调整处级领导班子29个次，交流副处级以上干部17人次。加大人才引进和干部考核培训力度，切实提高队伍能力素质和管理水平，2013年市局人事处被评为北京市公务员管理先进集体。不断完善机构编制管理，认真梳理事业单位职责，提出了事业单位分类改革的初步方案。充分发挥科技引领支撑作用，深化科技项目管理，积极探索云计算、大数据、移动互联网、物联网等新技术的创新应用，稳步推进北京智慧国土建设。充分运用自媒体工具，加强主动宣传，舆情监测和引导成效明显。积极做好离退休干部工作，全面提升后勤服务水平和保障能力，充分发挥工会、共青团组织的作用，增强工会、共青团组织的自身活力，促进和谐机关建设。

强化党风廉政建设责任制的落实和监督检查，继续深化廉政风险防控管理“三个体系”建设工作。局处两级领导班子分别编制了《职权事项廉政风险识别防控表》，建立了项目化管理台帐。落实中央“八项规定”，严格控制“三公”经费支出。推动内控制度建设，完善内部审计制度，规范政府投资项目管理。严肃查处违纪违法案件，加强党风廉政教育和廉政文化建设，党员干部廉洁自律意识进一步增强。

（七）党的群众路线教育实践活动取得积极成果

按照中央和市委的统一部署，从2013年7月开始，深入开展了党的群众路线教育实践活动，按要求顺利完成了学习教育、听取意见，查摆问题、开展批评，整改落实、建章立制三个环节各个方面的任务。一是成立了机构，制定了方案，组织了培训，召开了动员会，统筹谋划，系统进行部署。二是结合思想实际扎实开展学习教育，丰富理论提高认识。三是开门搞活动深入基层贴近群众，广泛征求意见。四是聚焦“四风”深入查摆问题，自我剖析深挖根源。五是直面问题认真开展批评与自我批评，增进团结共同进步。六是突出问题导向狠抓整改落实，解决问题务求实效。七是着眼长远加强制度建设，健全机制标本兼治。八是认真落实专项整治工作要求，解决“四风”突出问题。通过扎实有效的工作，教育实践活动取得了积极成效。主要是：以整风精神开展教育实践活动，触动了灵魂，触动了思想，使党员干部队伍得到了深刻洗礼，进一步武装了党员干部的思想理论，强化了全心全意为人民服务的宗旨意识，打牢了密切联系群众的思想基础；进一步加强了领导班子和领导干部的思想政治建设，领导班子更加统一思想，更加精诚团结，更加具有凝聚力战斗力创造力；进一步严明了纪律，改进了学风文风会风和工作作风，有效遏制了形式主义、官僚主义、享乐主义和奢靡之风；切实解决了一批群众关注的突出问题，初步形成了加强作风建设的长效机制。

回首过去的一年，我们深刻感到成绩的取得来之不易，这是市委、市政府和国土资源部正确领导的结果，是各区县党委、政府和有关部门理解、支持的结果，是全市国土资源系统广大干部职工开拓创新和不懈努力的结果。

二、深刻认识国土资源管理工作面临的形势

做好今年的国土资源管理工作，我们必须认真学习贯彻党的十八届三中全会精神，深刻领会把握国土资源部的工作思路，积极研究落实市委市政府布置的工作任务，统一思想、明确目标，以更大的信心和决心深化国土资源改革创新。

（一）认真学习贯彻党的十八届三中全会精神

党的十八届三中全会通过的《中共中央关于全面深化改革若干重大问题的决定》，对全面深化改革作出了全面部署，明确了下一步改革的总体目标、改革重点和方向。《决定》从加快完善现代市场体系、健全城乡发展一体化体制机制、加快生态文明制度建设、加快转变政府职能等方面提出了当前和今后一个时期国土资源领域改革的新任务。其中不动产统一登记、集体经营性建设用地流转、建立城乡统一的用地市场等内容既是社会关注热点，也是改革的难点。健全自然资源资产产权制度、建立资源环境承载能力监测预警机制、建立有效调节工业用地和居住用地合理比价机制等内容，则是我们面临的新课题和新任务。

（二）深刻领会把握国土资源部的工作思路

全国国土资源工作会议提出，要把“尽职尽责保护国土资源，节约集约利用国土资源，尽心尽力维护群众权益”作为当前和今后一个时期国土资源工作在大局中的职责定位，要把“坚持最严格的耕地保护制度、坚持最严格的节约用地制度、积极稳妥推进土地制度改革”作为我们做好国土资源工作的总纲和基本遵循。会议明确了2014年重点做好的十项工作：一是严防死守保护耕地；二是节约集约用好资源；三是加强和改善土地调控；四是积极稳妥推进重点领域改革；五是扎实开展不动产统一登记和土地调查监测；

六是加强矿政管理推进地质找矿突破；七是切实维护群众合法权益；八是强化执法督察工作；九是推进生态国土建设；十是巩固教育实践活动成果。

（三）积极研究落实市委市政府布置的工作任务

市委十一届三次、四次全会深入分析了当前北京面临的形势：一是中央对经济形势作出了经济增长速度换挡期、结构调整期、前期刺激政策消化期三期叠加的重要判断，北京市是较早进入换挡期的，将会先遇到一些新情况、新问题。二是中央城镇化工作会议特别强调了特大城市、城市群发展问题。我们的城市发展面临人口过快增长、大气污染、交通拥堵等“城市病”问题，并日益成为制约首都可持续发展的突出问题。缓解人口资源环境压力，破解特大城市发展难题，事关首都功能发挥，事关人民群众生活，事关经济社会可持续发展。三是党的十八届三中全会吹响了全面深化改革的号角，当前和今后一个时期要把学习领会贯彻好三中全会精神作为一项重大的政治任务。四是解决好民生问题是从源头上实现和谐问题的治本之策。要按照“守住底线、突出重点、完善制度、引导舆论”的思路，着力保障和改善民生，维护首都和谐稳定。

市政府工作报告对做好2014年的工作提出了要求：一是坚持把改革创新贯穿于经济社会发展各个领域各个环节，建立健全市场起决定性作用、政府更好发挥作用的资源配置体系和首都功能调控体系。二是坚持把转变经济发展方式摆在首要位置，围绕提高经济发展的质量效益，加强规划引导和统筹协调，持续优化调整产业结构，率先形成创新驱动、城乡一体的发展新格局。三是坚持把法治作为治理城市的基本方式，严格依法行政，运用法治思维和法治方式化解社会矛盾，提高城市精细化管理水平。四是坚持把群众满意作为政府工作的第一标准，努力解决好就业、社保、教育、医疗、养老、住房等重要民生问题，保障人民安居乐业。

（四）正确认识全市国土资源管理工作面临的形势

面对新形势新要求，我们深感今年的工作任务艰巨，点多面广，同时意义重大，如何在全面深化改革的开局之年开好头、起好步，要着重从以下四个方面深化认识。

一是要认识到全面深化改革势在必行，要积极稳妥推进，把握好改革的时序、力度和重点。对我市的国土资源改革方案要系统深入谋划，整体协调推进。属于前提条件、基础性工作的要抓紧启动、扎实推进，属于需要中央和国家先修法建制的不能抢跑，需要我市修法建制的要加强研究、尽快启动。国土资源改革作为最受关注的改革热点之一，我们已经被推到了聚光灯下，对此我们既要保持政治定力、谋定而后动，又要有披荆斩棘的改革锐气，敢于向改革的难点热点抢滩攻坚。要坚持守住底线、试点先行的原则，加大研究力度，争取试点，加快培育，尽快形成可复制、能推广、利修法的改革经验。

二是要认识到破解“城市病”成为当务之急，核心是要缓解人口资源环境压力实现可持续发展。这就要求我们管理国土资源的理念要转变，要强调规划引领“三规合一”，把新型城镇化作为治理“城市病”、实现城乡一体化的重要抓手，划定城市开发边界，优化城乡功能和空间布局，提升土地利用的质量和效益，盘活利用存量土地，更加注重节约集约，更加注重保发展的生态性、协调性和可持续性。郭金龙书记特别强调土地是最稀缺、最宝贵、价值最高的资源，关系经济社会发展，关系农民的切身利益，需求和矛盾都比较集中，管理不好也是容易出问题的领域，要求在城镇化过程中深化改革，依法依规，千方百计盘活土地资源，促进产业优化升级、城乡一体化发展。

三是要认识到尽职尽责保护国土资源是国土部门的基本职责。要把严防死守保护耕地、坚决遏制违法违规用地放在更加突出的位置。国土部已立了军令状，守不住耕地红线“提头来见”，市委市政府也已经明确要求全面准确领会农村集体经营性建设用地改革精神，严格规划和用途管制，严肃查处违法建设、销售“小产权房”，保持打击违法用地违法建设高压态势，确保违法建设“零增长”。

四是要认识到保障民生保护权益是我们所有工作的出发点和落脚点。要强化宗旨意识，把群众路线实实在在地落实到具体工作中。国土资源工作与群众利益紧密相连，支撑各行各业，关系千家万户。要把保障民生保护权益落实到深化改革、政策制定、征地拆迁、确权颁证、保障房和自住房供地、地灾防治、执法监察、集体土地利用等各个方面，体现在国土资源决策、执行、监督的各个环节。要充分尊重群众对土地问题的知情权、参与权、表达权和监督权，要把公开透明、公平公正作为维护群众权益的有效法宝。

面对新的形势，我们应该清醒的看到我们的工作与领导的要求、群众的期盼、发展的需要还有一定的差距。一是深入思考保障首都科学发展、破解人口资源环境压力矛盾的主动性不强、办法不多，对于国土资源管理的重点、难点、热点问题研究不够持续深入。二是在解决耕地保护、查处国土资源违法违规行为等难点问题上虽有很大进步，但还没有完全赢得主动。三是行政审批环节还需要继续减少、行政效能还需要继续提高，重审批轻监管的意识还需要继续转变。四是还需要进一步建立高效畅通的沟通渠道，了解民情，听取民意，为群众服务。

三、2014 年主要工作安排

2014 年是学习贯彻落实党的十八届三中全会精神，全面深化改革的开局之年，是党的群众路线教育实践活动的深化之年，是努力完成“十二五”规划目标的攻坚之年，是全面建成小康社会决定性阶段的重要一年，国土资源管理工作的总要求是：以党的十八大和十八届三中全会、市委十一届三次、四次全会精神为指导，认真学习贯彻中央领导同志关于国土资源工作的一系列重要指示精神，全面巩固党的群众路线教育实践活动成果，按照市委、市政府和国土资源部的工作部署，稳中求进，改革创新，努力做到保护资源更加严格规范、利用资源更加集约节约、维护群众权益更加有力有效，为服务首都经济社会科学发展作出积极贡献。

（一）积极稳妥推进国土资源改革

抓紧推进城乡规划一体化工作。以“科学规划引领城乡一体化发展”为目标，建立健全空间规划体系。会同市规划委编制集体建设用地规划，为建立城乡统一的建设用地市场提供用途管制和规划安排。探索经济社会发展规划、城市总体规划和土地利用总体规划合一，推进城乡规划一体化。先从“两规”同步调整入手，实现同步申报、审查和审批。完善土地利用总体规划修改审核标准，在规划修改中要充分考虑集体建设用地流转、农民财产权保障等要求。

积极做好不动产统一登记准备工作。在完成集体土地所有权确权登记颁证的基础上，继续稳步推进农村集体建设用地使用权的确权登记发证工作。积极筹划成立北京市不动产统一登记筹备办公室，启动不动产统一登记机构设置和职能划转等相关研究和准备工作。对现有的不动产登记政策法规进行梳理，并结合下一步国家出台的不动产登记法律法规，研究我市不动产登记办法。梳理不动产登记规则编撰流程，建立统一流程和标准。建立不动产登记信息管理基础平台，实现不动产审批、交易和登记信息在有关部门间依法依规互通共享。

深化征地制度改革。按照国土部统一部署，在有关法规明确界定“公共利益”范围基础上，逐步缩小征地范围，在符合规划和用途管制的前提下，允许只转不征进行非农产业的发展。规范征地程序，保障被征地农民的知情权、参与权、收益权、申诉权、监督权，进一步规范和约束政府的征地行为。配合做好市政府148号令修改调研工作。会同有关部门研究土地增值收益分配机制。开展征地制度改革试点，推进征地农转非和整建制农转居，使农民成为拥有集体资产的市民。完善对被征地农民的合理、规范、多元保障机制，更多关注农民的权益保障，使农民生活水平有提高、长远生计有保障。

稳步推进集体建设用地使用制度改革。结合国土资源部指导意见和我市城市发展的特征和要求，具体研究拟订适合我市实际的统筹城乡发展的集体经营性建设用地流转制度。推广大兴西红门镇、海淀东升乡经验，开展统筹利用集体建设用地试点。继续推进利用农村集体建设用地建设租赁住房试点工作，参照唐家岭试点项目模式，加强制度建设，统筹协调，严格准入，积极稳妥开展后续批次试点工作。进一步探索农村宅基地利用管理制度创新，确保试点工作平稳有序推进。

加快行政审批制度改革。在依法合规的前提下，继续压缩审批环节，缩短审批时限。修订完善《行政许可事项和行政服务事项办理规则》，对每一审批事项从“事项名称、申请材料、审批流程、审查内容、办理时限”等共16个方面进行规范，并及时通过市局门户网站向社会公开。

（二）缓解人口资源压力，促进经济社会持续健康发展

强化土地供应调控。科学编制、有效执行2014年土地供应计划，合理安排总量结构、空间布局、供地时序。加强政策研究，实行适应战略性新兴产业发展要求的供地政策，探索完善功能兼容用地规划和供应管理制度。坚持房地产用地调控政策不动摇，根据房地产市场形势，探索完善土地交易方式，构建良性竞争的市场环境，保持土地市场平稳运行。安排住宅用地供应总量的40%用于保障性安居工程建设，60%用于商品房建

设，商品房用地中50%将用于建设自住型商品住房；商服用地的供应将立足于服务首都产业转型升级和支持高端产业发展用地需求。加快土地储备开发项目实施进度，督促区县政府加大土地储备开发项目拆迁扫尾力度，采取分类处理的原则，确保土地尽快达到供应条件。进一步完善内部控制及资金监管，加快项目资金回笼，逐步降低储备机构负债水平，防范资金风险。

强化土地规划统筹管控。按照集约优先、生态优先的原则，严格土地规划管控制度，深化土地利用差别化管理，合理安排城镇新增建设用地，提高土地承载力。要与规划部门协同，划定城市发展边界，做好相应的统筹协调工作。划定生态保护红线，明确开发强度，划定生产、生活、生态空间。积极探索开展资源环境承载力评价工作。组织开展2013年度北京市土地利用规划实施评价，全面完成市区乡三级基本农田保护区专项规划编制。继续做好《土地利用总体规划》规划调整方案技术审查和规划数据库更新。以规划引领做好城市副中心和新城建设以及农村城镇化过程中的用地安排工作。修订《北京市建设项目用地预审管理办法（试行）》，配合市园林绿化局做好2014年全市平原百万亩绿化造林工作。

全面构建节约集约用地制度体系。按照国土资源部“规划管控、计划调节、标准控制、市场配置、政策鼓励、监测监管、考核评价、共同责任”制度体系要求，探索适合我市发展的、可操作的国土资源节约集约利用的制度机制、标准体系。持续推进国土资源模范县市创建活动，广泛宣传在社会上形成集约节约用地观念。加强新城、小城镇土地节约集约利用引导，促进我市小城镇建设和城乡一体化格局科学构建。严格划拨用地审批，不断扩大土地有偿使用范围，充分发挥市场配置资源的决定性作用。做好完善土地租赁、转让、抵押二级市场的政策研究。积极研究服装、小商品、建材市场及其他低端产业逐步退出后的存量土地盘活利用问题。加强对闲置土地和各类违规用地行为的查处，促进已供土地开发利用。

（三）尽职尽责保护国土资源，形成生态文明建设新平台。

严守耕地保护红线。积极协调有关部门，把耕地红线、永久基本农田、城市建设用地开发边界和生态红线落在新一轮土地利用总体规划中。按要求划定永久基本农田，用二到三年的时间，把永久保护农田的划定落地到户，上图入库，明确保护责任、完善保护标识，利用卫星等技术手段进行全天候监测。要加强用地审批审查，从严从紧控制占用耕地，避让优质耕地，严禁占用永久基本农田。有效探索解决耕地占补平衡问题的体制机制，做好补充耕地指标管理。健全耕地保护责任机制、激励机制，强化对地方政府履行耕地保护责任的检查。

积极推进国土综合开发整治。推进土地综合整治和高标准基本农田建设，切实提升耕地综合生产能力。推进市级土地整治规划的报批和区县级土地整治规划的审查工作。全面落实矿山地质环境恢复治理保证金制度。按照《绿色矿业发展规划》确定的原则、思路推进绿色矿山建设，组织对第一批国家级绿色矿山试点单位进行验收。加大水文、工程、环境、农业等地质调查评价，为生态文明建设提供地质信息和技术服务。

加强矿产资源保护和合理开发利用。继续推进矿业权有形市场建设，加快网上交易系统研发。进一步落实矿产资源规划，构建矿产资源开发整合的长效机制。严格矿产资源开发审批管理、矿产资源补偿费征收、采矿权出让价款确认收取工作，确保国家资产全额如期入库。加大打击非法开采矿产资源工作力度，做好破坏矿产资源价值鉴定，有效遏制非法开采矿产资源行为。加强矿山开发利用监督管理，通过矿产督察员、开发利用情况核查、矿山年检等手段，监督规范矿山企业开采行为。加强地热资源监督管理，依托地热资源综合调研成果，进一步引导地热用户合理合法持证开采地热资源。以地质资料管理信息系统为支撑，提高地质资料“两个平台”和电子阅览室的维护能力和水平，出台地质资料管理办法，做好全市性重点基础地质工作。

加强土地矿产执法监察。认真组织开展2013年度土地矿产卫片执法检查，完善年度土地变更调查“一查多用”机制。保持对违法违规用地的高压态势，认真落实卫片执法检查工作目标和动态巡查责任要求，落实《国土资源部办公厅、住房城乡建设部办公厅关于坚决遏制违法建设、销售“小产权房”的紧急通知》和《国土资源部关于开展违法建设、销售“小产权房”问题专项整治工作方案》，对在建、在售“小产权房”行为坚决叫停，对典型案件严肃查处，对有关责任人严肃追究，坚决遏制违法建设、销售“小产权房”行为，对新增违法用地“零容忍”。

（四）尽心尽力维护群众权益，切实保障和改善民生。

做好住宅用地供应。确保住宅用地供应计划总量比前5年年均值增加30%，确保建设7万套保障性住房供地“应保尽保”，确保新增5万套自住型商品住房供地，优化住宅供地结构。按时完成保障性安居工程供地计划编制和发布实施工作，力争2014年一季度实现所有区县全部向社会公布，确保2014年中央下达的保障性安居工程任务的落实。落实区县政府组织实施保障性安居工程建设任务的主体责任，采取“集中为主、配建为辅”的供地原则，并积极协调办理保障性安居工程用地手续。

切实维护农民土地权益。加强农村地籍调查和土地权属纠纷调处，加快推进包含农村宅基地在内的集体建设用地使用权确权登记颁证和宗地统一代码编制。严格征地程序，强化征地实施监管，开展维护被征地农民合法权益专项督察工作，坚决杜绝拖欠、截留、挪用征地补偿费等损害被征地农民利益的行为。

加强地质灾害防治。认真贯彻落实十八大关于提高地质灾害防御能力的要求和《国务院关于加强地质灾害防治工作的决定》，健全和完善综合治理、应急避险体系，针对重点隐患开展地质灾害工程治理。加强地质灾害气象风险预警精细化和科学化的技术研究，推进地质灾害防治高标准“十有县”建设，有效保护人民群众的生命财产安全。

建立健全畅通群众诉求反映渠道机制。充分发挥政风行风监督员联系群众的桥梁纽带作用，主动听取他们反馈的群众意见建议。充分发挥我局门户网站“在线访谈”栏目的作用，与公众进行互动交流。充分发挥我局在人民网和腾讯网开通的官方微博“国土北京”的作用，拓展与网民的沟通交流。强化主动宣传，加强舆论引导，规范新闻发布，回应社会关切。加强“信、访、电、网”资源整合，充分发挥信访、信息公开的作用，听民情解民忧，充分发挥热线电话的作用，收集群众举报投诉并严格依法查处。

（五）夯实管理基础，全面提升国土资源管理水平。

加强依法行政，提高行政效能。采取多种形式加强法治宣传，营造良好的国土资源管理外部法治环境。深入推进全局系统依法行政工作，加强内部执法监督，建立健全因工作失误失职造成败诉案件的责任追究制度。完成行政规范性文件清理的后续工作。适时启动我市相关法律法规修改工作。提升国土资源科技创新驱动能力。加强重点领域、重点项目的科技支撑与投入搭建北京市国土资源科技网页，加大科研信息共享和信息公开力度。加快科技基础条件平台建设，深入推进北京市国土资源标准化工作，不断促进科技与国际合作双向联动。加强内、外网网站建设，实现电子政务内网网上办公互联，拓展综合监管平台事务管理系统的应用。加强现有信息平台的整合实现各类系统数据共享，深化“国土一点通”的应用，为业务办公提供便捷智能新手段。扎实做好财务管理和非税收入收缴工作，加强预算管理和内部控制，严格“三公”经费管理，为全局各项工作做好资金保障。严格执行各项审计制度，加强重大项目的审计质量监督。

加强党的建设为各项工作的开展提供坚强保证。采取多种形式深入学习贯彻党的十八届三中全会精神。完善局党组理论中心组学习制度，加强做好新形势下群众工作能力的学习和研究，加强对解决好当前制约国土资源管理事业发展重点问题的学习和研究。推进“三进两促”活动，落实联系群众制度，创建服务型机关党组织。增强党组织活力，加强基层组织建设，开展以为民务实清廉为主题的纪念市国土局成立十周年系列活动。结合政风行风建设考核，加强廉政机关建设，改进工作作风。贯彻《中国共产党党和国家机关基层组织工作条例》，加强党建调研。开展形式多样的工会活动，提高职工整体素质、加强职工健康管理、营造和谐机关文化。

深化干部人事制度改革。切实加强各级领导班子自身建设和干部队伍建设，进一步坚定党员干部的理想信念、宗旨意识，建设学习型、服务型、创新型领导班子。推进党组“领航工程”、支部“聚力工程”、党员“先锋工程”，不断提高领导班子的凝聚力和干部队伍的战斗力。健全科学规范的干部选拔任用机制，加大干部轮岗交流力度，深化干部日常监督管理，增强对教育培训的统筹力度，科学评价干部工作业绩。探索创新招聘考试内容和组织形式，切实抓好干部招考招聘工作。

扎实推进党风廉政建设和反腐败工作。严格执行党风廉政建设责任制，强化各级党组织的主体责任。研究制定《北京市国土资源局贯彻落实〈北京市建立健全惩治和预防腐败体系2013—2017年实施办法〉的实施细则》，认真落实加强反腐败体制机制创新和制度保障各项措施。坚决克服组织涣散、纪律松弛问题，持之以恒纠正“四风”，加大查办违纪违法案件力度，强化对党员干部的监督、管理和教育，加快纪检监察机关转职能、转方式、转作风，为全面深化首都国土资源管理改革事业提供有力保障。

（六）巩固党的群众路线教育实践活动成果。

认真落实整改工作方案要求，解决“四风”突出问题。坚决反对享乐主义，进一步规范和落实公务接待有关规定，认真清退违规占用的住房、办公用房和配备的车辆，不超编制、超标准配备公务用车。坚决反对奢靡之风，清理检查“小金库”，全面检查“三公”经费使用情况，坚决制止铺张浪费行为，严禁用公款大吃大喝，严禁以各种名义用公款互相宴请和安排高消费娱乐活动，严禁借开会、调研、考察、检查、培训名义变相旅游。

立足当前着眼长远建立健全长效机制。加强制度建设，对贯彻党的群众路线已有的制度进行梳理，把中央和市委要求、实际需要和新鲜经验结合起来，制定新的制度，完善已有的制度，废止不适用的制度。注重总结实践中好的经验做法，完善党员干部直接联系群众制度和畅通群众诉求反映渠道制度。建立健全体现群众意愿的科学民主决策机制，健全干部作风状况考核评价机制。建立健全厉行节约、制止浪费制度，完善公务用车配备使用管理办法，完善因公出国（境）管理规定，修订楼堂馆所建设管理制度，完善会议、培训、活动经费管理办法，完善党政机关领导干部住房、用车等工作生活待遇方面的制度，建立健全公务支出、公款消费方面的审计制度。推动改进工作作风、密切联系群众常态化长效化。坚持制度面前人人平等，坚决维护制度的严肃性和权威性，坚决纠正有令不行、有禁不止、无视制度的各种行为，使贯彻党的群众路线真正成为党员、干部的自觉行动。

同志们，党的十八届三中全会开启了全面深化改革的新篇章，北京市国土资源管理工作迈上了改革发展的新征程，让我们在党的十八大和十八届三中全会的指引下，在市委、市政府和国土资源部的坚强领导下，解放思想、改革创新、真抓实干、攻坚克难，为实现首都国土资源管理新突破，谱写首都改革开放和现代化建设的新篇章做出更大的贡献！

围绕中心任务　锐意开拓进取
不断开创首都国土资源系统党风廉政建设和反腐败工作新局面

——在2014年北京市国土资源局工作会议暨党风廉政建设工作会议上的报告

北京市国土资源局纪检组长　周新华

（2014年2月20日）

同志们：

我受局党组委托，就全市国土资源系统党风廉政建设和反腐败工作报告如下：

一、2013年党风廉政建设和反腐败工作回顾

2013年是贯彻落实党的十八大精神的开局之年。全市国土资源系统各级党组织，认真落实党的十八大精神和上级关于反腐倡廉建设的工作部署，围绕中心工作，大力改进作风，坚决维护党的纪律，坚决惩治和预防腐败，全系统党风廉政建设和反腐败工作取得新成效。主要表现在以下几个方面。

（一）强化党风廉政建设责任制落实和监督检查。组织市局机关局处两级主要领导干部签订了《2013年党风廉政建设责任书》，对落实“一岗双责”提出了具体要求。各级党政领导班子将党风廉政建设和业务管理工作同部署、同落实、同检查，半年和年底普遍进行了考核检查，强化了责任落实。加大对贯彻落实党中央、国务院和市委、市政府重大决策部署的监督检查，对保障性安居工程用地供应工作开展立项效能监察，加强对供地任务完成情况、依法依规履职情况、工作作风和服务质量以及信息公开情况的监督检查，有力推动了保障性安居工程供地任务的完成。继续开展对依法行政和国土资源执法监察工作的立项行政检查，对检查中发现的问题，督促相关单位限期整改，并在全系统范围内进行了通报，有力促进了依法行政工作。

（二）严格落实中央八项规定精神和市委实施意见。局党组把落实中央八项规定精神和市委十五条实施意见，作为严明党的政治纪律的重要内容，制定了《北京市国土资源局改进工作作风、密切联系群众若干规定》。结合党的群众路线教育实践活动，组织召

开了局处两级领导班子专题民主生活会，两级领导班子和班子成员深入对照检查了在形式主义、官僚主义、享乐主义、奢靡之风等“四风”方面存在的主要问题表现，深入分析查找了原因，提出了进一步改进工作作风的努力方向和整改措施。根据查摆出来的问题，研究制定了局党组党的群众路线教育实践活动整改方案，明确了4个方面整改问题24项整改任务63条整改措施。先后研究出台了局密切联系群众、维护群众利益、提高办事效率、厉行节约等方面的15项制度措施。认真开展了会员卡清退和正风肃纪专项整治。在贯彻落实中央八项规定和市委、市政府十五条实施意见中，局领导立言立行，加大对基层一线的调研指导力度，明确提出简化陪同接待、精简会议文件、压缩三公经费的具体要求并带头落实，收到了明显效果。与2012年相比，2013年我局共取消各类简报6个，少发各种文件30余件次，局内各种会议共减少150余次；大力缩减、严格控制“三公经费”，全局因公出国（境）费、公务接待费大幅减少，分别比2012年下降了11%、35%，公务用车费用比2012年下降了3.4%。

（三）加强对党员领导干部行使权力的监督。严格落实领导干部述职述廉、诫勉谈话、报告个人有关事项等党内监督制度。全系统处以上领导干部述职述廉203人次，进行诫勉谈话2人次，报告个人有关事项242人次。两级纪检部门负责人进行领导干部任前廉政谈话235人次，同下级党政主要负责人谈话47人次。加强对领导干部特别是主要领导干部行使权力的监督，局处两级领导班子均落实了“一把手”不直接分管人、财、物制度。继续深化廉政风险防控管理“三个体系”建设工作，各单位进一步梳理完善了职权目录、集体决策事项目录和权力运行流程图，编制了《职权事项廉政风险识别防控表》。局处两级分别建立了项目化管理台帐，领导班子成员均确定填写了《2013年领导干部廉政风险防控重点项目表》，制订了重点防控项目的专项防控方案。我局以规范权力运行为重点，积极推进科技控权路径，不断深化、拓宽信息化防控建设思路，拓展二级监察平台功能，初步形成了控权与监督一体的廉政风险信息化防控系统的基本框架，市监察局给予了充分肯定。

（四）严肃查处违法违纪案件。2013年，局纪检监察部门共收到群众来信来访88件次，其中，反映局系统工作人员涉嫌违法违纪问题的线索48件次，市纪委监察局转来要求查处报结果的5件次。经过案件线索排查分析，驻局纪检监察部门共直查办结44件次。拟立案1件次，办理刑转件1件次。健全完善局纪检监察信访举报工作相关制度，坚持定期分析排查案件线索，落实信访举报案件管理工作相关规定，认真开展了2006年以来的案件线索清理工作。各基层党组织对反映本单位干部职工在工作作风、工作效率、廉洁自律等方面的问题，不遮掩、不护短，严肃认真办理相关信访投诉，越级访、缠访闹访等问题明显下降。

（五）扎实开展党风廉政教育和廉政文化建设。结合党的群众路线教育实践活动，局主要领导、驻局纪检部门领导带头讲党课，分别在处以上主要领导干部中进行了坚定理想信念、保障首都国土资源科学发展、自觉勤政廉政等专题教育辅导。局属各单位、各分局党政主要领导分别对所属党员干部进行了党性党风党纪专题教育。结合局系统发生的典型案例，开展廉洁从政警示教育，印发了任明信违法违纪问题的通报。组织党员干部参观了“北京市反腐倡廉法制教育展览”和《复兴之路》展览，观看了《伸向土地的黑手》、《“四风”警示录》等警示教育片。加强廉政文化建设，在全系统开展廉政微小说和平面廉政公益广告创作征集活动，共征集平面公益广告5幅，廉政微小说22篇，针对节日特点，对党员领导干部广泛进行节日期间廉政短信提醒，强化了廉洁自律意识。

一年来，全系统党风廉政建设和反腐败工作虽然取得了新成效，但也存在一些问题和不足。有的基层党组织对党风廉政建设的主体责任担当不够；有的领导班子成员履行“一岗双责”的实效性不强，对所属单位和人员存在的廉政风险苗头发现不及时，防控不得力，导致个别基层一线党员领导干部和工作人员发生了违法犯罪问题；个别党员领导干部对解决“四风”问题的长期性、复杂性、反复性认识还不够深，改进作风还有待进一步健全完善长效机制和深化整改工作；对权力运行的监督制约制度机制创新不够。我们要高度重视这些问题，认真加以改进。

二、2014年党风廉政建设和反腐败工作主要任务

中纪委十八届三次全会、市纪委十一届三次全会和国土部党组对今年的党风廉政建设和反腐败工作已经做出了全面部署，我们要认真学习领会，深刻认识当前党风廉政建设和反腐败斗争面临的新形势、新特点，切实抓好反腐倡廉建设各项工作落实。今年工作总的要求是：深入学习贯彻党的十八大和十八届三中全会精神，认真学习贯彻习近平总书记系列讲话精神，坚持党要管党，从严治党，加强对党风廉政建设和反腐败工作的统一领导，按照中央纪委和市委、市纪委以及国土部党组有关会议部署，聚焦中心任务，坚决落实反腐败体制机制创新和制度保障各项措施；加强党的纪律建设，坚决克服组织涣散、纪律松弛问题，持之以恒纠正“四风”；加大查办违纪违法案件力度，强化对党员干部的监督、管理和教育，保持惩治腐败高压态势；加快纪检监察机关转职能、转方式、转作风，为首都国土资源系统全面深化改革提供坚强保障。

（一）深入贯彻党的十八大和十八届三中全会精神，落实加强反腐败体制机制创新和制度保障各项措施

党的十八大以来，中央对加强党风廉政建设、创新反腐败工作体制机制提出了许多新思想、新要求，全系统各级党组织和纪检监察机关要积极适应新的形势要求，牢固树立进取意识、机遇意识、责任意识，结合工作实际，积极探索创新，按照上级要求循序渐进、有条不紊地落实好各项新举措。

严格执行党风廉政建设责任制。各级党组织特别是主要领导要牢固树立不抓党风廉政建设就是严重失职的意识，切实担负起落实党风廉政建设责任制的主体责任，加强对党风廉政建设和反腐败工作的统一领导，要把主体责任落实到党风廉政建设决策和执行的全过程，定期向上级报告党风廉政建设责任制落实情况。主要领导要承担第一责任人

的责任，做到重要工作亲自部署、重大问题亲自过问、重点环节亲自协调、重要案件亲自督办，班子成员要认真履行好“一岗双责”，抓好职责范围内的党风廉政建设。纪检监察部门要切实担负起监督责任，严格监督执纪问责，履行协助所在党组织加强党风建设和组织协调反腐败工作的职责。要分清党组、有关部门和纪检监察部门责任，对不负责任、不抓不管导致发生重大违纪违法问题的，实行“一案双查”，严格进行责任追究，既追究当事人责任，又要倒查追究相关领导责任。

认真落实中央纪委关于党的纪律检查工作双重领导体制具体化、程序化、制度化意见和市纪委有关要求。加强驻局纪检部门对分局纪检部门的指导，制定实施分局纪检部门向驻局纪检部门报告工作、定期述职、约谈汇报制度。严格执行“查办腐败案件以上级纪委领导为主，线索处置和案件查办在向同级党委报告的同时必须向上级纪委报告”的规定，加大案件线索下管一级力度。加强纪检监察组织建设，及时调整配强基层纪检监察机关人员，研究制定分局纪检组长、监察科长提名和考察由驻局纪检组监察处会同局人事处进行的具体实施办法。落实中央纪委、市纪委关于加强纪检监察派驻机构建设的意见，理顺内设纪检监察机构工作关系，明确职责任务，完善考核、激励和责任追究制度，全面履行好监督职责。

（二）加强党的纪律建设，持之以恒纠正“四风”

严明党的政治纪律。各级党组织要把维护党的政治纪律放在首位，纪检监察部门要加强对以党章为核心的党内法规制度执行情况的监督检查，坚决维护党的集中统一，确保广大党员干部在思想上政治上行动上同党中央保持高度一致。严肃处理违反政治纪律的行为，决不允许上有政策、下有对策，决不允许有令不行、有禁不止。加强对落实中央和市委关于深化国土资源管理改革重大决策部署情况的监督执纪，重点开展对耕地保护和节约集约用地、保障性住房和改善民生等决策措施落实情况的监督检查，确保政令畅通。

坚决克服组织涣散、纪律松弛问题。要切实加强党的纪律建设，严格执行党的政治纪律、组织纪律、财经纪律、工作纪律和生活纪律等各项纪律，严格教育和管理，坚决纠正无组织无纪律、自由主义、好人主义等现象。党员领导干部要切实增强党性观念和纪律意识，严格用党的纪律要求自己，严格落实请示报告制度，坚决服从党的组织，坚决同违反党纪的行为作斗争。两级纪检部门要切实加强对党的纪律执行情况的检查，严肃查处违反党纪的行为，确保纪律刚性约束。

持之以恒纠正“四风”。作风问题具有顽固性、反复性，要发扬“钉钉子”精神，在深入落实中央八项规定和市委市政府实施意见及局党组有关整改措施中，要在坚持中深化，在深化中坚持，由浅入深、循序渐进，步步为营、久久为功。各级党组织要着力纠正打折扣、搞变通行为，加强对正风肃纪专项整治的组织领导，建立日常监督检查机制，坚决防止问题反弹。严格落实市委确定的 8 项 38 个整治重点中涉及我局的相关内容，深入抓好局党组 24 项整改任务 63 条整改措施的整改落实。坚决落实《党政机关厉行节约反对浪费条例》、《党政机关国内公务接待管理规定》等规定，严肃查处党员领导干部违规建设楼堂馆所、公款吃喝、公款旅游、违规使用公车等问题。要健全改进作风常态化制度，对切实可行、行之有效的做法要形成长效制度机制，长期坚持。两级纪检监察机关要扭住落实中央八项规定精神不放，加大监督执纪力度，从具体问题抓起，一个时间节点一个时间节点地抓，严格监督执纪，严格惩戒问责，及时查处违纪违规行为，对严重违反有关规定、影响国土部门形象的典型问题要点名道姓予以通报曝光。

（三）加大查办违纪违法案件力度，坚决有力惩治腐败

全系统各级党组织和纪检监察机关要把坚决遏制腐败现象蔓延作为重要任务，坚持有案必查、有腐必惩，坚决查处违法违纪案件。进一步建立健全查办案件组织协调机制，加大对党员干部违反党纪政纪、涉嫌违法行为的审查和处置力度。重点查办发生在领导机关和领导干部中贪污贿赂、买官卖官、权钱交易、腐化堕落、失职渎职的案件，严厉惩处土地和矿产资源领域中利用审批权、执法权、项目管理权、大额资金支配权等以权谋私的行为。加强对群众信访举报线索的受理工作，进一步完善国土资源系统纪检监察信访举报工作实施办法，建立健全问题线索管理机制。加大初核力度，建立健全问题线索排查和管理制度，严格执行案件管理程序，坚持依纪依法、安全文明办案。

坚持抓早抓小，治病救人。各级党组织要注意掌握党员干部的思想、工作、生活情况，对苗头性、倾向性问题，做到早发现、早报告、早处置，及时批评教育提醒，防止小问题变成大问题。纪检监察机关要对反映问题的线索进行认真核查，及时采取约谈、诫勉谈话、函询等方式作出处理，要定期分析通报纪检监察信访举报相关情况，深入剖析典型案件，及时通报相关案件原因教训，建章立制，堵塞漏洞，强化查办案件的治本功能。对疏于监督管理、致使领导班子成员或直接分管的下属发生严重违纪违法问题的，要严肃追究责任。对反映失实的要予以澄清，保护党员干部干事创业的积极性。

（四）强化党员干部的监督、管理和教育，加强对权力运行的制约和监督

深入推进惩防体系建设和廉政风险防控“二个体系”建设。根据中央《建立健全惩治和预防腐败体系 2013—2017 年工作规划》和北京市建立健全惩治和预防腐败体系新的五年规划实施办法，我局要研究制定相关实施细则，健全完善领导体制，明确工作目标要求，做好责任分解细化，逐步完善具有首都国土资源系统特色的惩治和预防腐败体系基本制度框架。要坚持用制度管权管事管人，建立科学有效的权力制约和协调机制。继续深化廉政风险防控“三个体系”建设，结合行政审批制度改革，科学配置党政部门及内设机构权力和职能，建立健全局本级和各单位各部门权力清单制度；进一步健全完善涉地涉矿管理中审批、执法相关事项的裁量权基准制度；加快电子监察平台和廉政风险防控信息系统建设，强化对权力运行的制约和监督。

切实增强监督的有效性。加强和改进对主要领导干部行使权力的制约和监督，努力做到权力行使到哪里，监督就跟进到哪里。认真落实党内监督各项制度，严格执行民主集中制和领导干部述职述廉、报告个人有关事项等制度，严肃开展批评和自我批评，增

强党内生活的严肃性、原则性，强化日常监督。继续开展对依法行政和国土资源执法监察工作的立项行政检查，开展小产权房清理整治工作的立项效能监察，开展落实廉洁自律有关规定的廉政专项监察。加大行政问责力度，进一步规范行政执法行为、提高行政服务水平。严格审计监督，围绕国土资源管理的关键环节，开展涉地涉矿专项资金管理使用的审计，坚持主要领导干部任中和离任经济责任审计制度。继续完善党务、政务和政府信息及各项办事公开制度，扩大公开范围，加大公开力度，提高工作透明度，自觉接受群众和社会监督。

加强廉政宣传教育和廉政文化建设。廉政教育是一项长期性、经常性、系统性工程，各级必须始终坚持长期抓、经常抓。健全局党风廉政宣传教育协调机制，组织开展理想信念和宗旨教育，加强党风党纪、廉政法规、廉洁自律和警示教育，坚持党组中心组廉洁从政专题学习制度和领导干部讲廉政党课制度。推进处级以下领导干部任职前廉政法规知识测试工作。加强廉政文化建设，深入开展“廉洁国土”文化创建活动，组织党员干部参观反腐倡廉警示教育基地和法制教育基地，利用局内网开设重大节日廉政信息提示功能等，努力营造浓厚的廉政文化氛围。

（五）落实转职能、转方式、转作风要求，全面提高纪检监察机关履职能力

纪检监察机关和广大纪检监察干部要认真学习领会上级关于转职能、转方式、转作风的新精神、新要求，主动适应新形势、新任务，把思想和行动进一步统一到上级的部署要求上来，忠实履行党章和行政监察法赋予的职责。要聚焦首都国土资源系统党风廉政建设和反腐败斗争这个中心任务，牢固树立“信任不能代替监督”、感情不能代替原则的理念，求真务实、真抓实干、铁面执纪，切实担负起监督执纪问责的重大责任。

进一步明确驻局纪检监察机关和各分局纪检监察机关的职责定位。明确监督执纪职责，把不该管的工作交还给主责部门，把应该管的工作切实管住管好，做到不越位、不缺位、不错位。要改进监督执纪方式，职能部门要加强行政监管，纪检监察机关要认真开展监督的再监督、检查的再检查，加强对职能部门履行监管职责情况的监督检查。

纪检监察干部要严格要求自己，自觉遵守党纪政纪，自觉接受党内监督、群众监督和舆论监督。带头改进工作作风，正人先正己，在解决“四风”问题方面起好表率作用。要加强对纪检监察干部的经常性思想教育和业务培训，上半年组织全系统纪检监察干部进行一次系统集中培训，有计划地安排部分人员参加中纪委、市纪委组织的各类纪检监察业务培训，切实提高专业化水平。要进一步强化基础工作，规范纪检监察工作流程和标准，严格按程序和规矩办事。要不断加强对纪检监察干部严格管理和严格监督，对违规违纪违法的，坚决予以处理，绝不姑息。

同志们，今年是全面深化改革的第一年，做好党风廉政建设和反腐败工作责任重大、使命光荣。我们要紧紧围绕中心任务，锐意开拓进取，以踏石留印、抓铁有痕的劲头，以更加坚定的信心、更加坚决的态度、更加有力的举措，抓好每一项工作任务的落实，为推动首都国土资源系统改革发展提供有力保证。

2014北京市国土资源年鉴

大事记汇总

2013年北京市国土资源局工作大事记

一月

1月1日，市国土局组织编制的《北京市地质灾害危险性评估技术规范》由市质量技术监督局以地方标准的形式正式发布实施。该规范总结北京市多年来开展建设用地地质灾害危险性评估的实践经验，体现北京市城市地质环境管理领域的研究成果。

1月2日，市国土局会同市发展改革委、市规划委共同印发《北京市保障性安居工程供地计划编制工作指导意见》，以确保“十二五”期间北京市保障性安居工程用地供应任务有效落实。

1月15日，市政府印发京政任〔2013〕7号文件，市政府2013年第142次常务会议决定，樊文祯任市国土局副巡视员。

1月18日，北京市“北京市建设用地节约集约利用评价”专项工作成果通过国土资源部土地利用管理司和中国土地勘测规划院组织的验收。

1月24日，市国土局召开会议，传达学习（中办发电3号）文件和市委市政府（京办发1号）通知精神，传达中央领导同志关于厉行勤俭节约反对铺张浪费重要批示精神。市局领导、各分局主要领导、机关各处室全体干部以及直属单位副科级以上干部参加会议。

1月24日，市国土局召开2012年信访工作总结暨表彰会议。会上，李军副局长做2012年信访工作总结报告，对2012年信访工作先进单位和先进个人进行表彰。书记张国玉、局长魏成林，市局机关处室和直属单位有关人员在市国土局主会场参加会议，各分局设分会场。

1月30日，市国土局发布昌平区小汤山镇B-04、B-05、B-07地块公建混合住宅用地（配建限价商品住房）招标出让公告，首次将有关绿色建筑具体条款写入土地出让招标文件。

1月30日，“北京市突发地质灾害详细调查项目（1∶50000）”和“北京市地灾隐患避险场地现状调查评价项目”设计方案通过市国土局组织的专家审查。

1月30日，“首都国土资源高频度监测技术系统研制与示范”课题通过北京市科委组织的专家验收。该课题集成卫星、探头、雷达、地面巡查、彩信、微博等多种监测手段，融合物联网、宽带通信等技术，研发了首都国土资源高频度监测原型系统，在全国首创天地一体化的国土资源高频度综合监管模式。课题成果的应用提高了国土资源调查监管的发现能力、分析能力和处理能力。

1 月 31 日，市国土局印发《北京市国土资源局改进工作作风、密切联系群众若干规定》（京国土办〔2013〕50 号），文件从改进调查研究、精简会议活动、改进会风、精简文件简报、规范出访活动、规范宣传报道和加强督促检查等方面做出规定。

二月

2 月 4 日，市国土局印发《北京市国土资源局关于进一步规范征地工作有关问题的通知》（京国土征〔2013〕52 号），进一步规范征地工作，保护被征地农民利益。

2 月 5 日，市国土局召开 2013 年国土资源工作会议暨党风廉政建设会议。局长魏成林作《科学谋划乘势而上实现首都国土资源管理新突破》的工作报告，局党组成员、驻局纪检组长周新华同志作《深入学习贯彻党的十八大精神扎实推进首都国土资源系统党风廉政建设和反腐败斗争》的工作报告，局党组书记张国玉同志就贯彻会议精神，做好 2013 年工作作重要讲话。局领导、机关各处室副处级（含）以上干部、直属各单位副科级（含）以上干部、各区（县）分局全体干部、机关党员群众代表参加会议。

2 月 8 日，市国土局印发《北京市国土资源局关于进一步规范建设项目用地预审工作有关问题的通知》（京国土规〔2013〕68 号），规定预审工作的原则、范围、权限、程序和审查的主要内容，规范建设项目用地合规性审查的标准和分类处理意见。从文件下发之日起，启用预审专用章。

2 月 20 日，市国土局正式启动北京市突发地质灾害详细调查项目（1∶50000）。此项目的开展旨在全面调查北京市房山、门头沟等 10 个山区（县）地质灾害现状，提出防治措施及建议，建立地质灾害数据库，为北京市突发地质灾害防治提供科学依据。

2 月 28 日，市国土局召开局系统执法监察工作会议。会议传达了国土资源部执法监察局徐州工作会议精神，对 2012 年全局执法监察工作做了全面总结，并对 2013 年工作进行安排部署。16 个区（县）分局、经济技术开发区分局主管领导、执法监察科（队）长以及市国土局执法监察总队有关人员参加会议。副局长李军出席会议并讲话。

2 月 28 日，市国土局对北京市 2012 年度矿产开发利用年检工作进行部署。与以往相比，年检内容增加履行矿山生态环境恢复治理和土地复垦义务情况，矿山生态环境恢复保证金缴纳情况。

三月

3 月 1 日，市国土局、财政部北京专员办和北京市财政局组织地质矿产和财务专家，对北京昊华能源股份有限公司申请减缴大台煤矿 2012 年度矿产资源补偿费的申报材料进行会审，同意减缴2012年度矿产资源补偿费。这是《北京市矿产资源补偿费免（减）审批办法》颁布以来，北京市第一次进行矿产资源补偿费减缴审批工作。

3月12日，全市第一期土地储备开发项目成本预审会召开。这是市国土局会同市发展改革委、市财政局、市审计局等相关单位，为有效解决近年来地价审核过程中出现的一些新问题，进一步完善土地储备开发项目成本审核机制采取的新举措。

3月12日至18日，全市各区（县）对外公布2013年保障性安居工程用地落实计划。这是根据《北京市保障性安居工程供地计划编制工作指导意见》的要求，北京市首次实施以区县为主体编制保障性安居工程用地供应计划并向社会公布。

3月14日，局长魏成林、副局长李燕飞一行到房山区调研世界地质公园再评估工作，中国地质学会旅游地学与地质公园研究分会副会长陈安泽等3名专家，房山区委书记刘伟，区委副书记、区长祁红参加调研活动。

3月21日，国土资源部土地利用司巡视员黄鹤图等一行6人对北京市经济技术开发区、CBD、金融街等3个区域的土地储备情况进行实地调研，市国土局副局长张维、西城区政府、朝阳区政府、北京经济技术开发区管委会相关领导参加调研。

3月29日，市土地储备中心与中国邮政储蓄银行正式签署23亿元5年期土地储备借款合同，利率为人民银行基准利率下浮2%。这是北京市首笔5年期土地储备贷款合同。

四月

4月2日，《北京市2013年度国有建设用地供应计划》经市政府专题会议讨论通过。4月3日，市国土局、市发展改革委、市规划委联合印发。

4月10日，局党组召开全系统党员干部视频会议，传达国务院、市政府廉政工作会议精神。局党组书记张国玉、局长魏成林、驻局纪检组组长周新华分别做出工作部署。

4月12日，市国土局与中国地质大学联合举办的国土资源业务知识培训班正式开班。全局系统30名40周岁以下、非国土资源管理专业的处级后备干部和优秀年轻的军队转业干部参加为期10个月的国土资源业务知识培训。副局长谢俊奇、中国地质大学副校长雷涯邻等参加开班仪式并讲话。

4月16日至22日，市国土局及各分局分区域设点，举办第44个世界地球日主题宣传周活动。4月19日，由市国土局与市地勘局主办，石景山区教委、市京源学校、石景山分局承办的地球日主题宣传周启动仪式在京源学校举行，国土资源部科技合作司司长姜建军，市国土局党组书记张国玉、副局长李燕飞、谢俊奇，石景山区政府副区长杨东起、市地勘局副局长卫万顺参加现场宣传活动。

4月17日，按照国务院《古生物化石保护条例》及国土部《古生物化石保护条例实施办法》规定，市国土局在全市范围内开展古生物化石标本登记工作。此次登记工作在北京市为首次开展，登记的数据将全部纳入古生物化石管理数据库。

4月23日，市国土局召开2013年北京市汛期地质灾害防治工作部署会，标志着北京市2013年汛期地质灾害防治工作正式开始。4月24日至26日，市国土局分3批对全市720名地质灾害群测群防员进行培训，进一步提高全市群测群防员险情灾情简易监测、情况上报和组织群众转移的能力。

4月25日，国家土地督察北京局昌平区例行督察动员会议召开，国家土地督察北京局副局长牛珏、专员蔡可军、土地例行督察组组长董毓敏，市政府副秘书长张玉平，昌平区委书记侯君舒、纪委书记王晓霞、副区长孙卫，市国土局副局长李军、总规划师丁晓等出席会议。市区两级相关委办局、国有公司和昌平区21个镇街领导及村干部代表等160余人参加会议。

4月27日，市国土局下发《关于严格市区乡三级基本农田保护区专项规划实施管理的通知》（京国土勘规〔2013〕211号），对严格市区乡三级基本农田保护区专项规划实施管理提出全面系统的要求。

五月

5月9日至20日，市国土局局长魏成林带队，分别对房山、密云等十个山区县汛前地质灾害防治工作进行检查。针对应急演练中普遍存在走过场的问题，市国土局制定下发地质灾害避险转移演练要点。

5月13日，市国土局作为牵头单位成立的地质灾害防汛专项分指挥部组织召开第一次专题会议，讨论2013年地质灾害防汛工作方案，明确各成员单位职责。该分指挥部是根据北京市防汛抗旱指挥部《关于印发北京市2013年防汛工作方案的通知》（京政汛〔2013〕7号）成立的。5月27日，分指挥部启用“京地汛指”文号发文。

5月14日，市国土局与房山区委区政府在南窖乡水峪村开展汛期地质灾害防治应急演练。市国土局局长魏成林、副巡视员郭创兴，房山区委副书记曾赞荣、副区长吴会杰，房山区19个相关委办局、16个相关乡镇主管地质灾害负责人进行现场观摩。

5月16日，储备中心召开2013年度全市土地储备机构贷款银行比选评审会，经评审：全市土地储备机构取得银行贷款额度2993亿元。

5月22日，来自朝阳、海淀、大兴分局的3名基层公务员正式考入利用处、地热处。这是根据市委组织部要求，市国土局首次面向全市公开遴选市局机关公务员职位，共有20名基层公务员报名参加。

5月27日，北京市地质勘查技术院承担的公益性项目“北京城市地质土壤调查与评价”按要求完成全部原始地质资料汇交，实现北京市原始地质资料汇交工作零的突破。

5月29日至31日，市国土局在中国人民大学举办国土资源管理专题研讨班。各区（县）分管国土资源管理工作的领导及部分乡镇长，市发展改革委、市规划委、市住房城乡建设委、市交通委、市农委、市环保局有关领导参加培训。这是市国土局首次面向市政府其他部门相关人员集中组织全市国土资源管理专题研讨班。副局长李军到场授课。

5月31日，国土资源部地环司司长关凤峻到延庆县就地质灾害防治和创建世界地质公园等工作进行调研。市国土局魏成林局长、延庆县委县政府主要领导一同调研。

六月

6月5日，市国土局与门头沟区委区政府在雁翅镇河南台村开展晚间地质灾害应急转移演练。市国土局局长魏成林、副局长李燕飞检查演练工作，门头沟区委书记韩子荣、区长王洪钟、常务副区长陈国才等参加检查。

6月8日，副市长林克庆到市国土局调研地质灾害防汛工作。魏成林局长汇报2013年地质灾害防汛准备工作及入汛后强降雨应对工作。副市长林克庆充分肯定市国土局地质灾害防汛工作，就下一步相关工作提出要求。

6月24日至28日，市国土局通过在各区县设立宣传站点，深入村镇、社区、项目现场宣传国土资源法律法规，组织干部职工收看宣传影片，开展紧急避险搬迁用地实地调研等方式组织开展以“珍惜土地资源节约集约用地”为主题的第23个土地日宣传周活动。

6月25日，国土部在浙江省召开第二届国土资源节约集约模范县（市）表彰会。局长魏成林代表市国土局领取“国土资源节约集约模范县（市）创建活动优秀组织奖”，东城区、平谷区被授予“国土资源节约集约模范县（市）”荣誉称号。

6月26日，国家土地副总督察张德霖一行到市国土局考察调研，参观高频度土地动态监测系统、土地拍卖大厅、12336违法线索处理中心，参加座谈会议。副秘书长张玉平主持座谈会，副市长陈刚讲话，局长魏成林汇报北京市国土资源管理工作，国家督察北京局李永杰局长介绍在北京市开展督察工作情况。市国土局书记张国玉、副局长李军、副巡视员郭创兴、副巡视员赵建华陪同调研。

6月27日，市国土局在网站公布上半年查实的6个新增在建在售“小产权房”（含大棚房）项目，提醒广大公众不要租买；6月28日，公布（2007年至2009年审批的）9个涉嫌未经批准擅自改变用途或违规销售的科研用地项目。

七月

7月1日，市国土局召开全局系统视频会议，表彰2010至2012年度国土资源管理先进集体和个人。书记张国玉、局长魏成林参加会议并讲话，副局长李燕飞宣读表彰决定，与会局领导向先进集体和个人颁发奖杯和荣誉证书。

7月2日，市国土局组织召开“2013年上半年土地市场形势分析座谈会”，介绍北京市近年来土地市场的整体运行情况以及采取的宏观调控措施，探索立体化的舆论引导方式，促进各种舆论力量形成统一认识。市委宣传部、市外宣办、市网信办有关领导，房地产中介机构学者、专家，人民日报、新华社、中央电视台、中国国土资源报、北京日报、京华时报、新浪乐居、搜狐焦点和千龙网等媒体参加。

7月3日至5日，国土资源部第十六检查组到市国土局检查加强廉政建设监督工作、健全完善监督工作制度和措施的情况。局党组成员、驻局纪检组组长周新华代表局党组进行汇报，书记张国玉、局长魏成林、副局长张维参加会议。检查组分别到门头沟分局、丰台分局及所辖国土所进行抽查调研。检查组对市国土局开展廉政监督工作的做法及制度机制建设情况给予高度评价和肯定。

7月4日至5日，市国土局与中国传媒大学凤凰学院合作举办新闻发言人模拟实战短期培训。局系统各分局、相关事业单位、机关主要业务处室新闻发言人和新闻宣传主管领导参加培训。副局长张维和中国传媒大学教授丁龙江、吴风对模拟新闻发布环节进行点评，总规划师丁晓在结业仪式上颁发结业证书并讲话。

7月10日，北京市农村集体土地确权登记颁证工作领导小组在北京会议中心召开市13个区（县）集体土地所有权确权登记发证工作成果市级验收会，确权登记发证成果通过市级验收。副市长林克庆主持会议，市颁证办主任、市国土局局长魏成林汇报全市总体工作及市级检查情况，市委常委牛有成出席会议并讲话，市委常委、副市长陈刚出席会议并宣读验收意见。市委副秘书长赵玉金，市政府副秘书长赵根武，市国土局副局长谢俊奇，市农村集体土地确权登记颁证工作领导小组各成员单位负责人、各区县主管领导、市颁证办和各区县颁证办相关人员参加会议。

7月18日，市国土局制作的地质灾害防治避险公益广告在北京电视台卫视、文艺、科教、财经等11个频道播放，提醒广大市民在汛期谨慎出行、科学避险，远离地质灾害。

7月24日，市国土局召开党的群众路线教育实践活动动员大会，对北京市国土系统开展教育实践活动进行动员部署。局党组副书记、副局长张维主持会议，局党组书记、副局长张国玉出席会议并讲话，中共北京市第13督导组组长张文山代表督导组讲话。局领导班子成员及第13督导组其他成员出席会议，近3年退出领导班子的老同志、市党代会代表、局机关全体党员干部、各分局和直属单位主要负责人在主会场参会，同时开设17个分会场，各区（县）分局和直属单位党员干部分别在分会场参会。

7月28日，受联合国教科文组织世界地质公园网络执行局委派，尼古拉斯·邹若思博士和路易斯·阿尔卡拉博士就延庆申报世界地质公园进行实地评估考察，何塞·布里利亚教授以观察员身份参加考察。31日，市委副书记、市长王安顺会见考察组专家，国土资源部副部长汪民，市委常委、副市长陈刚，国土资源部地质环境司副司长陈小宁，市国土局局长魏成林等领导参加会见。

八月

8月1日，市委常委、副市长陈刚到市国土局参加党的群众路线教育实践活动征求意见会，征求对市委常委会以及自己个人的意见建议。局党组书记张国玉主持会议，局党组副书记、局长魏成林等局领导、相关处室负责人以及部分群众代表参加征求意见会。

8月5日，国土部下发《关于命名第三批国土资源科普基地的通知》（国土资发

〔2013〕90号），市国土局申报推荐的北京首云国家矿山公园，经国土部核准命名为第三批资源保护类国土资源科普基地。

8月8日，市国土局地环处处长于秀治、房山分局副局长鲁永来、密云分局副局长王国辅参加千龙网举办的第一期“提问委办局”系列访谈节目，主要围绕2013年地质灾害防治工作开展情况与网民进行在线访谈，同时普及地质灾害防治避险常识。

8月12日，市国土局核发燕房线土地储备项目4个地块的授权批复。该项目为北京市第一个以土地储备模式实施的轨道交通用地，总用地面积约40.1公顷，分4个地块实施开发。

8月19日，市国土局会同市发展改革委、市财政局、市住房城乡建设委、市住保办召开会议，研究议定，对于企业为主体及储备机构为主体企业带资实施的土地储备开发项目，企业自有资金占土地储备开发成本的比例由不低于35%调整为不低于30%。

8月20日，市国土局在人民网和腾讯网开通官方微博国土北京，这是继2012年3月市国土局在新浪网开通首个官方微博后再次拓展与网民沟通交流的新渠道。

8月29日，市委副秘书长、市委党的群众路线教育实践活动领导小组办公室常务副主任张建明到市国土局，调研党的群众路线教育实践活动开展情况。市委第13督导组副组长邓京参加调研。局领导班子成员、局教育实践活动办公室成员参加座谈会。

九月

8月19日至9月29日，局领导班子成员和各分局领导分别深入全市59个基层国土所调研，发现和总结好的工作经验，梳理加强基层国土所建设的重点和措施，促进党的群众路线教育实践活动深入开展。

9月5日，中国银监会副主席兼北京银监局局长阎庆民率北京银监局有关领导到北京市调研重点村建设情况，副市长林克庆陪同调研，市国土局副巡视员樊文祯参加调研。

9月9日，在韩国济州岛召开的第三届亚太地质公园网络研讨会上，延庆申报世界地质公园获联合国教科文组织批准。至此，世界地质公园网络新增10个新成员，总数上升至100个，分布在全球29个国家和地区，北京2个，中国房山世界地质公园和中国延庆世界地质公园。

9月10日至12日，市国土局系统分南北两片召开党的群众路线教育实践活动工作汇报会。局教育实践活动领导小组办公室主任周新华主持，局教育实践活动领导小组办公室各副主任参加。16个区（县）分局和7个直属单位的处级主管领导汇报本单位教育实践活动的基本情况、工作经验、边学边改的典型事例、需要研究解决的问题和下一步工作安排。

9月10日至13日，2010－2011年矿产资源节约与综合利用示范工程项目通过市国土局和市财政局组织的验收。此次共有4个示范工程项目，中央财政专项资金4365万元，带动矿山企业投入近3亿元，用于开采建筑物下压覆煤炭资源、回收低品位矿石、废石综合回收利用等，产生显著的经济效益、资源效益和环境效益。

9月15日，在2013中国地理信息产业大会上，市国土局综合监管平台经过两院院士李德仁为组长的专家评审组严格审查，荣获2013中国地理信息科技进步二等奖（第一名）。中国地理信息科技进步奖是由科技部、国家测绘地理信息局、国家科学技术奖励办公室批准的地理信息科学技术奖专项奖，是我国地理信息产业最高奖项。

9月17日，北京土地市场发布北京国际雕塑园地下文化娱乐中心挂牌出让公告，这是北京市首次单独出让地下空间项目。该宗地位于石景山区玉泉路，用地规模约2.8公顷，地下建筑规模8.0万平方米（海拔高程59.6以下用地规模）。

9月22日，市国土局与北京联合大学应用文理学院正式签订北京城乡空间发展规划研究框架协议。市国土局副局长张维、北京联合大学副校长张连城共同出席签约仪式。根据协议，双方将以北京市西北部（海淀区、昌平区和延庆县）为依托，长期跟踪和深入研究首都国土资源管理领域面临的热点难点问题，为首都城乡空间规划可持续发展提供理论支撑和实践服务。

9月24日，市国土局印发《北京市地热资源开发利用方案编制大纲和审查大纲（试行)》（京国土热〔2013〕447号），将对北京市规范地热开发利用系统设计和施工行为，保证地热资源合理开发，提高资源利用效率起到关键的监管作用。

9月24日，国土部印发公告第14期《国土资源部关于2013年度国土资源科学技术奖获奖项目的公告》，市国土局推荐的《北京浅层地温能勘查开发关键技术研究及其工程应用》项目获国土资源科学技术二等奖。

9月25日，北京土地市场发布海淀区东升乡（清河盒子房厂土地一级开发项目）R2二类居住用地项目挂牌出让公告，这是北京市首宗“限地价，竞建自住型商品房”项目，在达到地价上限后竞报自住型商品房面积，是市国土局进一步加大自住型商品住宅用地供应的新举措。该宗地土地面积约4.66公顷，规划建筑规模约2.75万平方米，挂牌起始价为4.5亿元。挂牌文件规定，宗地在达到地价上限后由竞得人承诺竞建的自住型商品房销售限价为2.2万元/平方米，最大套型建筑面积不超过90平方米，单套商品住房总价控制在200万元以内。

9月27日，国土部副部长王世元主持召开专题会议，研究北京市海淀区土地整治规划实施综合试点方案，会议原则同意试点方案。

9月27日，平谷区黄松峪国家级地质公园正式揭碑开园。国土部地质环境司司长关凤峻、市国土局局长魏成林、副局长李燕飞及平谷区委书记张吉福、区长姜帆等领导参加揭碑仪式。

十月

10月12日，市国土局系统召开分局、直属单位教育实践活动查摆问题、开展批评环节工作部署会，部署教育实践活动第二环节具体工作。局教育实践活动领导小组办公室主任周新华主持，局教育实践活动领导小组办公室各副主任和 16 个区（县）分局、7 个直属单位的主管领导、主管科长参会。

10 月 21 日，市国土局与市委讲师团联合举办学习贯彻习近平总书记系列重要讲话精神报告会，特邀中共中央文献研究室常务副主任、全国政协常委杨胜群作专题辅导报告。局领导班子成员、各区（县）分局主要负责人、机关各处室、直属各单位党员干部在市局参会，各区（县）分局通过视频会议方式在本单位分会场参会。会议由局党组书记张国玉主持，市委宣传部、市委讲师团有关领导到场指导。

10 月 21 日，副市长陈刚召开会议，研究自住型商品住房政策和项目等问题。市住房城乡建设委汇报综合政策及具体地块，市国土局和市规划委分别汇报地块涉及的土地和规划问题，副局长张维参加。

10 月 25 日，市国土局组织召开专家会议，审查第三批国家级绿色矿山试点单位绿色矿山建设规划，北京昊华能源股份有限公司长沟峪煤矿等 3 家试点单位编制的绿色矿山建设规划通过评审。至此，北京市 12 家取得国家级绿色矿山试点单位的矿山企业都已编制完成绿色矿山建设规划。

10 月 28 日，市国土局印发《北京市国土资源局关于成立北京市古生物化石专家委员会的通知》（京国土环〔2013〕511 号），成立北京市古生物化石专家委员会，确定委员会主要职责和组成人员。副局长李燕飞任专家委员会主任，专家委员会下设办公室，设在市国土局地质环境处。

10 月 28 日，全国宗地统一编码项目北京市试点示范区通过国土部地籍管理司验收。北京市于 2011 年起，以东城、朝阳、延庆三个区（县）为试点，成立市区两级项目组，采取市国土局统一组织协调、统一委托实施、各区（县）分局具体参与的方式，先后完成地籍区和地籍子区划分、宗地统一代码转换、宗地统一代码启用等工作，全面完成 3 个区（县）所有宗地的统一编码转换。

10 月 31 日，全国政协经济委员会副主任彭小枫为组长的专题调研组到北京市就“完善房地产市场调控政策，促进房地产行业平衡健康发展”进行调研，在市政协召开座谈会，副局长张维参加。

十一月

11 月 4 日，市国土局召开昌平区土地例行督察整改情况市级层面验收工作对接会。市国土局局长魏成林主持会议并代表市政府做动员讲话，市发改委、市规划委、市住建委、市农委等相关委办局组成的市级层面验收组成员单位、昌平区政府及相关委办局和乡镇参加会议。会上，昌平区政府汇报昌平区土地例行督察整改情况，市国土局通报验收工作方案。此次会议标志着验收工作正式启动。

11 月 8 日，市国土局党组召开局领导班子党的群众路线教育实践活动专题民主生活会。局领导班子党员领导干部参加会议，非中共党员副局长谢俊奇列席会议。各区

（县）分局、机关各处室、直属各单位主要负责同志列席局领导班子对照检查议程。市委常委、副市长陈刚同志全程参会并作重要讲话。市委第13督导组组长张文山、市监察局副局长刘东波和市委组织部经济干部处副处长赵立军到会指导。

11月11日，大兴孙村组团两宗地在本市土地交易市场成交。两宗地首次将低碳生态规划要求纳入住宅用地招拍挂环节，具体包括绿色建筑比例、可再生能源贡献率、单位建筑面积能耗、屋顶绿化率等9项门槛指标，是北京市建设绿色北京，实现生态宜居城市目标的新探索。

11月12日，荷兰基础设施和环境部代表团对北京市城市发展项目进行实地考察。受国土部科技与国际合作司委托，市国土局负责接待，荷兰基础设施和环境部秘书长西贝·里兹拉一行5人，参观考察北京市规划展览馆（玲珑塔）、鸟巢、水立方，听取工作人员对奥运各主要场馆、鸟巢周边土地规划方面的介绍，以及北京市未来土地规划设想等内容。中国土地勘察规划院常务副院长高延利和市国土局副局长谢俊奇陪同参观。

11月13日，市国土局副局长张维主持会议，听取北京市企业国有土地使用权有偿收购补偿价格评估课题研究成果汇报。27日，该课题研究成果转交北京估价师协会，由该协会按程序完成审核并发布《北京市企业国有建设用地使用权收购补偿价格评估技术指引（试行）》。

11月13日，驻局纪检组组长周新华主持召开市国土局内控规范建设动员会，会议对内控规范建设工作进行动员部署，要求全体同志强化责任意识，严格执行内部控制规范，会上针对内控启动的背景、意义和控制方法进行培训。

11月19日，市国土局开展媒体讲座沙龙和集体采访活动。介绍北京市土地市场建设情况、国有建设用地招拍挂业务程序、全市矿山地质环境治理项目情况等，组织记者到密云县首云矿山环境治理项目现场进行实地参观采访。人民日报、新华社、中央电视台、北京日报等17家主流媒体记者参加。

11月20日至22日，市国土局联合市发展改革委、市规划委组织召开“2014年度国有建设用地供应计划编制工作动员会和区县建议方案审核会”，副局长张维主持会议。

11月20日，市国土局副局长谢俊奇主持召开局综合监管平台整合分局地籍系统工作推进会。信息中心汇报关于整合分局地籍系统试点工作进展情况。本次西城分局试点工作取得成功，实现系统由分散到一体化运行的关键转型。

11月21日，市国土局召开党的群众路线教育实践活动专题民主生活会情况通报会，副局长张维主持，北京市委党的群众路线教育实践活动督导组参加。会议通报市国土局党的群众路线教育实践活动专题民主生活会情况。局领导班子成员、近3年退出领导班子的老同志、局机关处级以上干部、科级以下党员干部、直属单位副科级以上领导干部在主会场参加，各区（县）分局副科级以上领导干部在分会场参加。

11月21日，市编办印发《关于同意为市国土资源系统增加人员编制的函》（京编办行〔2013〕229号）。为海淀分局2012年度接收军队转业干部增加行政编制3名，为石景山分局、昌平分局2012年度接收军队转业干部各增加行政编制1名，为执法监察总队增加行政执法专项编制2名。调整后，海淀分局行政编制从34名增至37名，石景山分局行政编制从25名增至26名，昌平分局行政编制从32名增至33名，执法监察总队行政执法专项编制从36名增至38名。

11月25日，市国土局召开学习贯彻党的十八届三中全会精神辅导报告会。副局长张维主持会议，局领导，机关各处（室）、直属各单位全体干部职工在市局主会场参会，各分局、离退休干部处全体干部职工在本单位分会场参会。

11月25日，市国土局召开“小产权房”清理整治情况媒体座谈会，邀请新华社、北京电视台、北京电台等主流媒体对昌平区“小产权房”清理整治现场进行采访。座谈会上，介绍北京市以及昌平区对“小产权房”清理整治的态度、措施和初步取得的成效，表示出北京市坚决杜绝新增、严肃查处在建在售“小产权房”的决心。

11月25日，国土资源部通报表彰全国国土资源管理系统推进依法行政及“六五”普法中期先进单位和先进个人。市国土局法制处，西城、丰台、通州分局被评为“六五”普法中期先进单位，东城、海淀、门头沟分局被评为推进依法行政中期先进单位。大兴分局刘昕、顺义分局张晓梅、平谷分局常亮、密云分局崔亮、怀柔分局林凤娥被评为“六五”普法中期先进个人，石景山分局赵晓宾、朝阳分局武鸿、房山分局任燕、延庆分局刘亚利、昌平分局张行民被评为推进依法行政中期先进个人。

11月27日，市国土局局长魏成林主持召开重点项目协调会，研究重点项目用地预审和供地手续办理工作。会后，规划处梳理65项未开工重点工程项目的预审情况，向有关分局和用地单位了解项目未完成用地预审的原因，进行分类处理。

11月28日，国土部科技与国际合作司、市国土局举行北京市国土资源局第二批国际合作示范基地建成挂牌活动。国土部科技与国际合作司副司长白星碧、市国土局副局长谢俊奇、昌平区政府副区长孙卫共同为市国土局昌平、石景山、延庆分局的国际合作基地揭牌。

11月28日，北京市土地市场已成交商品住宅用地约868公顷，完成全年供应计划的102%。

十二月

12月2日至8日，市国土局开展“12·4”全国法制宣传日主题宣传周活动。市国土局承办国土部在北京经济技术开发区举办的以“节约集约用地建设美丽中国”为主题的全国法制宣传日宣传活动。12月2日，国土部党组成员、副部长胡存智出席宣传主会场并讲话，局长魏成林、副局长李军参加。张家口、临沂、南京、芜湖、深圳等城市国土资源主管部门负责人分别就集体建设用地高效利用、农村宅基地管理、产业用地节约集约利用、未利用地和低丘缓坡地高效利用、城市更新等内容作交流发言。各区（县）分局开展形式多样的宣传周活动。

12 月 3 日，市国土局和市住建委、市农委联合召开纠正征地拆迁中损害群众利益问题专项整治工作动员部署会。总规划师丁晓主持会议，市纪委、市规划委等部门参加会议。

12 月 3 日，市国土局组织相关专家对《北京市绿色矿业发展规划（2013～2020 年)》编制项目进行成果验收。该项工作属于我国首个省级层面绿色矿业发展规划，对于推动全市形成绿色矿业发展格局，对于节能减排，减少空气污染，实现“绿色北京”的发展战略目标具有重大意义。

12 月 4 日至 5 日，市国土局在北京鲁家山石灰石矿有限公司（南区）和北京威克冶金有限责任公司召开 2013 年北京市固体矿山采矿权延续现场联审会。市发展改革委、市环保局、市住房城乡建设委、市水务局、市工商局、市安全监督管理局、市文物局、市园林绿化局等 8 个部门参加会议。此次固体矿山采矿权延续联审会采取先看现场，再听汇报，市有关部门提问，最后联合审查的方式。副局长李燕飞、副巡视员郭创兴参加现场联审会议。

12 月 5 日，北京市首宗市属国有企业利用自有用地建设自住型商品房项目朝阳区朝阳北路（原星牌建材制品厂）B01、B02、B03 地块二类居住用地发布招标出让公告，这是本市引导鼓励市属国有企业盘活企业存量土地，增加自住型商品房用地供应的新举措。该宗地位于东四环路和东五环路之间，紧邻地铁 6 号线青年路站点，交通便利，土地总面积约 18.1 公顷，可建自住型商品房约 15.6 万平方米，销售限价 22000 元/平方米，最大套型建筑面积不超过 90 平方米。

12 月 12 日，市国土局系统召开 2013 年党风廉政建设工作汇报会，各区（县）分局、局属各单位分管领导汇报本单位年度党风廉政建设工作情况和 2014 年工作思路。局党风廉政建设领导小组办公室成员单位参会。驻局纪检组组长周新华参加会议并讲话。

12 月 13 日，市国土局党组召开党的群众路线教育实践活动“回头看”专题交流会，交流局领导班子及领导干部个人“回头看”自查情况。局领导班子党员领导干部参加会议，非中共党员副局长谢俊奇列席会议。市委第 13 督导组成员梁英才到会指导。

12 月 13 日，市国土局举办学习十八届三中全会决定辅导讲座，驻局纪检组组长周新华主持。会议邀请中央政策研究室农村局局长冯海发就党的十八届三中全会决定对国土资源管理改革部署和要求等方面问题为全系统干部职工进行辅导解读。

12 月 18 日至 20 日、25 日至 27 日，市国土局组织全局系统 194 名处级领导干部，分两期在市党校进行为期三天的学习贯彻习近平总书记系列讲话和党的十八届三中全会精神脱产集中轮训。集中轮训采取授课辅导的形式进行，来自中央文献研究室、国防大学、市委党校的 6 位专家教授进行辅导授课。

12 月 25 日，市国土局系统召开区（县）分局、直属单位教育实践活动第三环节工作推进会，部署分局、直属单位教育实践活动第三环节的具体工作。局教育实践活动领导小组办公室主任周新华主持，局教育实践活动领导小组办公室各副主任和 16 个区

（县）分局、7个直属单位的主管领导、主管科长参会。

12月27日，副市长陈刚、林克庆、张延昆召开严厉打击违法建设和治理“小产权房”工作会议。市规划委主任黄艳通报全市治理违法建设工作进展，市国土局局长魏成林通报国土卫片和“小产权房”治理情况，市监察局副局长杨小兵介绍有关监察工作开展情况。副局长李军参加会议。

12月27日，市国土局局长魏成林主持召开专题会议，对2011年以来涉及拖欠征地补偿费问题比较突出的项目实施重点督导，相关区（县）主管区（县）长及征地单位负责人参加会议。会议对2011年以来涉及拖欠征地补偿费的项目逐个分析原因，研究整改措施。会议要求各征地单位抓紧履行支付程序，对于个别确实存在资金困难的项目，相关区（县）政府应切实履行监管责任，督促征地单位抓紧落实相关工作，务必在2014年1月底前将拖欠的征地补偿费支付到位。

12月28日，市国土局新版外网网站正式上线。新版网站以用户为中心，功能分区清晰、网站层级合理、方便公众查询。

12月31日，市国土局印发《北京市国土资源局财务结算中心工作制度》的通知（京国土财〔2013〕641号）和《北京市国土资源局财务结算中心岗位职责及工作内容细则》的通知（京国土财〔2013〕642号），规范局结算中心工作。

市级国土资源管理

土地资源管理

土地资源概况

【辖区范围】

北京市是中华人民共和国首都，全国政治文化中心，也是全国交通运输枢纽。地理坐标是，南起北纬 39°28′，北到北纬 41°05′，西起东经 115°25′，东至东经 117°30′。市域北接滦平、丰宁、赤城和承德等县（市）；西临怀来、涿鹿等县（市），南临涞水、涿州、永清、固安、廊坊及天津市的武清等县（市）；东与大厂、香河、三河、兴隆和天津市的蓟县等县（市）为邻。

北京市位于华北平原西北隅，地势西北高，东南低，海拔最高处 2303 米，最低地方仅为 10 米。西部山地属太行山脉；北部山地属燕山山脉，北部与内蒙古高原相连；东北与松辽大平原相通，东南面向华北平原，距渤海仅约 150 公里，往南与黄淮海平原连片。北京平原的海拔高度在 20 至 60 米，山地一般海拔 1000 至 1500 米，与河北交界的东灵山海拔 2303 米，为北京市最高峰。境内主要河流有永定河、潮白河、北运河、拒马河、泃河等，均属海河水系，其中永定河斜贯本市西南部，是北京地区的最大河流。

北京市下辖 14 个区、2 个县，辖区总面积 16406. 1606 平方公里（1640616. 06 公顷），土地利用现状面积详见表 3-1。

表 3-1　北京市土地利用现状面积汇总表

地类		面积（公顷）
合计		1640616. 06
耕地（01）		220856. 16
其中	水田（011）	2121. 09
	水浇地（012）	166562. 65
	旱地（013）	52172. 42

续表 3-1

地类		面积（公顷）
园地（02）		137117.72
其中	果园（021）	136028.64
	茶园（022）	0
	其他园地（023）	1089.08
林地（03）		739633.48
其中	有林地（031）	288767.52
	灌木林地（032）	306179.17
	其他林地（033）	144686.79
草地（04）		85491.29
其中	天然牧草地（041）	0
	人工牧草地（042）	210.24
	其他草地（043）	85281.05
城镇村及工矿用地（20）		297758.79
其中	城市（201）	110438.87
	建制镇（202）	51634.58
	村庄（203）	115094.44
	采矿用地（204）	8445.08
	风景名胜及特殊用地（205）	12145.82
交通运输用地（10）		46327.98
其中	铁路用地（101）	6035.94
	公路用地（102）	22838.92
	农村道路（104）	15146.16
	机场用地（105）	2298.87
	港口码头用地（106）	0
	管道运输用地（107）	8.09

续表 3-1

地类		面积（公顷）
水域及水利设施用地（11）		79088.32
其中	河流水面（111）	17525.78
	湖泊水面（112）	322.25
	水库水面（113）	13185.86
	坑塘水面（114）	11229.95
	沿海滩涂（115）	0
	内陆滩涂（116）	17707.75
	沟渠（117）	11790.53
	水工建筑用地（118）	7326.2
	冰川及永久积雪（119）	0
其他土地（12）		34342.32
其中	设施农用地（122）	15718.84
	田坎（123）	2991.93
	盐碱地（124）	0
	沼泽地（125）	90.15
	沙地（126）	0
	裸地（127）	15541.4

土地利用规划

【市区乡土地利用总体规划】

1. 北京市土地利用总体规划中期评估

按照国土部办公厅《关于印发土地利用总体规划中期评估工作方案的通知》的有关要求，对2006年至2012年北京市新一轮土地利用总体规划实施情况进行全面评估，归纳总结成功经验，深入查找存在问题，并提出相关政策建议，形成《北京市土地利用总体规划（2006—2020年）中期评估报告》报国土部。

2. 北京市2012年度土地利用总体规划实施评价

年内，组织开展北京市土地利用总体规划实施评价。重点对2010年至2012年北京市土地利用总体规划实施情况进行全面系统总结，深入分析规划实施特点、变化规律和趋势，并提出相关政策建议，形成《北京市2012年度土地利用总体规划实施评价报告》。同时，深入开展北京市集体建设用地规划实施情况调查研究。在进一步查清全市集体建设用地规划实施情况的基础上，全面归纳总结土地规划在加强集体建设用地管理方面取得的成效，深入查找分析存在的问题，并研究提出严格土地规划实施管理，促进集体建设用地集约高效利用的相关政策建议，形成《北京市集体建设用地规划实施情况报告》。

3. 市区乡三级基本农田保护区专项规划编制

年内，进一步加大对各区县专项规划编制的督促指导力度，严格专项规划成果审查。截至年底，除昌平区外，平谷区专项规划已通过专家部门联审，顺义区等其余10个区（县）的专项规划已通过市国土局批准实施。4月，拟定下发《北京市国土资源局关于严格市区乡三级基本农田保护区专项规划实施管理的通知》，严格专项规划实施管理，切实发挥专项规划对耕地和基本农田的统筹管控作用，进一步提高土地资源对首都经济社会科学发展的保障能力。

4. 土地利用总体规划调整方案技术审查和规划数据库更新

年内，共完成104个规划调整方案的技术审查，并根据规划调整审批材料，及时完成规划数据库的更新并纳入局综合监管平台运行和提供各区（县）分局使用，保障局系统规划管理日常业务工作的顺利进行。同时，对新一轮土地规划实施以来全市规划调整项目进行全面梳理，总结归纳成功经验，查找分析存在问题，提出相关改进政策措施，并形成专题工作报告。

【专项规划】

开展《北京市集体产业用地节约集约利用规划研究》工作。通过分析土地调查数据、土地利用总体规划数据，摸清全市集体产业用地的规模和分布，在此基础上对西红门镇、东升镇以及其它集体产业用地利用较好地区进行实地调研，总结经验，梳理集体产业用地盘活再利用中存在的法律限制、政策障碍、审批困难等问题，同时借鉴外省市的做法，就北京市集体产业用地集约利用的思路和保障措施提出建议。

【土地利用规划实施管理】

1. 建设用地预审

年内，全市共批复用地预审项目1120件，用地总面积约13502公顷，比去年增加39%。其中农用地约5953公顷（其中占用耕地3057公顷），占44.1%；建设用地约7508公顷，占55.7%；未利用地约304公顷，占0.2%。从预审空间分布来看，首都功能核心区占1%；首都功能拓展区占27%；城市发展新区占56%；生态涵养发展区占16%；用地预审向城市发展新区集中，促进中心城功能疏解和土地利用总体规划的落实。

2. 规划调整

年内，印发《建设项目用地土地利用总体规划审查分类处理工作规则》，规范建设项目用地合规性审查的标准和工作程序，建立土地利用总体规划动态维护制度，简化程序、提高工作效率。建立市国土局系统土地利用总体规划修改和动态维护台帐的登记、汇总、整理和统计等一系列工作规则。

截至年底，共办理规划调整 227 件，总面积 5085.35 公顷，涉及规划调整面积 1227.15 公顷。按照规划调整项目的空间分布来看，主要分布于城市发展新区，共有 89 个项目，占总量的 39%；共有 77 个项目位于城市功能拓展区，占总量的 34%；61 个项目位于生态涵养发展区，占总量的 27%。

3. 规划实施评估

组织开展《“十二五”土地资源保护与开发利用规划》（以下简称《十二五土地规划》）中期评估。评估工作采取内部评估和外部评估相结合的方式，对《十二五土地规划》确定的目标和任务实现情况进行分析，查找规划实施中存在的主要问题，并结合新的形势提出促进规划实施的建议。

通过对《十二五土地规划》实施评估，加大土地整治力度，扎实推进三级基本农田保护规划编制和高标准基本农田建设工作；优先保障重点功能区和城市发展新区用地，加强集体建设用地管理和闲置土地清理力度；积极开展矿山环境恢复治理工作和新增百万亩林地空间方案研究工作。

规划实施取得经济、社会和生态效益，较好地实现预期规划目标，但仍存在问题：耕地保护形势严峻，宜耕后备资源严重匮乏；城乡建设用地供需矛盾突出，集体建设用地盘活力度及待加强；各种激励机制、违法查处、信息共享等制度体系还需进一步完善。

《“十二五”土地资源保护与开发利用规划中期评估》9 月 2 日获市政府批准，并正式提交市发展改革委员会。

土地供应

【年度土地供应计划编制】

按照《国有建设用地供应计划编制规范》（试行）（国土资发〔2010〕117 号）要求，结合《北京城市总体规划（2004 – 2020）》、《北京市土地利用总体规划（2006 – 2020 年）》、《北京市 2011 – 2015 年国有建设用地供应计划》和市政府 2013 年度工作部署，市国土局会同市发改委、市规划委共同编制 2013 年度国有建设用地供应计划，并下发《关于印发北京市 2013 年度土地供应计划的通知》（京国土调〔2013〕160 号）正式公布实施。

本年全市国有建设用地计划供应总量 5650 公顷，其中新增建设用地控制在 2770 公顷以内，鼓励和引导利用存量建设用地 2880 公顷。

土地供应总量按用途类型分：交通运输用地 1200 公顷，水域及水利设施用地 100 公顷，特殊用地 100 公顷，公共管理与公共服务用地 1300 公顷，工矿仓储用地 900 公顷，住宅用地 1650 公顷，商服用地 400 公顷。

土地供应总量按空间结构分，首都功能核心区和生态涵养区的土地供应量不高于全市土地供应总量的 15%，城市功能拓展区和城市发展新区的土地供应量不低于全市土地供应总量的 85%。规划新城范围内土地供应量占土地供应总量的 70% 以上，其中，重点新城规划范围内土地供应量约占土地供应总量的 40% 以上。

【年度供应计划实施】

1. 土地供应总量稳步增长

本年，北京市实际供应土地总量 4610 公顷，完成全年国有建设用地供应计划的 81.6%，较 2012 年提高 9.6 个百分点。

2. 住宅用地供应量增加，优化供应结构

北京市住宅用地供应 1783 公顷，完成计划的 108.1%，商品住宅和保障性安居工程用地均提前 1 个月完成计划。其中，商品住宅用地供应 978 公顷，完成计划的 115.1%。特别是自 2013 年 3 季度末，北京市通过“限房价、竞地价”、“限地价、竞自住型商品住房面积”等方式，推出自住型商品房用地，截至年底，供应的自住型商品房用地可建设自住型商品住房面积达 227 万平方米（约 2.2 万套），完成“年内实现 2 万套自住型商品房用地供应”的任务，优化北京市住宅用地供应结构。

3. 保障性安居工程用地继续“应保尽保”

年内，北京市房地产用地供应更加突出民生用地优先，完成 805 公顷保障性安居工程用地供应，超额完成计划任务（计划量 800 公顷），确保中央下达北京市 16 万套保障性安居工程建设任务用地落实。

4. 公共管理和公共服务用地、交通运输等基础设施用地供应略有下降

年内，北京市公共管理和公共服务用地供应 1140 公顷、完成计划的 87.7%；交通运输用地供应 902 公顷、完成计划的 75.2%。重点保障轨道交通、高速公路、城市道路、基础能源设施建设等用地需求。

5. 商服用地、工矿仓储用地供应平稳

北京市商服用地供应 305 公顷，完成计划的 76.3%；工矿仓储用地供应 449 公顷，完成计划的 49.9%。符合宏观经济运行预期和节约集约用地要求。

【国有土地使用权划拨】

年内，北京市共办理划拨城镇建设用地 350.42 公顷。与上一年相比，减少 99.42 公顷。1992－2013 年度划拨城镇建设用地情况详见表 3-2。

表 3-2　1992－2013 年度划拨城镇建设用地分年度统计表

年度	宗数（宗）	比例（%）	面积（公顷）	比例（%）
1992	25	1.22	204.64	1.83
1993	36	1.76	241.02	2.15
1994	39	1.91	404.8	3.61
1995	36	1.76	215.33	1.92
1996	24	1.17	55.16	0.49
1997	33	1.61	122.24	1.09
1998	38	1.86	157.76	1.41
1999	33	1.61	187.1	1.67

续表 3-2

年度	宗数（宗）	比例（%）	面积（公顷）	比例（%）
2000	35	1.71	67.4	0.60
2001	72	3.52	412.95	3.68
2002	65	3.18	311.21	2.78
2003	79	3.86	501.66	4.48
2004	73	3.57	447.67	3.99
2005	123	6.01	611.16	5.45
2006	183	8.94	2086.16	18.61
2007	294	14.36	1400.08	12.49
2008	181	8.84	1409.29	12.57
2009	133	6.50	721.62	6.44
2010	93	4.54	264	2.36
2011	121	5.91	585.88	5.23
2012	189	9.23	449.84	4.01
2013	142	6.94	350.42	3.13
总计	2047	100	11207.39	100

从用地项目来看，公共管理和公共服务类用地面积达 189.55 公顷，占全年划拨用地总面积的 54.09%；公共管理和公共服务宗数最多，共 98 宗，占全年划拨用地宗数的 69.01%。本年划拨土地按用途分类情况详见表 3-3，1992－2013 年度划拨城镇建设用地分项目情况详见表 3-4。

表 3-3　2013 年划拨土地用途分类统计表

项目类型	宗数（宗）	比例（%）	面积（公顷）	比例（%）
经济适用住房用地	33	23.24	107.30	30.62
廉租住房用地	4	2.82	9.26	2.64
公共管理和公共服务用地	98	69.01	189.55	54.09
特殊用地	2	1.41	0.48	0.14
交通运输用地	5	3.52	43.83	12.51
总计	142	100	350.42	100

表 3-4 1992 –2013 年度划拨城镇建设用地分项目统计表

项目类型	宗数（宗）	比例（%）	面积（公顷）	比例（%）
公共管理和公共服务用地	984	48.07	3335.65	29.76
经济适用住房用地	256	12.51	1741.38	15.54
其他住房用地	368	17.98	2809.52	25.07
交通运输用地	319	15.58	2501.92	22.32
特殊用地	119	5.81	816.54	7.29
水域及水利设施用地	1	0.05	2.38	0.02
总计	2047	100	11207.39	100

审批项目涉及除石景山区和亦庄开发区以外的所有区县，从用地位置来看，丰台区、昌平区供地面积最大，两区占全年划拨供地总面积的 36.66%，海淀区、丰台区、朝阳区审批宗数位列全市前三名，分别达 19、18、17 宗。本年各项目用地位置分类情况详见表 3-5，1992 –2013 年度划拨城镇建设用地分区县情况详见表 3-6。

表 3-5 2013 年各项目用地位置分类统计表

区县	宗数（宗）	比例（%）	用地面积（公顷）	比例（%）
东城区	2	1.41	3.80	1.08
西城区	6	4.23	2.00	0.57
朝阳区	17	11.97	30.76	8.78
丰台区	18	12.68	67.95	19.39
海淀区	19	13.38	29.61	8.45
门头沟区	10	7.04	24.04	6.86
房山区	11	7.75	15.28	4.36
通州区	12	8.45	16.29	4.65
顺义区	8	5.63	23.66	6.75
昌平区	4	2.82	60.51	17.27
大兴区	13	9.15	33.10	9.45
怀柔区	3	2.11	16.04	4.58
平谷区	8	5.63	11.52	3.29
密云县	6	4.23	10.66	3.04
延庆县	5	3.52	5.20	1.49
总计	142	100	350.42	100

表 3-6 1992－2013 年度划拨城镇建设用地分区县统计表

区县	宗数（宗）	比例（%）	用地面积（公顷）	比例（%）
东城区	254	12.41	1188.38	10.60
西城区	350	17.10	1256.32	11.21
朝阳区	302	14.75	2196.77	19.60
丰台区	194	9.48	866.50	7.73
石景山区	52	2.54	154.18	1.38
海淀区	306	14.95	1721.77	15.36
门头沟区	44	2.15	139.31	1.24
房山区	58	2.83	261.78	2.34
通州区	66	3.22	190.77	1.70
顺义区	72	3.52	1327.00	11.84
昌平区	89	4.35	907.56	8.10
大兴区	88	4.30	415.36	3.71
怀柔区	39	1.91	143.79	1.28
平谷区	31	1.51	87.08	0.78
亦庄区	7	0.34	59.80	0.53
密云区	61	2.98	181.78	1.62
延庆区	34	1.66	109.25	0.97
总计	2047	100	11207.39	100

【政策研究】

年内，市国土局配合市民政局对全市养老机构建设供地政策进行研究，出台《北京市人民政府办公厅印发关于加快本市养老机构建设实施办法的通知》（京政办发〔2013〕56 号），明确提出北京市养老机构建设供地方式：“政府投资建设的养老机构，依法采取划拨方式供地。社会资本投资建设的非营利性养老机构，依法采取划拨方式供地；社会资本投资建设的营利性养老机构，应在限定地价、规定配套建设和提出管理要求的基础上，采用招拍挂等方式供地。企业单位利用自有用地建设的营利性养老机构，采取协议出让的方式供地。社会资本投资建设的养老机构属于营利性或非营利性，由民政部门会同国土、工商等部门共同认定。农村集体经济组织可采取占地方式，利用集体建设用地建设养老机构”。

年内，市国土局配合市交通委对全市停车场建设供地政策进行研究，出台《北京市机动车停车管理办法》（北京市人民政府令第 252 号），其中明确提出“驻车换乘停车场和为改善交通管理秩序建设的公益性停车场，是城市交通基础设施，建设用地实行划拨，按照政府主导、社会参与、企业运作的方式进行建设与管理。在以划拨方式供地的医院、政府机关、博物馆、展览馆、大中小学、幼儿园及公共服务性设施用地内独立建设的停车场，建设用地实行划拨”。

【国有土地使用权出让】

1. 北京市国有土地使用权出让概况

本年北京市共出让土地556宗，出让土地总面积约2006.68公顷，合同地价款总额约为人民币1857.03亿元(表3-7)。其中出让新建项目用地328宗，出让土地面积约为1739.39公顷，占出让总土地面积的86.68%，合同地价款总额约为人民币1817.92亿元，占出让地价款总额的97.89%；以现状补办出让项目用地228宗，出让土地面积约267.30公顷，占出让总土地面积的13.32%，合同地价款总额约为人民币39.11亿元，占全市出让地价款总额的2.11%。

表3-7　按区域划分2013年北京市国有土地使用权出让情况

区县	宗数	宗地面积（公顷）	合同地价款（万元）
东城区	51	6.68	303933.19
西城区	49	12.59	50919.13
朝阳区	53	104.99	2590305.09
丰台区	47	82.94	1238482.22
石景山区	13	33.68	1208814.16
海淀区	64	188.93	1024852.68
门头沟区	17	69.36	850308.41
房山区	48	309.85	2061120.63
通州区	43	156.97	3275302.27
顺义区	31	150.24	1083213.52
昌平区	34	312.54	1845225.90
大兴区	44	257.52	1691127.27
怀柔区	6	52.26	247431.65
平谷区	21	74.62	234175.50
亦庄开发区	16	72.87	418880.31
密云县	12	89.75	366762.13
延庆县	7	30.89	79432.97
合计	556	2006.68	18570287.03

按出让方式来分，其中以招拍挂方式出让项目用地233宗，出让土地面积约1349.32公顷，占出让总土地面积的67.24%，合同地价款总额约为人民币1770.06亿元，占出让地价款总额的95.32%；以协议方式出让项目用地323宗，出让土地面积约657.36公顷，占出让总土地面积的32.76%，合同地价款总额约为人民币86.96亿元，占全市出让地价款总额的4.68%。

2001－2013年市国土局共审批出让国有土地使用权9260宗，涉及土地面积约25458.33公顷，规划建筑面积约43007.39万平方米。

2. 北京市国有土地使用权协议出让情况

本年北京市共协议出让土地323宗（包括现状经营性用地补办出让手续、教科文卫用地等），出让土地总面积约657.36公顷，合同地价款总额为人民币86.96亿元（表3-8）。其中协议出让新建项目用地95宗，出让土地面积约为390.06公顷，占协议出让总土地面积的59.34%，合同地价款总额约为人民币47.86亿元，占协议出让地价款总额的55.04%；以现状补办出让项目用地228宗，出让土地面积约267.3公顷，占出让总土地面积的40.66%，合同地价款总额约为人民币39.11亿元，占全市协议出让地价款总额的44.96%。

表3-8 按用途划分2013年北京市国有土地使用权协议出让情况

		宗地数	面积（公顷）		规划建筑面积	成交价款（万元）	政府收益（万元）
				新增			
甲		1	2	3	4	5	6
合计		323	657.3639	494.4376	1375.5617	869645.48	869645.48
商服用地		162	85.9871	22.762	219.1072	259063.64	259063.64
工矿仓储用地		26	85.9471	19.3792	44.0787	33437.7	33437.7
住宅用地		80	278.2675	273.2451	702.2801	271806.15	271806.15
其中	高档住宅用地						
	普通商品住房用地	52	31.1466	28.7347	72.0325	54287.37	54287.37
	中低价位、中小套型用地						
	经济适用住房用地						
	廉租住房用地						
	其他住房用地	28	247.1209	244.5104	630.2476	217518.78	217518.78
公共管理与公共服务用地		54	206.3893	178.2784	406.7585	303933.47	303933.47
特殊用地							
交通运输用地		1	0.7729	0.7729	3.3372	1404.52	1404.52
水利设施用地							

3. 国有建设用地使用权交易

年内，市土地交易市场和10个远郊区（县）、北京经济技术开发区土地交易分市场共成交土地223宗，土地面积2118.64公顷，规划建筑面积2448.74万平方米，成交价款1853.15亿元，其中，政府土地收益846.81亿元。本年北京市国有建设用地使用权入市交易成交总体情况详见表3-9，按用途和按区域入市交易成交情况详见表3-10、3-11。

表3-9　2013年北京市国有建设用地使用权入市交易成交统计表

交易地点	成交宗数（总）	土地总面积（万平方米）		规划建筑面积（万平方米）	成交价款（亿元）
		合计	其中建设用地		
市土地交易市场	138	1543.54	911.906	1839.40	1745.75
远郊区县土地交易市场	85	575.10	430.43	609.34	107.38
合计	223	2118.64	1342.34	2448.74	1853.15

表3-10　2013年北京市国有建设用地使用权入市交易成交统计表（按用途分类）

	合计	住宅用地	商业用地	工业用地
面积（公顷）	2118.6	1261.4	313.3	543.9
结构比例	100.00%	59.54%	14.79%	25.67%

表3-11　2013年北京市国有建设用地使用权入市交易成交统计表（按区域分类）

区域	面积（公顷）	比例（%）
首都功能核心区	3.27	0.16
城市功能拓展区	295.4	13.94
城市发展新区	1375.9	64.94
生态涵养发展区	444.0	20.96
合计	2118.6	100.00

【保障性住房建设用地供应】

年内，完成保障性安居工程新增落实用地819公顷，其中公租房用地146公顷，限价房用地68公顷，经济适用房用地141公顷，定向安置房用地464公顷。

年内，首次推出自住型商品房用地，成交住宅用地中可建设自住型商品住房建筑规模227万平方米。同时，试点采用竞建自住型商品房、竞建公益性公建设施、竞建异地建设保障房面积，商服用地与保障房地块搭配出让，零起始价挂牌等招拍挂出让新方式。

【土地出让项目批后监管】

依照《国土资源部办公厅关于建立土地利用动态巡查制度加强建设用地供后开发利用全程监管的通知》（国土资厅发〔2013〕30号）要求，继续完善出让项目后期跟踪管理的制度、流程，充分利用科技手段，协同相关部门，跟踪管理工作进入制度化、日常化管理的轨道，形成市、区（县）分工合作机制。

规范土地出让合同约定开发建设延期审批，形成常态化、规范化的工作流程。年内共收到延期申请61件，其中对符合要求的项目31件，已分3个批次上报、批准。

自2009年国土部开展出让合同专项清理工作和2010年北京市建立出让项目开发利用申报制度以来，市国土局一直通过建设用地开发利用情况申报和出让后期跟踪管理工作收集的项目宗地开、竣工数据成果向国土部监管系统进行更新。年内，共收到59宗申报；根据申报及局监管子系统数据，完成国土部监测系统中约158宗次（包括交地、开工、竣工信息等数据）土地的开竣工数据更新。

【出让土地批后监管系统建设】

按照《北京市国土资源局关于运行出让土地批后监管系统的通知》（京国土用〔2013〕109号）要求，自4月1日起，对土地出让合同相关信息全程监督管理的“综合监管平台出让土地批后监管子系统”正式运行。该系统为进一步加强土地出让合同管理及土地批后监管，推进节约集约用地，强化项目用地开竣工管理提供强大的技术保障。年内，已将2007－2013年度3357个出让项目纳入市国土局监测系统，其中，对1195个新建协议和招拍挂出让项目的开发利用情况进行监测并实现数据实时更新，年内完成了1003个项目监测和数据实时更新，占需监测项目数量的84%。

地价管理

【城市地价动态监测工作简介】

城市地价动态监测是土地参与宏观调控的一项重要基础性工作。通过确定地价监测范围，设立标准宗地，组织土地估价师及时跟踪采集标准宗地地价信息，定期收集、汇总、整理、分析形成季度和年度监测成果，实现对地价变动情况的实时监测，及时准确把握土地市场运行态势和价格走势，为国土资源管理部门加强市场监管和参与宏观调控提供决策依据，同时为社会公众提供地价信息参考。

【北京市地价监测基本情况介绍】

自2001年以来，我国逐步建立城市地价动态监测体系，北京市作为国家首批地价监测城市之一，监测工作已开展13年。2008年，根据国土部《关于进一步加强城市地价动态监测工作的通知》（国土资发〔2008〕51号）要求，重新划定监测范围和地价区段，布设标准宗地，按照“政府主导、市区联动、协会监督、专业实施”四位一体的组织管理模式开展工作。

北京市地价动态监测分国家级监测范围及市级监测范围，国家级监测范围为城市建成区及工业集聚区内的居住、商业、工业三种用途，市级监测范围为十一个规划新城内居住、商业、办公三种用途。国家级监测范围内标准宗地共257宗（居住105宗、商业91宗、工业61宗），市级监测范围内标准宗地共241宗（居住55宗、商业53宗、办公133宗）。北京市共57家土地估价机构的238名土地估价师参与地价监测工作。标准宗地信息采集采取同一宗地由两名估价师背对背分别评估的方式进行。地价监测结果客观地反映北京市土地价格水平及地价变化情况，对于政府部门全面、系统、及时地掌握地价水平及动态变化情况，宏观调控土地市场提供参考依据。

【北京市地价监测的主要成果】

根据《城市地价动态监测技术规范》（TD/T 1009—2007）及《关于进一步加强城市地价动态监测工作的通知》（国土资发〔2008〕51号）要求，本年北京市国家级监测范围内地价监测及城市地价动态监测指数结果详见表3-12、表3-13。

表3-12　国家级监测范围各用途增长率（季度）

土地用途	2013年一季度	2013年二季度	2013年三季度	2013年四季度
居住	1.85%	2.07%	1.98%	1.97%
商业	1.31%	2.33%	1.72%	1.68%
工业	0.96%	0.69%	0.88%	0.87%
平均	1.675	2.04%	1.86%	1.83%

表3-13　城市地价动态监测指数（年度）

年度	2012年	2013年
全市平均水平	278	299
一、住宅用地	379	409
二、工业仓储用地	220	227
三、商业、旅游、娱乐用地	234	252

【协议出让地价管理】

年内，共召开地价办公室会37次，初审地价评估报告476份；召开地价评审专家会10次，审定项目481个。

【国土资源节约集约模范县（市）创建活动开展情况】

国土资源节约集约模范县（市）创建活动是经国务院创建活动主管部门批准，由国土资源部开展的国土资源节约集约国家级达标评比表彰活动。在2013年开展的第二届国土资源节约集约模范县（市）创建活动中，市国土局荣获优秀组织奖，东城区、平谷区荣获国土资源节约集约模范县（市）荣誉称号。海淀区、丰台区、顺义区、怀柔区通过创建活动达标考核。

东城区以“土地价值”为核心，打造文化强区。将历史文化名城建设与经济社会全面协调可持续发展有效结合，将土地划分为历史风貌保护区域、可开发区域和高强度开发区域，在最大程度保留古都历史风貌的同时，促进基本公共文化服务均等化和高端化发展、优化土地利用结构和空间布局、提高土地资源承载力。

平谷区以“耕地保护”为主线，打造生态重区。制定《平谷区耕地保护责任目标考核办法》，实行城乡三级责任制，严格落实耕地保护责任；大力推进土地综合整治，将旱地、老化果园和未利用地等变成高产优质农田，累计实施土地整理项目131个，开发整理耕地面积5.13万亩，新增耕地2.64万亩；加强闲置土地清理，提高企业用地效率。

土地储备

【土地储备计划编制及实施】

本年计划完成开发面积2800公顷，新增1000公顷；用途结构上，居住用地、商服及其他用地各占65%、35%；空间布局上，中心城和规划新城占63%；计划安排土地储备开发投资1000亿元。重点推进在施项目完成开发，加快在施项目消化，严把新增项目准入门槛，优先保障民生工程、市政府重点工程、现状建设用地（含村庄）再利用项目、分期实施项目（拆迁基本完成项目后续地块）。探索项目清退与项目新增挂钩机制，持续引导形成合理的土地储备开发规模。

核批土地一级开发授权批复109个（含延期及主体变更），土地面积3891.53公顷。全市新增土地储备开发面积1087公顷，基本完成土地储备开发面积1973.01公顷，实现土地储备开发投资及重点区域专项投资977亿元。本年土地储备开发完成区域分布情况详见表3-14。

表3-14　2013年土地储备开发完成区域分布

区域	完成开发面积（公顷）	比例（%）
首都功能核心区	5.43	0.28
城市功能拓展区	462.94	23.46
城市发展新区	1117.25	56.63
生态涵养发展区	387.39	19.63
合计	1973.01	100

【政府土地储备】

年内，新增收购储备项目1个，土地面积119公顷。年内组织办理储备土地证93个，土地面积约289公顷。

【土地储备资金筹措】

年内，筹措市级土地储备开发项目资金626亿元，其中银行贷款86亿元，保险资金290亿元，市财政返还前期成本230亿元，市财政拨付国有土地收益基金20亿元。

土地征收

【征地管理】

1. 优化征地审批事项工作流程

为贯彻落实国务院关于加快转变政府职能的精神和市委关于简化审批程序，下放审批权利的要求，根据市政府取消农用地转为建设用地前期工作和集体土地征收前期工作审批事项、《建设用地批准书》下放区（县）国土分局办理的决定，市国土局印发《关于征地及农转用管理等有关问题的通知》（京国土征〔2013〕649号），加强北京市征地及农转用报批管理，明确征地申报前各分局应组织完成的具体审查工作，严格规范征地结案、理顺《建设用地批准书》办理程序。

2. 规范紧急避险搬迁用地办理程序

为贯彻落实国务院和市委、市政府关于加强地质灾害防治工作的有关要求，经市政府同意，市国土局印发《关于落实地质灾害易发区紧急避险搬迁用地有关问题的通知》（京国土征〔2013〕306号），就强化各区（县）政府的主体责任、加强地质灾害防治和规范紧急避险搬迁用地提出要求，明确区（县）政府确定为紧急避险急需用地的，可以先行使用土地，若作为永久性建设用地使用的，应当在先行用地后6个月内，持区（县）政府批准文件，按照国家和北京市相关规定办理用地手续，既要保障紧急用地需求，又要做到依法用地。

3. 开展征地补偿费落实情况清理

为进一步完善北京市集体土地征用程序和补偿机制，规范征地补偿费的分配和管理，切实保障被征地农民合法权益，促进地区经济发展，维护社会稳定，市国土局印发《关于继续开展征地补偿费落实情况清理工作的通知》（京国土征〔2013〕46号），要求各区（县）分局通过集中清理，及时了解和掌握本区（县）征地补偿费的管理和使用情况，摸清征地补偿费的拖欠底数。对清理出的项目和问题要认真分析，区别情况提出整改措施，积极督促相关单位全面兑付被征地农民补偿费。

4. 开展征地补偿多元化调研

北京市重点加大对“缩小征地范围，规范征地程序，完善对被征地农民合理、规范、多元化补偿机制”的研究，一方面密切关注国家相关立法动向，认真梳理和总结现行征地程序、机制，为搭建征地制度改革的总体框架思路奠定基础；另一方面积极探索在土地储备项目中采取实物补偿、留地安置等多元化补偿安置方式，多方面采取长效措施维护被征地农民权益，使农民生活水平有提高、长远生计有保障。

【征地及农用地转用审批】

本年，国务院及北京市政府共审批征地及农用地转用总用地面积约3892公顷，其中国务院批准用地面积约627公顷，北京市政府批准用地面积约3265公顷。

耕地保护

【耕地和基本农田保护】

完成市、区（县）政府2012年度耕地保护责任目标履行情况自查，以及市、区（县）、乡（镇）三级2013年度耕地保护目标管理责任书签订工作；结合各区（县）耕地保护责任的履行情况，会同市委组织部、市政府绩效办完成区（县）经济社会实绩考核、区（县）政府绩效管理年度考评工作。

继续推进高标准基本农田建设，向国土部报送《北京市2013年高标准基本农田年度实施方案》；加大建设督办力度，建立区（县）共同推进机制和周报制度，实施工期倒排；开展高标准基本农田示范县（通州区）高标准基本农田建设中期检查工作；完成本年28万亩高标准基本农田建设任务。

完成北京市耕地质量等级成果补充完善省级汇总成果并通过国土部验收。开展大兴区耕地质量等级年度变更评价试点工作并通过国土部验收。稳步推进大兴区耕地质量等级监测试点工作，初步探索总结监测体系并通过国土部验收。

规范耕地破坏程度鉴定工作，协助相关区（县）对违法行为造成耕地破坏进行耕地破坏程度鉴定。配合市新农村建设领导小组，完成9个区（县）都市型现代农业基础建设及综合开发项目申报审核工作。

【耕地占补平衡】

合理使用现有政策，统筹安排使用全市耕地补充指标，严格规范项目实施，保障全市保障性安居工程、国家和本市重点工程等城市发展的用地需求，全年共审核补充耕地方案103个。

详细调查北京市耕地后备资源情况，参考土地利用总体规划、年度土地利用计划梳理北京市未来几年建设占用耕地情况，同时结合北京市人口、资源环境的承载能力，总结北京市耕地占补平衡工作面临的形势及遇到的问题，先后向市政府、国土部、国务院上报有关情况，提出国家允许北京市以“国家统筹”或“跨省市异地占补平衡”方式解决耕地占补平衡问题等工作建议，落实占补平衡任务。

【土地综合整治】

规范土地整治立项、验收及实施管理。起草《北京市土地整治项目管理办法（试行）》和《北京市土地整治项目验收管理办法》；全年共批准立项土地整治项目（含高标准基本农田项目）55个，计划建设规模32436.20公顷，计划新增耕地1053.89公顷；验收项目15个，验收建设规模1731.27公顷、新增耕地274.04公顷。本年全市土地开发整理情况详见表3-15。

表 3-15 2013 年北京市土地开发整理情况统计表

分类 区县	立项		在施		验收	
	项目个数	建设规模（公顷）	项目个数	建设规模（公顷）	项目个数	建设规模（公顷）
昌平	1	942.97	9	2251.43	0	0.00
大兴	4	3251.78	12	3535.88	0	0.00
房山	6	2815.69	26	6027.21	0	0.00
怀柔	3	1310.08	14	2407.65	0	0.00
门头沟	0	0.00	4	181.61	1	72.04
密云	10	2405.20	16	3738.53	3	190.94
平谷	6	2189.99	15	3997.88	0	0.00
顺义	16	9106.45	30	16612.33	8	1378.57
通州	5	5287.07	14	10214.52	0	0.00
延庆	4	5126.98	37	8604.07	3	89.72
合计	55	32436.20	177	57571.11	15	1731.27

开展在施项目清理检查工作，梳理在施项目，印发《北京市在施土地整治项目有关问题的解决方案》，在新增耕地的认定、工程核定、规划设计变更、资金等方面存在的问题提出分类解决方案，推进在施项目建设。

指导区（县）分局开展建设项目临时用地复垦工作，开展京沪高速铁路（北京丰台段和北京大兴段）临时用地复垦验收相关工作，以及陕京三线输气管道工程（北京段）土地复垦方案报告书的初步审查工作。

完成《北京市土地整治规划（2011－2015 年）》编制工作并获得市政府批准，加快推进区（县）级土地整治规划编制，并开展区（县）级规划的审核工作。

【集体建设用地管理和新农村建设】

结合房山、怀柔等区（县）集体土地管理实际和南水北调来水调入密云水库调蓄工程临时用地，认真研究宅基地、集体占地和临时用地相关手续办理程序；审核乡镇企业和乡镇村公益事业占用现状农村集体建设用地项目 5 宗，占地 4.02 公顷；审核和备案区（县）上报的农村道路用地 16 条。针对目前北京市设施农用地管理实际，指导区（县）审批和备案设施农业项目用地 28 宗。

继续推进集体土地租赁住房试点工作。4 个已批试点项目中，海淀区温泉镇 3－3 街区 351 地块和朝阳区平房乡平房村试点项目已开工建设，海淀区唐家岭地区和海淀区西北旺镇 021 地块试点项目开展开工前准备工作；沟通协调市相关部门，修改完善《北京市利用农村集体土地建设租赁住房试点实施意见（试行）》，规范相关政策措施；按照国家土地督察北京局要求，组织海淀和朝阳区开展集体土地租赁住房试点调研工作，上报《关于北京市利用农村集体土地建设租赁住房试点工作调研情况的函》。

开展天津城乡建设用地增减挂钩、耕地整体租赁管护、农村宅基地、“五+三”工程项目用地（“五项基础设施”：村庄街坊路硬化、安全饮水、污水处理、垃圾处理、厕所改造工程；“三起来”工程：农村亮起来、农户暖起来、农业资源循环起来）、设施农业用地、“土储代拆”项目整治（土地储备项目代拆的土地）等多项专题调研。完成《关于赴天津开展城乡建设用地增减挂钩专项调研的报告》、《北京市耕地整体租赁管护机制相关测算及政策建议》、《北京市农村宅基地审批与住房建设有关情况、问题及建议》、《关于北京市农业人口转非相关费用测算的报告》、《关于我市新农村“五+三”工程项目建设用地有关问题及建议》和《北京市土地整治管理机制研究》等调研报告。

地籍管理

【土地调查】

1. 完成2012年度变更调查工作

通过“三下二上”的形式组织区（县）分局开展调查成果上报和疑问图斑的分析核查工作。完成国家级外业实地核实和信息标注工作，调查5000余个监测图斑，更新数据库地类图斑面积5000余公顷。完成数据成果分析整理，形成《2012年度土地利用变化情况分析报告》。

2. 开展2012年城镇地籍调查数据更新汇总工作

根据变更调查结果，结合相关经济数据，及时调整更新北京市2012年度城镇地籍调查数据，共更新北京市城镇建设用地16万公顷。

3. 开展本年变更调查与动态遥感监测工作

年内，开展季度遥感监测工作，对提取的7000余块图斑进行内业核对和外业核查，确保北京市季报工作与年度变更调查数据的一致性。开展季度实际新增建设用地统计汇总工作，按时完成季度新增建设用地季报工作。在国土部下发本年变更调查与遥感监测数据和方案的基础上，对图斑组织开展国家卫片外业核查和区县数据对接工作。

4. 组织开展《北京市典型区域土地利用强度调查与评价研究》课题

年内，会同《北京市典型区域土地利用强度调查与评价研究》课题合作单位，完成东城区、西城区、石景山区3000余宗地的抽样调查工作，为项目单位提供抽样宗地的坐落、面积、建筑占地情况等信息。

【地籍信息系统建设】

推进集体土地发证系统和数据库建设。组织有关人员整理编写《北京市农村土地确权登记颁证数据库建设技术方案》及配套标准，指导各区（县）分局建成数据库，并利用数据库和系统开展农村集体土地所有权的登记发证工作。

【农村集体土地确权登记颁证】

根据国土部《农村集体土地所有权确

权登记发证成果检查验收办法》，北京市农村集土地确权颁证办公室制定《北京市农村集体土地所有权确权登记发证成果检查验收办法》和《北京市农村集体土地所有权确权登记发证成果检查验收方案》，并于1月成立“内业、外业、数据库”3个检查组，历时5个月，对区（县）发证成果进行市级检查和复查。7月，北京市农村集体土地确权颁证领导小组召开全市验收会，通过北京市集体土地所有权确权登记发证成果。

10月，全国加快推进农村集体土地确权登记发证工作领导小组第三检查组，对北京市农村土地所有权确权登记发证工作情况进行抽查，通过抽查北京市市级成果和延庆县、顺义区两个区（县）成果，检查组认为，北京市各级党委、政府和国土资源部门高度重视，组织保障、经费保障、政策保障、工作措施到位，工作推进有力，工作成效显著。

截至年底，北京市农村集体土地所有权确权登记发证工作共涉及13个区（县）（东城、西城、石景山区除外），完成195个乡（镇），占乡（镇）总数100%；完成3958个行政村，占村总数100%；完成集体土地所有权登记发证23333宗，确权登记率97.52%；完成集体土地所有权登记发证面积1206189公顷，确权登记率97.05%。其中，确权到乡镇集体经济组织2332宗，面积14656公顷，确权到村集体经济组织21001宗，面积1191533公顷。

【北京市宗地全国统一编码】

在完成北京市宗地全国统一编码地籍区、地籍区划分的基础上，按照国土部关于《印发<全国宗地统一代码编制工作实施方案>的通知》（国土资发〔2012〕4号）要求。对照地籍数据库中的宗地界线对地籍区、地籍子区界线进行逐一核实，生成地籍区和地籍子区数据图层，并依据地籍区、地籍子区所在区域、地域特征及典型地物等，对划定后的地籍区、地籍子区确定编码和命名，完成地籍区、地籍子区数据入库工作。

根据数据库中的地籍区、地籍子区划分成果，采取计算机辅助和人工判读的方式，开展并完成全市新旧宗地代码转换。为2014年1月1日起，按照《北京市启用全国宗地统一编码实施方案》的通知要求，全市统一启用北京市全国宗地统一编码奠定坚实基础。

【土地利用现状调查】

在完成2012年度土地变更调查与遥感监测初步成果上报的基础上，参加国土部数据对接，房山、昌平、通州三个区（县）接受国土部重点图斑的外业核查，更新市级与区（县）级数据库，完成2012年度土地变更调查与遥感监测工作；按照政府采购有关规定，招标确定本年土地变更调查与遥感监测项目作业单位；采取收集用地管理信息的方式完成第1、2、3季度新增建设用地季报工作，组织开展第1、2、3季度土地遥感监测工作；按照国土部要求，及时开展年度变更调查与遥感监测工作，截至年底，全面完成外业调查、日常用地信息收集和数据汇总，形成并上报本年土地变更调查与遥感监测初步成果。

【土地登记发证】

截至年底，北京市城镇国有土地使用

权初始登记发证 1330 宗，发证面积 3251.72 公顷。变更登记发证 7277 宗，发证面积 2979.24 公顷。注销登记 152 宗，注销宗地面积 1043.4 公顷；抵押土地 6345 宗（含小业主抵押 3459 宗），抵押土地面积为 7723.07 公顷，土地抵押贷款额为 73054780.36 万元。注销抵押土地 5426 宗，注销抵押面积为 5933.42 公顷，注销抵押贷款为 36592999.53 万元。

年内，根据国土部《关于规范土地登记的意见》（国土资发〔2012〕134 号），市国土局《关于进一步规范土地登记工作的通知》（京国土籍〔2012〕634 号）工作要求，认真抓落实，不断强化服务。

召开在京中央单位、驻京部队有关人员参加的土地登记服务工作座谈会，听取工作意见建议，帮助用地单位解决实际困难，发放 300 册《中央单位、驻京部队土地登记工作指南》。

开展本年土地登记持证上岗培训考试、上岗资格证期满续期及证件丢失补办工作，年内资格证新增 141 人，续期 119 人，补办 26 人。截至年底，全市持证上岗在岗 325 人。

【土地权属管理】

协调解决北京市电力公司、京沪高铁、首农集团家禽板块重组上市、二商集团上市等重点项目的土地确权登记相关问题。

截至年底，全市现有土地权属争议 487 件，其中：国有土地使用权争议 1 件，集体土地权属争议 286 件，国有土地与集体土地之间的争议 200 件；当年受理的现有争议 110 件，其中：国有土地使用权争议 1 件，集体土地权属争议 89 件，国有土地与集体土地之间的争议 20 件；全市已累计处理土地权属争议 2506 件，当年已处理争议 211 件，其中：国有土地争议 5 件，集体土地争议 168 件，集体土地与国有土地之间争议 38 件。

【地籍资料应用】

截至年底，年内受理公开查询 4179 人次，累计受理公开查询 22724 人次；在市国土局网站的登记结果公开栏目中，年内主动公开全市土地登记结果信息 5010 条，累计主动公开土地登记结果信息 40954 条。

根据市政府关于开展行政规范性文件清理工作的统一要求，对 1988 年以来制定颁布的涉及地籍管理方面的规范性文件进行全面清理。共清理文件 166 个，按要求废止文件 105 个，保留文件 61 个。

地质矿产资源

概况

北京市位于华北平原西北隅，地处东经115°25′～117°30′，北纬39°28′～41°05′，周围与河北省和天津市相邻，地势西北高，东南低，总面积16406平方公里，其中山区面积10072平方公里。北京地区大地构造位置处于中朝准台地燕山台褶带中段，各时代地层除缺失下元古界、上元古界震旦系及古生界的上奥陶统至下石炭统外，从太古界古老变质岩系直至新生界第四系均有沉积。地质构造演化漫长而复杂，成矿作用显著。地层出露良好，厚度大，沉积类型与沉积相比较复杂，生物化石繁多，沉积矿产丰富。

截止年底，北京市共发现各类矿产127种（含亚矿种），其中固体矿产121种，水气矿产6种。

【矿产资源现状】

截至年底，北京市共发现各类矿产127种（含亚矿种，下同），其中固体矿产121种，水气矿产6种。有查明资源储量并已编入《北京市矿产资源储量表》的有67种353处矿产地。其中有能源矿产1种29个矿产地；金属矿产19种116处矿产地；非金属矿产47种208处矿产地（详见表6-9）。

【分布特点】

北京市矿产资源分布不均衡，具有分布广泛、矿种相对集中，以远郊区（县）为主的特点：煤矿90%以上的查明资源储量分布于京西门头沟和房山区；铁矿90%以上的查明资源储量分布于密云县；化工、冶金及建筑用各类石灰岩、白云岩等矿产主要分布于山区与平原交界的西部与北部山前地带。

【保有资源储量】

截至年底，北京市重要矿产资源储量保有情况详见表3-16。

表 3-16　截至年底重要矿产资源保有资源储量情况表

序号	矿产名称	资源储量（万吨）
1	煤炭	215221
2	铁矿	100418
3	水泥用灰岩	84130
4	熔剂用灰岩	30823
5	冶金用白云岩	37131
6	饰面用花岗岩（万立方米）	22211
7	冶金用石英岩	18646
8	电石用灰岩	9635
9	制碱用灰岩	7277
10	饰面用大理岩（万立方米）	3482

【饮用天然矿泉水资源】

北京市矿泉水主要为低钠、低矿化度或中等矿化度的淡矿泉水，有四种类型：锶型、锶—偏硅酸型、偏硅酸型、高矿化度型（溶解性总固体 >1000mg/L）。截至年底，全市有矿泉水厂家 33 家，在生产的 18 家，开采总量 2. 67 万吨。

【地热资源概况】

北京地区地热资源主要分布于平原地区（含延庆盆地），主要以热水型地热为主，地热井出水温度一般为 50 ~ 70℃。地热开发除作为能源利用热能外，还有一定的医疗、保健、养生功效，但不宜直接饮用。

根据《北京市 2006 – 2020 年地热资源可持续利用规划》，北京平原地区深度 3000 米内温度大于 50℃ 的地区面积约 2760km^2，构成相对独立又有一定联系的 10 个地热田。北京市地热田基本情况详见表 3-17。

表 3-17　北京市地热田基本情况一览表

序号	地热田	面积（km^2）	地热田最高温度地热井		
			编号	温度（℃）	井深（m）
1	延　庆	121. 88	延热 –2	70	2500
2	小汤山	186. 42	汤热 –30	70	1905
3	后沙峪	239. 85	顺后热 –2	75	2920
4	京西北（沙河）	363. 21	沙热 –13	76	2603
5	天　竺	290. 75	京热 –128	89	3688

续表 3-17

序号	地热田	面积（km^2）	地热田最高温度地热井		
			编号	温度（℃）	井深（m）
6	李　遂	273.04	遂热－13	55	1300
7	东南城区	207.44	京热－59	88	3610
8	双　桥	339	通热－4	58	2509
9	良　乡	475.77	京热－96	70	2950
10	凤河营	262.51	兴热－12	117	3356

根据本年开展的地热资源综合利用调查成果，截至年底，北京市已钻探地热井496眼，其中在用井200眼，未成井20眼，报废井37眼，观测井11眼，待用井228眼。全市16个区县除密云县没有地热井外，其余区县均有地热井分布。全市地热井最大深度已超过4000米，最高出水温度117℃。全市地热井分布情况详见图3-1。

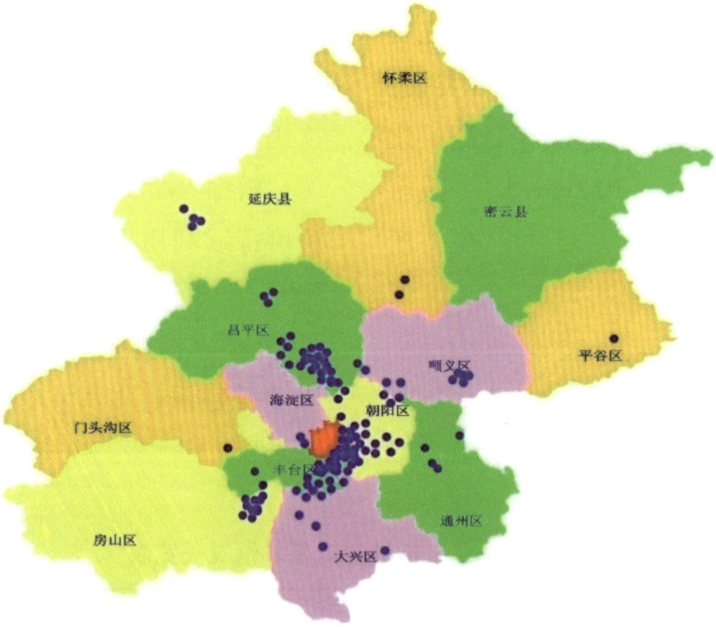

图 3-1　北京市地热井分布示意图

据统计，从现有地热开发利用井的功能分析，北京市地热开发用途仍以供暖和生活用水为主。主要用途占比情况如图所示。地热资源开发用途统计详见图3-2。

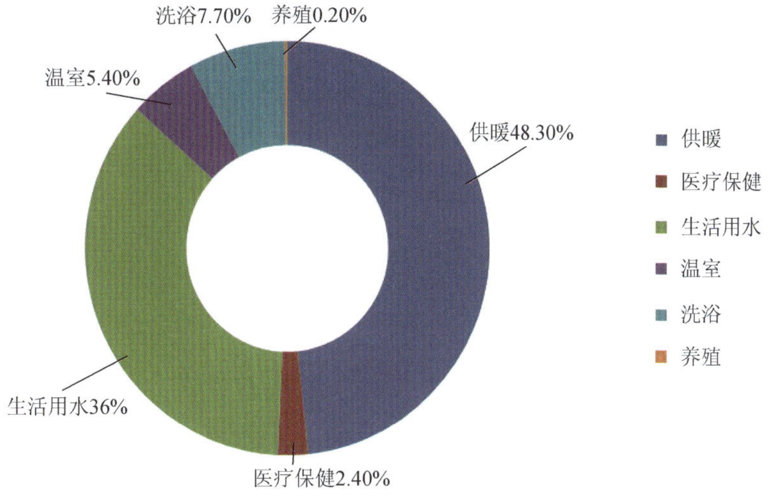

图 3-2　2013 年北京市地热资源开发用途统计

【浅层地热能资源概况】

北京市年平均气温 10℃~12℃，夏季炎热，冬季寒冷，冬夏两季较长，具备采用浅层地热能资源进行冬季供暖和夏季制冷的优越气候条件。北京市拥有浅层地热能资源开发利用的高水平院校、院所、科研机构和一批行业龙头企业，形成产学研用一体化相互促进发展的良好格局，科技创新及综合服务能力全国领先，为进一步促进浅层地热能资源开发利用奠定坚实基础。截至年底，北京市已建成地源热泵项目 770 个，实现供暖建筑物面积约 2142 万平方米。

矿产资源规划

【《“十二五”地质勘查规划》实施中期评估】

《北京市“十二五”时期地质勘查发展规划》（京国土勘〔2011〕523 号）（以下简称《规划》）发布实施二年，经中期评估，北京市 1∶5 万区域地质灾害调查及 1∶1 万重点地段地质灾害详细调查、地质灾害监测预警体系、地热和浅层地温能开发利用地质环境影响监测、矿区资源再利用调查、地质遗迹调查、高精度区域地球化学调查、数字城市地质建设、特色矿产资源勘查等主要任务已完成或正在开展，已完成的任务质量合格，总体上完成《规划》规定的任务，实现《规划》目标。

【地热资源规划】

依据《北京市城市总体规划（2004—2020 年）》、《北京市矿产资源总体规划（2006—2020）》的要求，结合地热资源开发利用现状，编制《北京市地热资源 2006—2020 年可持续利用规划》，作为实施矿产资源总体规划的地热专项规划。重点发展以能源利用为主的可实现回灌的地热供暖，支持发展新农村建设的地热利用，特别是精品农业项目的发展，适量发展高效低耗的休闲健身项目，控制发展单一洗浴等纯消耗性项目，为提高城市宜居环境水平和促进旅游业服务业的发展服务。

【浅层地热能资源规划】

依据《北京市城市总体规划（2004—2020年）》、《北京市浅层地热能资源调查评价》成果等的要求，编制《北京市浅层地热能资源开发利用规划（2011—2020）》。规划结合浅层地热能资源条件和需求，明确适宜区划和资源量，提出开发利用浅层地热能资源的指导思想、基本原则和发展目标，并制订规划方案和保障措施。

矿产资源勘查和储量管理

【地质勘查】

本年，地质勘查工作专项资金支出29309.55万元，较上年度减少14.17%。其中中央财政4010.68万元，地方财政20804.52，社会资金4497.35万元。

专项资金主要用于矿产勘查、基础性地质调查、地质环境与地质灾害调查评价，年内实施4个项目，如下：

1. 北京典型地区乡镇级土地质量地球化学评估

在以往工作的基础上，对初步圈定的十三陵镇土壤富硒地区和延寿镇土壤高钾地区补充进行针对性调查，调查面积3100公顷。

2. 北京岩溶水资源勘查评价工程

年度完成工作量：项目完成水文地质测绘面积11500km^2；完成遥感解译9940km^2；全面完成项目的物探工作任务；建立5个入渗试验站；凿井42眼，钻探进尺36250米；完成580件水化学分析；初步圈定平谷东高村、顺义北务镇2个岩溶水应急供水水源地。

3. 北京市1∶5万突发地质灾害详细调查

完成10个山区（县）突发地质灾害详细调查报告、10个山区（县）突发地质灾害数据库建设报告，制作10个山区（县）突发地质灾害现状分布图、地质灾害易发程度分区图及地质灾害危险程度分区图。

4. 北京市42个重点小城镇综合基础地质调查评价

本年在以往可行性研究的基础上，根据北京市实际情况，选取（榆垡镇、北七家镇、桥梓镇、河北镇）4个小城镇作为试点，编制42个重点小城镇综合基础地质调查试点可行性研究报告并经中国地质调查局立项。

【矿产资源勘查登记】

年内，本市矿业权设置方案上报待国土资源部审批，本年探矿权登记无新立项目，全年共受理探矿权登记项目8个，其中探矿权延续6个、保留2个，完成办理探矿权延续登记4个、保留登记1个。对12个有效探矿权进行年检，完成探矿权年检工作。

近年来，北京市探矿权登记矿种全部为地热。

【地质勘查资质管理】

年内，市国土局分两批集中受理并办理地质勘查资质新立（含增项、减项、升级）、注销、变更、延续共 70 个，其中新立 35 个，注销 9 个登记，变更登记 9 个，延续 17 个。

截至年底，北京市共有 142 家地质勘查单位取得地质勘查资质证书，其中 65 家单位通过国土资源部审批，获得甲级资质。市国土局批准 114 个单位的乙级、丙级地质勘查资质（其中有 37 家单位同时取得国土部颁发的甲级地质勘查资质证书）。

本市组织开展年度地质勘查资质监督检查工作，在单位自查的基础上，对其中 35 家单位进行抽查，按时向国土部报送监督检查工作总结。

矿产资源开发管理

【采矿登记与采矿权管理】

截至年底，北京市有各类矿山 65 个（不含地热），其中固体矿山 32 个、矿泉水 33 个。本年完成划定矿区范围 5 个，采矿权延续 2 个，采矿权变更 5 个，采矿权转让 1 个，采矿权注销 9 个（其中申请注销 2 个，公告注销 7 个）。按照程序及时确认并收取采矿权出让价款。确认收取 3 家矿山企业采矿权出让价款 125. 24 万元。收取 6 家矿山企业往年确认分期缴纳价款 1630. 64 万元，本年共收取采矿权出让价款 1755. 88 万元。签署采矿权出让合同 3 份。

【矿业权市场建设】

本年办理的采矿登记和采矿权管理全部进入矿业权交易市场进行公开交易。矿业权交易网上监测系统运转正常，对矿业权交易的过程实施全程监督。

【矿产资源开发监督管理】

年内，对开采矿山 2012 年开采情况进行检查，在《北京市矿产资源开发利用年检暂行办法》规定内容基础上，增加了对矿山企业缴存矿山生态环境恢复治理保证金情况和完成储量动态检测情况的检查。重点检查是矿山企业资源开发利用是否符合矿产资源开发利用方案要求、各种费用是否及时足额缴纳和是否存在超层越界等现象。

检查结果显示，截至 2012 年底，共有各类矿山 68 个（固体和矿泉水），应检矿山为 51 个，实检矿山 51 个，年检率 100%；实地检查矿山 51 个，实地检查比率 100%；抽查矿山 5 个，抽检率为 9. 8%；参加年检的矿山中有不合格矿山 1 个，整改矿山 2 个。通过检查发现北京市矿山企业基本做到按照市矿产资源规划和开发利用方案等要求进行开发利用；各种费用多数能及时、足额缴纳；按要求进行矿山生态环境恢复治理等。

【矿产资源节约与综合利用专项工作】

规范矿产资源节约与综合利用专项工作，结合北京市具体情况，积极申请国家专项资金，奖励矿产资源节约与综合利用取得成效的矿山企业。本年北京市批复专项资金 2400 万元用于奖励 4 个矿山企业。

按照《国土资源部办公厅财政部办公厅关于开展 2010 – 2011 年度矿产资源节

约与综合利用示范工程验收工作的通知》（国土资厅发〔2013〕265号）要求，会同市财政局组织开展验收工作，包括听取汇报及实地核查。中央财政资金4365万元的4个示范工程项目，全部通过验收。验收结果及时报国土部、财政部备案。中央财政资金带动矿山企业投入近3亿元，用于开采建筑物下压覆煤炭资源、回收低品位矿石、废石综合回收利用等。年回收煤炭20余万吨；回收低品位铁矿石60余万吨；年消纳1200万吨废石，生产建筑砂石料1100万吨。年增加利润约1.5亿元。实现最大限度利用矿产资源，减少废石堆放占压土地，降低尾矿堆存的安全隐患。

【矿产资源补偿费征收管理】

为继续做好矿产资源补偿费的征收管理工作，制定并印发《北京市矿产资源补偿费免（减）审批办法》。

截至年底，北京市征收补偿费共计5603.68万元，其中征收固体矿山补偿费5510.79万元；征收矿泉水补偿费92.90万元（征收不含地热）。

【绿色矿山建设】

按照确定的2015年基本建立绿色矿山格局的战略目标，积极开展相应工作。编制完成《北京市绿色矿业发展规划》，并已印发执行。《规划》成为首个省级层面绿色矿业规划，对推动我市形成绿色矿业发展格局，实现“绿色北京”的发展战略目标具有重大意义。

第三批申报的3个国家级绿色矿山试点单位获得国土部批准。组织对试点单位编制的《绿色矿山建设规划》进行审查，并按时报国土部备案。对其他试点单位，加强日常监督管理。

【打击非法开采矿产资源工作】

在国务院、国土部和北京市在安全生产领域“打非治违”的相关要求下，制定全市《国土资源系统“打非治违”的工作方案》。按照国家和市委、市政府的统一要求，开展安全生产领域“打非治违”专项行动，认真做好非法违法行为的查处工作，严厉打击非法勘查、开采矿产资源和非法转让探矿权、采矿权的违法行为。

截至年底，全市出动检查执法人员3500多人次，开展打击非法开采巡查检查500余次，查处24起非法开采案件（其中移送公安部门23起），拘留24人；结合矿产卫片执法工作，立案20宗，非立案方式处理14宗，共罚款8.3万元，收缴非法所得26.37万元，没收矿产品1024吨。

【非法采矿破坏性采矿造成矿产资源破坏价值鉴定工作】

按照《北京市非法开采、破坏性采矿造成矿产资源破坏价值鉴定实施办法》（京国土矿〔2005〕745号）的规定，年内组织完成并出具非法开采矿造成矿产资源破坏价值鉴定意见55份。

【矿泉水年检】

北京市矿泉水主要为低钠、低矿化度或中等矿化度的淡矿泉水，有四种类型：锶型、锶—偏硅酸型、偏硅酸型、高矿化度型（溶解性总固体>1000mg/L）。

截至年底，全市共勘查评价矿泉水水

源地147处，其中锶型75处，主要分布在西部奥陶系灰岩地层中；锶—偏硅酸型50处，主要为平原区第四系承压水；偏硅酸型20处，主要分布在北部山区岩浆岩中；高矿化度型2处，分别位于门头沟区和房山区。本年全市有矿泉水生产厂家33家，开采总量2.67万吨，饮用天然矿泉水水源水水质检验合格品牌21家，具体情况详见表3-18。

表3-18　北京市饮用天然矿泉水源水水质检验合格品牌

矿泉水品牌	矿泉水企业名称	矿泉水类型	是否合格
燕　京	北京燕京啤酒集团矿泉水厂	锶型	合格
九渡桥	北京东方九渡桥饮料有限公司	锶、偏硅酸复合型	合格
蓝　涧	北京中宝饮用水有限公司	锶型	合格
双龙峡	北京双龙峡矿泉饮料有限公司	锶、锂复合型	合格
中门清泉	北京中门清泉矿泉水厂	锶型	合格
龙清泉	北京龙之泉技术开发有限公司	锶、偏硅酸复合型	合格
宇亚麦饭石	北京宇亚麦饭石矿泉饮料有限公司	偏硅酸型	合格
天怡然	北京天怡然饮料有限公司	锶、偏硅酸复合型	合格
岳　岩	北京奥陶矿泉饮料有限公司	锶型	合格
帝　思	北京帝思矿泉水厂	锶型	合格
翠微山	北京市翠微山天然矿泉水公司	锶、偏硅酸复合型	合格
石　雪	北京市华城饮料有限责任公司	锶型	合格
龙庆峡	北京乐得天然矿泉水有限责任公司	偏硅酸型	合格
双　源	北京双源矿泉水厂	锶型	合格
乐百氏	乐百氏（广东）饮用水有限公司—北京分公司	锶、偏硅酸复合型	合格
庄园雪	北京大唐庄园饮品有限公司	锶、偏硅酸复合型	合格
不老村	北京不老保健饮料有限公司	偏硅酸型	合格
赛　冰	北京山口饮料有限公司	锶型	合格
樱桃泉	北京樱桃泉矿泉水厂	锶型	合格
京润泉	北京市自来水集团京润泉饮用水有限公司板井分公司	锶型	合格
领　先	北京领先饮食品工业公司	锶型	合格

地热资源管理

【地热资源勘查管理】

组织编制区域地热资源调查报告。年内，完成《北京市昌平区未来科技城地热资源调查论证报告》和《未来科技城地热资源详细勘查和统一规划开发利用》调查报告。

启动东南地区地热整体勘查工作。年内，可行性研究报告已通过市地勘局组织的专家评审并报市财政局资助。与通州区政府就开发地热等新能源合作达成共识，完成西集镇47万平方米商品房、回迁房地热供暖凿井工程和于家务乡中心区、次中心区、工业区、中国农科院通州院区及北京农科院现代农业科技创新与示范基地所在区域的前期物探设计，12月开始物探工作。

【地热资源开发管理】

为保证找矿突破战略行动的顺利实施，促进矿产资源勘查开采合理布局，构建矿产资源开发整合的长效机制，按照国土部《关于进一步完善矿业权管理促进整装勘查的通知》(国土资发〔2011〕55号)要求，完成地热矿业权设置方案编制工作。目前该方案已报国土部审批通过，正在积极按照程序要求推进矿区范围和地热矿业权审批前期工作和审批登记工作。

完成地热采矿权新立1件，地热采矿权变更2件，地热采矿权延续2件，矿产资源勘查（地热）答复意见3件。截至年底，全市共设置地热采矿权147个。

开展全市范围内的地热资源开发利用现状调查工作，项目实地调查工作完成，共收集496眼地热井的现场踏勘资料。此次调研对全市地热井的合法性、开发利用情况及可能存在的违法问题等进行摸底，取得较为全面的成果资料。

为加强地热资源合理开发与利用，提高地热资源监督管理水平，根据《关于加强对矿产资源开发利用方案审查的通知》（国土资发〔1999〕98号）要求，编制《北京市地热开发利用方案编制大纲和审查大纲》，并发布实施。

完成《2012年北京市地热资源动态监测》、《2012年北京市地热井远程监控系统跟踪维修》和《2012年北京市地热井远程监控设备更新》3个市财政预算项目，为北京市实施地热资源的动态管理和有效保护提供有利的技术支撑。

根据市政府统一的行政审批改革方案，对地热行政审批事项及流程探索进一步精简和优化，目前行政服务类事项《矿产资源勘查(地热)答复意见》已经获批。

【浅层地热能开发利用】

配合市发改委完成《北京市地源热泵应用调查评价研究》课题，并完成与之相关的《地埋管及地热热泵技术应用评价研究》、《北京市热泵重点项目后期评估工作》和《地源（地热）热泵技术对地质环境的影响研究》等3个子课题的调研工作和成果报告，且通过节能环保促进会组织的验收。

为解决浅层地源热泵技术实际应用中地埋管换热器数量过多或过少造成的初期投资增加、土地资源浪费和工作效率下降等问题，研究开发出基于浅层地热能冷热相应测试仪的多功能地埋管换热器设计软件，实现岩土分层并考虑地下水流动影响对地埋管换热进行的模拟计算。

年内，共办理浅层地热（地埋管地源热泵）申请项目的地质条件评估 18 件，申请项目的服务面积共 63.61262 万 m^2，具体情况详见表 3-19。

表 3-19 浅层地热（地埋管地源热泵）申请项目的地质条件评估项目一览表

序号	申报单位	区（县）	服务面积（万 m^2）
1	十一届世葡会葡萄科研中心项目	延庆县	1.491863
2	中国人寿研发中心二期工程项目	海淀区	3.6131
3	通州区永乐店中学项目	通州区	8.2080
4	通州区永顺镇商业金融项目 B1－6－43#办公楼	通州区	1.343889
5	通州区永顺镇商业金融项目 B2－5－1#办公楼	通州区	1.7780
6	北京市朝阳区教育国有资产管理中心	朝阳区	3.1000
7	十一届世界葡萄大会葡萄博览园基础设施	延庆县	4.8582
8	顺义后沙峪镇农民再教育培训实践基地	顺义区	5.03604
9	海淀区中关村软件园孵化加速器建设项目	海淀区	5.65702
10	北京京运运通科技股份有限公司亦庄开发区 3#厂房及服务楼	大兴区	5.033604
11	北京市第二儿童福利院	顺义区	4.8970
12	北京市海淀区教育委员会	海淀区	2.431705
13	北京安菱水务科技有限公司	朝阳区	3.6462
14	北京市平谷区教育委员会	平谷区	1.5990
15	北京市怀柔区教育委员会	怀柔区	1.0666
16	北京市通州区教育委员会	通州区	5.1239
17	北京市建设工程发包承包交易中心	房山区	1.0350
18	北京市公安局顺义分局	顺义区	3.6935
合计			63.61262

【地热资源监督管理】

继续对各热田的开采量以及各主要热田的热储水位、水温和水质实施监测。

1. 全市开采地热水总量达 1221.48 万 m^3，比上年度（1057.41 万 m^3）增加 164.07 万 m^3；回灌量达 558.78 万 m^3，比去年（487.67 万 m^3）增加 71.11 万 m^3；净开采量达 662.69 万 m^3，比去年（569.74 万 m^3）增加 92.95 万 m^3。本年全市各热田开采量情况详见表 3-20。

表 3-20　2013 年北京市各热田开采量统计表

热田名称	开采量（万 m^3）	回灌量（万 m^3）	净开采量（万 m^3）
小汤山	404.08	238.01	166.07
东南城区	231.29	58.12	173.17
京西北	139.88	57.00	82.88
良乡	86.81	33.87	52.94
天竺	106.00	14.03	91.97
李遂	81.47	72.54	8.93
延庆	90.9	85.21	5.69
后沙峪	2.9	0.00	2.9
双桥	17.5	0.00	17.5
凤河营	0.00	0.00	0.00
其他	60.65	0.00	60.65
合计	1221.48	558.78	662.69

2. 本年各热田热储的水位总体仍呈下降趋势，东南城区热田铁岭组及李遂热田雾迷山组水位下降最为明显，年水位降幅均超过 1.6m。本市全年各监测井水位监测情况及历年主要热田地热水位和净开采量情况详见表 3-21 和图 3-3。

表 3-21　2013 年全市各监测井水位监测汇总表

地热田	井号	观测储层	水位埋深（m）				
			最大	最小	年平均	比上年下降	年均下降
东南城区	京热 -50	雾迷山组	74.85	66.94	70.72	1.71	1.45
	京热 -66		88.53	80.82	84.50	2.04	
	京热 -60		85.07	78.23	81.15	1.13	
	京热 -71		87.18	80.51	83.81	0.93	
	京热 -2	铁岭组	93.88	86.03	89.47	1.98	1.69
	京热 -51		89.18	81.55	84.90	1.40	
小汤山	汤热观 -1	雾迷山组	49.62	40.40	44.69	0.33	0.33
	苗圃观测井	铁岭组	42.67	37.82	40.28	1.51	1.51
李遂	208 -4	雾迷山组	52.44	50.04	51.03	1.89	1.89
良乡	碧溪 -4	雾迷山组	90.97	88.84	89.94	-3.01	-3.01
天竺	顺热 -1	雾迷山组	100.32	94.38	97.67	—	—

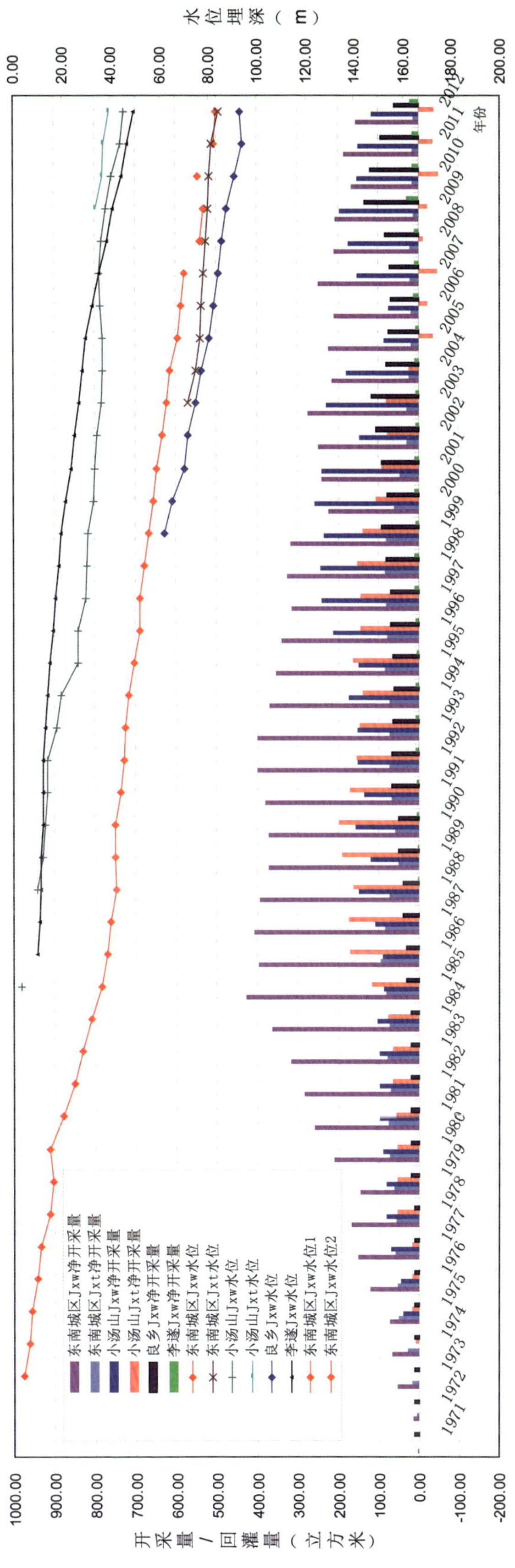

图3-3 北京市主要热田地热水位和净开采量历年统计图

3. 全市各地热田地热水温度无明显变化。

4. 矿产资源补偿费收缴

本年征缴地热资源补偿费2046万元。

5. 地热采矿权的年检

全市共有146个地热采矿权人参加年检，其中77个采矿权人通过年检，69个采矿权人未通过年检。

矿产储量评审及地质资料管理

【矿产资源储量监督管理】

完成矿产资源储量评审备案并出具备案证明41份；完成178件压覆矿产资源核查审批，其中市局批复4件；开展矿山储量动态监测工作，在生产的固体矿山企业除2家采矿权到期不再延续外，其余20家均进行矿山储量动态检测工作，提交经评审的矿山动态储量年报并在所属区县分局备案；开展2012年度矿产资源统计工作，建立我市年度矿产资源储量统计数据库并通过国土资源部的审核，印制《截至2012年底北京市矿产资源储量表》。

【编制矿产资源年报】

组织编写《2012年度北京市地质矿产年报》，《年报》系统反映北京市地质矿产勘查、矿产资源储量及开发利用和地质环境等方面的基本情况。

【地质资料管理】

1. 地质资料汇交

成果地质资料汇交。全年新接收成果地质资料952种，其中752种有光盘资料，向全国地质资料馆转交成果地质资料8种，所接收的资料均已全部整理完毕。全年接收的成果资料中工程地质资料汇交370档及千余张附图，其中城建方面资料180档，地铁建设资料120档，道路施工资料50档，其他建设方面20档，一批市重点工程项目的工程地质资料得到汇交。

实物地质资料汇交。截至2013年11月底，《北京城市地质土壤调查与评价》项目形成的实物资料（47464件土壤样品）已全部入库，今年整理入库36616件；《北京市岩溶水资源勘察评价工程》项目正在实施过程中，已发放装具80箱2760件；《北京市平原区活动断裂监测专项地质调查》项目已完成最终验收，订制岩芯箱1000个，形成的21个钻孔（钻取岩芯4845米）岩芯实物资料正在整理汇交过程中；全年接收10口地热井岩屑资料，整理归档共4999件。

原始地质资料汇交。根据国土资源部文件要求，年内正式启动原始地质资料的汇交管理工作，全市接收3个项目的原始地质资料：

北京城市地质土壤调查与评价项目。原始地质资料共计6类139盒1052件。

北京市地质钻孔基本信息清查项目。原始资料为电子版共有光盘25张，1016个文件，大小47G。

北京市浅层地热能资源调查评价项目。原始地质资料共计5类3盒89件。

年内还接收矿山环境整治专项的原始地质资料，共计14档276册38盒。

编写北京市“实物地质资料标本采集方案”。开展矿区矿石标本采集工作，全年在4个煤矿矿区和1个铁矿矿区采集矿石标本35块。

2. 地质资料信息服务集群化产业化

年内，全国地质资料汇交监管平台全面投入使用，本市实现通过该平台进行过程监管并发放地质资料汇交凭证；完成北京市地质资料信息服务集群化共享服务平台的搭建工作，并将馆藏资料截至2013年11月底的所有目录信息导入共享服务平台，供社会公众自由检索；在市地质资料馆内部署包含三个客户端的电子阅览室，实现地质资料的网上借阅与浏览；地质资料管理信息系统安装、调试完毕。

按照国土部“关于开展全国重要地质钻孔数据库建设工作的通知”要求，市国土局编制《北京市重要地质钻孔数据库建设实施方案》，方案已上报国土部储量司。

北京数字城市地质资料数据中心试点研究项目完成年度工作任务，项目收集整理钻孔数据6000个，建设重要钻孔数据库，录入钻孔数据库5779个；收集整理房山区1∶5万区域地质调查成果资料11幅，完成房山区1∶5万区域地质图专题数据制作、综合编图。

【矿产储量评审及地质资料管理】

1. 开展实物地质资料、原始地质资料及成果地质资料管理

向勘查项目承担单位发放统一制作的装具和标签。共为17个勘查项目发放箱具238个、样品瓶5617个。接收检查、整理10口地热井岩屑资料，共计4999件；接收土壤化学样47464件，并整理入库。接收土壤地质调查项目的原始地质资料，共计6类139盒1052件，并进行数字化扫描；接收由局地环处负责管理的我市矿山环境整治专项的原始地质资料14档。全年共接收成果地质资料952份，其中汇交有电子数据的共752份。全年接待馆内借阅、复印公益性资料及涉密资料170人次，共计借阅资料1226档120148件。

2. 规范矿产资源储量评审

针对《地热资源地质勘查规范》(GB/T11615－2010)和地热勘查报告编写存在的问题，起草《北京市地热资源勘查报告编写规定》，并征求评审专家意见，准备在全市范围内实施。全年共受理完成储量报告评审备案51份；完成地热勘查实施方案评审6份、地源热泵地质条件评估报告评审10份。

3. 开展“四个平台一个支撑”建设

完成《北京市地质资料汇交监管平台建设实施方案》。5月，实现在监管平台上发放地质资料汇交凭证，并利用地质资料汇交监管平台开展成果地质资料信息服务。全年在平台上印发地质资料汇交凭证53个，打印催交通知单29份。

开展地质资料信息服务集群化共享服务平台建设。与信息中心完成北京市地质资料信息服务集群化共享服务平台的搭建工作，同时将馆藏资料截至2012年底的所有目录信息导入共享服务平台，供社会公众自由检索。

开展地质资料电子阅览室建设。部署包含三个客户端的电子阅览室，实现地质资料的网上借阅与浏览。

开展地质资料管理信息系统建设。完成系统的安装调试，并设置接收、验收、馆藏、借阅四个流程。

4. 完成2012年“地质资料信息服务

集群化产业化试点（北京）——数据城市地质研究”项目的最终审查

组织开展 2013 年度“地质资料信息服务集群化推广及产业化研究－北京数字城市地质资料数据中心建设试点”项目，共完成 6400 个重要钻孔的属性数据库建设，同时完成房山区 1∶5 万区域地质图专题数据库。

地质环境管理

【北京市地质灾害基本情况】

北京市突发性地质灾害和缓变性地质灾害均有发育。突发性地质灾害有泥石流、崩塌、滑坡和地面塌陷等类型，主要分布在西山和北山的沟谷、陡坡、采煤分布集中地区及构造活动较强烈的地区。全市突发性地质灾害易发区面积为 9169.2km^2，占全市总面积的 55.87%，其中高、中、低易发区面积分别为 3019.3km^2、3491.1km^2、2658.8km^2，占全市总面积的 18.40%、21.27%、16.20%。截至年底，全市突发性地质灾害隐患点共 4614 处，威胁乡（镇）84 个，行政村 683 个，受威胁住户 21087 户，57909 人。缓变性地质灾害主要有地面沉降和地裂缝两种，主要分布在朝阳区、昌平区、顺义区、大兴区和通州区等平原区。

【2013 年地质灾害发生情况】

1. 突发性地质灾害

2004 年本年，全市共发生地质灾害 123 起，受 2012 年“7·21”特大自然灾害影响，2012 年和本年发生较多，共 58 起，占总数的 47%；灾害类型以崩塌为主，占总数的 50%；灾情级别以小型地质灾害为主；灾害主要发生在房山、门头沟、延庆、海淀、密云、怀柔 6 个区（县），零星发生在平谷、石景山、昌平、丰台 4 个区（县）。2004－2013 年全市突发性地质灾害发生情况详见图 3-4。

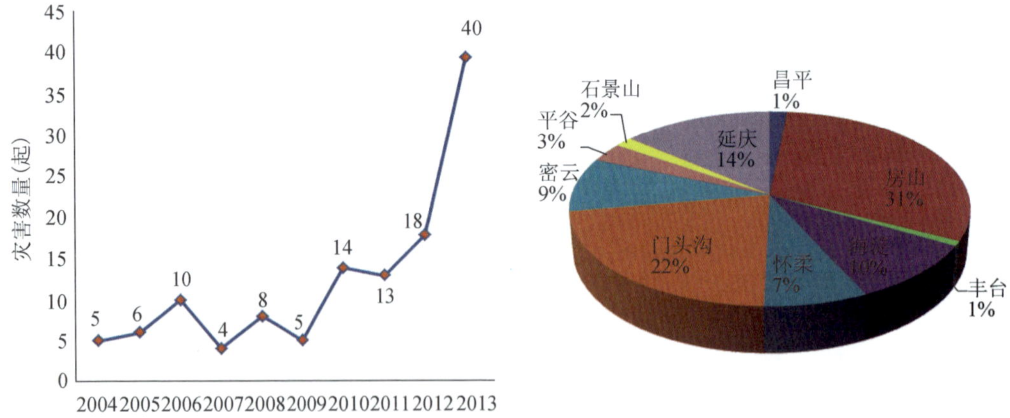

图 3-4　2004～2013 年北京市突发性地质灾害发生情况统计图

年内，全市共发生 40 起突发性地质灾害，造成两次交通受阻和多处房屋受损，无人员伤亡。灾害主要发生在 6－7 月，以公路两侧小型崩塌为主，占总数的 55%，主要发生在房山、怀柔、密云、延庆和门头沟等区（县）。北京市突发性地质灾害隐患点详见表 3-22，突发性地质灾害发生情况详见表 3-23。

表 3-22　北京市突发性地质灾害隐患点统计表

区（县）	威胁对象类型及数量									地质灾害隐患类型及数量/个					
	居民点				道路	景区	学校	矿山	水库	崩塌	滑坡	泥石流	地面塌陷	不稳定斜坡	合计
	乡镇	险村	户数	人数											
房山区	14	122	9583	25125	63	17	3	4	1	117	4	67	19	214	421
门头沟区	12	99	2241	5668	74	13	5	0	0	69	0	37	19	56	181
丰台区	2	3	15	43	3	2	0	1	0	1	0	1	0	2	4
密云县	11	113	2556	6690	26	23	1	0	1	24	0	174	0	197	395
怀柔区	10	81	1678	5060	126	33	0	0	0	75	3	114	0	35	227
平谷区	11	67	2224	7034	52	7	0	2	1	44	8	65	0	87	204
昌平区	5	48	711	2152	47	8	0	6	1	73	0	31	0	51	155
延庆县	12	133	1400	4032	102	3	0	0	0	90	0	42	1	88	221
海淀区	3	7	23	78	4	3	0	0	0	3	0	5	1	3	12
石景山区	4	10	656	2027	8	2	0	0	0	2	0	1	0	10	13
北京市	84	683	21087	57909	505	111	9	13	4	498	15	537	40	743	1833

表 3-23　北京市 2013 年突发性地质灾害发生情况一览表

序号	时间	地　点	灾害类型	灾害级别	备注
1	2013.01.15	房山区青龙湖镇坨里村	地面塌陷	小型	
2	2013.04.07	房山区大安山乡大安山村	地面塌陷	中型	
3	2013.06.05	怀柔区宝山乡宝碾公路	崩塌	小型	损坏公路防护栏 10m
4	2013.06.05	密云县石城镇琉辛路段	崩塌	小型	造成 30m 路段受损
5	2013.06.06	房山区大安山乡瞧煤涧村	地面塌陷	中型	造成房屋墙体发生开裂、倾倒
6	2013.06.06	房山区大安山乡宝地洼村	地面塌陷	大型	
7	2013.06.07	门头沟区妙峰山镇妙峰山路 K13 +230 处	崩塌	小型	损坏挡墙 6m，公路护栏 5m
8	2013.06.07	房山区霞云岭乡 G108 国道 K116 +900 处	崩塌	小型	
9	2013.06.07	怀柔区 G111 国道 K86 + 060 ~ 070 路段	崩塌	小型	
10	2013.06.07	怀柔区延琉路（S323）K62 + 880 ~ 900 路段	崩塌	小型	
11	2013.06.08	怀柔区 G111 国道 K75 +150 处	崩塌	小型	
12	2013.06.26	怀柔区雁栖镇西栅子村南沟	崩塌	小型	造成村民房屋后墙损坏，屋内部分设施损坏
13	2013.06.28	怀柔区雁栖镇北湾村阳坡	崩塌	小型	砸断核桃树和杏树各 1 棵
14	2013.06.30	房山区大安山乡大安山村小妹台	崩塌	小型	造成灌溉水管损坏、河道堵塞
15	2013.07.02	密云县大城子镇柏崖村孝女台	崩塌	小型	
16	2013.07.03	延庆县 S309 公路 K132 +000 处	崩塌	小型	恐龙足迹的护栏损坏约 30m
17	2013.07.07	延庆县千家店镇村	崩塌	小型	造成坡下数棵树木折断
18	2013.07.09	延庆县 X019 公路 K4 +800 处	崩塌	小型	
19	2013.07.09	房山区 G108 国道 K127 +650 处	崩塌	小型	公路内侧挡墙损坏约 2m，外侧护栏部分损坏
20	2013.07.09	房山区六石路 K27 +200 处	崩塌	小型	
21	2013.07.10	房山区 G108 国道复线 K15 + 650 处	崩塌	小型	公路内侧挡墙损坏约 10m，外侧护栏损坏约 15m
22	2013.07.12	昌平区十三陵镇果庄村	崩塌	小型	造成民房局部损坏
23	2013.07.15	密云县冯家峪镇三岔口村王家岭沟	滑坡	小型	滑坡堆积物压占农田

续表 3-23

序号	时间	地　点	灾害类型	灾害级别	备注
24	2013.07.15	密云县冯家峪镇高庄子村白莲峪	滑坡	小型	造成坡脚处鸡舍局部房顶坍塌、后墙开裂，部分养殖设施破坏
25	2013.07.15	延庆县滦赤路 K132+500 处	崩塌	小型	
26	2013.07.15	延庆县河石路（河口－石槽）K1+500 处	崩塌	小型	
27	2013.07.15	延庆县延琉路 K53+200 处	崩塌	小型	
28	2013.07.15	门头沟区灵山公路 K8+800 到 K9 处	崩塌	小型	
29	2013.07.15	门头沟区高芹路 K28+220 处	崩塌	小型	
30	2013.07.15	门头沟区南雁路 K25+300 处	崩塌	小型	
31	2013.07.15	门头沟区南雁路 K31+575 处	崩塌	小型	
32	2013.07.16	怀柔区雁栖镇长元村兔尾坡	滑坡	小型	
33	2013.07.18	延庆县 S212 公路 K63+000 处	崩塌	小型	造成道路中断，路边坡护网损坏 200m^2
34	2013.07.31	房山区河北镇三十亩地村	崩塌	小型	造成房屋墙体表层受损，排水通道堵塞
35	2013.08.01	怀柔区京加路 K105+800 处	崩塌	小型	崩塌落石砸毁 1 辆机动车、公路西侧护栏及路面损坏
36	2013.08.01	房山区大安山乡大安山村	崩塌	小型	造成干砌石挡墙和房屋损坏
37	2013.08.08	海淀区四季青镇香山村普安店	地面塌陷	小型	造成通信电线杆倾斜
38	2013.08.16	延庆县旧县镇古城村	崩塌	小型	
39	2013.08.28	房山区 G108 国道 K62+800 处	崩塌	小型	造成 G108 国道受损、交通受阻
40	2013.10.16	门头沟区王平镇南港村	崩塌	小型	砸损坡下干砌石挡墙 5m、防护网约 20m^2、警示牌 1 个及村民堆放杂物

2. 缓变性地质灾害

地面沉降。全市地面沉降区分为南北两个大区，共8个沉降中心，其中北区面积较大，主要包含平原区东部和北部的昌平区八仙庄，海淀区西小营，顺义区平各庄，朝阳区金盏、三间房、黑庄户，通州城区等七个沉降中心；南区面积较小，主要包括平原区南部的大兴区榆垡沉降中心。据监测成果统计，截至年底，全市平原区累计地面沉降量大于500mm的地区面积为1349km^2，累计地面沉降量大于1m的地区面积为197km^2。本年北区区域沉降速率减小，南区部分地区沉降速率增大。

本年，全市平原地面沉降区平均沉降速率为21.7mm/a，与2012年相比减小3.8mm/a。水准测量最大沉降点仍位于朝阳黑庄户地区，年沉降量为143.3mm，比2012年减小16.3mm。昌平八仙庄、海淀西小营、朝阳金盏、朝阳三间房及通州城区沉降中心本年度沉降速率均小于2012年。大兴榆垡—礼贤沉降中心沉降速率较去年有所增大，达到74.5mm/a。近年各主要沉降中心最大年沉降量详见表3-24，本年全市平原区沉降量色斑及水准测量点位置详见图3-5。

年内，编制完成《北京市地面沉降防治规划（2013－2020年）》，通过国土部、水利部审查后，经市政府同意发布实施。

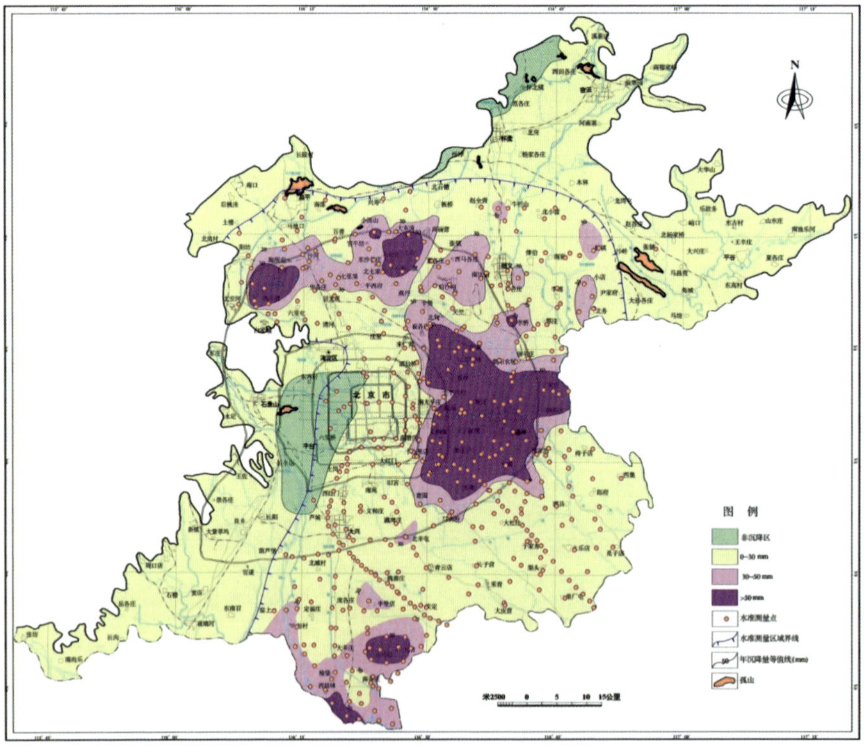

图3-5　2013年度北京平原区沉降量色斑及水准测量点位置图

表 3-24　近年来各主要沉降中心最大年沉降量统计表

单位：mm/a

沉降中心		2013 年	2012 年	2011 年	2010 年	2009 年
北区	昌平区八仙庄	81.3	111.6	92.8	83.9	75.1
	海淀区西小营	83.6	127.2	110.4	95.1	
	顺义区平各庄（南法信、董各庄）	—	65.6	38.1	50.8	48.3
	朝阳区金盏	138.1	159.2	125	131.4	137.5
	朝阳区三间房	135	142.4	122.6	129.9	111.7
	朝阳区黑庄户	143.3	159.6	128.2	135.8	91.4
	通州城区	105.9	130.7	105	90.7	89.3
南区	大兴区榆垡－礼贤	74.5	70.6	76.4	78.7	53.8

注：顺义平各庄地区近年来地面沉降不突出，今年未做重点关注。

地裂缝。截至年底，发现的地裂缝主要有顺义地裂缝、高丽营地裂缝、羊房地裂缝、北彩地裂缝、庙卷地裂缝等。2013 年水准监测成果显示，高丽营地裂缝垂直变形量达到 13.6mm/a，较 2012 年变形量减小 9.4mm；水平扭动方向累计变形量为 －26.51mm；水平拉张方向累计变形量为 －24.12mm。

【地质灾害调查评价】

1. 北京市突发地质灾害详细调查（1∶5 万）

年内，开展全市山区 1∶5 万地质灾害详查，在汛前及时向各区（县）政府及有关部门提交调查数据，并在市国土局网站公布。野外调查总面积 9697km^2，共发现地质灾害隐患 4614 个，其中崩塌 2379 个，滑坡 34 个，泥石流 856 个，地面塌陷 87 个，不稳定斜坡 1258 个，并选择 57 个重大灾害隐患点开展大比例尺勘查。综合地质灾害形成条件和主要影响因素，对地质灾害危害程度进行评价，划分地质灾害易发区和危险区，建立地质灾害数据库，为编制突发地质灾害应急预案和制定突发地质灾害防治规划提供依据。

2. 北京市突发地质灾害避险路线及避险场地调查

对房山等 10 个区（县）84 个乡（镇）683 个行政村 1833 个地质灾害隐患的 1149 处避险路线及避险场地（所）的现状进行调查，其中，1668 个地质灾害隐患点选出 729 处适宜和 365 处较适宜避险场地（所），仍存在 165 个地质灾害隐患点无可用避险路线及避险场地（所），针对不适宜和无避险路线及避险场地（所）的突发地质灾害隐患提出避险场地（所）建设方案，为各级政府制定防灾减灾避险方案提供科学依据。

【汛期地质灾害防治】

1. 加强检查、排查工作

汛前，由主要领导带队对 10 个区（县）、27 个乡（镇）、29 个村、38 个地质灾害点的防汛工作进行检查；汛中，对

10 个山区县 600 处重点部位进行雨后隐患再排查，及时整改。

2. 加强群测群防队伍建设

组织全市 700 余名地质灾害群测群防员首次进行防灾减灾知识系统培训，并签定地质灾害防灾责任书，及时配发防汛物资。

3. 发放防灾避险明白卡“一户一卡”

重新细化防灾避险明白卡，详细记录灾害体的基本特征，受威胁险户、避险与转移方案，村民须知等信息，绘制村级避险路线图，发放到每一个险户，并张贴在村中显著位置，提高广大群众的防灾避险意识和应对突发性地质灾害的能力。

4. 贴近实战演练，提高避险自救互救能力

年内，组织开展 2 次市级地质灾害应急转移演练，10 个山区县国土分局分别在 38 个乡镇（街道）举行 183 次地质灾害应急演练。通过贴近实战得演练，有效提升基层临灾处置和群众避险自救互救能力。

5. 科学防灾，及时整改

与北京市气象局合作发布突发地质灾害气象风险预警 24 次，其中：黄色预警 16 次，蓝色预警 8 次，本年全市汛期地质灾害气象预警情况详见表 3-25。指导相关区县政府转移受地质灾害威胁群众 30191 人。启动密云、房山、门头沟 3 个区县泥石流地质灾害实时监测示范工程和突发地质灾害监测预警系统工程；北京市将建立基于物联网技术的地质灾害监测和预警系统。

表 3-25　2013 年北京市汛期地质灾害气象预警情况一览表

期次	预警发布时间		预警时间范围		预警地区范围	预警等级
1 期	2013. 6. 6		6. 6 - 6. 7	今天夜间 - 明天白天	北京北部、东部部分山区	黄色
2 期	2013. 6. 7	8 时	6. 7 - 6. 8	未来 24 小时	北京山区	黄色
3 期	2013. 6. 8		6. 8 - 6. 9	今天夜间 - 明天白天	北京山区	黄色
4 期	2013. 6. 9	15 时	6. 9 - 6. 10	今天夜间 - 明天白天	房山大部分山区	黄色
5 期	2013. 6. 24	20 时	6. 24 - 6. 25	今天夜间 - 明天白天	房山、门头沟山区；平谷山区；怀柔、密云部分山区	黄色
6 期	2013. 6. 28	20 时	6. 28 - 6. 29	未来 24 小时	北京大部分山区	黄色
7 期	2013. 6. 30	18 时	6. 30 - 7. 1	今天夜间 - 明天白天	北京山区	黄色
8 期	2013. 7. 1	17 时	7. 1 - 7. 2	今天夜间 - 明天白天	北京山区	黄色
9 期	2013. 7. 4	18 时	7. 4 - 7. 5	今天夜间 - 明天白天	房山、昌平、密云山区	蓝色
10 期	2013. 7. 6	22 时	7. 6 - 7. 7	今天夜间 - 明天白天	房山、门头沟山区	蓝色
11 期	2013. 7. 7	23 时	7. 7 - 7. 8	今天夜间 - 明天白天	怀柔、密云、平谷山区	黄色
12 期	2013. 7. 8	9 时	7. 8 - 7. 9	今天白天 - 夜间	房山、门头沟山区	黄色
13 期	2013. 7. 8	18 时	7. 8 - 7. 9	今天夜间 - 明天白天	北京山区	黄色

续表 3-25

期次	预警发布时间		预警时间范围		预警地区范围	预警等级
14 期	2013.7.9	17 时	7.9－7.10	今天夜间－明天白天	房山、门头、密云、平谷大部分山区	黄色
15 期	2013.7.10	17 时	7.10－7.11	今天夜间－明天白天	房山、门头沟山区	蓝色
16 期	2013.7.14	17 时	7.14－7.15	今天夜间－明天白天	北京山区	黄色
17 期	2013.7.15	13 时	7.15－7.16	今天白天－夜间	延庆、怀柔、密云、平谷大部分山区	黄色
18 期	2013.7.26	11 时	7.26－7.27	今天下午－明天白天	黄色：房山、门头沟等大部分山区	黄色
					蓝色：延庆、怀柔、密云、平谷等部分山区	蓝色
19 期	2013.7.30	23 时	7.30－7.31	今天夜间－明天白天	房山、门头沟、延庆、怀柔、昌平、海淀、丰台、石景山等部分山区	蓝色
20 期	2013.7.31	17 时	7.31－8.1	今天夜间－明天白天	房山、门头沟、延庆、怀柔、密云、昌平、平谷等部分山区	蓝色
21 期	2013.8.1	11 时	8.1－8.2	今天夜间－明天白天	房山、门头沟、延庆、怀柔、密云、昌平、平谷等部分山区	蓝色
22 期	2013.8.6	16 时	8.6－8.7	今天夜间－明天白天	房山、门头沟、延庆、怀柔、密云、昌平、平谷等部分山区	蓝色
23 期	2013.8.11	9 时	8.11－8.12	今天白天到明天	房山、门头沟、昌平、延庆、密云、怀柔、平谷等大部分山区及丰台、海淀、石景山部分浅山区	黄色
24 期	2013.8.16	17 时	8.16－8.16	今天傍晚到夜间	房山大部分山区	蓝色

6. 地质灾害应急调查

北京市地质灾害应急调查队在黄色及以上等级地质灾害气象预警发布时，组织10个小组分别进驻10个山区县，随时待命，对发生的地质灾害及时开展应急调查，提出有效防治措施，应急调查报告及时报送市总指、相关区县政府和部门。全年共开展应急调查48次，确定地质灾害灾情39起（崩塌30起、滑坡3起、地面塌陷6起），灾害规模均为小型，且未造成人员伤亡。

【地质灾害治理工程】

自2011年以来，财政部、国土资源部累计批复北京市地质灾害治理补助资金8630.27万元，其中2013年批复北京市中央特大型资金8021万元，利用7037.55万元开展42个地质灾害治理项目，主要通过清除危岩体、削坡、排导槽、砌挡墙和护坡等工程措施改善区域地质环境，消除或减轻地质灾害威胁。本年全市地质灾害治理项目详见表3-26。

表3-26　2013年北京市地质灾害治理项目一览表

序号	项目名称	治理灾种	主要治理措施
1	昌平区南口镇（东园子、四桥子、沙洞子、长水峪）不稳定斜坡地质灾害治理项目	不稳定斜坡	削坡、浆砌护坡和挡墙
2	房山区霞云岭乡石板台村泥石流灾害治理项目	泥石流	浆砌石挡墙、护面墙
3	房山区十渡镇新村不稳定斜坡地质灾害治理项目	不稳定斜坡	削坡、浆砌挡墙
4	房山区青龙湖镇南观村泥石流灾害治理项目	泥石流	浆砌石护坡、浆砌石挡墙
5	房山区河北镇万佛堂大桃园孙继坡不稳定斜坡治理项目	不稳定斜坡	削坡、挡土墙
6	房山区十渡镇西太平泥石流地质灾害治理工程	泥石流	浆砌石挡墙、护面墙
7	房山区霞云岭乡北直河崩塌地质灾害治理工程	崩塌	浆砌石挡墙、坡面清理、危岩清理
8	房山区佛子庄乡上英水不稳定斜坡地质灾害治理工程	不稳定斜坡	浆砌石挡墙、排水渠
9	房山区佛子庄乡陈家台崩塌地质灾害治理工程	崩塌	崩塌体卸载
10	房山区南窖乡南窖村不稳定斜坡地质灾害治理工程	不稳定斜坡	坡面清理、浆砌石挡墙
11	房山区张坊镇三合庄村泥石流地质灾害治理项目	泥石流	沟道清理、拦挡坝、排导槽、护坡
12	房山区大安山村大北河不稳定边坡地质灾害治理项目	不稳定边坡	削坡、挡土墙
13	丰台区后甫营－羊圈头村不稳定斜坡治理项目	不稳定边坡	削坡、浆砌护坡
14	丰台区千灵山页岩矿不稳定斜坡治理项目	不稳定斜坡	削坡、浆砌土墙
15	怀柔区九渡河镇二道关村崩塌地质灾害治理项目	崩塌	危岩清理、坡面清理
16	怀柔区九渡河镇撞道口村泥石流地质灾害治理项目	泥石流	浆砌石护坡、浆砌石挡墙

续表 3-26

序号	项目名称	治理灾种	主要治理措施
17	怀柔区汤河口镇东湾子村泥石流地质灾害治理项目	泥石流	拦挡坝、防护堤
18	怀柔区长哨营乡大地村泥石流地质灾害治理项目	泥石流	格栅坝、挡墙、防护堤
19	门头沟区碣石村崩塌泥石流地质灾害治理项目	崩塌、泥石流	浆砌石护坡、拦挡坝、谷坊、
20	门头沟区岢罗坨泥石流灾害治理工程	泥石流	浆砌石护坡、浆砌石挡墙
21	门头沟区房良村崩塌地质灾害治理项目	崩塌	拦石墙、落石槽、削坡、排水盲沟、排水涵管
22	门头沟区清水镇塔河村港沟泥石流治理项目	泥石流	拦挡坝、沟道清理、排导槽、挡墙修复
23	门头沟区李家庄村泥石流地质灾害治理项目	泥石流	浆砌护坡、挡土墙、拦挡坝、
24	门头沟区雁翅镇田庄村地质灾害治理项目	不稳定斜坡、泥石流	削坡、浆砌护坡、浆砌挡墙、泄洪渠、谷坊、拦挡坝
25	门头沟区斋堂镇柏峪村泥石流灾害治理项目	泥石流	挡土墙、拦挡坝、排导槽
26	门头沟区王平镇南港至道须通村道路沿线崩塌及大台社区清千路 K7 + 70m 段崩塌灾害治理工程	崩塌	喷锚、挂网、挡墙
27	门头沟区洪水口村不稳定斜坡、泥石流地质灾害治理项目	不稳定斜坡、泥石流	浆砌护坡、挡土墙、拦挡坝、排导槽
28	密云县高岭镇栗榛寨村庙峪东沟不稳定边坡地质灾害项目	不稳定斜坡	削坡、浆砌护坡
29	密云水库周边地区特大型地质灾害防治工程项目（前火石岭治理区）	泥石流	护村堤，导流渠
30	密云水库周边地区特大型地质灾害防治工程项目（黄梁根治治理区）	泥石流	截水沟，导流渠
31	密云水库周边地区特大型地质灾害防治工程项目（杏树沟门治理区）	泥石流	修挡墙
32	密云水库周边地区特大型地质灾害防治工程项目（南台子治理区）	泥石流	截水沟，导流渠
33	平谷区刘家店镇北吉山村不稳定斜坡治理项目	不稳定斜坡	削坡、浆砌石挡土墙

续表 3-26

序号	项目名称	治理灾种	主要治理措施
34	平谷区金海湖镇上堡子村不稳定边坡治理项目	不稳定边坡	削坡、浆砌石挡土墙
35	平谷区金海湖镇彰作村不稳定边坡治理项目	不稳定边坡	削坡、浆砌石挡土墙
36	平谷区熊儿寨乡南岔村不稳定斜坡治理项目	不稳定边坡	挡土墙、排水沟、削坡
37	平谷区大华山镇李家峪村上王家台不稳定斜坡治理项目	不稳定边坡	削坡、挡土墙、预制块护坡、截水沟
38	石景山区金顶街道赵山小区不稳定斜坡地质灾害治理工程	不稳定斜坡	削坡、浆砌石挡土墙
39	石景山区红光山不稳定斜坡地质灾害治理项目	不稳定斜坡	削坡、钢筋混凝土挡墙、截排水沟、绿化工程
40	石景山区龙泉古寺崩塌及不稳定斜坡地质灾害治理项目	不稳定斜坡	清危削坡、浆砌石挡墙、主动防护网、截排水沟
41	石景山区潭峪村北公路泥石流地质灾害治理项目	泥石流	挡土墙、拦挡坝、排导槽
42	延庆县井庄镇G110国道不稳定斜坡地质灾害防治工程	不稳定斜坡	削坡减载，在坡脚建挡土墙，治理后平台、边坡建截排水沟

【地质灾害宣传】

开展主题为“宣传地灾防治知识，普及避险自救常识”地质灾害防治宣传，共策划制作通俗版避险自救常识宣传单、宣传海报（1套5张）、宣传专栏（20期）、微博材料（20期）、宣传漫画（50张）、公益广告及宣传片各1部。利用“5·12”防灾减灾日、手机信息、网络微博、报纸以及电视等多种形式进行积极宣传，累计发放宣传材料15万份（套），公益广告投放至北京市电视台11个频道、公交地铁的移动电视及8000余块城市户外大屏幕播放，在村庄、道路、景区等隐患点竖立3800个警示牌。

【地质灾害危险性评估】

年内，全市共对547个建设项目进行地质灾害危险性评估，其中，一级备案42份，二级备案363份，三级备案142份。

【地质灾害资质管理】

年内，根据《地质灾害危险性评估单位资质管理办法》、《地质灾害治理工程监理单位资质管理办法》、《地质灾害治理工程勘查设计施工单位资质管理办法》，取消6家地质灾害危险性评估、勘查、设计、施工、监理资质单位，新增7家地质灾害危险性评估、勘查、设计、施工、监理资质单位。截至年底，共有87家单位获得地质灾害危险性评估、勘查、设计、施工、监理资质，共199项。本年全市地质灾害治理工程单位资质数量情况详见表3-27。

表3-27 2013年北京市地质灾害治理工程单位资质数量统计表

资质 等级	评估	勘查	设计	施工	监理	小计
甲级	35	34	31	29	6	135
乙级	3	4	6	5	2	20
丙级	16	6	7	13	2	44
合计	54	44	44	47	10	199

【地质遗迹】

北京市地质遗迹资源丰富，种类较多，主要以地质地貌遗迹为主，占总数的48%左右，此外还有构造行迹、典型地层剖面、地质灾害遗迹、古人类和古生物化石及遗址、有特殊意义的水体资源等类型。经初步调查，全市共有地质遗迹171处，区域分布较为集中，70%以上分布在房山区、门头沟区、怀柔区、平谷区、昌平区、延庆县和密云县。

【地质遗迹保护】

1. 自然保护区

全市共建立地质遗迹自然保护区3处，其中2处市级自然保护区，1处县级自然保护区，总面积为57.37km²。全市地质遗迹自然保护区情况详见表3-28。

表3-28 北京市地质遗迹自然保护区一览表

序号	保护区名称	级别	所在区（县）	面积（km²）	批建时间
1	房山石花洞地质遗迹自然保护区	市级	房山区	36.5	2000.12
2	延庆下德龙湾木化石自然保护区	市级	延庆县	20.5	2001.12
3	平谷大溶洞地质遗迹自然保护区	县级	平谷区	0.37	1997

2. 古生物化石保护

依据《国土资源部关于贯彻落实<古生物化石保护条例>的通知》（国土资发〔2011〕210号）有关要求，成立北京市古生物化石专家委员会。

依据《关于开展古生物化石收藏单位定级工作的通知》（国土资厅发〔2013〕39号）有关要求，北京市古生物化石专家委员组织相关专家对北京自然博物馆等四家古生物化石收藏单位逐家开展定级评审工作，其中北京自然博物馆初审为甲级收藏单位，上报国土部审定；北京市地勘局古生物化石展示馆、延庆地质博物馆、中国房山世界地质公园博物馆均被审定为丙级单位。

北京市古生物化石综合现状调查项

目：通过收集北京地区古生物化石信息，掌握北京地区重要古生物化石产地的分布状况，重点对门头沟岳家坡中生界植物化石群、延庆千家店中生界侏罗系木化石群、门头沟下苇甸古生界寒武系海相沉积化石群、丰台区大灰厂中生界白垩系热河生物化石群和延庆千家店中生界侏罗系恐龙足迹重要古生物化石产地的时代、类型、赋存层位、分布范围及保护现状等进行调查，提出保护措施建议。并对全市古生物化石馆藏机构及科研院所的馆藏情况进行调查，查明馆藏化石共计 8229 个，建立北京市古生物化石信息数据库。

【地质公园】

全市共建立地质公园 8 处，其中 2 处世界地质公园，5 处国家地质公园，1 处市级地质公园。全市地质公园情况详见表 3-29。

表 3-29 北京市地质公园一览表

地质公园名称	级别	遗迹类型	面积（km^2）	审批文号	批建时间
中国房山世界地质公园	世界级	古生物类、地质地貌类	1045	联合国教科文组织	2006. 9. 17
中国延庆世界地质公园	世界级	古生物类、地质地貌类、水文地质遗迹	620. 38	联合国教科文组织	2013. 9. 9
北京石花洞国家地质公园	国家级	地质地貌类（岩溶地质遗迹）	33. 5	国土资发〔2001〕388 号	2001. 12. 10
北京延庆硅化木国家地质公园	国家级	古生物类、水文地质遗迹	141. 40	国土资发〔2001〕388 号	2001. 12. 10
北京十渡国家地质公园	国家级	地质地貌类（岩溶地质遗迹）、水文地质遗迹	290. 37	国土资发〔2004〕16 号	2004. 1. 19
北京平谷黄松峪国家地质公园	国家级	火构造类、地质地貌类	36. 4	国土资发〔2009〕110 号	2009. 8. 19
北京密云云蒙山国家地质公园	国家级	地质地貌类（花岗岩地貌遗迹）	238. 2	国土资发〔2009〕110 号	2009. 8. 19
北京房山区圣莲山地质公园	市级	地质地貌类（岩溶地质遗迹、水文地质遗迹	28	市国土房管环〔2004〕666 号	2004. 6. 10

1. 北京石花洞国家地质公园、延庆硅化木国家地质公园、十渡国家地质公园完成总体规划，已通过专家评审。

2. 首次组织开展地质公园导游员（解说员）培训，提高导游员对地质公园的地学专业认识。

3. 根据国土资源部办公厅《关于开展国家地质公园监督检查的通知》（国土

资厅函〔2013〕345 号）的要求，对北京市属5个国家地质公园的建设与管理工作进行监督检查，经综合评定，北京市石花洞国家地质公园和北京延庆硅化木国家地质公园评估结果为优秀，其余均为合格。

4. 2013 年9 月9 日，中国延庆世界地质公园顺利加入联合国教科文组织世界地质公园网络。

5. 2013 年9 月 27 日，平谷黄松峪国家地质公园揭碑开园。

【矿山公园】

1 月 17 日，北京史家营国家矿山公园被国土资源部正式授予国家级资格。截至年底，全市共建立国家矿山公园 4 处。全市矿山公园情况详见表 3-30。

表 3-30　北京市矿山公园一览表

序号	矿山公园名称	所在区县	面积（km^2）	批建时间
1	北京平谷黄松峪国家矿山公园	平谷区	1.86	2005 年
2	北京首云国家矿山公园	密云县	3.58	2009 年
3	北京圆金梦国家矿山公园	怀柔区	5.56	2009 年
4	北京史家营国家矿山公园	房山区	58.5	2013 年

【矿山地质环境问题】

截至年底，全市现有矿山企业 65 家，其中固体矿山 32 家，矿泉水 33 家。矿山地质环境问题主要表现为矿山地质灾害、地貌景观破坏、水环境破坏、土地资源破坏、环境污染 5 种类型。

【矿山地质环境治理】

1. 矿山地质环境管理制度建设

印发《北京市国土资源局地质环境类项目资金管理办法》（京国土财〔2013〕385 号）、《北京市国土资源局地质环境类项目管理办法》（京国土财〔2013〕500 号）。

2. 矿山地质环境治理项目

截至年底，北京市累计投入矿山环境治理资金 73601 万元，其中中央财政专项补助资金 69917 万元、市财政专项资金 3684 万元；累计治理面积 4588.67 公顷，其中废弃矿山治理面积为 4302.38 公顷，在生产矿山治理面积为 286.29 公顷。

年内，中央财政资金支持组织实施 2 个矿山地质环境治理示范工程，16 个治理区，治理总面积4283.07 公顷，主要分布在房山区、门头沟区和密云县。本年全市矿山地质环境治理示范工程情况详见表 3-31。

表 3-31　2013 年北京市矿山地质环境治理示范工程一览表

序号	项目名称	治理面积（公顷）
1	北京市西部百花山废弃煤矿环境治理示范工程（曹家坊治理区）	46.70
2	北京市西部百花山废弃煤矿环境治理示范工程（莲花庵治理区）	32.70

续表 3-31

序号	项目名称	治理面积（公顷）
3	北京市西部百花山废弃煤矿环境治理示范工程（大石窝治理区）	60.67
4	北京市西部山区百花山地区废弃煤矿矿山地质环境治理示范工程（王平口治理区）	82.07
5	北京市西部山区百花山地区废弃煤矿矿山地质环境治理示范工程（长峪沟治理区）	35.00
6	北京市西部山区百花山地区废弃煤矿矿山地质环境治理示范工程（门头沟区清水镇达摩沟沟口治理区、白菜套沟治理区）	61.27
7	北京市密云水库周边废弃铁矿矿山地质环境治理示范工程（首云治理区）	410.00
8	北京市密云水库周边废弃铁矿矿山地质环境治理示范工程（威克治理区）	301.95
9	北京市密云水库周边废弃铁矿矿山地质环境治理示范工程（芦头治理区）	780.00
10	北京市密云水库周边废弃铁矿矿山地质环境治理示范工程（水树峪治理区）	210.00
11	北京市密云水库周边废弃铁矿矿山地质环境治理示范工程（高岭屯治理区）	272.00
12	北京市密云水库周边废弃铁矿矿山地质环境治理示范工程（四合村治理区）	874.95
13	北京市密云水库周边废弃铁矿矿山地质环境治理示范工程（太师庄治理区）	600.00
14	北京市密云水库周边废弃铁矿矿山地质环境治理示范工程（瑶亭、辛庄治理区）	174.50
15	北京市密云水库周边废弃铁矿矿山地质环境治理示范工程（首云排土场治理区）	177.76
16	北京市密云水库周边废弃铁矿矿山地质环境治理示范工程（不老屯－冯家峪治理区）	163.50

3. 矿山环境恢复治理保证金缴存

自2009年建立保证金制度以来，全市累计缴存保证金29407.475万元，累计返还矿山企业保证金20800.510万元，其中2013年缴存3755.2万元，返还4106.6万元。截至年底，全市32家在生产矿山企业全部编制了保护与治理恢复方案，已实施的治理恢复项目累计投入工程治理费用30307万元。

4. “矿山复绿”行动

编制完成《北京市“矿山复绿”行动实施方案（2013－2020）》，通过国土部组织的专家评审，并依据实施方案开展矿山复绿工作。

5. 矿山环境管理检查

9月，财政部对北京市矿山地质环境治理示范工程项目进行评估核查，检查组认为示范工程项目管理制度完善，资金使用安全合理，能够扎实有效推进，开展的项目宜林则林、宜农则农、宜建则建，治理效果显著。

10月，国土部对北京市“矿山复绿”行动进展情况进行检查，检查组认为北京市国土资源局能够以健全完善保证金制度为重点，加强制度建设，充分调动企业主动治理的积极性，为“矿山复绿”行动的顺利实施打好基础；与已开展的矿山地质环境保护与恢复治理工作结合进行，治理工作部署高效、合理。

专项管理

北京市国土资源局执法监察总队

【机构设置和职责】

北京市国土资源执法监察总队（简称执法监察处）下设办公室、土地执法监察一室、土地执法监察二室、土地执法监察三室、信息科技室、业务指导室、违法线索受理室7个部门，在职执法监察人员31名。

主要工作职责：负责本市国土资源方面的执法监督工作，按照管理权限查处有关违法案件，受理有关投诉和举报，指导区县国土资源行政主管部门的执法监督工作。具体职责：国土资源违法案件的查处工作；涉及国土资源违法违规行为的信访工作；本系统国土资源执法监察工作制度建设；国土资源违法举报投诉受理工作；本市国土资源执法监察管理，组织开展卫片执法检查和动态巡查工作。

领导班子：

总队长、党支部书记　杨洪范

副总队长　郎运波

副总队长　江　卫（女）

副总队长　郑继培

专职副书记　张永新（女）

【土地案件查处】

年内，共立案查处508件410.55公顷（耕地24.01公顷），同比分别下降12.86%、25.75%、13.16%，其中结案391件394.81公顷。拆除建（构）筑物7.52万平方米，没收建（构）筑物218.5万平方米，收回土地171.02公顷，收回耕地1.11公顷，收缴罚没款2919.2万元。共立案查处矿产违法违规56件结案55件，收缴罚没款139.73万元。

年内，通过市主要新闻媒体公开曝光5起案件。其中，公开查处北京泰华芦村种植专业合作社非法占用房山区窦店镇芦村集体土地建设餐饮住宿设施案和北京泰华芦村种植专业合作社非法占用房山区窦店镇芦村集体土地建设养鱼设施案2起；挂牌督办晁洪良非法占用房山区窦店镇大高舍村集体土地建设库房案和北京利明恒通工贸有限公司非法占用顺义区龙湾屯镇柳庄户村集体土地建设厂房案2起；公开通报汤学良与银发乐园投资管理有限公司非法占用昌平区流村镇白羊城村集体土地建设白羊沟度假山庄案1起。

【卫片执法检查】

年内，发现违法用地1327宗10627.50亩（耕地2115.05亩）。问责线比例4.7%，与上年度5.25%相比下降0.55个百分点。其中，立案查处417宗，按非立案方式处理910宗，没收违法建筑104.2万平方米，拆除违法建筑1.8万平方米，收缴罚款3848万元。履职到位率100%，查处整改到位率70%以上。发现矿产违法案件43宗，其中立案15宗，非立案27宗，限改暂不处理1宗，收缴非法所得26.85万元，没收矿产品1024吨。

【动态巡查】

年内，动态巡查发现各类土地违法线索404件195.14公顷（耕地49.98公顷），通过快速反应及时制止违法行为，挽回群众各类经济损失2292.92万元。

【信访与12336违法举报】

年内，市国土局违法线索处理中心共接听电话5956个，受理2316件（含国土资源部转办138件）。收到反馈报告1898件，反馈率100%。

本年共受理群众信访举报50件（其中信访17件举报33件），全部按期办结。

【视频监测】

市国土局于2010年6月启动视频监控系统试点建设，本年7月，经市经信委重大信息化项目专家评审会审议，视频监控系统已符合信息化建设有关标准要求，能够实现市、区两级土地矿产违法的联动发现、报告和处置。视频监控系统在全国首创“时间连续、空间无缝、信息现势”天空地一体化的高频度综合监管技术系统与服务模式，成为当前执法监察工作“四早”要求的重要科技手段。

【国土所管理】

编印下发《北京市国土资源管理所工作通讯簿》，初步形成“一年两摸底一检查”的工作模式。完成《2013年度国土资源管理所标准化建设项目专项防控工作方案》和《2013年度发现、制止、报告和查处工作项目专项防控工作方案》廉政风险防控台账，对有关工作进行梳理规划。会同市国土局人事处、监察处、法制处、财务处，对全市14个郊区（县）59个国土所标准化建设目标完成情况进行考核。针对国土所管理和机制建设现状存在的问题，通过问卷与座谈相结合抽样调研的方式，研究制定国土所存在问题困难的整改解决方案。

【清理整治“小产权房”】

年初，会同市监察局印发《关于坚决杜绝新建严肃查处续建续售“小产权房”的紧急通知》（京国土监〔2013〕88号），要求各区（县）政府对“小产权房”和各类变相“小产权房”自查摸排抓紧整改，对有关责任人员严肃追究问责。11月，以贯彻落实国土资源部、住房城乡建设部《关于坚决遏制违法建设、销售“小产权房”的紧急通知》为契机，通过卫片执法检查、12336电话举报热线和动态巡查等多渠道，会同分局坚决遏制新增“小产权房”。

联合住建委、监察局组成督查组，对14个郊区（县）“小产权房”清理整治工作情况进行检查，并推进对已公布的85宗“小产权房”的整改查处工作。截至12月底，8宗全部拆除，5宗拆除占耕地部分，查封施工工地71个，拆除售楼处29个；作出行政处罚77宗。没收建筑物241万平方米，收缴罚款2841万元，拆除建筑物8.5万平方米；申请法院强制执行30宗，移送公安机关8宗，移送监察部门处理3宗，1名主管镇长受到党内处分，4名村党支部书记受到免职处分。

【清理整治高尔夫球场和“农业大棚房”】

配合市发改委对全市63个高尔夫球场违法违规用地提出查证与处理意见其中56个违法违规球场已立案查处。截至12月底，做出拆除处罚的1个，处罚全部或大部分用地面积的34个，罚款共计5.78亿元，其中21个2.32亿元已全部缴纳或分期缴纳。协助国家发改委、国土部对常瀛绿洲、观唐假日高尔夫球场耕地腾退情况进行现场核查，确保整改到位。

针对以农业设施为名进行房地产开发的“大棚房”项目，及时组织清理整改。共发现存在问题的“大棚房”36个，对其中未及时整改的23个项目上网曝光。截至12月底，36个“大棚房”已拆改到位29个，停止对外销售7个。通过多措并施集中清整，问题得到积极有效制止。

【严厉打击违法用地违法建设专项行动】

3月，市政府召开全市生态文明与城乡环境建设动员大会，在全市范围内开展严厉打击违法用地违法建设专项行动，作为市国土局重要参与部门，先后抽调4名骨干人员派驻市专项行动指挥部，参与制定《关于查处以农村宅基地建设为名进行违法占地违法建设的工作指导意见》、《关于查处以集体产业为名违法占地违法建设的工作指导意见》、《市专项行动督办工作管理办法》，为区县提供必要的政策依据，明确督办工作的处理及绩效评分要求。

与市规划、住建委、监察局等有关委办局组成督查组，先后12次对东城、朝阳、密云、平谷等区（县）的专项行动工作进展情况进行督导检查，通过明查暗检、卫星监测、群众举报和媒体监督等方式，对郊区县违法用地违法建设“零增长”目标实现情况进行检查认定；结合2012年度土地矿产卫片执法检查工作和国土季度卫片发现问题情况，分别向14个郊区（县）下达34份《督办通知单》，督促指导违法用地违法建设拆除整改有效落实。截至12月底，参与全市拆除违法建设2万处1207.5万平方米，其中拆除新生违法建设2170处48万平方米，基本实现全市本年新生违法用地违法建设“零增长”遏控目标。

北京市土地利用事务中心

【机构与职责】

北京市土地利用事务中心是北京市国土资源局直属事业单位，于2001年1月21日经市政府批准成立，现编制60人，设八科一室，即办公室、出让业务科、综合一科、综合二科、综合三科、征地业务科、财务科、地价科和受理科。

主要工作职责：受北京市国土资源局委托负责按规定催缴土地有偿使用费用；承办本市征地及国有土地使用权划拨、出让、转让、出租、抵押以及地价评审的技术性、事务性、服务性工作。

领导班子：

主　任	曹　慧
副主任	杜　涛
副主任	姬　铮
副主任	朱　江
专职副书记	禹　佳

【受理办理土地出(转)让相关事项】

年内，共受理土地出（转）让许可类事项935件，其中出让合同307件，出让合同变更628件；受理服务类事项906件；受理管理类事项165件。

办结许可类事项796件，其中出让合同291件，出让合同变更504件，租赁项目1件。办结服务类事项889件，其中转让登记11件，地价款缴纳核实878件。办结管理类事项161件，其中招拍挂出让项目140件，协议出让补办项目21件。

【地价评审】

召开地价办公室会37次，初审地价评估报告476份；召开地价评审专家会10次，审定项目481个。

【欠费清缴】

对2012年下半年至本年12月底的出让项目的地价款缴纳和欠缴情况进行核实，通过发放《缴纳地价款通知单》和约谈等方式，对欠费地价款进行追缴。本年度共发放《缴纳地价款通知单》7份，《告知函》1份，《限期缴纳地价款通知单》1份，收缴欠费约22亿元。

继续完善出让合同缴款电子台账，完成2004年至本年6月底出让合同缴款情况的登记工作，涉及土地出让项目约4700项。

协助局财务处和信息中心，建立市局收入对账系统及欠费追缴系统，进入试运行。

【信息公开】

承办市国土局政府信息公开有关出让部分的工作。

主动信息公开事项方面：在市国土局外网网站上发布出让结果、土地出让变更信息，公示的出让结果内容包括项目的受让方、土地位置、宗地面积、规划建筑面积、签约时间、规划用途、土地成交地价款、合同开竣工时间、地上容积率；公示的土地出让变更项目内容包括项目的受让方、土地位置、宗地面积、规划建筑面积、规划用途、合同地价款、变更事项。本年土地出让合同办理情况和土地出让合同变更情况均已按月主动向社会公示。

依申请公开事项方面：办理依申请政府信息公开事项138件，均为书面申请，全部办结。

【档案、数据统计、信息化】

基本完成前期遗留的各类案卷的清理，出（转）让档案进入到随办随归的良性循环；与档案馆交接4084卷（其中遗留案卷2297卷）；与信息中心交接档案2066卷。完成2009年评估报告档案的扫描、存档相关工作；基本完成2010年评估报告档案的扫描、存档。

【行政公文】

办理公文1757件，其中督办件14件，人大建议2件，政协提案1件。

受理信访事项39件，全部办结。群众满意率100%。

【其他事项】

该中心设受理科负责北京市国土资源局除地矿类的所有行政许可和服务类事项的受理、分办、督办、文件转接、业务咨询、电子系统录入和办结件发放等工作。本年共受理事项2434件，其中行政许可类事项1296件，服务类事项1138件。

【重点项目、保障性住房项目建设用地供应】

对受理涉及的重点项目、保障性住房项目，我中心设置一整套制度、措施，建立相应供地台帐，保障此类项目的供地手续办理。根据市国土局相关规定，定期对此类供地项目进行梳理，加快办理时限。

年内，为外交部、华北电网等20余家中央在京单位的建设项目办理土地出让手续。

【土地出让项目批后监管】

依照《国土资源部办公厅关于建立土地利用动态巡查制度加强建设用地供后开发利用全程监管的通知》（国土资厅发〔2013〕30号）要求，继续完善出让项目后期跟踪管理的制度、流程，充分利用科技手段，协同相关部门，跟踪管理工作进入制度化、日常化管理的轨道，形成市、区（县）分工合作机制。

规范土地出让合同约定开发建设延期审批，形成常态化、规范化的工作流程。年内收到延期申请61件，分三个批次上报、批准31件。

自2009年国土部开展出让合同专项清理工作和2010年我市建立出让项目开发利用申报制度以来，市国土局一直通过建设用地开发利用情况申报和出让后期跟踪管理工作收集的项目宗地开、竣工数据成果向国土部监管系统进行更新。年内，共收到59宗申报；根据申报及局监管子系统数据，完成国土部监测系统中158宗次（包括交地、开工、竣工信息等数据）土地的开竣工数据更新。

【配合各级审计、督察工作】

按照市政府统一部署，配合完成国家土地督察局北京局对我市昌平区的土地例行督察工作，牵头组织针对土地出让收支管理不规范问题的市级层面整改情况检查验收工作；提供相关资料，配合相关处室，完成市审计局审计工作。

【出让土地批后监管系统建设】

按照《北京市国土资源局关于运行出让土地批后监管系统的通知》（京国土用〔2013〕109号）要求，自4月1日起，对土地出让合同相关信息全程监督管理的“综合监管平台出让土地批后监管子系统”正式运行。该系统为加强土地出让合同管理及土地批后监管，推进节约集约用地，强化项目用地开竣工管理提供技术保障。年内，将2007－2013年度3357个出让项目纳入我局监测系统，其中需要监测开发利用情况的项目（即新建协议和招拍挂出让项目）1195个，需监测项目中有1003个项目进行监测与数据实时更新，占需监测项目数量的84%。

【协议出让地价管理】

北京市自实行土地有偿使用制度以来，一直在摸索建立有利于公开、公平、公正的地价管理机制，至1996年协议出让地价基本定型为四级审批制，即地价委托评估、地价评审办公室初审、地价专家评审委员会审核、局长办公会审定，并于2002年以发布《关于建立北京市土地出让地价评审定期制度的通知》（京国土房管出〔2002〕174号）的形式将该制度固定下来，一直延用至今。

年内，召开地价办公室会37次，初审地价评估报告476份；召开地价评审专家会10次，审定项目481个。

【土地出让政策研究与创新】

1. 完善行政许可及服务类事项审批程序

制定中心城区棚户区改造和环境整治任务类项目办理协议出让手续的相关办理程序。

形成《办理国有建设用地使用权协议出让合同变更事项规则》（初稿），该规则细化了收件初审、事项办理分类审查、上报审批、办结归档四个阶段的办事流程及办事规则，规范了出让合同变更类事项有规可依，有规必依，依规办理，违规必究的办事流程；初步拟订部分竣工项目办理办法，对项目受理条件、审核要点原则等内容进行统一。

制定招拍挂出让合同变更办理规范。对出让合同变更的受理、审核、办理等具体细节进行统一，规范出让及合同变更审批表的填写，规范招拍挂出让合同条款的拟定。制定项目暂停签订出让合同、取消竞得人资格等工作程序。

2. 土地出让政策研究

与土地利用处共同研究制定涉及产业化住宅面积奖励项目的办理措施；研究招拍挂项目配建保障性住房增加相应配套设

施类项目的供地方式、政府收益收取标准等问题；研究解决涉及被撤销驻京办事机构名下现状用地项目供地有关问题；研究解决违法用地补办出让手续涉及出让起算时点、出让年限、地价水平等问题；研究解决因土地使用权人变更引起的企业纳税额不能正常核减等难题；研究解决已成交招拍挂项目因属地纳税变更受让人名称问题；研究解决部分现状项目补办土地出让手续过程中因房产灭失影响出让手续办理的问题；研究解决现行土地租赁合同范本中涉及的违约责任条款不规范问题，进一步完善合同条款；研究解决破产企业补办土地出让手续时采用地价款抵扣破产企业职工安置费用的方式，解决破产企业供地瓶颈问题。

【表彰奖励】

获“全国土地市场动态监测与监管工作先进集体”称号。

北京市土地整理储备中心

【机构与职责】

北京市土地整理储备中心（简称储备中心）于2001年4月28日成立，编制100名，内设“七部一室”，即财务管理部、储备管理部、开发管理部、市场交易部、项目开发一部、项目开发二部、项目开发三部、综合办公室。

主要工作职责：承担全市土地储备开发、建立政府土地储备库和土地市场交易相关工作。

领导班子：

主任	师宏亚
党总支书记	孙立钢
副主任	田　锋
副主任	周同伟
副主任	吕振库
副主任	燕新程
总经济师（2013年8月任职）	黄永芳（女）
党总支专职副书记（2013年10月任职）	丁红梅（女）
党总支专职副书记（2013年3月调离）	曲　波

【土地市场供应】

年内，市土地交易市场和10个远郊区（县）、北京经济技术开发区土地交易分市场共成交土地223宗，土地面积2118.64公顷，规划建筑面积2448.74万平方米，成交价款1853.15亿元，其中，政府土地收益846.81亿元。

年内，完成保障性安居工程新增落实用地819公顷，其中公租房用地146公顷，限价房用地68公顷，经济适用房用地141公顷，定向安置房用地464公顷。

年内，首次推出自住型商品房用地，成交住宅用地中可建设自住型商品住房建筑规模227万平方米。同时，试点采用竞建自住型商品房、竞建公益性公建设施、竞建异地建设保障房面积，商服用地与保障房地块搭配出让，零起始价挂牌等招拍挂出让新方式。

【土地储备计划编制及实施】

本年计划完成开发面积2800公顷，与2012年相比新增1000公顷；用途结构上，居住用地、商服及其他用地各占65%、35%；空间布局上，中心城和规划新城占63%；计划安排土地储备开发投资1000亿元。重点推进在施项目完成开发，加快在施项目消化，严把新增项目准入门槛，优先保障民生工程、市政府重点工程、现状建设用地（含村庄）再利用项目、分期实施项目（拆迁基本完成项目后续地块）。探索项目清退与项目新增挂钩机制，持续引导形成合理的土地储备开发规模。

核批土地一级开发授权批复 109 个（含延期及主体变更），土地面积 3891.53 公顷。全市新增土地储备开发面积 1087 公顷，基本完成土地储备开发面积 1973.01 公顷，实现土地储备开发投资及重点区域专项投资 977 亿元。本年土地储备开发完成区域分布详见表 3-32。

表 3-32　2013 年土地储备开发完成区域分布

区域	完成开发面积（公顷）	比例（%）
首都功能核心区	5.43	0.28
城市功能拓展区	462.94	23.46
城市发展新区	1117.25	56.63
生态涵养发展区	387.39	19.63
合计	1973.01	100

【政府土地储备】

年内，新增收购储备项目 1 个，土地面积 119 公顷。年内组织办理储备土地证 93 个，土地面积约 289 公顷。

【土地储备资金筹措】

年内，筹措市级土地储备开发项目资金 626 亿元，其中银行贷款 86 亿元，保险资金 290 亿元，市财政返还前期成本 230 亿元，市财政拨付国有土地收益基金 20 亿元。

【国有建设用地使用权交易】

年内，市土地交易市场和 10 个远郊区（县）、北京经济技术开发区土地交易分市场共成交土地 223 宗，土地面积 2118.64 公顷，规划建筑面积 2448.74 万平方米，成交价款 1853.15 亿元，其中，政府土地收益 846.81 亿元。本年北京市国有建设用地使用权入市交易成交情况详见表 3-33，北京市国有建设用地使用权入市交易成交（按用途分类）情况详见表 3-34，北京市国有建设用地使用权入市交易成交（按区域分类）情况详见表 3-35。

表 3-33　2013 年北京市国有建设用地使用权入市交易成交统计表

交易地点	成交宗数	土地总面积（万平方米）		规划建筑面积（万平方米）	成交价款（亿元）
		合计	其中建设用地		
市土地交易市场	138	1543.54	911.906	1839.40	1745.75
远郊区县土地交易市场	85	575.10	430.43	609.34	107.38
合计	223	2118.64	1342.34	2448.74	1853.15

表 3-34　2013 年北京市国有建设用地使用权入市交易成交统计表（按用途分类）

	合计	住宅用地	商业用地	工业用地
面积（公顷）	2118.6	1261.4	313.3	543.9
结构比例	100.00%	59.54%	14.79%	25.67%

表 3-35　2013 年北京市国有建设用地使用权入市交易成交统计表（按区域分类）

区域	面积（公顷）	比例（%）
首都功能核心区	3.27	0.16
城市功能拓展区	295.4	13.94
城市发展新区	1375.9	64.94
生态涵养发展区	444.0	20.96
合计	2118.6	100.00

【历年土地市场公开出让交易情况】

截至年底，全市共有 1731 宗 15169.79 万平方米土地入市交易，成交价款为 7822.97 亿元，其中政府土地收益 3626.88 亿元。2001 – 2013 年北京市国有建设用地使用权入市交易成交情况详见表 3-36。

表 3-36　2001 – 2013 年北京市国有建设用地使用权入市交易成交统计表

年度	成交宗数	交易类型			土地面积（万平方米）		规划建筑面积（万平方米）	成交价款（亿元）	
		招标	拍卖	挂牌	合计	其中建设用地		合计	其中政府收益
2001	1	1	0	0	13.97	13.97	14.14	3.17	0.59
2002	8	2	1	5	250.48	174.79	331.26	61.35	14.93
2003	48	3	1	44	201.7	158.7	277.87	49.14	19.05
2004	89	4	0	85	537.92	403.53	609.51	115.31	32.85
2005	50	2	0	48	357.39	242.12	451.97	117.51	39.31

续表 3-36

年度	成交宗数	交易类型			土地面积(万平方米)		规划建筑面积（万平方米）	成交价款（亿元）	
		招标	拍卖	挂牌	合计	其中建设用地		合计	其中政府收益
2006	87	29	1	57	856.2	594.96	935.05	257.67	92.11
2007	85	41	0	44	897.92	600.63	1233.01	438.1	204.34
2008	184	26	0	158	1573.43	1110.19	1810.43	500.12	170.82
2009	250	20	1	229	1965.16	1385.27	2391.19	966.28	556.76
2010	280	81	0	199	3012.04	2070.15	3350.46	1677.27	948.05
2011	257	52	0	205	2044.54	1447.75	2481.32	1113.29	463.17
2012	169	27	0	142	1340.4	995.17	1722.22	670.61	238.09
2013	223	53	0	170	2118.64	1342.34	2448.74	1853.15	846.81
合计	1731	341	4	1386	15169.79	10539.57	18057.17	7822.97	3626.88

【大事记】

2月4日，北京市首宗公开出让养老设施用地在市土地市场成交。该项目位于密云县溪翁庄镇，总用地面积约11公顷，建筑规模约11.4万平方米。

3月20日，储备中心与市保障房建设投资中心正式交接朝阳区焦化厂项目南侧约35公顷土地。至此，市储备中心完成朝阳区焦化厂项目保障性住房用地供应工作。

4月26日，储备中心在北京市市级行政事业单位政府采购范围内启动储备土地保安公司比选工作，共11家保安公司递交比选文件，经过评审小组的综合评分，最终确定北京市保安总公司等5家公司作为政府储备用地的安保单位。

5月3日，根据市财政局、市国土局《关于印发<北京市土地储备项目竣工财务决算管理暂行办法>的通知》（京财经二〔2012〕2686号），市储备中心对21个市级投资土地储备项目启动财务竣工决算工作。

5月16日，储备中心召开2013年度全市土地储备机构贷款银行比选评审会，经评审：全市土地储备机构取得银行贷款额度2993亿元。

6月6日，《北京市2013年度土地储备开发计划》经市政府批准后，正式印发对外公布。

6月18日，储备中心会同市规划部门组织召开专题会，研究确定城市公共代征用地内电力电信设施、水务设施、燃油燃气设施、热力设施、市（路）政设施等装置设施及其他地上物的处置原则。

6月20日，储备中心与市档案局签订储备土地开发补偿协议，向市档案馆移交朝阳区广渠路36号的政府储备土地4.32公顷。

10月21日，北京国际雕塑园地下文

化娱乐中心项目在市土地交易市场成交。该项目是我市首次单独出让的地下空间项目，位于石景山区玉泉路，用地规模约2.8公顷，地下建筑规模8.0万平方米（海拔高程59.6以下用地规模）。

11月4日，海淀区东升乡（清河盒子房厂土地一级开发项目）R2二类居住用地项目挂牌出让，为我市第一宗采用在达到地价上限后竞报“自住型商品房”面积的用地。

11月11日，大兴孙村组团两宗地在市土地交易市场成交。该两宗地首次将低碳生态规划要求纳入住宅用地招拍挂环节，具体包括绿色建筑比例、可再生能源贡献率、单位建筑面积能耗、屋顶绿化率等9项门槛指标。

12月23日，储备中心与北京市轨道交通建设管理有限公司签订政府储备土地交接单，正式移交焦化厂站1655.3平方米用地。

12月24日，我市首次采用“限地价、竞异地建设保障房面积”方式成交2宗地块（北京市大兴区采育镇区01－0005及01－0033地块二类居住、商业金融用地和北京市大兴区采育镇01－0009及01－0049地块二类居住、商业金融用地），共竞建异地建设保障房面积约18.1万平方米。

【表彰奖励】

1. 获“市国土资源系统先进基层党组织”称号。

2. 获“市国土资源系统精神文明单位标兵”称号。

北京市国土资源勘测规划中心

【机构与职责】

北京市国土资源勘测规划中心（简称规划中心）于2007年5月11日正式成立，是北京市国土资源局直属的正处级全额拨款事业单位。中心编制15人，内设“二科一室”，即：综合办公室、土地规划管理科、土地信息管理科。

主要工作职责：承担市国土资源局交办的土地利用总体规划、专项规划和矿产资源规划等有关规划编制（修编）的组织落实工作，负责有关规划成果和信息的汇总、整理、分析、应用等方面的事务性工作。

具体工作：

1. 承担土地利用总体规划和基本农田保护规划的编制工作。协助市国土局规划部门组织开展市级土地利用总体规划和基本农田保护规划的编制、修订；拟定区县、乡镇级相关规划编制和实施的技术标准及管理办法；承担对区县、乡镇级相关规划编制和实施的技术标准及管理办法；承担对区县、乡镇级相关规划编制、修订业务指导和审查的相关工作。

2. 负责土地利用总体规划和基本农田保护区规划成果管理。承担规划数据库的建设与更新；承担规划管理信息系统的建设与维护；承担规划技术资料的收集管理和分析应用。

3. 承担土地利用规划调整的相关工作。办理规划调整的技术性事项；办理规划调整的相关事务性、服务性工作。

4. 承担土地利用总体规划和基本农田保护规划实施评估相关工作。参与组织开展年度规划实施评估工作；组织分析规划实施情况，研提工作建议。

5. 参与北京市其他专业规划的相关工作。参与北京市土地利用空间政策问题研究；承担土地利用总体规划与北京市其他建设发展规划协调衔接的技术性审核事项；参与北京市重大项目选址的相关工作。

6. 承担矿产资源总体规划编制的相关工作。

7. 承担国土资源规划技术指导和培训。组织开展对分局规划管理的技术指导；组织开展对分局规划管理人员及技术人员的业务培训。

8. 承办北京市政府及北京市国土资源局交办的其他事项。

领导班子：

书记、主任	陈少琼
专职副书记	范为革
副　主　任	陈　景

（2013 年 7 月 3 日 –2013 年 12 月 31 日）

【市区乡土地利用总体规划工作】

1. 北京市土地利用总体规划中期评估工作

按照国土资源部办公厅《关于印发土地利用总体规划中期评估工作方案的通知》的有关要求，对 2006 年至 2012 年北京市新一轮土地利用总体规划实施情况进行全面评估，归纳总结成功经验，深入查找存在问题，并提出相关政策建议，形成《北京市土地利用总体规划（2006—2020 年）中期评估报告》报国土资源部。

2. 北京市 2012 年度土地利用总体规划实施评价工作

年内，组织开展北京市土地利用总体规划实施评价。重点对 2010 年至 2012 年我市土地利用总体规划实施情况进行全面系统总结，深入分析规划实施特点、变化规律和趋势，并提出相关政策建议，形成《北京市 2012 年度土地利用总体规划实施评价报告》。

深入开展北京市集体建设用地规划实施情况调查研究。在进一步查清全市集体建设用地规划实施情况的基础上，全面归纳总结土地规划在加强集体建设用地管理方面取得的成效，深入查找分析存在的问题，并研究提出严格土地规划实施管理，促进集体建设用地集约高效利用的相关政策建议，形成《北京市集体建设用地规划实施情况报告》。

3. 市区乡三级基本农田保护区专项规划编制

进一步加大对各区县专项规划编制的督促指导力度，严格专项规划成果审查。截至 12 月底，除昌平区外，平谷区专项规划已通过专家部门联审，顺义区等其余 10 个区（县）的专项规划已通过市国土局批准实施。4 月，拟定并下发《北京市国土资源局关于严格市区乡三级基本农田保护区专项规划实施管理的通知》，严格专项规划实施管理，切实发挥专项规划对耕地和基本农田的统筹管控作用，进一步提高土地资源对首都经济社会科学发展的保障能力。

4. 土地利用总体规划调整方案技术审查和规划数据库更新

年内，完成 104 个规划调整方案的技术审查，并根据规划调整审批材料，及时完成规划数据库的更新并纳入局综合监管平台运行和提供各区县分局使用，保障局系统规划管理日常业务工作的顺利进行。

全面梳理新一轮土地规划实施以来全市的规划调整项目，总结归纳成功经验，查找分析存在问题，提出相关改进政策措施，并形成专题工作报告报局领导。

【专项工作】

1. 中关村国家自主创新示范区地块落桩定界

为贯彻落实国务院《关于同意调整中关村国家自主创新示范区空间规模和布局的批复》关于“抓紧开展中关村示范区地块落桩定界工作”的有关要求，规划中心牵头会同中关村管委会、市规划委和各区县对中关村示范区 16 个园区的 190 个地块进行逐一审核，形成约 1.4 万个界址点坐标成果，确保中关村示范区 488 平方公里规划用地均符合新一轮土地利用总体规划。5 月底，中关村示范区地块落桩定界工作成果通过国土资源部、住房城乡建设部审核验收，并上报国务院备案。

2. 北京市平原地区百万亩绿化造林工程用地安排及政策研究

配合市园林绿化局和各区县政府编制本年平原新增造林用地方案。就平原造林占用耕地和基本农田问题与国土资源部规划司等相关部门沟通协调，争取相应政策支持，相关建议经市政府上报国务院，国土资源部、农业部等相关部委正在抓紧研究落实。不断夯实平原造林理论基础，邀请相关知名专家召开专家研讨会并撰写关于论文，在《北京土地》发表后送国土资源部有关司局。开展平原造林总体规划方案评估工作。年内完成北京市本年平原新增造林 35 万亩工作任务。

3. 基础性课题和相关热点问题研究

开展北京市城镇住宅用地发展现状及供需潜力分析研究。深入剖析首都人口、用地和住房的关系，系统总结城镇发展现状和存在的问题，全面展望未来人口、用地、住房发展趋势，并提出促进首都城镇住宅用地科学分类管理的相关政策建议。研究成果得到局领导、市有关部门负责人和相关领域专家的肯定，将为领导决策提供有力支撑。

参与国家公益性行业科研专项—《京津冀土地规划统筹与实施决策支持系统构建示范》申报。与中国人民大学共同牵头，会同天津市国土资源和房屋管理研究中心、河北省国土资源利用规划院等单位共同申报该科研专项，年内通过国土资源部初审，报财政部待批。

参与国土资源部研究课题—《空间规划地理信息多技术组合快速成图方法研究与标准研究》。

4. 拉萨市三个县土地利用总体规划编制

根据国土资源部援藏工作的总体部署，年内组织完成拉萨市当雄县、堆龙德庆县和尼木县土地利用总体规划编制，待拉萨市土地利用总体规划获得国务院批复后，即可组织后续专家部门评审验收和报审工作。

5. 大兴区耕地质量等级监测试点等工作

年底，大兴区耕地质量等级监测试点、北京市 2011 年度和 2012 年度农用地质量等级日常评价与监测、2012 年度农用地质量等级年度变更试点工作成果通过国土资源部评审验收。

【队伍建设】

1. 建立首都城乡空间发展规划研究平台

9 月，规划中心与北京联合大学应用文理学院正式签订“北京城乡空间发展规划西北研究中心”框架协议，初步建立“发挥双方优势，区域专题合作，长期跟踪研究，成果共享共用”的合作模式，探索首都城乡空间发展规划研究平台。

2. 乙级机构建设和从业人员素质提升

年内，会同北京土地学会对本年新成立的土地规划乙级机构进行组织评审，对全市土地规划乙级机构进行系统业务培训；以土地利用总体规划调整工作为重点，对市国土局和各区县分局规划部门工作人员进行业务技术培训，局系统规划业务工作人员素质进一步提高。

【内部事务】

1. 党的组织建设和思想教育工作

年内，组织党员干部深入学习贯彻党的十八大、十八届二次全会精神，研读十八届三中全会《中共中央关于全面深化改革若干重大问题的决定》，学习《中国共产党章程》和2013年全市和局党风廉政建设会议精神。开展“凭吊革命烈士、坚定理想信念”的主题党日活动，组织党员干部参观平西抗日战争纪念馆进行革命传统教育，并对沿途生态环境、地质灾害易发点进行考察。做好入党积极分子的教育培养考察工作，为发展党员做好准备。

2. 作风建设和党的群众路线教育实践活动

深化反腐倡廉，强化廉洁勤政意识。中心领导班子成员和内设科室的主要负责人发生变化，中心及时对党风廉政建设领导小组进行调整，健全反腐倡廉领导体制。参加市局组织的各类廉政教育学习活动，邀请纪检监察处孟庆秋处长与规划处、规划中心全体党员干部就当前的防腐倡廉工作和工作中如何廉洁履职进行座谈。继续做好深入农村结对帮扶工作，在春节前向中心结对帮扶对象送去慰问品。

聚焦四风，开展党的群众路线教育实践活动。按照局党组关于群众路线教育实践活动的要求，召开动员会，组建领导小组，配发学习材料，听讲座、看展览、上党课，理论学习与实践相结合，进行学习教育活动。采取拟定调查问卷等多种形式，向多方征求意见，梳理意见和建议10条。按照“照镜子、正衣冠、洗洗澡、治治病”的具体要求，结合中心职责，撰写领导班子对照检查材料，班子成员撰写个人对照检查材料，召开全体人员参加的组织生活会，开展批评与自我批评，逐条落实整改，完善健全各项规章制度。

3. 文化建设

年内，规划中心党支部获得“2012－2013年先进基层党组织”称号，有3名同志分别被评为“优秀共产党员”和“优秀党务工作者”，2名同志被评选为“青年国土之星”；在文明单位创建活动中，中心被授予“2012年度文明单位”称号；中心在组织40周岁以下青年员工参加第五届北京土地青年学术论文交流活动中，获得优秀组织奖，并获一等奖论文1篇，二等奖论文4篇，三等奖论文1篇，王艳同志凭借论文《对农村集体土地使用权抵押的一点思考》在9月27日举行的学术交流演讲比赛中获得第一名；参加由机关党委组织的公文写作比赛，获得一等奖文章3篇，二等奖文章4篇，三等奖文章1篇。被市国土局评为“2012年度财务管理工作综合业绩突出单位”。

4. 基础建设

制定完成《公务卡管理办法》及明细支出范围和用卡要求；拟定规划中心奖励制度、外业补贴制度；深化对项目的精细化管理，修改完善中心项目管理制度，进一步细化预算申报、绩效管理和项目资料档案管理。梳理中心工作职责、内容的法律和政策制度依据，界定归属类别，完成中心事业单位分类的实施方案拟定。

年内，按照新的会计科目对中心账目进行重新建账，运用市财政局财政综合办公平台、市局金蝶财务系统完成全年的预算、核算、决算日常财务工作，并及时填报市财政局和市局财务处、审计处要求的各类报表和数据。盘点核对固定资产，保证实物、账务与市财政局资产管理系统的一致。开展2012年度预算执行情况自查和会计基础工作自查等工作。与审计处配合完成对中心原主任汪少群同志的离任经济责任审计。完成全年统计报表、社会保险、医疗保险、生育津贴、住房公积金、住房补贴等各项工作，中心资金和资产安全正常运转，员工福利得到充分保障。

人事管理工作。开展年度干部教育培训工作，全体员工完成规定学时的学习任务；选派干部参加市局组织的土地管理业务知识培训班和财务培训班，参加全市老旧小区改造工作和干部挂职交流锻炼；实施中心内设科室科级干部轮岗，支持符合条件的同志参加副处级干部竞争上岗考试；为员工参加在职学历学位教育创造条件，年内有1名同志取得公共管理硕士，1名同志通过在职硕士入学考试。

其他基础工作。规范公文管理编号体系，简化内审程序，做好公文收发、存档等各项工作，全年完成收取各类公文并登记中心内网831件，同时跟踪督办相关工作，发文325件；完成大事记、年鉴、工作总结的撰写和信息报送工作；完成车辆租赁政府采购车辆保养维护、新增固定资产购置和资产系统填报等车辆、安全、后勤保障的各项工作。

北京市土地权属登记事务中心

【机构与编制】

北京市土地权属登记事务中心于2004年8月3日成立，加挂北京市矿产资源储量评审中心牌子。内设“四部、两馆、一室”，即登记一部、登记二部、调查部、信息统计部、档案馆、地质资料馆和办公室，编制33人。主要负责北京市土地登记事务性工作，承担北京市重大土地权属争议案件调查处理的事务性工作，承担北京市土地调查事务性工作，负责地籍数据统计的事务性工作，负责国土资源档案管理工作，负责本市地质资料汇交及管理工作，承担矿产资源储量评审的事务性工作。

领导班子：

主任：　　陈　轲

党支部书记：　　李海军

副主任：　　彭宏伟

（2013年10月21日任调研员）

副主任：　　靳　燕

【土地登记】

1. 国有土地使用权登记发证情况

年内，全市共完成国有土地登记20378件。其中：国有土地使用权登记8607件，登记面积6230.96公顷；国有土地抵押权登记6345件，抵押面积7723.07公顷，抵押金额7305.48亿元；国有土地抵押权注销登记5426件，注销面积5933.42公顷。

（1）国有土地使用权登记

全市国有土地使用权登记发证8607件，登记发证面积为6230.96公顷，其中：初始登记1330件，面积3251.72公顷；变更登记7277件，面积2979.24公顷。国有土地使用权登记发证数同比增加10.60%，面积同比减少20.07%。细化数据如下：

国有土地使用权初始登记发证1330件，面积3251.72公顷，其中：出让657件，面积1751.32公顷；划拨497件，面积759.01公顷；政府储备174件，面积735.56公顷；国家租赁2件，面积5.83公顷。国有土地初始登记发证数同比增加5.89%，发证面积同比增加2.43%。

国有土地使用权变更登记发证7277件，面积2979.24公顷。其中：转移登记6442件（其中含“小业主”即：386套外销商品房转移登记6036件），登记面积774.12公顷；其他类型（更名、更址、面积变更等）登记835件，登记面积：2205.12公顷。全市国有土地变更登记发证数同比增加11.51%，面积同比减少35.53%。

(2) 国有土地使用权抵押登记

全市国有土地抵押登记6345件，抵押面积7723.07公顷，贷款额7305.48亿元，与2012年同期相比，抵押发证数增加15.87%，抵押面积增加11.63%，贷款金额同比增加45.09%。细化数据如下：

国有土地使用权抵押初始登记6127件，贷款金额6548.01亿元。其中以出让方式取得国有土地使用权进行抵押的为5922件，累计贷款金额5481.59亿元；以划拨方式取得国有土地使用权进行抵押的为46件，贷款金额95.44亿元；以政府储备方式进行抵押的为159件，贷款金额970.98亿元。国有土地抵押初始登记同比增加15.67%，贷款金额同比增加49.87%。

国有土地使用权抵押变更登记218件，变更抵押土地面积976.21公顷，变更抵押贷款金额757.47亿元。

(3) 国有土地使用权抵押权注销登记

全市共完成国有土地使用权抵押土地注销登记5426本，累计注销抵押贷款3659.30亿元，注销土地面积5933.42公顷。

2. 开展土地登记规范化建设

每季度对各分局登记窗口管理、土地登记案卷规范化、勤政廉政建设、土地证书管理、地籍管理信息系统应用等情况进行全面检查。全年共现场抽查各类登记档案1591卷。各分局在土地登记中均能按照法规政策有关规定及北京市《国有土地使用权登记工作规范》要求受理审核，未发现违规登记行为，实现“登记案卷创全优”的工作目标。与市农村颁证办共同完成全市13个区（县）的农村集体土地所有权登记档案的市级检查和复查工作，检查3438卷，复查260卷。开展全局系统土地登记业务人员、窗口受理人员业务培训与廉政教育，以及土地登记持证上岗培训、考试和续期工作，全年共计培训330余人。与2012年相比，上岗资格证新增135人，续期119人，补办26人。

3. 完善登记业务管理制度

开展北京市土地登记代理人制度调研，起草《北京市土地登记代理办法》及相关规定，为下一步我市开展土地登记代理打下基础。编印下发《北京市国有土地登记工作手册》，为各分局土地登记人员依法依规办理土地登记业务提供服务指导。研究关于“原外销商品房”土地登记有关政策规定。

4. 推进在京中央单位、驻京部队土地登记工作

与驻京武警部队建立联席会制度，组织召开各分局和驻京武警部队联席会，对35宗土地确权登记问题进行面对面交流，并要求分局建立专人跟踪督办制度。全年上报国土资源部审批中央在京单位土地登记138件，涉及面积639.61公顷；上报市政府审批驻京部队土地登记44件，涉及面积324.38公顷。

5. 加强土地登记结果主动公开

上半年实现法人和其他组织土地登记信息的全部主动公开。自2005年始至本年12月31日止，全市土地登记结果主动公开40954条，其中年内土地登记结果5010条，2005年至2012年35944条。

6. 开展现有服务事项数量和环节压缩研究

结合我市实际情况，按照《土地登记办法》有关规定，提出现有服务事项数量压缩建议。结合日常登记规范化检查的案卷办理期限情况，对全市整体案卷的办理平均时间进行分析，对申请人期望时限开展调研，提出压缩办理时限方案。制定土地登记会商办法（初稿），建立土地登记业务会审制度，以解决日常登记中遇到的复杂问题。

【土地调查】

1. 完成2012年度变更调查工作

通过“三下二上”的形式组织区（县）分局开展调查成果上报和疑问图斑的分析核查工作。完成国家级外业实地核实和信息标注工作，调查5000余个监测图斑，更新数据库地类图斑面积5000余公顷。完成数据成果分析整理，形成《2012年度土地利用变化情况分析报告》。

2. 开展2012年城镇地籍调查数据更新汇总工作

根据变更调查结果，结合相关经济数据，及时调整更新我市2012年度城镇地籍调查数据，共更新我市城镇建设用地16万公顷。

3. 开展2013年度变更调查与动态遥感监测工作

开展季度遥感监测工作，对提取的7000余块图斑进行内业核对和外业核查，确保我市季报工作与年度变更调查数据的一致性。开展季度实际新增建设用地统计汇总工作，按时完成季度新增建设用地季报工作。在国土资源部下发2013年度变更调查与遥感监测数据和方案的基础上，对图斑组织开展国家卫片外业核查和区县数据对接工作。

4. 组织开展《北京市典型区域土地利用强度调查与评价研究》课题

会同合作单位共完成东城区、西城区、石景山区三千余宗地的抽样调查工作，为项目单位提供抽样宗地的坐落、面积、建筑占地情况等信息。

【信息统计】

1. 推进集体土地发证系统和数据库建设

组织有关人员整理编写《北京市农村土地确权登记颁证数据库建设技术方案》及配套标准，指导各分局建成数据库，利用数据库和系统开展农村集体土地所有权的登记发证工作。

2. 推进《北京市地类认定规范》的编制工作

在广泛征求意见和深入研究的基础上，编制完成《北京市地类认定规范》（讨论稿），对北京市地类特征的准确把握和判定作出规范，按程序将讨论稿上报北京市技术监督局进行审阅。

3. 部署宗地全国统一编码工作

完成数据库升级、地籍区－地籍子区数据入库、宗地代码转换、地籍管理信息系统升级等工作，形成《新旧宗地代码对照表》，并通过国土部验收。自2014年1月1日起，实现全市所有宗地采用全国统一代码。

4. 上报各项统计报表

按时完成国土资源部年度地籍管理进度汇总的统计、汇总和上报工作；按时完成1－12月土地登记发证情况统计报表及季度土地抵押登记上报数据的审核、汇总和上报工作。

【档案管理】

1. 开展档案管理规范化、制度化建设

组织召开分局档案员培训会，做好2013年档案统计年报的报送工作。加强对文书档案归档的指导，审定各分局的文书档案保管期限表。

2. 加强文书档案和专业档案的指导

加强处室与事业单位业务档案的归档指导，向各部门兼职归档员提供2012年发文列表，年内接收业务档案10420卷，其中首次移交归档3256卷储备档案。

3. 推进档案数字化

加强数字档案馆系统在馆内的应用，为在市局正式上线打下基础。主动同项目主管单位沟通协调，组织指导分局日常档案数字化有序开展。继续做好机关历史遗留档案的数字化工作，完成数字化作业6482卷，755747页。

4. 接收各类档案归档和数据查询

逐步实现应用数字档案馆查询系统提供各类查询。年内，全系统接收档案267316卷/件，市局接收档案14001卷/件。

【矿产储量评审及地质资料管理】

1. 开展实物地质资料、原始地质资料及成果地质资料管理

向勘查项目承担单位发放统一制作的装具和标签，为17个勘查项目发放箱具238个、样品瓶5617个。接收检查、整理10口地热井岩屑资料4999件，接收、整理入库土壤化学样47464件。接收并数字化扫描土壤地质调查项目原始地质资料6类139盒1052件，接收由市国土局地环处负责管理的全市矿山环境整治专项原始地质资料14档。接收成果地质资料952份，其中汇交电子数据752份。全年接待馆内借阅、复印公益性资料及涉密资料170人次，共计借阅资料1226档120148件。

2. 规范矿产资源储量评审

针对《地热资源地质勘查规范》（GB/T11615－2010）和地热勘查报告编写存在的问题，起草《北京市地热资源勘查报告编写规定》，并征求评审专家意见，准备在全市范围内实施。全年共受理完成储量报告评审备案51份，完成地热勘查实施方案评审6份，地源热泵地质条件评估报告评审10份。

3. 开展“四个平台一个支撑”建设

完成北京市地质资料汇交监管平台建设实施方案，本年5月实现在监管平台发放地质资料汇交凭证和成果地质资料信息服务。全年平台印发地质资料汇交凭证53个，打印催交通知单29份。开展地质资料信息服务集群化共享服务平台建设。与信息中心完成北京市地质资料信息服务集群化共享服务平台搭建工作，将截至2012年底的所有馆藏资料目录信息导入共享服务平台，供社会公众自由检索。开展地质资料电子阅览室建设。部署包含三个客户端的电子阅览室，实现地质资料的网上借阅与浏览。开展地质资料管理信息系统建设。设置接收、验收、馆藏、借阅四个流程，完成系统的安装调试。

4. 完成2012年“地质资料信息服务集群化产业化试点（北京）－数据城市地质研究”项目审查

组织开展年度“地质资料信息服务集

群化推广及产业化研究－北京数字城市地质资料数据中心建设试点”项目，完成6400个重要钻孔的属性数据库建设，以及房山区1:5万区域地质图专题数据库。本年全市国有土地使用权登记发证情况详见表3-37，本年全市国有土地使用权抵押登记发证情况详见表3-38。

表3-37　2013年度全市国有土地使用权登记发证情况表

计量单位：宗、公顷

项目	合计		初始登记		变更登记	
累计	8607	6230.96	1330	3251.72	7277	2979.24
东城区	673	119.06	111	35.71	562	83.35
西城区	457	31.53	96	15.12	361	16.41
朝阳区	3633	818.70	178	349.34	3455	469.36
丰台区	724	413.90	140	248.13	584	165.77
石景山区	158	62.49	33	51.54	125	10.95
海淀区	1015	575.19	148	439.34	867	135.85
门头沟区	77	160.01	61	121.93	16	38.08
房山区	204	628.04	133	410.43	71	217.61
通州区	242	639.74	69	371.86	173	267.88
顺义区	453	493.10	65	159.33	388	333.77
昌平区	264	346.83	41	115.57	223	231.26
大兴区	258	611.38	116	358.93	142	252.45
怀柔区	80	128.85	13	50.98	67	77.87
平谷区	128	231.32	52	104.63	76	126.69
密云县	121	467.86	35	122.17	86	345.69
延庆县	63	155.41	7	8.47	56	146.94
北京经济技术开发区	57	347.55	32	288.24	25	59.31

表 3-38　2013 年度全市国有土地使用权抵押登记发证情况表

计量单位：宗、公顷、万元

项目	宗数	抵押面积	评估金额	贷款金额
合计	6345	7723.071	171582904.84	73054780.36
东城区	404	54.075	12411903.01	4785411.48
西城区	233	27.918	7774735.65	3419063.07
朝阳区	2199	757.006	61432268.47	24064966.33
丰台区	559	249.910	11133861.70	5648612.82
石景山区	107	137.665	2156611.53	1152042.27
海淀区	835	294.202	10653937.25	5745210.96
门头沟区	26	50.460	981260.80	392517.74
房山区	128	526.876	5415316.41	2064342.22
通州区	415	1759.770	22312969.00	9226468.76
顺义区	357	896.867	8478732.82	4240882.91
昌平区	231	587.930	8141209.61	3022344.44
大兴区	293	1028.974	10693038.56	4487397.54
怀柔区	114	276.828	1120578.95	1074304.00
平谷区	91	240.129	2060019.64	863917.32
密云县	141	358.615	984163.48	717811.43
延庆县	41	97.755	156509.71	73657.70
北京经济技术开发区	171	378.091	5675788.25	2075829.37

北京市国土资源局信息中心

【机构与职责】

北京市国土资源局信息中心（简称信息中心）是市国土局直属正处级全额拨款事业单位，成立于2005年3月。中心人员编制27名，内设办公室、规划发展科（分局联络科）、数据运行科（数据运行中心）和技术保障科；本科以上学历22人，达到81.4%，其中博士3名，硕士7名。

主要工作职责：承担北京市国土资源系统信息化建设工作，负责国土资源信息系统运行的技术支持和保障工作，是局信息化工作办公室和局网络与信息系统安全管理工作领导小组办公室的常设机构，负责贯彻执行局信息化工作领导小组和局网络与信息系统安全管理工作领导小组的决定，承办局信息化工作领导小组和局网络与信息系统安全管理工作领导小组的日常工作。

具体工作职责：负责制定全局信息化建设总体规划和年度计划；负责起草全局信息化相关制度、办法、规范和标准；负责组织全局信息化项目的立项、实施、验收等工作；负责全局电子政务系统的规划、建设、管理和维护工作；负责北京市国土资源数据中心的规划、建设、管理和维护工作；负责全局内外网站群系统的规划、建设、管理和维护工作；负责全局网络和信息系统软硬件的规划、建设、管理和维护工作；负责全局网络与信息系统安全管理工作；负责市局机房规划、建设、管理和维护工作；负责指导各分局机房建设、维护工作；负责市局终端PC机及外设的维护、维修工作；局领导交办的其他工作。

领导班子：

主任、党支部书记	尹　岷
副主任	王　丰
副主任	李天中
副书记	付顺国

【信息化管理机制】

按照《北京市国土资源局关于建立区（县）国土资源分局信息化工作管理机构的通知》（京国土信〔2013〕202号）要求，市国土局16个区（县）分局建立分局信息化工作领导小组和信息化工作办公室，建成由分局“一把手”负总责、各部门（单位）专人负责、齐抓共管的分局信息化工作管理体系。分局信息化工作领导小组由分局局长担任，主管信息化工作副局长任副组长，成员由各科室、所属事业单位和国土所行政正职担任。分局信息化工作办公室由1名科级干部担任，并配备至少 1 名专职信息化工作人员。

【信息化制度建设】

5 月，印发《北京市国土资源局关于加强互联网电子邮箱管理的通知》（京国土信〔2013〕245 号），进一步加强网络与信息安全，做好互联网电子邮箱使用管理。

6 月，印发《北京市国土资源局关于印发网络及信息系统安全应急预案的通知》（京国土信〔2013〕274 号），提高市国土局网络及信息系统安全突发事件应对能力。

7 月，印发《北京市国土资源局关于进一步规范数字证书使用的通知》（京国土信〔2013〕309 号），按照市委、市政府关于做好国家机关保密工作的要求，进一步规范市国土局数字证书使用行为。

7 月，依据国土资源部、首都之窗政府网站考核相关要求和《北京市国土资源局政府网站群管理办法》，印发《关于印发<北京市国土资源局政府网站群考评工作实施方案>的通知》（京国土信〔2013〕348 号）。

9 月，根据《中华人民共和国保守国家秘密法》、国土资源部和北京市相关规定，按照《北京市国土资源局保密工作管理暂行规定》，印发《北京市国土资源局涉密计算机使用管理办法》（京国土信〔2013〕434 号）。

12 月，根据国土资源部办公厅《关于进一步加强国土资源信息系统安全工作的通知》（国土资厅发〔2013〕45 号）精神，印发《北京市国土资源局关于进一步加强项目外包驻场人员信息安全管理的通知》（京国土信〔2013〕569 号）。

修订《信息中心考勤管理规定》、《信息中心职工绩效考核管理办法》，进一步细化各事项的工作程序、纪律要求。

【信息化重要会议】

1. 市国土局信息化工作办公室主任会议

3 月，市国土局信息化工作领导小组谢俊奇副组长主持召开市国土局信息化工作办公室主任会议，领导小组成员单位相关负责人参加会议。会议审议通过《北京市国土资源局 2012 年度信息化工作先进单位和先进个人名单》和《北京市国土资源局 2013 年信息化工作要点》。会议要求健全区（县）国土分局信息化工作管理机构，指定专职人员负责信息化工作，保障全局系统网络和信息系统运行安全。

2. 分局信息化工作会议

5 月，市国土局信息化工作办公室组织召开分局信息化工作会。各区（县）分局信息化主管副局长、分局信息办主任、信息化工作人员和局信息中心参加会议。市国土局信息化工作领导小组谢俊奇副组长在统筹管理、深化应用、分局信息化、数据汇交、网站群建设、信息安全和保密六个方面进一步强调信息化工作纪律。

3. 网络与信息系统安全管理工作领导小组会议

5 月，市国土局网络与信息系统安全管理工作领导小组谢俊奇组长主持召开本年度网络与信息系统安全管理工作领导小组会议，领导小组成员单位相关负责人及各区（县）分局信息办负责人参加会议。会议传达《北京市网络与信息安全协调小

组关于印发 <2013 年北京市网络与信息安全保障工作要点 > 的通知》（京信安协〔2013〕1 号）和市政府办公厅关于进一步加强电子文件管理的通知等相关文件精神，听取市国土局本年度网络与信息系统安全管理工作要点汇报，审议新修订的《北京市国土资源局网络及信息系统安全应急预案》和《北京市国土资源局涉密计算机使用管理办法（暂行）》。会议要求各部门各单位要进一步增强信息安全责任意识，认真落实信息安全各项要求。

4. 网站群工作会暨栏目主持人会议

7 月，市国土局信息化工作领导小组谢俊奇副组长主持召开市国土局网站群栏目主持人会，市国土局机关各处室、直属各单位、各区（县）分局主要领导及栏目主持人参加会议。会议通报 2012 年度国土资源部、首都之窗对市国土局网站群的考评结果，总结上半年网站群工作，部署下半年工作计划。会上，信访处、房山分局和昌平分局交流了网站工作的经验做法。

5. 信息化工作办公室主任专题会议

10 月，市国土局信息化工作领导小组谢俊奇副组长主持召开市国土局信息化工作办公室主任专题会议，研究调整局信息办成员、安排下年度信息化项目及地籍管理系统等相关问题，局信息办成员单位及信息化需求部门（单位）主管领导参加会议。会议要求全局系统信息化工作要按照局党组“全面实现管理信息化”的目标，在信息化发展规划和“智慧国土”顶层设计框架下，按照“五统一”的原则，统筹安排 2014 年信息化项目。

【信息化培训】

1. 分局信息化工作会暨信息系统应用培训会

5 月，市国土局信息化工作办公室组织召开分局信息化工作会。市国土局信息化工作领导小组谢俊奇副组长，各区（县）分局信息化主管副局长，分局信息办主任、信息化工作人员和局信息中心领导班子成员、各科室负责人参加会议。会议表彰 2012 年度区（县）分局信息化工作先进单位和先进个人，通报区（县）分局信息化工作管理机构建立情况、本年 1－5 月综合监管平台和“一张图”数据库区（县）分局应用情况、综合监管平台数据统计分析最新进展情况，并就如何深化应用综合监管平台和“一张图”数据库进行分组讨论和宣传培训。

2. 领导干部如何应对信息安全风险培训会

10 月，局信息系统安全工作办公室组织召开题为“领导干部如何应对信息安全风险”的信息安全培训会。培训会由副局长谢俊奇主持，中国信息安全认证中心研究员张剑现场授课。培训以视频会议形式召开，市局设主会场，16 个区（县）分局和北京经济技术开发区分局设分会场，局系统干部职工 1000 余人参加培训。培训以真实案例讲解日常工作和生活中发生失泄密事件的原因和容易疏忽的信息安全隐患。通过培训，干部职工了解当前国际国内信息安全形势、应对方法和注意事项。

【电子政务系统建设】

局综合监管平台各项建设和应用工作

稳步推进。行政审批实行电子报件、带图作业，通过空间数据自动叠加分析、合规性审查，使审批行为规范化，政策制度刚性化；基于综合监管平台开展综合数据统计工作，实现预审、征地等业务数据从综合监管平台自动并直接向国土部备案系统自动报备；建设土地出让金核对、土地储备开发管理、保障房管理、“局长桌面”、财务人员管理等应用系统并投入使用；推进移动办公、移动执法、移动地灾、移动“一张图”等试点应用，建设国土“一点通”系统，提高办公效能；利用短信机开展地质灾害预警短信服务，累计发送各类信息近九万条；不断深化公文流转、公务员考核管理、信息综合发布、出让土地批后监管、重大投资项目协调督办等系统的应用保障工作。

【数据管理】

实现“一张图”综合数据库全局数据集中汇交更新，为精细管理提供精准数据。截至12月底，“一张图”综合数据库形成了遥感影像、基础地形、地理环境、行政审批、国土资源规划、土地专题管理、矿产专题管理、地质环境专题、国土执法、委办局共享等10个专题数据，1350个数据图层。其中，市国土局生产383个图层，与45个委办局共享967个图层，累计数据量达20TB，全面支撑市国土局行政审批、监管、决策、服务等各项应用。

【网站群建设】

出台《北京市国土资源局政府网站群考评工作实施方案》，建立网站群量化考评机制；重新规划、调整网站群网络结构、部署方式和安全配置，完成网站群系统安全加固工作；优化网站群内容管理系统性能，新增和完善系统功能，制定标准接口规范，开发应用接口，实现外网网站与综合发布系统的对接，增强主站与分站之间、网站群与业务系统之间的数据整合集成；开展外网网站栏目梳理，新增全市地质灾害隐患点和避险场所、小产权房等五类共5230条信息的地图服务和热点业务的办事引导服务；完成市国土局外网网站改版，新版外网网站于12月28日上线运行；分别完成昌平分局、朝阳分局和密云分局外网网站改版工作，进一步提升分局分站信息服务水平。

【基础环境建设】

推进国土所联网工作，实现44个国土所联网访问局综合监管平台，进一步提高网络向基层延伸覆盖率；开展国土分局机房巡检工作，确保全局系统机房基础设施正常、稳定运行；开展对海淀分局机房改造、办公楼综合布线改造、昌平分局和房山分局机房改造的技术指导工作；继续深入视频会议系统应用，完成离退休干部处联网和视频会议终端部署工作，共召开各类视频会议89次；通过北京市经济和信息化委员会技术审查，完成监测指挥中心建设技术方案编制。

【运维管理与工作标准】

参照《北京市信息系统运维服务支撑系统规范》，市国土局信息化运维实行整体专业外包运行模式，以运维事件处理为核心，全面规范信息系统、数据处理、网站群、网络及基础设施等管理流程、技术标准、操作守则，保障全局应用系统、服务器、存储设备、网络设备等稳定、安全运行。

【信息系统运维】

年内，共响应信息系统运维服务请求6，331次。其中，综合监管平台2033次，网上电子报盘1531次，公文流转系统984次，公务员考核系统914次，国土一点通218次，其他系统156次。

【数据运维】

年内，完成数据运维规章制度体系整体规划，建立包含1个工作条例，1个操作手册、30个记录表单和2项保障制度的“金字塔”体系框架；完成22096卷（份）的案卷处理工作，约合52万页；为局机关处室提供数据加工处理服务，完成机关处室汇交的土地利用规划更新、地质灾害、新增小产权房等67项数据汇交处理工作，完成本年度北京市突发地质灾害隐患点和险场地数据处理及空间分布制图，完成北京市轨道交通线路图、北京市行政区划图等84幅专题图的制图工作，完成北京市1∶5万突发地质灾害隐患点及避险场所、高标准基本农田和沟域经济发展区地灾调查等共计3.24GB各类数据坐标、格式转换工作。

【网站群运维】

年内，市国土局外网网站群发布政务信息共计19，048条，内网网站发布政务信息共计7433条，全站群受理咨询投诉共计2694条；市国土局和千龙网联合举办北京地质灾害防治详解活动，参与670人次；组织民意征集5次，参与101人次；开展在线访谈4次，参与2990人次。

【网络及基础设施运维】

年内，响应终端和网络服务请求3113次，排除网络故障53次，视频会议保障89次。

【网络与信息安全保障】

完成综合监管平台信息安全等保三级测评工作；开展涉密计算机安全保密检查等相关工作，推进安全检查常态化；规范数字证书使用，自8月1日起，数字证书作为局综合监管平台唯一合法身份认证，其他登录方式一律关闭；修订完善《局网络及信息系统安全应急预案》、《局涉密计算机使用管理办法》、《局数字证书使用管理暂行规定》等6项安全管理制度；开展应急演练；加强信息安全宣传教育培训，累计参训3000余人次。

【表彰奖励】

1. 市国土资源综合监管平台获得“中国信息化（国土资源领域）成果奖二等奖”、“2013年中国地理信息科技进步奖二等奖”、“2012中国电子政务创新应用奖”。

2. 获市国土局市直机关“第一届青年技能大赛公文写作大赛”一等奖。

北京市国土资源局业务受理中心

【机构与职责】

北京市国土资源局业务受理中心(简称受理中心),于2003年6月成立,是市国土局常设非正式机构,承担市国土局负责办理的39项行政许可事项和41项行政服务事项的受理、分办、催办、发件、收费、统计及业务咨询等工作,同时负责对区(县)国土分局行政服务大厅的业务指导。

根据全程办事代理制“窗口受理、限时办结、规范收费、统一发件”的要求,市国土局在市政府统一协调管理下,对外设立了行政服务窗口(分设在枣林前街市固定资产投资项目行政审批综合服务大厅和国土局服务大厅,由受理中心具体负责管理)。包括土地、矿产、中央和军队及央企、行政公文、发件、收费共7类业务窗口,分别负责相关业务的受理、办理工作。

【业务事项受理情况】

年内,市国土局受理各类业务事项共2948件,比2012年增加138件,受理量增加4.9%。其中:土地管理类2405件,占受理总量81.6%;矿产管理类543件,占受理总量18.4%(见图3-6)。

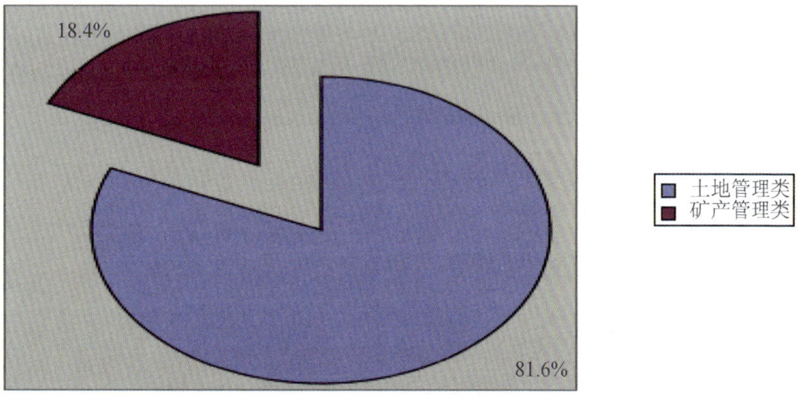

图3-6 2013年市国土局业务事项受理情况

年内,区(县)分局受理各类业务事项共24232件,比2012年增加2241件,受理量增加10.2%。其中:土地管理类2073件,占受理总量8.6%;矿产管理类332

件，占受理总量1.3%；土地登记类21837件，占受理总量90.1%（见图3-7）。

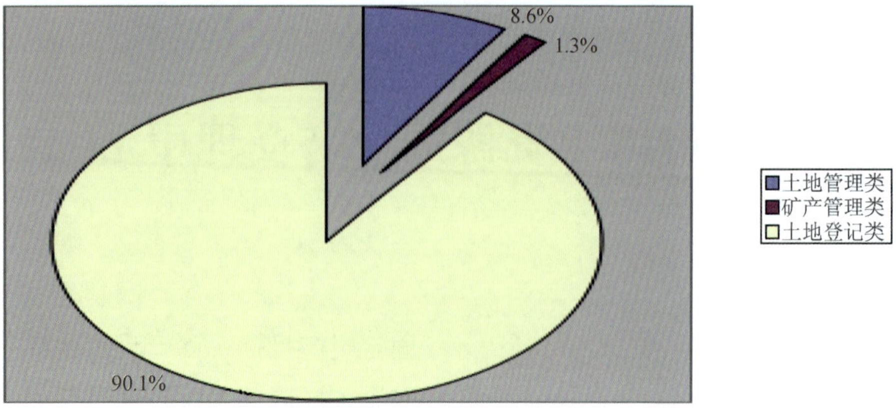

图3-7 2013年区县分局业务事项受理情况

【业务事项办结情况】

年内，共办结各类事项2986件，比2012年减少459件，办理量减少13.3%。其中：土地管理类2451件，占办结总量82.1%；矿产管理类535件，占办结总量17.9%（见图3-8）。

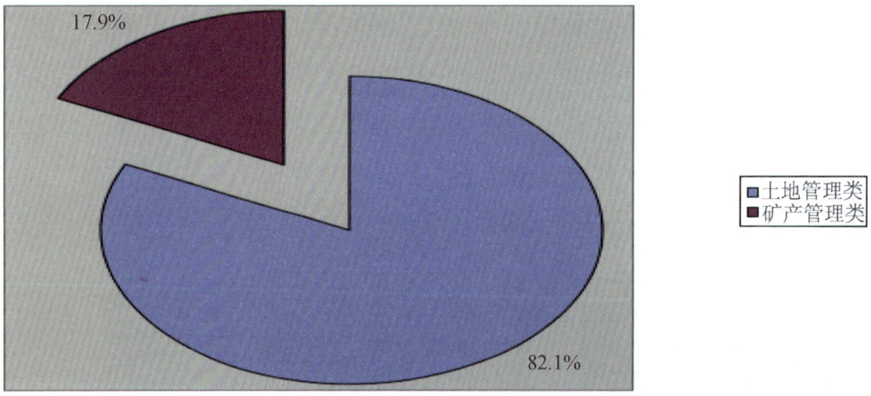

图3-8 2013年市国土局业务事项办结情况

年内，区（县）分局办结各类事项22466件，比2012年增加2044件，办理量增加10%。其中：土地管理类1817件，占办结总量8.1%；矿产管理类321件，占办结总量1.4%；土地权属管理类20328件，占办结总量90.5%（见图3-9）。

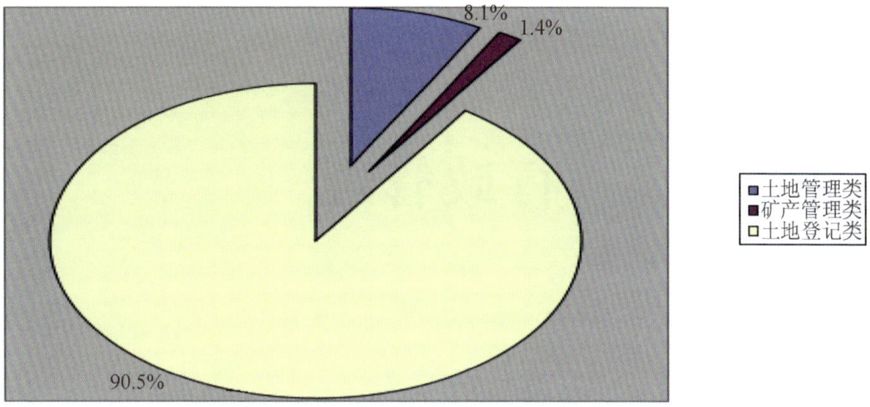

图 3-9　2013 年区县分局业务事项办结情况

【业务事项费用收缴】

年内，市国土局收费窗口共收缴土地有偿使用收入 1873.41 亿元，其中包括前期成本 1031.93 亿元。

地矿类收费收入 0.85 亿元。其中：矿产资源补偿费 6709.89 万元，探矿权使用费 1.98 万元，采矿权使用费 20.53 万元，价款 1755.88 万元。

【表彰奖励】

年内，市国土局派驻北京市固定资产投资项目行政审批综合服务大厅受理窗口，获得“优质服务示范窗口”和“年度最佳服务窗口”称号。窗口工作人员霍宏、宋敬伟、赵彦清 3 位同志获得“优质服务明星”称号。

【其它工作】

国土局继续推行窗口服务质量公开承诺制，从优化服务、依法行政、改进作风等方面向社会做出承诺。

全程参与对国土系统 2012 年行政许可和行政服务事项办理案卷的检查。

加强对行政许可和行政服务类业务办理情况的检查督促，对临近办结时限的业务事项及时加以提醒、催办。逐月统计分析业务办理过程中的特点和问题，编制发布月度简报。

组织历史挂件的清理工作。对市国土局机关 6 月 30 日前办理行政许可和行政服务类业务中的暂停计时件进行梳理，共清理出 465 件。

行政管理

北京市国土资源局概况

根据中共中央、国务院批准的北京市人民政府机构改革方案和《北京市人民政府关于机构设置的通知》(京政发〔2009〕2号)，设立北京市国土资源局（简称市国土局)。市国土局是负责北京市土地与矿产资源行政管理的市政府组成部门。市国土局设18个机关处室，另含机关党委(基层工作处)、工会、离退休干部处，以及市纪委派驻纪检组监察处；8个直属单位，各区（县）设16个分局，为市国土局的派出机构。截至年底，实有干部职工总数2201人，其中公务员671人，参照公务员法管理人员236人，事业单位工作人员1232人，机关工勤62人。

【主要职责】

贯彻国家关于国土资源管理工作的法律、法规、规章和政策，起草北京市地方性法规草案、政府规章草案，并组织实施。

承担保护与合理利用土地资源、矿产资源等自然资源的责任。拟订北京市国土资源发展规划，开展国土资源经济形势分析，研究提出国土资源供需平衡的政策建议，参与全市宏观经济运行、区域协调、城乡统筹的研究并拟订涉及国土资源的调控政策和措施。

承担耕地保护、节约集约利用土地资源的责任。负责北京市耕地保护、基本农田保护和土地用途管制的监督管理，组织实施未利用土地开发、土地整理和土地复垦；负责政府土地储备管理，拟订并组织实施土地一级开发和收购储备计划；组织实施国有土地使用权招标、拍卖、挂牌出让工作。

承担优化配置土地资源的责任。编制、修订北京市土地利用总体规划、年度计划，并组织实施；指导、审核区（县)、乡（镇）土地利用总体规划，并监督落实；拟订土地供应政策，组织编制土地供应计划，并监督实施；负责建设用地预审管理。

承担规范国土资源市场秩序的责任。拟订北京市基准地价，确定土地使用权出让有关价格，指导土地价格评估工作；规范和监管矿业权市场，组织对矿业权人勘查、开采活动进行监督管理；规范和监管国土资源相关社会中介组织和行为。

负责北京市土地权属管理；组织土地资源调查及土地动态监测工作；负责土地确权、地籍登记、土地定级的管理；负责各类土地登记资料的收集、整理、共享和汇交管理。

负责北京市矿产资源和地质勘查的监督管理；拟订矿产资源开发、利用和保护规划，并组织实施；负责矿产资源储量管理，组织矿产资源的登记、统计、分析；负责地质勘查成果登记和地质资料汇交管理。

负责北京市地质环境保护的监督管理；拟订地质灾害防治工作规划、计划及应急预案，并组织实施；负责地下水环境监测；负责地热资源勘查、开发、保护的管理；组织协调重大地质灾害的整治工作。

依法征收资源收益，规范、监督资金使用；依法组织土地、矿产资源专项收入的征管，配合有关部门拟订收益分配制度，指导、监督北京市土地整理复垦开发资金的收取和使用。

负责北京市国土资源执法监察工作，依法查处各种违法违规行为；依法调处各种土地权属、探矿权属、采矿权属纠纷。

拟订北京市国土资源方面的科技发展规划，并组织实施；负责国土资源信息管理系统建设及信息、档案、综合统计工作。

承办市政府交办的其他事项。

【内设机构】

根据上述职责，市国土局设 18 个内设机构。

办公室

负责机关政务工作；负责文电、会务、机要、档案等机关日常运转工作；承担信息、信访、议案、建议、提案、安全保密等工作；承担重要事项的组织和督查工作。

研究室

承担北京市国土资源管理重大问题的调查研究，并提出意见、建议；承担重要文稿的起草；组织、指导市国土资源系统的调查研究工作；承担新闻发布、对外宣传有关工作；组织有关地方志、年鉴的编纂工作。

法制处

负责市国土资源系统推进依法行政综合工作；起草国土资源管理方面的地方性法规草案、政府规章草案；负责行政执法工作的监督、指导和协调；承担行政复议、应诉的有关工作；承担机关行政规范性文件的合法性审核和有关备案工作。

科技与对外合作处

承担北京市国土资源、科技管理工作；拟订国土资源科技工作的发展规划和年度计划，并组织实施；拟订国土资源对外交流与合作的工作规划、计划，并组织实施；承担市国土资源系统外事工作；组织协调国土资源科研开发、新技术推广、科技成果评审、学术交流等工作；承担有关软科学项目的管理工作。

调控和监测处（综合处）

负责北京市国土资源经济形势分析，研究提出国土资源供需总量平衡的政策建议，参与北京市宏观经济运行及相关改革研究；拟订土地供应政策，编制土地供应计划；拟订土地市场管理、地价调控等政策措施；承担土地价格动态监测和地价指数编制工作；承担国土资源行政许可工作的组织协调和督查考核；承担国土资源行政许可事项的接待受理、证件核发、档案验收、业务档案管理等工作；承担国土资源管理业务的内部综合以及与相关部门的协调联系工作；组织市国土资源系统政府信息公开工作，承担国土资源综合统计、专业统计和数据资源共享工作，分析、上报、发布有关统计信息；指导市国土资源系统行政许可工作。

规划处

承担北京市国土资源综合规划的管理及各类规划的协调工作；拟订土地利用、矿产资源、地质环境等总体规划；编制、修订基本农田保护，土地整理、复垦、开发，矿产资源开发、利用、保护，以及地质环境保护等专项规划；指导和审核区（县）、乡（镇）土地利用总体规划，并监督落实；依法承担建设用地预审工作。

耕地保护处

承担北京市耕地保护、集体建设用地利用、农用地使用等方面的监督管理，拟订有关管理办法和政策措施，依法承担相关的行政许可工作；编制土地复垦、整理的工作规划和年度计划，拟订耕地开发复垦费标准，并组织实施；监督落实占用耕地的建设项目的占补平衡措施；组织实施土地整理储备以及宜耕土地后备资源库、补充耕地储备库建设管理等工作。

地籍处

承担北京市地籍管理工作，拟订有关管理办法和政策措施；承担土地调查（地籍调查、土地利用现状调查）、登记、统计和动态监测工作，拟订地籍管理技术规范；承担土地权属登记、确认、变更、抵押、终止等监督管理，依法调处重大土地权属纠纷；承担地籍管理信息系统建设工作。

土地利用处

承担北京市国有建设用地和土地市场管理工作，拟订有关管理办法和政策措施，依法承担相关的行政许可工作；指导土地价格评估工作；承担国有土地使用权招标、拍卖、挂牌出让的组织实施；承担企业土地资产处置的有关管理工作。

征地处

承担北京市农用地转为建设用地、征用集体土地等方面的监督管理，拟订有关管理办法和政策措施，依法承担相关的行政许可工作；承担农用地用途管制工作；监督管理土地征用安置补偿工作；组织实施征地区片综合地价测算工作。

矿产资源勘查储量处

承担北京市矿产资源储量管理和地质勘查管理工作，拟订有关管理办法和政策措施，依法承担相关的行政许可工作；组织矿产资源储量的登记、统计以及动态监测、供需形势分析；承担矿产资源储量评审机构和专业技术人员的管理工作；承担地质科技成果登记、推广，地质勘查行业技术监督，以及地质资料汇交管理等工作。

矿产资源开发处

承担北京市矿产资源开发、利用、保护的监督管理，拟订有关管理办法和政策措施，依法承担相关的行政许可工作；承担矿产资源开发秩序的整顿和规范工作；征收、管理矿产资源补偿费。

地质环境处

承担北京市地质环境保护和地质遗址保护的监督管理，拟订有关管理办法和政策措施，依法承担相关的行政许可工作；组织实施矿山环境保护与恢复治理规划；组织地质环境动态监测；承担地质灾害突发事件的应急管理工作；承担地下水勘查、评价、规划、监测、统计、分析的管理工作；承担地质遗迹管理工作；编制、发布地质环境公报。

地热处

承担北京市地热资源开发、利用、保护的监督管理，拟订有关管理办法和政策措施，依法承担相关的行政许可工作；承担地热资源勘查、开采及地热井开凿的监督管理；承担地热资源勘查开发计划的编制和勘查报告的审查工作；征收、管理地热资源有关费用。

财务处

负责机关及直属单位的财务、固定资产、内部审计等工作；依法承担北京市国土资源有关专项收入的征管工作；拟订市国土资源系统财务、资产管理制度，并组织实施。

审计处

负责市国土局系统内部审计工作管理；组织拟定相关管理政策和制度；负责领导干部经济责任审计；负责对市国土局系统重大项目的审计监督；负责市国土局系统财务制度执行情况、预算编制及执行情况、财务核算审计监督；承办领导交办的其他事项。

信访处

主要接收办理群众来信、来访、“政风行风热线”、“市长信箱”、局外网投诉，以及国土部、市信访办等上级部门转办的信访件。主要工作有：一是接访；二是办理电子信访；三是办理群众来信；四是统计报送；五是催办、督办；六是做好市国土局领导班子成员下访约访有关工作；七是维稳工作；八是完成领导交办的其他任务。

纪检、监察机构按有关规定派驻。

人事处

负责机关及直属单位的人事、机构编制等工作；组织有关教育培训、专业技术职务评定等工作；承担市国土资源系统干部队伍建设规划及部署的组织实施工作。

机关党委（基层工作处）

负责机关及直属单位的党群工作；承担市国土资源系统思想政治工作及基层建设工作。

工会

负责机关及直属单位的工会工作。

离退休干部处

负责机关及直属单位离退休人员的管理与服务工作。

纪检、监察机构按有关规定派驻。

综合行政

【公文管理】

年内，共收外来公文 9532 件，与 2012 年相比增加 624 件。其中：办文 4048 件，阅文 2092 件，督办件 176 件，杂文 522 件，协执 1087 件，政府信息 1242 件，建设用地申报表 98 件，密件 267 件。

年内，共印制外发公文 2449 件。其中：编号文件 649 件，便函 1395 件，党组文件 64 件，代政府发文（划拨决定书）25 件，简报 40 期，信息 104 期、局长办公会议纪要 22 期，局长专题会议纪要 20 期，一般性会议纪要 32 期，党组会议纪要 11 期，人大代表建议 46 件，政协委员提案 41 件。

【会议管理】

组织局长办公会 22 次，全局年度工作会 1 次，全系统办公室主任会议 1 次。

【绩效管理】

按照市政府绩效管理工作领导小组要求，围绕市国土局承担的《2013 年度市级国家行政机关绩效任务》认真组织开展自查，重点对主要职责任务和重点工作任务完成情况进行自评，实现了年初预案目标。针对《2012 年度市级国家行政机关绩效管理反馈报告（市国土局）》中各项整改建议，细化分解为 11 项具体整改工作任务，由市国土局内相关部门及时整改到位。

【保密管理】

开展市国土局《“十二五”时期保密事业发展规划》和《“六五”保密法制宣传教育工作意见》贯彻实施情况中期检查。通过检查；印发《关于加强手机等移动上网设备使用保密管理的通知》和《关于做好涉密计算机防护系统使用的通知》，加强保密工作的规范性管理；加强保密要害部门、部位管理。重点对登记中心地质资料馆涉密计算机运行环境进行保密检查，针对存在的问题提出整改要求；开展保密普查工作，全面查清市国土局保密工作基本情况。通过普查，做好结果统计分析，找出工作中的薄弱环节，集中抓好整改，促进保密工作的制度化、规范化、常态化，提高保密防护水平。

【重大任务完成情况】

1. 贯彻落实群众路线教育实践活动部署和牵头工作情况

在党的群众路线教育实践活动中，完成局领导到各区（县）分局基层国土所调研的安排部署、跟踪服务、汇总总结等项工作；牵头推进市国土局建章立制等相关工作，印发《北京市国土资源局改进工作作风、密切联系群众若干规定》，制定《北京市国土资源局改进作风制度建设计划》，修定《北京市国土资源局工作规则》等。

对市委市政府在党的群众路线教育实践活动中下达市国土局的整改任务，进行任务分解，明确任务职责，主动到中组部、中宣部等提出建议的单位，上门提供解答咨询服务，列出整改推进计划，上报整改落实措施。

组织中央第30督导组来市国土局的调研活动，制定接待工作方案，准备相关汇报材料等；牵头组织办公用房超标清理工作，协调相关部门，制定整改方案。

2. 配合国土部做好全国法制宣传日活动

12月4日是第13个“12·4”全国法制宣传日，国土部在北京亦庄经济开发区召开以“节约集约用地，建设美丽中国”为主题的座谈会。完成会议的筹备组织工作。

3. 做好援青、援藏和京蒙合作协调保障

年内，按照国土部统一部署，市国土局负责对口援助西藏拉萨市。办公室牵头起草上报市政府落实援藏计划请示，与市对口支援办、市财政局加强沟通，积极协调，同时，与拉萨市前指和拉萨市国土资源局沟通，协调援助项目，申请援助资金，推进援藏工作进程。

年内，根据《京蒙国土资源管理合作框架协议》，接待内蒙古自治区国土资源厅代表团，组织协调有关合作事项；接待青海省玉树市国土资源局代表来京培训，加强交流，推进了援助工作。

【人大代表建议、政协委员提案办理情况】

年内，共收到市人大代表建议、市政协委员提案85件（含1件市人大议案、2件会下建议）。其中建议46件（非会办类19件，会办类27件）；提案39件（非会办类12件，会办类27件）。另参与会办全国政协提案2件。承办的建议、提案基本涵盖了市国土局中心工作。整个办理工作得到市人大、政协办公厅和政府办公厅的好评，并在市建议、提案办理工作座谈会上做了典型发言。

【市领导批示件落实情况】

年内，共收到市政府等上级部门领导批示件764件，其中需研提意见及报送决策督查项目进展情况的公文176件，176件督办文中完成146件，批转和其它原因在办理中的30件，办结率83%；阅示、阅处、落实的公文588件（含上报市政府请示、报告的批示件）。年内共上报市政府请示308件，报告52件，印发各区（县）分局市领导批示转阅单153件。

【政务信息收集报送情况】

年内，收集局系统各类政务信息3231条，与2012年相比增加600余条。编辑《国土资源信息》普刊54期、动态43期、专刊7期，向市委、市政府、国土部报送政务信息323条，与2012年相比增加28条。市委《北京信息》采用48条；市政府《昨日市情》采用93条，市领导批示1条，《调研与参阅》采用1条，《国办要情》采用2条；国土部《部内要情》采用136条，在国土部31家省级厅（局）中采用情况排名第二。

年初组织召开政务信息工作会议，通过总结、经验交流和培训，明确了2013年政务信息工作要求；年内加强与各处室、分局沟通交流，指导信息报送要点，提高报送质量，积极做好上报工作。

【安全保卫和值班工作】

全面加强局系统安全管理工作。连续两次印发《加强安全管理工作的通知》，确定市国土局“门卫、车辆、保密、设备、饮食、水、电、气、火”等防范重点，细化安全责任，完善管理制度。如每月组织编排应急值班表，及时上报市委市政府和国土部备案，遇有重大节假日及时下发通知，坚持局领导干部带班，处级干部在岗值班；每逢重大节日，组织协调机关安全工作大检查，对重要部位进行检查；组织局机关安全员宣传培训，明确责任。全年市国土局机关安全无事故。

调查研究

【调研工作概况】

市国土局在深入开展党的群众路线教育实践活动中，各级领导班子认真查找“四风”方面存在的突出问题，通过多种形式，广泛听取基层、群众意见和建议，切实改进调研工作作风。为落实党的群众路线教育实践活动边查边改、边整边改的要求，制定印发了《北京市国土资源局关于进一步改进调研工作的通知》，制定了整改分解任务“进一步加强和改进调研工作”的整改计划和措施。各单位各部门和各级领导干部把改进调研工作作风作为重要抓手，坚持走群众路线开展调研工作，坚持领导带头、求真务实，坚持深入基层、深入群众，力戒走马观花、蜻蜓点水、走过场式的调研，形成良好的调研风气。强调开展自主调研，特别是调动青年干部的积极性，引导大家在出实招、办实事、求实效上下功夫。

围绕中心抓好调查研究工作。市国土局制定了2013年度调研计划，确定并开展了10项重点调研课题，形成了10份调研成果。局各机关处室、各直属单位、各分局也都结合工作实际，做好部门课题的自主调研，取得丰硕的调研成果。加强调研成果的转化应用，指导工作实践，解决实际问题，有效推动了国土资源管理有关方面的工作。

【政策研究】

注重理论研究，加强政策创新。正确把握当前全市国土资源领域影响和制约首都科学发展、群众反映强烈的问题，将这些问题作为选题方向，作为突破口，深入细致开展研究，使调研工作真正服务于发展、服务于民生、服务于群众。本年重点开展的研究有：研究室牵头《北京市集体土地管理及利用研究》、《改革我市国有土地资产管理和运营制度研究》；耕保处牵头《北京市土地整治管理机制研究》；地籍处牵头《农村集体建设用地使用权确权登记政策研究》；调控处牵头《养老设施用地供应与管理制度研究》；利用处牵头《鼓励中关村科技园区自持研发类物业研究》；地热处牵头《加强地热资源勘查与开发衔接管理问题研究》；监察处牵头《关于推进廉政风险信息化防控工作的实践与思考》；储备中心牵头《北京市三定三限结合定向安置房超规模超成本有关问题研究》；朝阳分局牵头《北京市土地一级开发模式探析和对策研究》。

【综合性文稿撰写】

完成本系统重要文稿、总结计划及上报市委、市政府、国土资源部，共计四十多篇重要文稿的组织撰写工作。主要有：组织撰写工作总结计划类材料，包括北京市国土资源局《2012 年度工作总结》、《2013 年度工作计划》、《2013 年上半年工作总结和下半年工作思路》、《2013 年重点工作总结和 2014 年重点工作建议》等；组织撰写深入开展党的群众路线教育实践活动有关材料，包括向市委督导组汇报的各项材料、局领导班子对照检查材料、民主生活会材料、整改方案、活动总结报告等；完成全国 18 城市国土资源局长联席会《地政》月刊组稿工作；起草向中央督导组汇报工作材料；起草国土部领导、北京市领导来我局调研的汇报材料；起草国土资源管理座谈会、城市发展模式与经济增长方式整体统筹研讨会、全国十八城市国土资源局长联席会、北京土地学会学术交流会、各种工作汇报会等发言材料；起草上半年经济形势分析、北京市经济社会发展和国土资源工作情况汇报材料；起草《北京市国土资源局贯彻落实十八届三中全会精神工作思路》等重要文稿。

【宣传工作】

开展主动宣传和舆论引导。局新闻发言人张维副局长带队参加全市“国五条”实施细则发布新闻通气会，向主流媒体通报我局积极落实房地产调控政策情况。全年组织召开 2 次由新闻媒体高管、行业内专家、宣传主管部门参加的“北京市土地市场形势分析座谈会”，介绍我市土地市场整体运行情况以及采取的有效措施，合理引导市场预期，营造良好舆论环境。

加强地质灾害防治宣传工作。李燕飞副局长带队在我局官网“在线访谈”栏目，以“防治地质灾害，建设美好家园”为主题介绍地质灾害防治知识。制作地灾防治宣传片，在主汛期通过北京电视台、千龙网和我局政务微博进行播放。刻制宣传光盘向中小学生免费发放，扩大地质灾害防治宣传受众面。

着力加强政务微博工作。制定出台《北京市国土资源局关于加强官方微博运行工作的意见》，拓展在腾讯网和人民网开通上线，实现与新浪网相结合的三个官方微博同步运行。有效提供服务信息，积极传递国土声音，建立政务公开和政民沟通新渠道。

建立健全舆情监测制度和舆情分析制度，年内共发布“舆情监测”刊物 131 期。首次建立季度舆情分析报告制度，在局长办公会汇报舆情监测情况。召开四次舆情分析会商会，对每季度舆情情况进行通报，分析研究下一季度舆情走势。

强化培训工作力度。开设“国土宣传业务讲坛”，邀请市政府新闻办王惠主任开班并进行以“媒体沟通与舆论引导”为主题的讲座。与中国传媒大学凤凰学院合作，举办为期两天的新闻发言人模拟实战短期培训，增强宣传工作意识，普及新闻传播知识。

11 月 22 日，国土资源部、住房和城乡建设部联合下发《关于坚决遏制违法建设、销售“小产权房”的紧急通知》。应国土资源部要求，次日市国土局联合昌平区政府迅速部署，组织人民日报、中央电视台、中国国土资源报等5家中央媒体到昌平区崔村镇南庄营村违法建设、流村镇白羊沟度假山庄违法建设和阳坊镇东贯市村“小产权项目”的拆除现场进行采访报道。11月25日市国土局再次组织北京日报、北京电视台、北京电台等6家市属媒体到昌平区崔村镇南庄营村、南口镇虎峪自然风景区内的“小产权房”现场实地采访报道。11月23日至26日，人民日报、新华社、中央电视台、北京日报、北京电视台等各大中央和北京市属媒体以北京落实两部委通知要求、坚决清理整治“小产权房”；市国土局对新增“小产权房”零容忍、提醒公众不要租买；区县政府发挥“政府主责”作用，对新增、在建“小产权房”严厉打击为主要内容进行大量正面报道，增强社会公众了解、辨别“小产权房”从而合法保护自身合法权益的能力，对违法行为起到震慑作用，达到了积极的宣传效果。

【《北京志·国土资源志》】

本年《北京志·国土资源志》重点推进志书初稿撰写，年内继续加强组织指导，做好修志培训。多次召开专题协调会，补充搜集相关资料。分章节进行内部评议，邀请有关章节的处室领导有关专家及退休的老同志参与评议，截至年底，共进行7次内部评议，市地方志办、市局有关处室及退休老同志等40多人参与评议。

【年鉴】

承担完成《北京市国土资源年鉴2013》的编撰、出版工作。分别组织完成国土部《国土资源年鉴2013》、北京市2013年《北京年鉴》和《北京市房地产年鉴2013》涉及市国土局职能部门的编撰供稿工作。

信息公开

【主动公开】

年内，市国土局主动公开政府信息20597条，全文电子化率100%，主动公开数量比2012年增加14052件。其中机构职能类52条，占0.25%；法规文件类5条，占0.02%；规划计划类56条，占0.27%；行政职责18条，占0.09%；业务动态20466条，占99.36%，本年主动公开政府信息情况如图3-10所示。

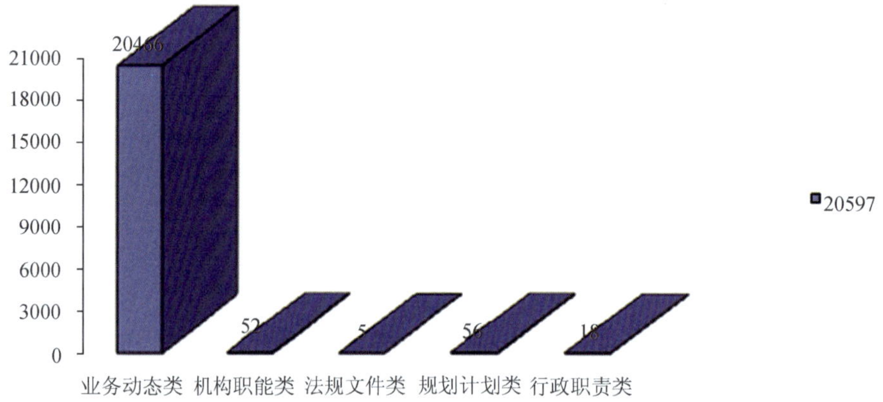

图3-10　2013年主动公开政府信息情况

【依申请公开】

年内，市国土局收到公民、法人和其它组织提交的政府信息公开申请3795件，比2012年增加197件。其中当面申请2828件，占74.5%；以传真形式申请7件，占0.2%；以互联网方式申请4件，占0.1%；以信函形式申请956件，占25.2%，本年依申请公开申请情况如图3-11所示，内容主要涉及土地预审、征地、土地利用、土地登记、土地储备及相关政策信息。答复政府信息公开申请3993件，比2012年减少199件。其中“同意公开”1988件，占49.8%；“同意部分公开”86件，占2.2%；“不予公开”70件，占1.8%；“信息不存在”1332件，占33.4%；“非本机关掌握”115件，占2.9%；“申请内容不明确”331件，占8.3%；“非政府信息”19件，占0.5%；“已主动公开”52件，占2.6%，本年依申请公开答复情况如图3-12所示。

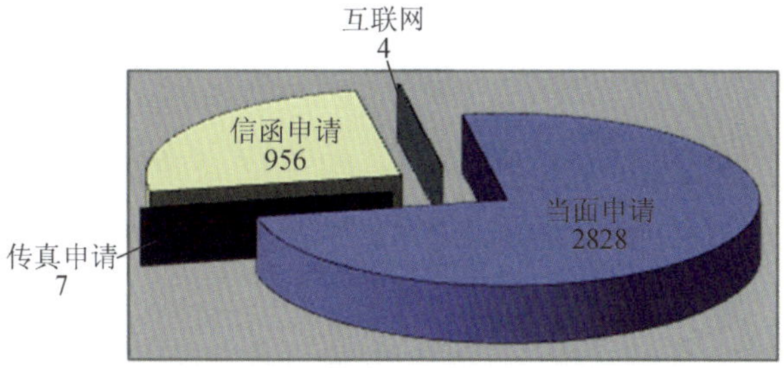

图 3-11　2013 年依申请公开申请情况

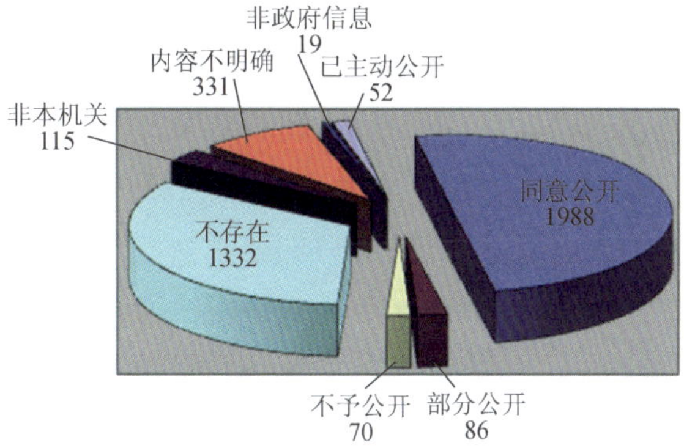

图 3-12　2013 年依申请公开答复情况

【收费情况】

年内，市国土局共收取依申请公开政府信息检索费、复印费 2656.9 元，对特殊困难申请人减免 206.8 元，对政府信息的邮寄费用全部免收。

【咨询服务】

年内，市国土局接受公民、法人及其他组织政府信息公开方面的咨询 8404 人次。其中，现场咨询 4538 人次，占总数的 54%；电话咨询 3866 人次，占总数的 46%。

【网站群建设】

印发《北京市国土资源局政府网站群考评工作实施方案》，建立网站群量化考评机制；重新规划、调整网站群网络结构、部署方式和安全配置，完成网站群系统安全加固工作；优化网站群内容管理系统性能，新增和完善系统功能，制定标准接口规范，开发应用接口，实现外网网站与综合发布系统的对接，增强主站与分站之间、网站群与业务系统之间的数据整合集成；开展外网网站栏目梳理，新增全市地质灾害隐患点和避险场所、小产权房等五类共 5230 条信息的地图服务和热点业务的办事引导服务；完成市国土局外网网站改版，新版外网网站于 12 月 28 日上线运行；分别完成昌平分局、朝阳分局和密云分局外网网站改版工作，提升了分局分站信息服务水平。

【网站群运维】

年内，市国土局外网网站群发布政务信息共计 19，048 条，内网网站发布政务信息共计 7433 条，全站群受理咨询投诉共计 2694 条；市国土局和千龙网联合举办了北京地质灾害防治详解活动，参与 670 人次；组织民意征集 5 次，参与 101 人次；开展在线访谈 4 次，参与 2990 人次。

【土地出让信息公开】

主动信息公开事项方面：在市国土局外网网站上发布出让结果、土地出让变更信息，公示的出让结果内容包括项目的受让方、土地位置、宗地面积、规划建筑面积、签约时间、规划用途、土地成交地价款、合同开竣工时间、地上容积率；公示的土地出让变更项目内容包括项目的受让方、土地位置、宗地面积、规划建筑面积、规划用途、合同地价款、变更事项。本年土地出让合同办理情况和土地出让合同变更情况均已按月主动向社会公示。

依申请公开事项方面：办理依申请政府信息公开事项 138 件，均为书面申请，已全部办结。

【其它工作】

加强对市国土资源系统政府信息公开工作的指导。在认真总结分析各单位政府信息公开工作的基础上，印发《2012 年度国土资源政府信息公开工作情况》通报。

按照《北京市人民政府办公厅关于做好重点领域政府信息公开工作的通知》要求，加大征地类政府信息公开力度，组织对 2008 年以来的 1536 件征地批复进行梳理，并以扫描件的形式全部网上主动公开。

组织政府信息公开工作培训会，纪检组长周新华和总规划师丁晓分别就当前政府信息公开工作形势分析、具体工作标准和要求进行了专题辅导。法制处、调控监测处、信息中心分别从法律法规、实际操作和技术支撑等不同侧面，就如何做好政府信息公开工作进行了讲授。

组织各单位一线工作人员开展政府信息公开工作轮训，按每期两个分局参加、集中三个月时间的方式。期间，结合工作实际，编撰政府信息公开案例 15 份。

组织修订《北京市国土资源局政府信息公开指南》，增加网上电子邮件申请方式，从操作层面对国土资源政府信息依申请公开的受理范围、办理程序以及时限、告知等方面做出具体规定。

加强政府信息公开重难点问题研究，东城分局《对做好国土资源政府信息公开工作的思考》获第五届北京土地青年学术论文三等奖。

法制建设

【行政规范性文件】

1. 按照市政府办公厅和法制办要求，开展2012年12月31日前市国土局起草以市政府或市政府办公厅名义印发的行政规范性文件，以及市国土局印发的行政规范性文件的清理工作。本次共清理以市政府或市政府办公厅名义印发的行政规范性文件37件，建议废止6件；清理市国土局印发的行政规范性文件269件，经2013年第19次局长办公会审议，决定保留185件、废止84件。保留和废止的行政规范性文件目录已通过市国土局门户网站向社会公开。

清理涉及市国土局的市政府规章9件，建议市政府法制办修改3件。

2. 规范行政规范性文件制定程序。2月，市国土局印发了《北京市国土资源局行政规范性文件管理办法》，对规范性文件草案起草、公开征求意见、合法性审查、公布、备案、解释、清理、实施情况评估等一系列工作作了规定。

3. 完成规范性文件备案。按照《北京市行政规范性文件备案监督办法》的规定，将市国土局发布的《北京市国土资源局关于印发储备土地登记办法的通知》、《北京市国土资源局关于进一步规范我市土地登记工作的通知》、《北京市国土资源局关于印发北京市矿产资源开发利用年检办法的通知》三份文件报市政府法制办备案。市政府法制办均予以登记备案。

4. 为进一步明确《北京市绿化条例》规定的未经许可擅自改变绿地性质和用途、未经许可临时占用绿地，园林绿化部门在进行行政处罚时所依据的土地使用权地价款的标准认定问题，市国土局与北京市园林绿化局联合印发了《关于〈北京市绿化条例〉土地使用权地价款标准适用解释的通知》。

【行政审批制度改革】

1. 确定行政审批事项改革建议方案。按照市政府统一部署，市国土局按时提出初步改革方案。已经市政府批准的有：取消6项（开办独立选（洗）矿厂审批（改变管理方式）、矿产资源勘查（地热）答复意见、办理地价款缴纳情况证明书（改变管理方式）、农地转为建设用地前期工作、集体土地征收前期工作、注销土地预告登记）。下放区（县）政府审批事项19项（农村村民宅基地审批、乡（镇）村公共设施、公益事业使用集体建设用地审批、乡（镇）村企业使用集体建设用地审批、开发未确定土地使用权国有荒地山、荒地、荒滩审批、土地登记15项）。下放区（县）分局办理事项4项（建设项目施工和地质勘查临时用地、办理《建设用地批准书》、征收集体土地结案、权限内的建设项目用地预审）。经市政府批准，优化投资项目审批事项6项（含已批准取消事项）。

2. 优化投资项目审批流程。加强土地入市交易前期准备工作，是本次投资项目审批制度改革的主要内容之一。重点是将作为建设工程规划许可证前置条件的节能审查、环境影响审查、文物保护范围建设控制地带内项目方案审查、地震安全性评价报告审定及抗震设施要求确定、人防工程建设标准审查、水资源论证报告审查的相关内容，前移至土地储备和一级开发阶段，由规划部门组织相关单位在编制控规中予以明确。项目单位通过土地交易市场取得土地使用权后，除法律法规要求的许可事项外，不再办理相关审批事项

【行政执法监督和法制宣传】

1. 根据《北京市2013年全面推进依法行政工作要点》（京依法行政发〔2013〕3号）和《国土资源部〈关于进一步推进依法行政实现国土资源管理法治化的意见〉任务分解方案（2011—2015年）》（国土资厅发〔2012〕68号），市国土局制定了《北京市国土资源局2013年推进依法行政工作任务分解表》。

2. 行政复议和行政诉讼工作完成情况。截至年底，办理行政复议答复324件，其中，维持208件、驳回5件、终止4件、撤销3件、责令履行3件、未审结101件；截至2013年12月30日，人民法院受理行政诉讼案件143件，其中，驳回诉讼请求和裁定驳回起诉88件，维持1件，原告撤诉9件，判决限期履责、确认违法、撤销共计34件，11件未审结。

3. 协助各级公检法执行案件1087件，为企业上市出具相关证明材料149件。

4. 利用“6·25”、“12·4”等平台开展法制宣传活动。一是承办国土部12月2日在亦庄经济技术开发区举办的以“节约集约用地，建设美丽中国”为主题的“12·4”全国法制宣传日活动。国土部副部长胡存智出席宣传主会场并讲话。张家口、临沂、南京、芜湖、深圳、亦庄开发区等国土资源主管部门负责人分别就集体建设用地高效利用、农村宅基地管理等内容作交流发言。二是组织开展以“珍惜土地资源，节约集约用地”为主题的第23个“6·25”全国土地日宣传周活动。各区（县）分局均在本区域设立宣传站点，发放宣传材料，进行现场咨询答疑等活动；组织系统干部职工收看“大地之约——国土资源节约集约利用公益宣传活动”直播，促进全社会合理利用土地资源。

科技与对外合作

【科技工作】

1. 推进国土资源公益性行业科研专项项目实施

《典型城镇村节地技术研究与示范》项目。该项目是2011年国土资源公益性行业科研专项，项目执行年限为2011—2013年。年内，与中国地质大学(北京)项目组共同召开了项目论证会，听取了各子课题承担单位的工作汇报，督促项目组做好年底前项目验收的各项准备工作，对照项目任务书、课题研究目标、课题成果指标等内容，加紧推进项目收尾和结题验收工作。

《面向公众的首都土地利用服务关键技术研究与应用》项目。该项目被列入2012年度国土资源公益性行业科研专项。项目执行年限为2012—2014年。年内，组织召开了中期审查会，与会专家听取了项目及各子课题的研究进展、阶段性研究成果汇报，一致认为该项目严格按照任务书要求开展研究，组织管理严格规范，取得了相应的阶段性成果。

2. 申报2014年度国土资源公益性行业科研专项

根据2014年国土资源公益性行业科研专项的申报要求和立项指南，开展了对各单位申报公益性行业科研专项项目的论证工作，经过遴选，确定《京津冀土地规划统筹与实施决策支持系统构建示范》、《网格化国土资源综合勘察技术研发与示范》、《北京密怀地区铁矿区域成矿规律及找矿方法研究》3个项目，申报推荐为2014年度国土资源公益性行业科研专项。

3. 申报两批市科委市级科技计划绿色通道项目

组织开展本年第一批市级科技计划绿色通道项目申报工作，完成了《农村集体土地智慧产权系统关键技术与示范》、《北京市基准地价动态更新研究》2个科研项目的申报工作，其中《农村集体土地智慧产权系统关键技术与示范》项目得到了市科委的资金支持。结合《北京市技术创新行动计划》需求调研工作，申报《北斗与卫星遥感融合的国土资源移动管理技术系统研制》项目为本年第二批市级科技计划绿色通道项目，该项目得到了市科委的资金支持。

4. 申报推荐国土资源科学技术奖

年内，经认真审查、遴选、公示，确定《北京浅层地温能勘查开发关键技术研究及其工程应用》、《北京市平原区地下水污染调查与评价》、《北京市矿业权实地核查》、《华北牛驼镇地热田雄县地热资源可持续开发利用综合研究》4个项目；中国地质大学（北京）《海相碳酸盐岩复杂油储理论与应用实践》项目，推荐为本年国土资源科学技术奖备选项目。

市国土局推荐申报的《青藏高原生长的深部过程与地表隆升》、《土地利用规划和空间管理制的生态学途径与案例》两个项目分获 2012 年度国土资源科学技术奖一、二等奖；推荐申报的《北京浅层地温能勘查开发关键技术研究及其工程应用》获得 2013 年度国土资源科学技术奖二等奖。

5. 推进重点实验室和野外科研基地建设

按照国土部关于进一步推进国土部重点实验室和野外科学观测基地建设、做好实验室和野外基地挂牌工作的部署，积极组织和指导“国土规划与开发重点实验室”和“综合勘查技术—北京房山野外基地、平原区地下水—北京野外基地、浅层地温能—北京野外基地”三个基地的建设单位，召开了国土资源野外科学观测研究基地挂牌工作座谈会，督促各建设单位建立完善管理机制，细化野外基地的年度计划、科技带头人、对外交流等建设内容，高质量地做好迎接验收检查和“挂牌”工作的前期准备，积极支持建设单位争取国土部和市科委的项目和资金支持。

【科普工作】

1. 开展第 44 个世界地球日主题宣传周活动

按照国土资源部办公厅关于组织开展第 44 个世界地球日主题宣传活动周的工作要求，于 4 月 16 日—22 日举办了“4 · 22”世界地球日各项活动，宣传主题为“珍惜地球资源、转变发展方式—促进生态文明，共建美丽中国”。4 月 19 日，在北京市京源学校举办了第 44 个世界地球日主题宣传活动周启动仪式，与会领导与石景山区中小学校师生共计 700 余人参加了启动仪式；4 月 21 日，在东城区少年宫隆重举行了雏鹰展翅天地“多样的物种 · 唯一的地球 · 共同的未来”雏鹰建言现场推动活动。

“4 · 22”世界地球日当天，结合市国土局业务联系分局情况，市国土局每位局领导及相关处室分别到各个区（县）分局设立的主会场参加现场宣传活动，带动了各区（县）政府、各乡（镇、街道）开展地球日科普宣传活动。各区（县）分局积极与本地区中小学校联系，选择了本地区 1—2 所中小学作为宣传点，开展了科普知识进校园活动。现场发放了各类地球日宣传材料：国土资源报《地球日北京特刊》15000 份；彩色挂图 350 份；知识手册 10000 份；宣传折页 20000 份；科普图书 4500 本；科普教育视频光盘 38 套。

2. 推进国土资源科普基地建设

按照国土部科普基地建设的要求，对北京房山世界地质公园和延庆硅化木国家地质公园两个科普基地，组织开展了第一批国土资源科普基地自评估工作，评估专家组对两个科普基地建设情况给予了好评。

市国土局推荐的首云国家矿山公园，经国土部核准，命名为国土部第三批国土资源科普基地，申报类型为资源保护类，依托单位为首云矿业股份有限公司。

【国土资源标准化工作】

1. 开展《北京市国土资源标准化管理战略研究》课题

委托首都经济贸易大学开展了《北京

市国土资源标准化管理战略研究》课题研究工作，旨在制定市国土局标准化发展规划，核心是建立北京市国土资源标准化体系表。课题组召开了多次研讨会，先后赴湖南省国土资源厅、陕西省国土资源管理部门等国土资源系统标准化先进单位进行了深入调研。采取访谈和调查问卷相结合的方式，对机关各处室、各区（县）分局和北京市地勘局及所属单位，分别组织开展了大规模的标准化情况调研，就土地管理领域、地质勘查领域等正在使用的标准、需要制（修）订的标准，进行了摸底调查，初步掌握了国土资源领域涉及的国家标准、行业标准及标准使用和需求情况。

2. 组织开展《北京市土地信息共享数据元标准》、《北京市地类认定规范》2 个北京市地方标准制订项目

《北京市土地信息共享数据元标准》年内通过了市质监局组织的专家评审会，标准规定了土地信息共享数据元的分类方法、数据元编制规则、数据元值域引用代码编制规则，将于 2014 年 2 月 1 日起实施。《北京市地类认定规范》规定了地类认定的原则、方法等，对易混淆地类进行界定。该项标准已完成《北京市地类认定规范》报批稿。

【因公出国（境）工作】

1. 因公出国(境)考察、培训工作情况

严格贯彻落实中央关于改进工作作风、密切联系群众的八项规定，建立健全厉行勤俭节约长效机制，对出国团组情况及时进行梳理，认真开展自查。年内，共组织市国土局系统 74 人出国（境）出访和培训，其中：自组出国（境）访问团 8 批次，44 人；自组培训团 1 批次，10 人；承办随团出访 12 批次，16 人；承办随团培训 4 批次，4 人。

2. 规范外事管理措施

严格按照市政府针对因公出国（境）提出的“四宽四严”原则，结合市国土局因公出国（境）工作管理实际，制定了相应的“三宽五严”的落实措施。“三宽”是指：对分局基层和事业单位的年轻干部出访从宽，对未曾参加过任何形式出访的主要业务处室工作人员以及长期工作在一线的人员从宽，对有实质性出访内容的团组从宽。“五严”是指：对连续出访的人员从严，对市外办列出的热点国家从严，对待遇性出访从严，对参加双跨团组从严，对未有实质性内容出访团组从严。

【对外交流与合作】

1. 第二批国际合作示范基地建成挂牌

积极探索开展国际合作交流的新模式，按照试点先行，逐步推广的原则，11 月 28 日，市国土局昌平分局、石景山分局、延庆分局第二批国际合作示范基地建成挂牌并正式启动投入使用。

2. 推进对外交流与合作

积极与国外相关机构进行广泛深入的友好磋商和洽谈。年内，与伦敦大学学院巴特雷特规划学院就合作事宜进行了友好磋商，双方表达了加强合作的愿望，在条件成熟时建立友好关系和合作框架。接待了德国汉斯．赛德尔基金会代表团来访任务，为开展国际间友好合作与交流奠定了良好基础。与德国、意大利等土地管理先进的国家进行了友好接洽。

财务审计

【非税收入上缴】

本年全市土地出让总收入上缴财政专户1873.41亿元，其中土地储备前期成本1031.93亿元，政府收益841.48亿元，比上年翻一番。

实现矿产类非税收入共计8488.28万元。其中，矿产资源补偿费收入6709.89万元、探矿权、采矿权使用费及价款收入1778.39万元。上缴市财政11021.26万元，其中本年收入8397.39万元；上年年末结转收入2623.87万元。

收缴执法罚没收入共计7521.47万元。

【年度预决算】

本年批复预算资金278.62亿元，其中市财政一般预算资金5.51亿元，中央项目资金2.51亿元，储备前期成本返还270.6亿元。

本年年终决算全年收入310.02亿元，其中财政资金278.62亿元，经营收入9585.10万元，其他收入30.44亿元；全年支出308.86亿元。

【新规新举措】

1. 银行贷款统一比选

继2009年开展土地储备项目融资以来，本年首次实行全局统一组织土地储备机构银行贷款比选工作，大幅优化分中心贷款条件。本年土地储备机构通过多种方式融资994亿元，其中新增银行贷款434亿元，保险资金290亿元、信托资金257亿元、委托贷款13亿元；共归还债务融资831亿元，包括银行贷款791亿元，委托贷款40亿元，贷款重新约期369亿元。

2. 成立市国土局结算中心

为落实内部控制要求，经市国土局党组专题会审议，组建市国土局结算中心，直属事业单位实行统筹管理，逐步实现统一核算。初步完成结算中心人员组建及设备配备，印发《北京市国土资源局财务结算中心工作制度》和《结算中心岗位职责及工作内容细则》管理制度，开立结算中心账户。

3. 招投标管理下沉

进一步推进招投标工作，管理权限逐步下沉。结合预算项目管理，重大专项资金直拨基层单位，招投标管理工作同步下沉。加强市国土局及直属单位项目采购工作，并指导分局做好相应工作。本年市国土局系统共办理项目招标采购40项，招标金额为4.4657亿元。其中市国土局机关及直属单位办理政府采购12项，采购金额为4657.821万元；协助指导分局办理项目采购28项，采购金额约4亿元。

4. 开展领导资产审计

开展系统内7位升任及离任领导干部财务资产检查工作。专项工作对7个单位的五到八年不等的账务进行了全面检查，梳理清晰资产使用情况，及时清理历史形成的债权债务，查找管理中存在的问题。领导财务资产检查报告经市国土局党组扩大会审核通过。

5. 实行双预检制度

加大项目资金监管力度，嵌入财务预检环节，工程类等大额度项目实行财务、业务双预检制度。年内，财务预检项目共计50个，涉及资金4.75万元，提高项目验收质量和效率。

6. 事业会计制度改革

组织落实财政部新版《事业单位会计制度》，做好科目调整及新旧制度衔接，开展内部人员培训。

【严控行政成本】

为落实中央“八项规定”，按照北京市要求，在年初预算批复的基础上，进一步压缩全系统公务接待费20%，因公出国经费和会议费各10%，培训费和印刷费各5%，压缩经费合计133.35万元。在日常管理中严格落实《北京市国土资源局改进工作作风、密切联系群众若干规定》（京国土办〔2013〕50号）等有关文件，加强资产管理，有效控制会议、公务接待餐费等各项支出。

【内控建设】

按照财政部颁布的《行政事业单位内部控制规范（试行）》，行政事业单位应当从2014年1月1日起全面建立内控制度。市国土局作为北京市首批内控规范建设试点单位之一，完善内部管理制度，印发《北京市国土资源局合同管理办法》；成立内控规范建设领导小组和工作组，在全局系统进行动员部署并组织培训；发放宣传材料及调查问卷，对局领导、关键岗位、关键环节进行深入访谈；完成了《北京市国土资源局内部控制手册》初稿，并通过了市财政局组织的专家组初验。

【车辆核编及资产采购】

按《党政机关公务用车编制核定实施细则》（京财采购〔2012〕84）号文件要求，完成市国土局行政单位车辆定编核编工作。全年为市国土局机关以及8个二级单位更新17辆车，改善了相关单位的办公用车条件。在其他设备配备方面，采购防汛物资及设备，4种6300余件，包括卫星电话40部；GPS卫星定位设备111台；为分局国土所及执法部门采购相机60部。

【人员管理及培训】

1. 按照局党组要求，印发《关于规范财务机构设置及配备专职财务人员的通知》（京国土财〔2013〕173号），在全局系统建立健全财务机构，规范财务人员岗位要求。

2. 加强财务管理工作，补充储备债务专业知识，组织市国土局系统财务人员金融专业培训班，共有27名财务人员参加培训，提高财务人员借贷资金管理水平。

3. 继续做好财务人员继续教育培训。培训工作分两批组织开展，共150多人参加。培训内容涵盖行政事业单位财务核算、内控制度建设、土地储备开发业务等，及时更新财务人员业务知识，提升工作水平。

【专项审计】

配合有关部门做好审计检查工作。配合市审计局完成局长魏成林经济责任审计工作，落实审计整改报告；配合市财政局完成公务卡使用情况检查工作；配合市审计局做好政府债务延伸审计工作；配合部督察局做好昌平区土地管理督导工作；配合国家审计署做好预算资金结余审计工作；配合国土部相关部门完成涉矿收费、专项资金使用等检查。

【其他工作】

1. 按要求完成部门预、决算信息公开，并做好媒体解释说明工作。

2. 规范招拍挂竞买保证金利息管理。竞买保证金利息收入作为土地出让收入管理。

3. 会同市监察、财政、审计局联合开展全市土地储备资金专项检查。

4. 在全局系统内开展财务规范工作检查，夯实财务管理基础。

5. 推进市国土局原置换房屋的有关手续和租金收缴工作。完成房屋置换涉税相关工作，协助香海公司落实房产证、土地证过户事宜，清缴该公司房屋租金。

【内审制度建立】

针对内部审计查出的问题，进一步加强资金管理内部风险防控，按照市国土局党组会决定，制定了《北京市国土资源局规范财务内部控制工作意见》，从12个方面提出内部控制要求；根据市政府加强内部审计工作的要求，制定了《北京市国土资源局加强内部审计工作意见》，通过财务、法制、人事、监察和审计等部门根据各自管理职责，从风险防范、绩效考评、年度考核、行政监督和制度建设等方面，加强内部审计工作的联动配合。

为规范内部审计操作规程，结合内部审计工作实际，制定了《北京市国土资源局行政事业单位主要领导干部经济责任审计办法》、《北京市国土资源局政府投资项目审计办法》和《北京市国土资源局部门预算执行情况审计办法》三个专项审计制度，作为开展领导干部经济责任审计、项目审计和部门预算审计的政策依据。

为加大审计发现问题的整改落实工作，制订了《北京市国土资源局审计整改督查工作办法》，将审计问题的整改纳入内部督查管理。年初步完成了全局系统审计监督制度体系建设。

【制订年度审计计划】

1. 持续推进经济责任审计，加强领导干部监督管理

按照市国土局党组要求和组织部门的安排年内分3批开展了市国土资源勘测规划中心、石景山分局、昌平分局、通州分局、怀柔分局和平谷分局等6单位的党政领导干部的经济责任审计工作。

2. 加强预算管理监督，开展部门年度预算审计

开展了海淀分局、大兴分局、密云分局、市土地权属登记中心和土地利用中心5个二级预算单位2012年度预算执行情况的审计检查。继续实施了本年因公出国

（境）专项经费预算执行情况的审计检查，并针对2012年度出国（境）经费预算执行情况审计报告中提出问题的整改情况进行了跟踪检查。

3. 规范政府投资项目管理，注重项目资金使用效益

探索政府投资项目的绩效审计。为逐步推进政府投资项目的绩效审计，以北京市延庆硅化木地质遗迹保护项目作为首个项目绩效审计试点。并在《北京延庆硅化木地质遗迹保护项目绩效审计报告》反映了政府投资带动地方经济生态环境建设取得的成效。

有计划开展项目审计。年内完成了2010年至2012年市级财政预算安排的北京市矿山生态环境治理保证金使用的监督与管理项目预算执行情况专项审计；组织完成了19个矿山环境治理项目的审计工作。项目审计报告中反映了项目执行中存在的问题并提出审计意见和建议。

积极开展外部审计调查。对列入年度审计计划的104个委托外部审计的项目开展了调查评价。重点调查了解在施项目实施审计监督落实情况，在市国土局审计服务政府采购入围库中选择外审中介机构情况，外部审计调查报告中反映出的主要问题以及外部审计报告的工作质量等方面内容，形成外部审计情况调查报告。

针对重点资金开展专项审计调查。根据《北京市国土资源局2013年推进依法行政工作任务分解表》的要求，开展了新增建设用地土地有偿使用费、探矿权和采矿权价款、矿产资源补偿费等财政非税收入收缴情况的审计调查，通过详细梳理，依据相关政策检查，提交了专项审计调查报告。

4. 加强日常监督管理，及时提出审计建议

在日常工作中，及时发现管理中存在的漏洞，对土地储备项目投标保证金的收缴、职工福利费的发放、中央部门资金的代管等项工作，提出了审计意见，得到了市国土局领导的重视。有些问题专门召开局长专题会研究解决，有些问题局长直接找问题单位要求立即整改。局领导要求提交的审计报告须在局党组会或局长办公会上通报，以引起各个单位的重视。

【协助市审计局工作】

配合市审计局开展土地利用绩效审计、土地利用绩效审计、平原造林审计、政府债务审计、顺义区长经济责任审计，做好组织协调工作。

内部审计工作首次接受市审计局内部审计工作规范化检查，市审计局主办的《北京审计》杂志第4期在经验交流专栏中刊登了市国土局《在实践中探索内部审计工作，发挥保驾护航作用》的文章，介绍了市国土局领导重视内部审计工作，加强内部审计的情况。

【加强自身培训教育】

内部审计和部分财务人员参加市审计协会组织的内审人员岗位培训，取得了中国内部审计协会颁发的《内部审计人员岗位资格证书》。

信访工作

【领导重视信访工作】

市国土局党组、主要领导和分管领导高度重视信访工作。市国土局党组书记张国玉、局长魏成林在不同会议、不同场合、不同时机多次强调信访工作的重要性，年内，主要领导对信访工作29次做出重要批示，书记张国玉、局长魏成林共批阅群众来信128件次，通过走访和电话联系的方式，多次与相关区（县）政府主要负责人沟通，商讨解决办法，协调化解信访问题。主管副局长李军先后主持召开了7次信访问题专题会议，听取相关区（县）分局信访工作情况汇报，指导信访部门分析研判信访工作形势，研究制定具体工作措施。市国土局领导下访约访工作继续稳步推进。通过带案下访、重点约访、领导包案等方式，协调和化解疑难信访问题。

【坚持依法行政】

坚持做到信访工作程序合法。凡是到信访部门反映的信访举报问题，在要求认真建立登记台账的同时，强调在规定的时间内给予信访人信访举报告知单。进一步明确对于举报事项依法加大处理问题的力度。9月印发给予举报人书面反馈处理举报事项进展情况的通知。坚持源头防范。各区（县）分局充分发挥基层国土所的作用，加强国土所日常“巡查”力度，及时发现问题，做到“早、小、了、好”。强化依法处理问题的力度，夯实有权处理问题部门的责任落实。

【发挥协调处理信访事项职能】

市国土局群众路线教育实践活动开展以来，市国土局信访工作转变思路，换位思考，坚持开门接访，坚持到区（县）实地接访，通过与信访人面对面进行沟通交流，较好的化解了一批集体上访和个人缠访。市国土局指派专业人员，对信访人提出的专业性问题及时进行政策解答，就地化解了一大批上访人员；为维护好市国土局正常办公秩序

【做好维稳排查调处】

1. 做好“两会”期间信访维稳工作

市国土局专门成立了以党组书记张国玉、局长魏成林为组长的维稳领导小组，负责会议期间信访维稳工作的部署、协调、检查、督导工作。市国土局印发《关于做好十八大期间信访维稳工作有关问题的通知》、《关于做好全国两会期间信访维稳工作有关问题的通知》、《关于认真做好

党的十八届三中全会期间信访工作有关工作的通知》，对各分局提出了明确的工作要求。各区（县）分局主要领导对敏感时期的信访维稳工作亲自抓，明确责任，量化目标，细化措施，一级抓一级，层层抓落实，确保了市国土局敏感时期信访维稳工作正常有序开展。

2. 落实综合治理责任

按照市综治办的要求，市国土局制订了局内部综治责任书，由党政主要领导、局分管领导与各区（县）分局、局机关处室和事业单位主要领导签订了《综治维稳工作责任书》，明确了局内综治责任。

3. 加强部门联动

加大与市区维稳部门、政府部门的联系和沟通，先后多次向市维稳办、有关区（县）政府报送敏感信息，做到遇有突发情况，公安部门能够及时到位，维护治安，防止事态扩大。

4. 开展敏感时期重点矛盾纠纷排查调处工作

印发《关于开展人民内部矛盾纠纷排查调处工作的通知》，要求党政主要领导要切实履行第一责任，充分发挥职能作用，全面排查，不留死角，及时有效地消除可能发生的矛盾隐患并对排查出的矛盾纠纷要做到情况清、底数明，化解方案实，确保不发生重大信访群体性事件，确保了“十八大”、全国“两会”、“十八届三中全会”等重点时期首都社会和谐有序。

【其它工作】

市国土局信访工作在实践中，总结和积累了一些比较成熟的经验，这些经验和做法是保持市国土局信访工作正确履行职能，规范信访程序和信访工作人员言行，确保信访工作全局“一盘棋”的重要保证。每二个月召开一次信访工作例会制度；每季度在局长办公会上通报信访工作情况；每月对全局信访工作情况进行通报；坚持做好市国土局领导干部下访、约访工作，对领导干部下访约访制度实行预约登记，并积极协调满足群众的要求；各区（县）分局每月召开一次信访工作专题会议并形成会议纪要按时报送。

【信访情况统计】

年内，市国土局系统共办理信访举报事项3826件次，与2012年同期相比信访举报总量下降30.0%。其中，市国土局办理信访举报事项2244件次（不含电子信件3364件），与2012年同期相比上升4.8%；区（县）分局共办理信访举报事项1582件次，与2012年同期相比下降49.8%。

市国土局信访处办理的2244件次信访举报事项中，登记来信、来访及其他件1116件次，其中举报事项676件次，信访事项102件次、咨询建议类问题91件、其他问题247件次。

市国土局共办理来访1325批次、3782人次，与2012年同期相比批次上升21.4%、人次下降3.1%。其中登记受理来访197批次/1204人次，同比批次、人次分别下降51.8%、17.1%。

本年，东城区、朝阳区、海淀区、丰台区、石景山区、房山区、顺义区、大兴区、平谷区、密云县、延庆县等11个区（县）来访批次、人次呈双下降趋势。其中，有5个区（县）来访批次、人次下降幅度在50%以上：顺义区下降88.9%、平谷区下降66.7%、大兴区下降54.5%、丰台区下降53%，密云县下降51%。

登记受理的来访件中，集体访40批次/902人次（不含重复集体上访），同比批次、人次分别下降40.6%、0.7%。8个区（县）集体访批次、人次双下降，且下降幅度都在50%以上，海淀区下降50%、门头沟区下降100%、房山区下降71.4%、通州区下降62%，顺义区下降87.5%、大兴区下降100%、平谷区下降71.4%、怀柔区下降100%。东城区连续三年未出现集体访，西城区、石景山区连续两年未出现集体访，门头沟、大兴、怀柔区、延庆县本年未出现集体访。

登记受理的来访件中，重复访72批次/381人次，同比批次、人次分别下降65.6%、20.4%。海淀区、丰台区、房山区、通州区、顺义区、大兴区、昌平区、平谷区、密云县、延庆县10个区县重访批次下降。下降幅度超过50%的：丰台区下降50%、顺义区下降89.1%、平谷区下降50%、延庆县下降60%。东城区、石景山区未出现重复访。

年内，市局信访处共办理人民来信672件次，同比下降29.8%。672件次来信中，联名信共95件次/5628人次，同比件次下降16.3%。其中，海淀区、丰台区、门头沟区、房山区、通州区、顺义区、大兴区、怀柔区、密云县、延庆县10个区（县）呈下降趋势，有4个区（县）下降幅度超过50%，门头沟区下降81.6%、通州区下降56.3%、大兴区下降53.3%、密云县下降55.5%。

年内，市国土局共办理电子信访3364件，按时办结3231件，按时办结率96.1%。其中市局办理2653件，按时办结2582件，按时办结率97.3%；转区（县）分局办理711件，按时办结649件，按时办结率91.3%。市国土局办理的3364件电子信访件按反映渠道不同分为：局长信箱2793件，网上咨询470件，政风行风热线30件，市长信箱71件。市国土局电子信访工作因按时办结率高、回复质量好受到市信访办和市经信委的充分肯定。

年内，市国土局共办理上级部门转、交办信访件80件次，已全部办理完毕。

市国土局信访处共受理复查申请6件次，占区（县）分局信访量的0.38%，复查量与2012年同期的136件相比下降了95.2%。市信访办复查复核委员会办公室印发的《2013年全市信访复查复核工作总结》中，因本年市国土局到市信访办复核量与2012年同比下降56%

人事教育

【机构编制工作】

事业单位职责分类。根据《北京市人民政府办公厅关于印发分类推进事业单位改革配套文件的通知》(京政办发〔2013〕12号)精神，年内组织全局系统对事业单位承担的职责进行了梳理，对照《北京市事业单位职责分类目录》初步确定了类别并上报市编办，为下一步推进事业单位改革工作打牢基础。

完善机构设置。与市编办沟通协调，申请成立北京市地质灾害应急事务中心。

【领导班子和干部队伍建设工作】

年内共召开局党组（扩大）会议13次，讨论干部工作12次，共调整处级领导班子29个次，调整副处级以上干部职务58人次。

组织系统内竞争上岗1次，开展民主推荐16次，提拔处级干部41人次。注重从基层一线和执法、信访等艰苦岗位选用干部，年内，共有22名来自分局、事业单位及执法、信访岗位的干部被提拔到处级职位，占新提任处级干部总数的53%。干部工作科学化、制度化水平不断提升，群众满意度逐年提高，与上一年度相比，市国土局“一报告两评议”各项得分和排名均有较大幅度上升。

【干部交流】

1. 干部系统内外交流。按照“年龄梯次合理、专业知识配套、能力结构互补、气质性格相容”的要求，结合不同地区、单位的功能定位要求选干部、配班子。年内，对24名处级干部进行了交流轮岗，处级班子整体功能得到增强。积极向系统外推荐干部，推荐1名副处级领导干部任市政务服务中心处长，有1名正处级领导干部被国有企业选用，5名科级干部被区（县）政府选拔任用为副处级干部。

2. 选拔优秀基层干部。注重面向基层一线选用干部，首次在全市范围开展公务员遴选工作，选拔3名基层科级干部到市局机关任职。

3. 干部挂职锻炼工作。继续做好“三个一百”干部挂职锻炼工作，选派2名处级干部到国家部委和金融机构挂职，接收8名来自外省市、央企和其他市属政府部门的挂职干部。

【教育培训】

年内，在落实国土部、市委组织部和市人力社保局组织的培训任务的同时，按照分级分类和全员培训的思路，重点抓好处级领导干部、中青年干部和基层干部培训三条主线，加强干部培训，提高培训质量。全年累计培训9745人次。在线学习参学人数886人，实现了完成率100%目标。组织了本年北京市国土资源管理专题研讨班，对38名各区（县）分管国土资源管理工作的领导及部分乡（镇）长、市属单位有关领导进行了首都国土资源管理工作专题培训。与中国地质大学（北京）、对外经贸大学分别联合举办国土资源业务知识、金融知识培训班，从全局系统共选派处级后备干部、优秀年轻军转干部和财务专业人员共60人参加。

【人才引进】

按照全市公务员公开招考的统一部署，完成了本年考试录用公务员工作，共招录公务员30名。在需求申报、资格审查、面试、考察和体检各个环节，严格按照规定编制、职位要求以及公务员公开招考工作方案规定的条件、程序进行，并做好对各招考单位的指导工作，确保整个招考工作公开、公平、公正。进一步规范事业单位人员招考，改进工作机制，由人事处牵头，各单位配合，首次统一发布公告、统一组织笔试面试、统一开展体检考察，确保了整体工作的严谨、透明、高效，节约了人力物力。

完成5名退役大学生士兵接收工作。落实本年军转安置工作方案，明确拟安置岗位名称、岗位说明及岗位要求。年内共接收17名军转干部。

【职位管理和流动调配】

加强职位管理和流动调配工作。年内，办理全局系统机关、事业单位干部核定职务164人次，包括公务员142人次，事业单位22人次。其中晋升干部职务105人，交流轮岗干部25人次。办理公务员转任33人次，调任14人次。为3名局系统干部解决夫妻两地分居问题。

【干部考核】

年内，市国土局党组组织对各分局、局属各单位领导班子进行了考核测评，并对全系统公务员进行了量化考评。市国土局系统公务员共1131人参加考核，218人考核等次为优秀，53人获三等功，218人获嘉奖。事业单位（不含参公和工资规范管理的事业单位）共981人参加考核，150人考核等次为优秀。

【工资管理】

为进一步调动基层公务员工作积极性，缩小地区间工资统发人员工资差距，积极协调市人力社保局争取政策支持，从第1季度开始为各区（县）分局工资统发范围内在编在岗的正式人员发放保留津贴。根据保留津贴发放要向一线、基层和艰苦岗位倾斜，不搞平均主义，全年实行总额管理的原则，制定完成了市国土局《保留津贴发放暂行办法》，年内已顺利完成保留津贴报送和发放工作。

【其他工作】

在全系统开展干部选拔任用自查工作，抓好干部选拔任用政策法规的再学习、再教育。年内，对2009年以来市国土局贯彻执行《党政领导干部选拔任用工作条例》、干部选拔任用工作四项监督制度等规定的情况进行认真总结、全面梳理，顺利通过市委组织部开展的干部选拔任用监督工作阶段性检查。严格执行干部选拔任用“四项监督制度”，把监督工作贯穿于干部选拔过程的始终，确保在干部选拔的推荐、笔试、面试及党组研究确定等各个环节中均严格依法依规办事。完善全方位考核机制，建立了信息管理系统，加强对干部的日常考核监督，为选拔任用工作提供了更加直观的参考依据。坚持任前谈话制度，贯彻处级班子党政“一把手”离任审计制度，严格执行个人有关事项报告制度。

根据《中共中央关于在全党深入开展党的群众路线教育实践活动的意见》、《中共北京市委关于在全市深入开展党的群众路线教育实践活动的实施意见》及《关于印发〈北京市第一批深入开展党的群众路线教育实践活动工作方案〉的通知》精神，按照中央和市委的统一部署，市国土局从7月开始，深入开展了党的群众路线教育实践活动。在市委市政府的坚强领导下，在市委第13督导组的有力指导下，按要求顺利完成了学习教育、听取意见，查摆问题、开展批评，整改落实、建章立制三个环节各个方面的任务，取得了积极成效。

重视公务员信息系统建设。采取集中更新与日常维护相结合的工作模式，年内，完成了对全局系统35个单位在职公务员和参照公务员法管理单位工作人员的的全员录入工作；完成了对全局系统267名在职处级干部信息的更新维护工作。并在日常工作中结合录用、晋升、调动等干部管理工作及时开展对相关干部信息的更新修正工作。确保公务员信息系统内容准确、规范、完整，为提高干部管理工作效率发挥了积极作用。

配合市人保局开展干部人事工作调研。总结市国土局正式成立以来的机构设置、管理体制、人员编制、干部队伍建设等方面的经验成果，针对事业单位人员晋升、流动和工资待遇等方面存在的突出问题，向市人力社保局调研组提出对策建议，争取上级单位支持，尽快有重点、分步骤解决当前干部人事工作中的实际困难。做好中编办关于不动产统一登记制度的调研接待工作。

继续做好工资管理、干部档案管理、基本医疗保险、信访答复、公务员统计年报、事业单位法人证书年检、组织机构代码证书年检、领导干部因私出（国）境管理、临时借调人员管理等其他各项日常工作。

党群工作

【学习型党组织建设】

1. 加强政治理论学习

组织市国土局系统党员干部，召开专题报告会、党员干部理论学习培训会，并聘请专家、教授进行6次辅导，配发学习材料2200多册，深入重点学习领会习近平总书记一系列重要讲话、十八大报告和十八届三中全会文件，全面把握十八大精神及十八届三中全会《决定》的实质。

组织市国土局系统党支部书记培训班，聘请市直工委领导授课，贯彻学习《党章》、《条例》及党建工作规程等文件。

2. 组织处以上领导干部“十八大精神”读书班

开展读书、荐书活动，向党员干部发放《大讲堂》150册、《警示与教训》500册、《理性看齐心办》200本。

3. 搭建党员干部学习平台

创新学习载体，开办“图书角”、2013年宣传业务讲坛、组织机关处室、直属单位的党员干部开展《中国梦》知识答题、在局内网开设“十八大学习专栏”等。

4. 发挥中心组学习的引领作用

充分发挥中心组理论学习在全局学习中的示范引领作用。年内共组织23次市国土局党组理论中心组的学习，撰写理论学习文章13篇。党组书记张国玉、局长魏成林、局党组成员、纪检组长周新华分别围绕不同主题讲党课。

【党的群众路线教育实践活动】

1. 坚持局领导带头

市国土局领导充分发挥示范作用，带头自觉学习，保证集中学习至少在3天以上。领导班子和处级领导干部召开了教育实践活动学习交流会。

2. 积极部署全员参与

为市国土局系统全体党支部和党员干部配发教育实践活动学习材料共4840册，组织集中观看了教育实践活动专题片，同时开展了马克思主义群众观点和党的群众路线专题学习讨论。

3. 重温革命传统和反腐教育

进行革命传统和党风廉政教育，组织党员领导干部参观北京市反腐倡廉法制教育展、天津蓟县盘山革命烈士陵园、复兴之路、党的群众路线档案展览等。

4. 创新学习方式

在内网开设“党的群众路线教育实践活动”专栏，在活动初期编辑了“党的群众路线教育实践活动学习要义”，组织市国土局系统全体党员进行了群众路线教育实践知识答题活动。通过布置展板，营造良好的活动学习氛围。同时，邀请相关专家学者围绕贯彻落实十八届三中全会精神、习近平总书记重要讲话精神等作专题辅导报告。

【党建工作】

1. 完善机关党组织制度建设

年内市国土局机关共发展5名新党员。充分采用主题党日、党建党史知识答题、党员集体宣誓、先进事迹报告会及党课教育等活动方式，加强党建创新，打造党建品牌。

2. 加强机关廉政建设作风建设

为市国土局领导干部购置了国土部编辑的《国土廉政警示佳句》的书籍，开展了廉政讲座，市国土局领导亲自讲廉政课。结合群众路线教育实践活动的深入开展，组织市国土局机关各处室副处级以上领导干部到北京市人民检察院参观了“北京市反腐倡廉法制教育展”。

通过深入开展廉洁国土建设活动，继续深化民主评议基层站所工作，不断深化政务公开，规范行政行为，促进政风行风根本好转。

开展反腐倡廉正面宣传和反面警示教育活动：一是组织实地参观抗战时期廉政展览，参加北京市第一中级人民法院刑二庭旁听审理的一起职务犯罪案件；二是抓党风、带政风、促行风，树立先进榜样，切实提升国土资源部门形象。

【创建服务型机关党组织】

继续深化“三进两促”活动，结合以为民务实清廉为主要内容的党的群众路线教育实践活动，落实领导干部联系基层、下基层调研、定期接访下访等制度。

市国土局机关各处室及局属事业单位党总支和党支部，与城乡共建单位怀柔镇红军庄和卧龙岗两村党支部保持长期联系，为所帮扶村的发展提供新思路、新理念。市国土局机关各级党组织慰问了两个村共300余户次、村民近2000人次。

【“争先创优”打造品牌建设】

以最佳党日活动为载体，坚持开展争创先进基层党组织、优秀共产党员和优秀党务工作者评比表彰活动，并召开经验交流会。通过开展主题党日活动，打造最佳党日活动的品牌建设，深化基层党建工作。

【学习型工会组织建设】

1. 认真学习贯彻党的十八大和市十一次党代会精神

配合机关党委，通过辅导报告、专题培训和研讨交流等形式，在干部职工中广泛宣传、积极动员，进一步将思想和行动统一到中央决策和市委部署上来。

2. 组织开展各项学习活动

积极参加市直机关工委组织的创建学习型组织，争当知识型职工活动。配合市国土局机关单位先后参与组织各类专题辅导报告，为各部门和职工购买学习书籍，并通过举办各种形式的学习论坛、学习大讲堂、读书征文、知识竞赛等读书活动，努力营造学习氛围。

3. 建立会员“自助图书角”

组织开展职工自愿捐书建“自助图书角”活动，倡议市国土局干部职工抽点时间整理一下自己的书架，把读过的、闲置在家的书籍捐出几本。市国土局领导带头捐赠图书，机关所有处室和相关直属单位的职工共捐赠图书 618 本，营造了爱读书、爱学习的良好氛围。

【干部职工创先争优】

1. 弘扬劳模精神

参加市直机关工委组织的首都劳动奖章和劳模评选活动。落实好劳模疗休养及慰问工作，大力宣传劳模精神，团结引导广大干部职工立足本职，争优创先。

2. 充分发挥榜样的力量

对在各项评比中获得荣誉的先进集体和先进个人，积极鼓励，大力宣传，用身边的好人、榜样的力量，引导广大干部职工树立敬岗爱业、诚实守信、勇于奉献的主人翁精神。

3. 开展处长下基层活动

组织局机关、局属事业单位处级实职干部，利用周末休息时间开展“深入基层、服务基层”活动。

【文化体育活动】

1. 开展大型活动，增强干部职工的凝聚力、向心力

积极参加市直属机关工会组织的市直机关乒乓球赛，组织筹办第七届国土杯桥牌邀请赛。

2. 开展各项文体竞赛

利用业余时间和中午休息时间先后组织干部职工开展桥牌、台球、乒乓球、扑克牌等适合机关特点的各种娱乐活动和比赛，鼓励职工开展积极健康的文体活动。

3. 注重日常文体活动的开展

坚持组织干部职工在每天下午定时做工间操；每周二晚上开设健身舞班；每周三中午开设瑜伽班；每周四中午开设太极拳班，使干部职工在繁忙的工作之余身心得到有效调节。

【维护工会会员权益】

1. 开展关爱干部职工活动

把“送温暖”作为一项经常性的工作长抓不懈。建立困难职工、困难劳模档案，形成“两节”送温暖、“五一”关爱劳模、同时注重日常对困难职工帮扶的送温暖工作长效机制。

2. 推进职工互助保险工作

为市国土局全体干部职工办理职工重大疾病互助保险。为全体在职女职工上双份的重大疾病保险。

3. 积极参与社会救助活动

以灾害无情、国土有爱的满腔情怀开展共产党员献爱心活动，先后多次为灾区捐款、捐物。

4. 关心干部职工生活，增强工会组织的凝聚力

为全体工会会员办理京卡互助卡；每年为会员购买电影票和公园年票；为过生日的会员送去生日祝福；在市国土局机关设立便民洗衣店，联系洗衣公司上门收取会员要洗的衣物；举办健康知识讲座；三八妇女节、五四青年节、八一建军节等特殊节日均举办慰问活动。每年的七夕节，举办单身青年联谊活动。

【工会自身建设】

1. 加大工会组建力度，扩大党的群众基础

力求最大限度把广大干部职工吸收到

工会组织中来，截止到年底，市国土局直属机关工会共有会员537名，包括全部在职职工487名和长期借调和返聘人员50名，入会率达到100%。

2. 加大培训力度，提高工会干部的综合素质

采取召开座谈会、集中学习等多种方式组织学习培训，不断提高工会干部的政治素质和实际工作能力。

3. 制定政策规定，严格规范管理

注重工会的各项规章制度建设，制定《局直属机关工会信息工作制度》等政策规定。工会委员会实行例会制，集体研究审议有关工会工作的重要事项。

【学习型团组织建设】

1. 举办局青年公文写作竞赛

市国土局机关党委（机关团委）会同局办公室、研究室组织开展了市国土局青年公文写作竞赛。竞赛文种以机关常用文种为主，分为10大类，共收到各类公文72篇。经过初选后，从获奖作品中择优选择30篇公文，推荐参加市直机关第一届青年技能大赛（公文写作竞赛），经过严格评选，市国土局公文作品共荣获一等奖1名，二等奖1名，三等奖4名。

2. 参加市直机关青年公文礼仪竞赛

市直机关工委和团市委以情景剧的形式联合举办市直机关青年公务礼仪竞赛。市国土局利用中心的小品《窗口》代表市国土局参加市直机关第一届青年技能大赛（公务礼仪竞赛），荣获三等奖。

3. 组织局系统团干部综合业务培训

年内，市国土局机关团委组织国土系统共青团干部培训，来自市国土局及各区（县）分局团组织负责人共计30余人参加培训。参训团干部集中听取了市直机关团工委书记林艳坤围绕如何开展市直机关共青团工作所做的辅导报告。

【主题文化活动】

1. 组织五四青年节综合素质拓展教育活动

为庆祝第94个五四青年节，市国土局机关团委、直属机关工会组织市局60余名团员青年赴延庆硅化木国家地质公园进行了综合素质拓展教育活动。

2. 组织国土博爱献温暖义务捐献活动

市国土局机关团委、直属机关工会、机关后勤服务中心联合密云分局组织开展了国土博爱献温暖志愿服务活动，倡议广大干部职工将家中闲置的物品捐献给贫困地区，通过捐赠物品的方式帮助北京对口援建地区青海省湟中县的困难群众。活动共计收到捐献的棉衣、棉被等衣物700余件，文具、体育用品等约100余件。

3. 开展青年联谊会活动

市国土局机关团委、机关工会联合武警北京总队于8月24日在北京武警十三支队举办了“军地共建携手幸福－单身青年联谊活动”。来自国土资源部、各区（县）分局、武警北京总队、市民政系统、团市委、市地税局、京报集团等10余个单位的90余位青年同志参加了这一活动。

【“青年国土之星”评选活动】

年内，市国土局机关团委面向局机关、局属各单位35周岁以下青年干部组织开展“青年国土之星”评选活动。评选采用单位推荐和个人自荐相结合的综合推

荐方式，徐磊等24名同志评为北京市国土资源局“青年国土之星”。

【第44个世界地球日宣传活动】

在第44个世界地球日前夕，按照领导要求，局机关团委联合相关单位在东城区少年文化宫组织举办了“多样的物种？唯一的地球？共同的未来”雏鹰建言现场推动行动。并以2012年举办的“我心中的地球”主题绘画作品征集活动中评选出的优秀获奖作品为基础，配合科技处制作了第44个世界地球日儿童科普画册。

离退休干部管理

【离退休干部管理概况】

截至年底，市国土资源系统共有离退休干部职工676人。其中，离休干部40人（机关37人，事业单位3人），退休干部职工636人（机关303人，各分局196人，属事业单位137人）。

现有离退休干部党总支1个。党支部16个（其中，离休干部党支部2个，离退休干部混编党支部1个，退休干部党支部13个）。

现有离退休干部专职工作人员14人。其中，离退休干部处7人，老干部活动站7人。

【离退休干部职工服务与管理】

《离退休干部工作领导责任制》进一步落实。按照《北京市离退休干部工作领导责任制》的要求，市国土局党组、领导定期向老同志通报工作，带头走访慰问联系对象。年内，局领导、离退休干部工作领导小组成员、离退休干部处（站）领导共走访看望离退休干部301人次。先后组织老同志春节团拜会、“五一”慰问、“十一”慰问等大型活动。安装视频电视，购置投影仪、电脑、电子茶炉和小暖壶，进一步绿化美化活动环境，有效地改善老同志活动场所的软硬件设施，体现市国土局党组、领导对离退休干部工作的重视，保证全年各项工作的落实。

离退休干部思想政治建设和党支部建设进一步加强。组织开展“同心共筑中国梦”主题活动。先后举办中国梦辅导报告会，开展“我为党旗添光彩”主题党日活动，召开“纪念建党92周年老干部座谈会”，举办“同心共筑中国梦老同志书画摄影展”和“中国梦，我的梦”征文活动。组织离退休党员开展党的群众路线教育实践活动。按照市国土局党组的部署，认真组织离退休党员参加党的群众路线教育实践活动，开好党支部会、组织生活会和支部总结会，使广大离退休党员再次受到党性党风党纪教育。按计划组织离退休干部党支部正常开展活动。全年组织各离退休干部党支部开展活动共36次，参加活动的党员共计650人次，占总人数的43%。通过印发学习计划、学习简报、辅导材料和及时更新市国土局离退休工作网页等措施，组织离退休干部学习党的十八大、十八届二中三中全会和习近平总书记重要讲话精神。从工作人员中选出7名具有一定党务工作经验的同志，担任离退休干部党支部的支部干事，协助各支部做好各项工作，取得了较好效果。“七一”前夕，按照局机关党委的统一部署，开展评选“优秀共产党员”活动，崔志新、张一峰等19位老同志被评为“优秀共产党员”。

离退休干部生活待遇落实进一步到位。年内，根据有关通知，调整市国土局系统离退休干部的职务补贴；投资3.7万元为37名离休老干部申报安装家庭无障碍设施；组织345名离退休干部职工参加年度体检，为26名老同志变更定点医院，编印《保健与养生》12期计4200余份；为每一位过生日的离退休干部寄送生日贺卡，登门为22位离休老同志祝金婚、贺寿；协助家属为10名去世的离退休干部办理善后事宜；做好3名退休干部的接收工作。全年为老同志看病、体检派车90余次，接送老同志参加活动用车228次，离退休干部处（站）领导到医院看望慰问生病老同志95人次。在保持定期电话联系、深入家庭看望老同志等传统做法的同时，建立手机短信群发平台，进一步加强与老同志的联系，拓展为老同志服务的渠道。

【开展各类文体活动】

以“学习贯彻十八大精神，共建小康乐晚年”为主题，以兴趣小组活动为平台，全年组织老同志开展书画、歌咏、摄影、篆刻、手工制作等活动52次，参加人数达780余人。向《北京老干部》杂志报送作品21幅，其中3副作品被采用。书画小组狄从等6位老同志的作品还参加了中国老年书画研究会举办的“中日韩书画精品交流联展”。另外，组织老同志参观中国电影博物馆，游览“园博园”。这些活动的开展，使老同志培养了兴趣，陶冶了情操，加强了交流，愉悦了身心，丰富了精神文化生活。

【自身建设】

扎实开展党的群众路线教育实践活动。离退休干部处党支部按时间节点扎实开展教育实践活动。通过采取集中学习、个人自学、专题辅导、讲党课、观看宣传片等形式，组织党员深入学习党的十八大和习近平总书记一系列重要讲话精神。通过电话联系老同志、领导点、自己找、互相帮等方式，认真梳理、深入查摆了“四风”方面的9条突出问题。通过开展谈心谈话等活动，真诚交流和沟通，达到了相互提醒、加深共识的目的。通过召开专题组织生活会，针对转变作风、服务群众、做好工作、发挥作用等方面存在的突出问题，摆现象、论危害、挖根源、定措施，真正达到了帮助同志、增进团结、促进工作的效果。

业务学习和调研工作卓有成效。通过集中培训、专题研讨、以会代训等形式，认真抓好工作人员的业务知识学习。先后安排13人次参加国土部、市老干部局、市直机关工委和市国土局机关举办的培训班，有效地调动了工作人员的学习热情。在市国土局机关组织的“青年公文写作竞赛”中，1篇公文获二等奖，6篇公文获三等奖。在全面深化改革中加强对退休干部服务管理问题的调研，撰写的题为《推进“双重管理”模式下退休干部工作的探索》的调研报告被《北京老干部》采用，题为《创新服务模式，加强离退休干部党支部建设的思考》的调研报告，被市直机关工委评为市直机关 2013 年度老干部工作优秀调研报告，离退休干部处被评为市直机关 2013 年度老干部信息工作先进单位。

安保工作落实到位。完善安全责任制，加强教育，加大考勤力度，严格值班制度，严格对临时工管理，定期或不定期进行安全检查和培训，确保老干部活动站全天候有人在位和信息畅通。升级改造红外监控系统，更换消防器材，定期检查水、电、气、暖管道，消除安全隐患。

纪检监察

【贯彻执行党风廉政建设责任制】

市国土局认真贯彻执行党风廉政建设责任制，落实“一岗双责”，坚持党风廉政建设和国土资源业务工作同部署、同落实、同检查、同考核。2月，召开本年全市国土资源工作会议暨党风廉政建设会议，安排部署全年工作。制定党风廉政建设和反腐败工作实施意见，并将任务分解到相关部门和单位，层层组织签订党风廉政建设责任书，对落实“一岗双责”提出具体要求，半年和年底普遍进行考核检查。

【监督检查重大决策部署落实情况】

市国土局采取效能监察、行政检查等不同形式，加强监督检查，确保中央和市委、市政府重大决策部署落到实处。开展本年保障性安居工程用地供应工作立项效能监察，建立协调联动机制。开展依法行政和国土资源执法监察工作立项行政检查，对上年4月1日至本年3月31日期间受理并办结的行政许可、行政服务事项和执法监察案卷进行检查，并对房山、门头沟等6个分局执法工作的内外业情况进行实地全面检查，检查结果在全系统范围内进行通报。

【廉政风险防控管理“三个体系”建设工作】

制定《全市国土资源系统2013年度“三个体系”建设重点工作任务安排》，进一步梳理完善职权目录、集体决策事项目录和权力运行流程图，编制《职权事项廉政风险识别防控表》，明确事项名称、风险点、防控措施等。局处两级领导班子成员填写《2013年领导干部廉政风险防控重点项目表》，明确目标要求、落实措施和责任部门。局处两级单位分别建立项目化管理台帐，制订重点防控项目的专项防控方案。推进信息化防控体系（二级监察平台）建设，初步形成控权与监督一体的廉政风险信息化防控系统的基本框架。

【落实党内监督制度】

市国土局严格落实领导干部述职述廉、诫勉谈话、民主生活会等党内监督制度。全系统处以上领导班子结合党的群众路线教育实践活动，均召开了专题民主生活会，处以上领导干部述职述廉203人次，进行诫勉谈话2人次。全系统执行处级领导干部报告个人有关事项制度242人次。两级纪检部门负责人进行领导干部任前廉政谈话235人次，同下级党政主要负责人谈话47人次。

【监督检查改进作风情况】

设立举报电话和邮箱，狠抓监督检查工作的落实。针对个别干部工作态度和作风方面存在的问题，开展行政问责立案调查，对相关责任人进行通报批评。针对群众举报反映个别领导干部存在为子女大办婚宴等问题，及时了解核实情况，对当事人进行警示性谈话，并提醒教育党员干部认真落实有关规定，严禁借婚丧嫁娶大操大办、借机敛财。

【查处违纪违法案件】

不断强纪检监察信访工作，健全完善局纪检监察信访举报工作相关制度，积极协助司法机关、市纪委监察局调查处理案件。坚持定期分析排查案件线索，落实信访举报案件管理工作相关规定，完成2006年以来的案件线索清理工作。本年，市国土局纪检监察部门共收到群众来信来访88件次，经过案件线索排查分析，驻局纪检监察部门直查办结44件次。拟立案1件次，办理刑转件1件次。

【反腐倡廉宣传教育】

结合党的群众路线教育实践活动，市国土局主要领导、驻局纪检部门领导带头讲党课，分别在处以上主要领导干部中进行坚定理想信念、保障首都国土资源科学发展、自觉勤政廉政等专题教育辅导。直属各单位、各分局党政主要领导分别对所属党员干部进行了党性党风党纪专题教育。结合密云储备分中心任明信案件开展廉洁从政警示教育。在全系统开展廉政微小说和平面廉政公益广告创作征集活动，共征集平面公益广告5幅，廉政微小说22篇。

后勤服务

【治安保卫消防工作】

落实安全管理工作责任。按照“谁主管，谁负责”的原则，划分安全管理工作责任，确定机关处室、局属事业单位安全员。

定期开展安全大检查。组织消防系统安全测试6次，气体灭火器检查4次。重大政治活动、重要节日及特殊时期，组织开展安全工作大检查，确实使安全管理工作达到“四防”（防盗、防火、防破坏、防爆炸）目标。

确保单位内部安全稳定。坚持来访登记制度，坚持重点部位、要害部位安全巡视制度，加强对办公楼门禁管理，形成人防与技防安全网络。

协助有关部门完成信访接待工作。全年协助信访处接访210批次，4200人次，缓解了上访人员矛盾激化，确保了办公区域安全。

积极开展消防安全宣传教育。利用“11·9”宣传日，播放消防事故案例，发放消防宣传资料，增强全体干部职工防火安全意识。

【爱国卫生工作、计划生育工作】

根据北京市爱委会工作部署，积极开展城市清洁日及卫生月活动，开展环境卫生整治活动，加强门前三包卫生管理，定期进行环境卫生检查，确保机关办公环境整洁卫生。按照特殊垃圾分类处理要求，设置回收废旧电池桶，对特殊垃圾实行分类处理。截止年底，清除垃圾12吨，可回收物3.1吨，塑料制品1.4吨。

严格执行计划生育政策，积极开展计划生育宣传活动，为9名职工办理生育服务证，为2名职工办理二胎生育证，发放计划生育宣传册30本。

【职工餐厅服务工作】

提倡厉行节约，杜绝食物浪费。加强食品制作环节管理，提高原材料使用价值，杜绝浪费现象发生。积极开展勤俭节约宣传教育活动，在就餐区摆放勤俭节约提示语，提示就餐人员要适量取餐、避免浪费，一年来餐厅残食量比去年减少30%左右，真正落实了“光盘”行动的号召。

保证食品卫生安全。采取人防和技防相结合的办法，彻底解决餐具消毒问题。3月，东城区卫生防疫站对餐厅餐具进行检验，职工餐厅餐具消毒全部达标。

确保职工就餐质量。增加地方特色食品，每日制定健康营养食谱，让职工吃得健康、放心、满意。本年，餐厅接待职工用餐225449人次，桌餐170次，承担外宾接待活动3次。

【公务车辆服务保障工作】

按照“集中管理、分散使用”的原则，加强公务车辆管理，提高驾驶员安全行驶意识，保证车辆运行安全，全年安全行车120万公里，被东城区安委会评为车辆安全先进单位。

统筹协调公务车辆。本年机关公务用车报废10辆，更新4辆。在供需矛盾突出的情况下，合理调配公务用车，基本满足了机关处室、老干部活动及重大活动车辆需求。

严格控制“三公”经费。建立完善车辆管理台帐，减少车辆运行费用，对消耗大、费用高、车况差的车辆予以停驶、封存和报废。在重大节假日期间，对机关公务车辆进行统一停放、封存，确保减少公务车出行规定落到了实处。

努力解决机关停车难问题。制定《北京市国土资源局办公区域车辆停放管理规定》，重新划定停车位、核发了停车证，改善局机关停车难问题。

确保车辆安全运行。不定期对驾驶员开展安全教育活动。通过交通安全知识讲座、答卷、观看典型交通安全事例，提高驾驶员安全行车意识。定期对车辆进行维护和保养，坚持不开问题车、带病车，确保车辆运行安全。

【住房补贴工作】

根据市房改办要求，部署本年市国土局系统住房补贴申报工作，统计上报市国土局无房老职工及未达标人员住房补贴97人，共计63.8万元；发放符合条件住房补贴49人，68.8万元。

【医疗保险工作】

按照北京市医疗保险政策规定，办理职工医药费报销、医疗保险增减、异地就医、定点医院变更175人次、独生子女报销93人次；计划生育险申报及领取生育津贴金额13.6万元。

【健康教育和体检工作】

通过局域网信息平台宣传健康知识和生活小常识，一年来完善和更新生活信息128条，丰富了职工健康知识，提高了职工健康意识。年内，组织机关各处室、部分事业单位及离退休职工进行健康体检，总体检人数470人。

【会议服务保障工作】

年内，协助机关处室完成外出会议服务保障工作10次；按照上级部门安排，完成北京市园博会、科博会、京交会和文博会接待服务工作。

【办公用品、报刊订阅服务保障工作】

按照北京市政府定点采购管理办法要求，为机关处室印制书籍、材料等12次，采购办公用品54次，发放办公用品920人次，保障机关办公需求。年内，为机关处室订阅报纸400份，各类杂志书籍257份。

2014北京市国土资源年鉴

区县国土资源管理

北京市国土资源局东城分局

【土地资源概况】

东城区位于北京市中轴线以东的城区东部，坐标为北纬 39°51′—39°58′，东经 116°21′—116°26′。北、东两面与朝阳区相接，南与丰台区相接，西与西城区相邻。辖区设 17 个街道办事处。

东城区辖区总面积 41.8204 平方公里（4182.04 公顷），所属地类全部为城镇村级工矿用地。

【机构设置】

北京市国土资源局东城分局（简称东城分局）内设办公室、综合科、地籍科、国土资源利用科、重点工程科、财务科、政工科、执法监察科和纪检监察科 9 个职能科室。下设北京市东城区土地权属登记事务中心、北京市东城区土地利用事务中心、北京市土地整理储备中心东城区分中心 3 个事业单位。在职人员 81 名（其中公务员 39 名，工勤人员 6 名，事业编人员 36 名）。

分局领导班子：

局　长	林　毅
党组书记	李凤海
副局长	童四见
副局长	刘翠华
副局长	孔德智
副局长 （2013 年 1 月—6 月）	韦先波
副局长 （2013 年 6 月任职）	陈建宁
纪检组长 （2013 年 10 月任职）	窦丰启

【建设项目用地预审】

年内，完成 25 个建设项目用地预审，涉及国有建设用地 99.26 公顷。

【土地供应计划及实施】

完成年度土地供应计划编制及上报工作。土地供应计划安排用地项目 9 宗 14.36 公顷，实现供地项目 3 宗 10.49 公顷。完成 3 个划拨项目的用地批复。完成 3 个国有土地使用权协议出让事项。完成西革新里危改地块土地一级开发回迁区建设工程项目、南锣鼓巷社区服务用房（含地下车库）项目国有建设用地使用权划拨审批手续，涉及国有建设用地 3.79 公顷。完成“十二五”土地利用总体规划中期评估工作。

【土地储备开发】

完成年度土地储备开发计划编制及上报工作。2 月，东花市三期北侧遗留地块上市，完成供地 3.57 公顷，实现政府收益 60380 万元。完成青龙胡同“城中村”项目交接入库、入市要件办理以及成本审定工作。开展全区“城中村”项目土地资源专项调查。开展土地储备专项资金自查。配合完成土地储备资金专项检查。

【批后监管】

年内，启用批后监管系统，完善出让项目信息，约谈项目开发单位负责人，加大闲置项目的管理力度，督促闲置项目开发单位尽快开工，对 46 个涉嫌闲置项目进行现场踏勘，送达《督促开工通知书》18 件。

【地籍管理和土地登记】

作为北京市首批全国宗地统一编码工作试点区（县），完成地籍区、地籍子区的编码和命名，宗地分割线确认和地籍数据库的升级工作，为北京市全面启用“全国宗地统一代码”工作奠定基础。启动地籍测量控制点维护工作，深化土地精细化管理，完成全区 17 个街道的控制点布设工作。受理各类型土地登记 1771 件。推进“大宗地”土地登记工作，向中国共产党中央委员会政法委员会、中国共产党北京市委员会政法委员会、中国共产党北京市委员会办公厅、北京市国土资源局、北京市电力公司等 14 个单位及重点项目颁发国有土地使用证。

【执法监察】

年内，开展政务公开和政务服务事项中行政职权类事项清理工作，制定《政务服务事项联网上线应急处置预案》；开展行政许可案卷、行政服务案卷的规范自查工作；核查群众举报 6 件；对国土资源执法监察工作开展立项行政检查。利用“4·22”世界地球日、“信访宣传月”、“6·25”全国土地日等主题活动，面向公众开展主题宣传，采取进社区、进学校、摆展台等形式，普及科普知识，宣传国土资源国情国策。

【信息化建设】

年内，推进综合监管平台应用，升级内网计算机，安装“国土一点通”。对网络系统、终端系统、防病毒系统、中心机房环境监测系统等 11 台网络设备、4 台服务器及其他相关附属设备进行全面监控、维护及安全检查。开展政府信息主动公开工作，主动公开政府信息 6921 条。完成信息化设备普查工作。

【地热资源管理】

年内，对辖区内 15 个地热开采单位进行年检，开展涉矿安全生产大检查，发放《地热开采单位安全生产要求》警示挂图 50 份、《地热资源安全使用手册》100 份。

【信访工作】

年内，开展 3 次人民内部矛盾纠纷排查，将信访事项、矛盾隐患区分关注等级，采用不同的处理方式办理信访事项。受理信访诉求 55 件，“12345”北京市非紧急救助服务平台诉求12件，全部在时限内答复完毕。撰写《2012年度信访典型案例分析》及信访调研报告。

【政府信息公开】

编制2012年政府信息公开年报，修改完善政府信息公开指南。主动公开政府信息6921条，受理依申请政府信息公开42件，全部在时限内答复完毕。

【调研工作】

完成调研课题《东城区土地节约集约利用分析研究》。开展“利用二调成果促进土地节约集约利用”专项工作，编写完成工作实施方案，初步形成调研成果。自主调研课题《北京市文保区土地供应方式研究》通过北京市国土资源局统一组织的专家评审，获得自主调研“优秀组织单位”奖。

【党的群众路线教育实践活动】

年内，开展党的群众路线教育活动。制定活动方案，召开动员大会，学习交流研讨，参观革命传统和反腐倡廉法制教育基地；组织专题党课教育；发征求意见函，召开座谈会，收集意见建议120余条；边学边改，立行立改；查摆问题，撰写对照检查材料，召开民主生活会。

【大事记】

1月10日，国土资源部节约集约模范县（市）创建活动考核组到东城区实地考核。东城区副区长朴学东、颜华陪同。

5月8日，市国土局局长魏成林到东城分局就中心城区国土资源管理工作、计划供应土地及储备项目进展情况、分局办公环境改善等工作进行调研。

6月19日，市国土局副巡视员樊文祯带领市储备中心副主任周同伟以及相关同志到东城分局调研土地储备开发工作。东城区副区长王晨阳，分局局长林毅、副局长孔德智等参加调研。

6月25日，国土资源部召开第二届国土资源节约集约模范县（市）表彰会，东城区荣获“国土资源节约集约模范县（市）”称号。

8月28日，东城区区长牛青山带领副区长朴学东、王中华、颜华、许汇、汤钦飞、王晨阳等区领导到东城分局现场办公，召开区长专题会。市国土局局长魏成林和副巡视员樊文祯参加会议。

12月16日，东城区副区长许汇到东城分局调研青龙胡同“城中村”项目推进工作，分局局长林毅、副局长孔德智、东城储备分中心部分同志以及雍和园管委会主任彭湘参加会议。

12月27日，《人民日报》国土资源节约集约模范县（市）特刊刊登东城区副区长朴学东题为《打造集约化宜居东城》和东城分局局长林毅题为《向地下要空间》的两篇文章。

北京市国土资源局西城分局

【土地资源概况】

西城区是首都功能核心区之一，坐标为北纬 39°53′—39°51′，东经 116°18′—116°23′。东与东城区相连，西与海淀区、丰台区接壤，北与海淀区、朝阳区毗邻，南与丰台区相连。辖区设 15 个街道。

西城区辖区总面积 50.3313 平方公里（5033.13 公顷），所属地类全部为城镇村级工矿用地。

【机构设置】

北京市国土资源局西城分局（简称西城分局）内设办公室、财务科、政工科、纪检监察科、综合科、执法监察科、国土资源利用科、重点工程科、地籍科 9 个职能科室。下设北京市土地整理储备中心西城区分中心、北京市土地整理储备中心金融街分中心、北京市西城区土地权属登记事务中心、北京市西城区土地利用事务中心 4 个事业单位。在职人员 91 名（其中公务员 40 名，工勤人员 44 名，事业编人员 7 名）。

分局领导班子：

局　长	李　伟
党组书记　副局长	靳　微
副局长	吕仕锋
副局长	程建英
副局长	黄东华
副局长	高　扬
纪检组长	刘宽新

【建设项目用地预审】

年内，26 个建设项目通过用地预审，面积 55.28 公顷。其中商服及其他用地 15 宗，32.28 公顷；市政基础设施用地 6 宗，8.54 公顷；住宅用地 1 宗，3.4 公顷；储备用地 3 宗，11.06 公顷。

【国有建设用地使用权划拨】

年内，办理国有建设用地使用权划拨供地方案 10 件，7.43 公顷，其中城市道路用地 1 件，3.2 公顷；居住用地 1 件，0.8 公顷；公共服务与公共设施用地 7 件，3.31 公顷；宗教用地 1 件，0.12 公顷。办理划拨决定书 6 件，2.04 公顷。

【土地供应计划及实施】

年内，编制西城区 2014 年度土地供应计划。2014 年度土地供应计划共申报建设项目 13 个，13.55 公顷；其中交通运输用地 2 宗，占地 0.95 公顷；公共管理与公共设施用地10宗，占地9.03公顷；商服用地1宗，占地3.57公顷。

年内，实现供地项目10个，占地10.8公顷；其中交通运输用地2宗，占地6.19公顷；公共管理与公共服务用地5宗，2.54公顷；住宅用地1宗，2.07公顷。

【土地权属登记】

年内，共计办理各类土地登记457件。其中国有土地使用权初始登记96件（出让82件，划拨14件），土地面积15.12公顷；国有土地使用权变更登记361件（大业主转移登记19件，小业主转移登记322件，其它变更登记20件），土地面积16.41公顷；抵押设定登记233件（大业主100件，小业主133件），土地面积27.92公顷；办理抵押注销登记173件，土地面积23.49公顷。

运用楼盘表服务金融街土地登记业务，推广搭建楼盘表并建立小业主土地登记办公管理系统，简化登记程序，提高登记效率，有效解决小业主土地登记难的现状。

【完成全国宗地统一编码数据库更新转换】

年内，对全区地籍区、地籍子区进行统一划分，并在此基础上完成西城区宗地地号的全国统一编码转换工作。西城区共计划分地籍区15个，地籍子区53个。全区22711宗地籍号已全部按照国土部要求升级为19位，实现国土资源管理的信息化、标准化。

【边角地筛查整理】

年内，挖掘西城区可利用零星土地，组织区属各相关部门召开边角地工作协调会，全区共筛查整理92处边角地，为土地合理利用提供数据。

【辖区控制点维护】

年内，完成西城区控制点维护项目，恢复在市政建设、项目建设过程中被破坏的各等级控制点，并已通过分局验收小组的验收工作。

【档案管理】

制订《北京市国土资源局西城分局档案管理规定》。针对档案管理信息技术应用、档案数字化成果和网络应用于一体的综合档案管理系统等调研课题与市登记中心进行探讨，提出建议。配合其他部门制定方案，推进数字档案馆建设工作。

【信息化建设】

完善信息管理制度，实现信息网上报送、审批。年内主动公开各类信息226条，导入土地登记结果信息1759条，土地抵押登记结果511条。受理依申请政府信息公开109件。处理右安门内大街28号院拆迁人员突发集中申请4次，妥善化解矛盾。

【首例土地权属争议政府调处案件处理】

依据《北京市土地权属争议调查处理办法》受理刘某要求对西城区某宗土地的权属争议进行政府裁决，明确该宗土地使用权归属和调查的首例土地权属争议政府调处案件。对此案进行专题研究，抽调业务骨干组成调查小组，按照法定程序进行受理、调解、调查、取证，在证据选择、政策依据、法律适用、法律文书的文本格式等多方面慎重处置，做出处理决定并上报区政府同意，按规定将区政府出具的《土地权属争议决定书》当面送达申请人，此案顺利办结。

【土地储备开发】

年内，编制西城区 2014 年度土地储备开发计划。共申报建设项目 14 个，开发总面积约 48.04 公顷，规划建筑规模约 210.07 万平方米。其中计划完成开发规模 6.08 公顷，规划建筑规模 22.54 万平方米；计划储备供应土地规模 6.08 公顷，规划建筑规模 22.54 万平方米；计划总投资规模 52.37 亿元。

年内，完成开发供应项目 1 个，为金融街主中心区华嘉小区项目，面积 2.07 公顷；完成开发未实现供应项目 1 个，为大栅栏煤市街以东 H 地块，面积 3.57 公顷；其它项目处于一级开发实施阶段。实际完成投资约 29.8 亿元，占计划投资规模的 99.3%。

【信访工作】

年内，建立《信访联席会工作制度》，坚持领导接访和信访联席会议制度，深入排查调处信访矛盾。受理各类群众来信 32 件，办结率 100%，接待群众来访 36 件，65 人次；

【法制宣传活动】

年内，开展“4·22”世界地球日、“5·12”全国防灾减灾日、“6·25”全国土地日、“12·4”法制宣传日活动，《国土资源报》两次对分局相关活动进行报道。

【党群工作】

年内，按照市国土局党组统一部署，分局党组在全体党员范围内，深入开展为民务实清廉党的群众路线教育实践活动，历时半年。在活动推进过程中，分局党组立足职能任务和队伍实际，围绕“为民务实清廉”，坚持聚焦“四风”，狠抓领导带头，认真落实“边学边查边改”，积极推进“三个环节”工作。通过广泛征求意见和深刻自查剖析，梳理分局班子存在的突出问题，研究制定 20 项整改任务 48 条整改措施。

开展“迎七一、国土献爱心”捐款活动，共筹集捐款 4900 元，用实际行动为困难党员、贫困学生和困难群众献上一份爱心。

机关党总支部组织部分党员到公安大学社区开展“珍惜土地资源，节约集约用地”主题宣传活动，向广大群众广泛宣传国土资源知识，在全社会努力营造珍惜土地资源，节约集约用地的良好氛围。

【调研课题】

年内，完成《把权力关进制度笼子里的研究》调研报告，调研报告荣获西城区党建研究会组织的党建调研二等奖。开展“边角地”、“城中村”地铁站口周边用地资源调查，全面分析西城区土地利用和开发现状，编写完成《西城区土地利用开发现状评价和规划意见》、《旧城改造（文保区）土地利用》、《划拨土地改变用途研究》的调研课题，其中《划拨土地改变用途研究》在西城区调研课题评选中获二等奖。

北京市国土资源局朝阳分局

【土地资源概况】

朝阳区位于北京市区的东部和东北部，坐标为北纬 39°48′—40°09′，东经 116°21′—116°42′，东与通州区比邻，南与丰台、大兴两区毗邻，北与顺义、昌平两区毗邻。辖区设41个街道办事处（乡、镇）。

朝阳区辖区面积 454.7812 平方公里（45478.12 公顷），土地利用现状面积详见表4-1。

表4-1 朝阳区土地利用现状面积汇总表

地类		面积（公顷）
合计		45478.12
耕地		2730.15
其中	水田	555.06
	水浇地	2175.09
	旱地	0
园地		726.74
其中	果园	686.89
	茶园	0
	其他园地	39.85
林地		3729.9
其中	有林地	2074.5
	灌木林地	0
	其他林地	1655.4
草地		12.18
其中	天然牧草地	0
	人工牧草地	0
	其他草地	12.18

续表 4-1

地类		面积（公顷）
城镇村及工矿用地		33458.27
其中	城市	18013.15
	建制镇	0
	村庄	15217.06
	采矿用地	0
	风景名胜及特殊用地	228.06
交通运输用地		2265.87
其中	铁路用地	572.81
	公路用地	1439.02
	农村道路	254.04
	机场用地	0
	港口码头用地	0
	管道运输用地	0
水域及水利设施用地		2189.68
其中	河流水面	544.37
	湖泊水面	0
	水库水面	17.38
	坑塘水面	645.81
	沿海滩涂	0
	内陆滩涂	190.29
	沟渠	556.91
	水工建筑用地	234.92
	冰川及永久积雪	0
其他土地		365.33
其中	设施农用地	365.33
	田坎	0
	盐碱地	0
	沼泽地	0
	沙地	0
	裸地	0

【机构设置】

北京市国土资源局朝阳分局（简称朝阳分局）内设8个职能科室，分别为办公室、政工科、财务科、纪检监察科、综合科、耕地保护科（矿产资源科）、土地利用科、地籍科等，下设8个事业单位，分别为北京市土地整理储备中心朝阳分中心、北京市朝阳区土地执法监察队、北京市土地整理储备中心商务区分中心、国土资源管理所一、二、三所、北京市朝阳区权属登记事务中心、北京市朝阳区土地利用事务中心。现有正式在编人员115名，其中公务员33名、机关工勤2名、事业单位80名。

分局领导班子：

局　长	赵北亭
党组书记、副局长	李　燕（女）
副局长	张雅明
纪检组长	吴　江
副局长	武　鸿（女）
副局长	胡良俊
(2013年7月任职)	
党组成员　副局长	张长峰
(2013年10月任职)	

【建设项目用地预审】

年内，完成建设项目用地预审99件，涉及土地面积1111.22公顷，其中国有土地66件，435.54公顷；集体土地33件，675.68公顷。

【征地及农转用项目用地管理】

年内，受理集体土地征收（农转用）前期工作14个，用地总面积393.51公顷，其中国有土地95.52公顷，集体土地297.99公顷；完成建设项目征地结案工作11件，用地总面积416.77公顷。

【土地划拨审批】

年内，完成划拨批复11件，用地面积37.50公顷；划拨决定书13件，用地面积20.94公顷；建设用地批准书3件，用地面积1.21公顷。

【土地储备开发】

年内，完成住宅腾退11.21万平方米，非住宅腾退约100万平方米；征收三间房集体土地约58.88公顷，实现农转居指标2341人；与5家国有单位（涉及6个地块）签订收储协议，涉及土地面积8公顷，收储补偿金额2.93亿元。

年内，偿还到期贷款约388.25亿元。另提前偿还2014年到期贷款2.01亿元，偿还2016年到期贷款6.5亿元。落实到账资金约486亿元（银行贷款约338亿元，成本返还约60亿元，市中心收购款88亿元）；完成土地储备项目投资约145亿元。

拓展融资渠道，与北京国安东坝投资有限公司签订土地一级开发委托协议，委托该公司作为东坝边缘集团剩余可开发区域北小河以东项目东坝大街以南区域的带资实施主体，负责项目资金筹措和一级开发具体实施工作。

商务区土地储备工作顺利追缴Z1a、Z3、Z14、Z6、Z16等5宗地土地开发建设补偿费约55亿元。

【土地供应】

年内，公开供应一般经营性用地12

宗，供地总量约124公顷，建设用地约59公顷，建筑规模约113万平方米，经营性建筑规模约110万平方米，完成朝阳区年度指标的67%，上述项目已全部成交，成交价约242亿元；公开供应政策性住房用地117公顷，其中限价房4公顷，经适房36公顷，公租房36公顷，定向安置房41公顷，完成2013年保障房供地任务指标107.5%。

【耕地保护】

年内，签订区乡级责任书14份，乡村级责任书78份，确保到本轮土地规划期末（2020年）朝阳区耕地保有量不少于3400公顷，基本农田保护面积不少于3000公顷。

【地籍管理】

年内，实现朝阳区土地登记业务全流程网上带图审批，实现城乡一体化地籍运行管理模式及历史土地登记信息与地籍信息的一体化建设。通过地籍管理系统已完成1.2万件土地登记业务审批。完成全国宗地统一代码的转化工作，将原18位宗地编码转换为全国统一的19位宗地编码。

【土地登记】

开辟“绿色通道”，做好权属审查与批供地环节技术衔接。完成国有土地使用权登记3679宗（包含军、央、保密、储备），占全市42.74%，同比增幅6.64%，面积1060.2公顷，同比降幅9.10%。其中国有土地（大业主）使用权登记435宗，面积1048.29公顷；城镇成套住宅分摊国有建设用地（小业主）使用权登记3244宗，面积11.91公顷。办理权属审查177宗，同比增幅11.32%。办理抵押登记共计2221宗，占全市35.01%，同比增幅18.58%；贷款金额2736.71亿元，占全市37.46%，同比增幅43.98%。办理抵押注销共计2120宗，占全市39.07%；注销贷款金额1545.98亿元，占全市42.25%。

【农村土地确权登记颁证】

年内，实现农村土地确权登记调查率达到100%、确权登记率达到98.88%。为迎接国土部国家级抽查工作，市颁证办选派朝阳区及房山区集体土地所有权确权登记颁证工作进行成果展示，朝阳区登记颁证工作成果受到国家检查组的高度评价和充分肯定。

【土地执法监察】

年内，下发《责令限期改正国土资源违法行为通知书》79件，下发《国土资源行政处罚决定书》79份，处罚土地面积约87.37公顷。

根据2012年度朝阳区土地执法卫片共发现疑似违法图斑139块，面积103.39公顷，其中耕地23.49公顷。经核查，139块图斑实际为109宗地，其中，军事用地3宗，面积5.89公顷（耕地0.07公顷）；合法用地31宗，面积32.28公顷（耕地12.95公顷）；违法用地75宗，面积65.22公顷（耕地10.47公顷），75宗违法用地中新增违法用地70宗，面积64.42公顷（耕地10.11公顷），实地未变化图斑5宗，面积0.79公顷（耕地0.36公顷）。

【土地批后监督管理】

年内，严格遵守外业巡查制度，做到调查情况准确、数据更新及时、上报内容详尽，通过加强对项目的检查监管，加快各个项目的进展和进度。

【地质矿产管理】

年内，按照区政府折子工程要求，制定《朝阳区地质灾害防治工作方案》，修订《朝阳区突发性地质灾害应急预案》。全年共完成建设项目用地地质灾害危险性评估备案件 14 件，建设项目压覆重要矿产资源核查 7 件；协助市国土局对在朝阳区注册的 8 家地勘单位进行现场检查核对，纠正个别单位存在的问题；对 31 家地热井使用单位的管理使用情况进行年度检查，对 4 家管理不力的单位提出批评，并限期改进。

【行政服务工作】

年内，共受理各类行政许可和服务事项业务 8799 件，月均受理量 733 件。

北京市国土资源局海淀分局

【土地资源概况】

海淀区位于北京市城区西北部，坐标为北纬 39°53′—40°09′，东经 116°03′—116°23′之间。东与西城、朝阳区相邻，南接丰台、西城区，西与石景山、门头沟区交界，北与昌平区接壤。辖区设 29 个街道办事处（乡、镇）。

海淀区辖区总面积 430.7687 平方公里（43076.87 公顷），土地利用现状面积详见表 4-2。

表 4-2　海淀区土地利用现状面积汇总表

地类		面积（公顷）
合计		43076.87
耕地		2094.86
其中	水田	297.07
	水浇地	721.71
	旱地	1076.08
园地		2637.97
其中	果园	2620.27
	茶园	0
	其他园地	17.7
林地		10669.48
其中	有林地	7329.88
	灌木林地	256.76
	其他林地	3082.84
草地		50.63
其中	天然牧草地	0
	人工牧草地	0
	其他草地	50.63

续表 4-2

地类		面积（公顷）
城镇村及工矿用地		23937.78
其中	城市	14959.78
	建制镇	1084.55
	村庄	6875.05
	采矿用地	0
	风景名胜及特殊用地	1018.4
交通运输用地		1543.19
其中	铁路用地	291.83
	公路用地	643.53
	农村道路	602.75
	机场用地	5.08
	港口码头用地	0
	管道运输用地	0
水域及水利设施用地		1675.71
其中	河流水面	255.76
	湖泊水面	322.25
	水库水面	0
	坑塘水面	354.15
	沿海滩涂	0
	内陆滩涂	0
	沟渠	664.22
	水工建筑用地	79.33
	冰川及永久积雪	0
其他土地		467.25
其中	设施农用地	452.25
	田坎	0
	盐碱地	0
	沼泽地	0
	沙地	0
	裸地	15

【机构设置】

北京市国土资源局海淀分局（简称海淀分局）内设办公室、综合科、地籍科、土地利用科、耕地保护科、地质矿产科、财务科、政工科、纪检监察科等9个科室；下设海淀区土地权属登记事务中心、海淀区土地利用事务中心、海淀区国土资源执法监察队、北京市土地整理储备中心海淀区分中心、北京市国土资源局海淀分局第一国土资源管理所、北京市国土资源局海淀分局第二国土资源管理所、北京市国土资源局海淀分局第三国土资源管理所等7个事业单位。截至年底，共有行政编制人员34名，其中公务员34名，工勤人员2名，事业编制人员74名。

分局领导班子：

党组书记、局长	梁桂明
副局长	武克非
副局长	和金庆
副局长	向　文
副局长	纪　妍
纪检组长	许　荔

【土地利用总体规划】

积极推进市区乡三级基本农田保护区专项规划，促进耕地和基本农田集中连片保护，充分利用多划定基本农田政策，实现规划弹性和刚性有机结合，科学编制专项规划，完成主体文本、说明和图件成果，通过了北京市国土资源局组织的联审会。市国土局于7月23日批复了专项规划。深入做好“十二五”规划中期评估，撰写了《国土海淀分局关于〈海淀区国民经济和社会发展第十二个五年规划纲要〉实施进展情况中期评估报告》和《国土海淀分局关于〈海淀区“十二五”时期土地资源保护与开发利用发展规划〉实施进展情况中期评估报告》，进一步强化了规划实施和管理。

开展海淀区创新土地整治规划综合实施机制工作，推进海淀区土地利用总体规划和土地整治专项规划实施，解决海淀区乃至全市土地利用和管理中存在的新问题，为中关村国家自主创新示范区核心区建设提供土地政策支持。在充分借鉴外省市经验的基础上，加强与国土部、市国土局和区委区政府的沟通协调，国土部副部长王世元亲临海淀分局指导，市国土局副局长张维、李军多次到海淀分局现场办公，确定创新机制工作的定位，梳理审议工作方案，研究解决重点难点，形成了《北京市海淀区创新土地整治规划实施机制方案》，以海淀区政府名义分别向市国土局和国土部作了申报。

【建设项目用地预审】

严格建设项目用地规划审查和维护，积极做好合规性审查工作，对30多个项目用地土地利用总体规划情况进行审查，出具规划图和规划审查意见；理顺审批流程，推进重点项目规划动态维护，印发《土地规划动态维护分局审批工作意见（试行）》；梳理了2012年动态维护项目，协调更新乡（镇）土地利用总体规划数据库。完成13个项目土地规划动态维护，总面积160.6公顷（使用城乡建设用地机动指标31.53公顷，使用特交水机动指标36.1公顷）；通过审批的用地预审项目67件，用地总量约361.8公顷（占用农用地

84 公顷，农用地中占用耕地 14.03 公顷），函复 104 件。

【征地及农用地转用项目用地管理】

认真落实征地计划，严格征地报批制度，重点审查单独选址建设项目用地规模，审核申请项目总用地规模和各功能区用地规模，完成门头村、永丰产业基地（新）C 地块征地手续办理和自住型商品房建设用地审批前期工作，以及解决稻香湖再生水厂耕地指标等工作。完成集体土地征收前期工作 14 件，总用地面积 196 公顷（农用地 122.8 公顷，建设用地 73.1 公顷，未利用地 0.0877 公顷，新增建设用地 80.6 公顷）；落实耕地占补平衡补充耕地 27.6 公顷；完成集体土地征收结案 17 件，完成结案面积 282.2 公顷，补偿安置费用 12.48 亿元；设施农用地审批 9 件，总用地面积 40.23 公顷。

推进 7 大类 30 个重点项目和折子工程，运用东升科技园、玉泉慧谷模式，加快北部一镇一园建设，完成东升科技园二期立项和一级开发土地预审、西北旺产业园和温泉镇产业园控规批复、上庄园起步控规和玉泉慧谷征地手续。

【集体产业用地建设租赁房试点】

借鉴唐家岭公租房试点经验，稳步推进西北旺镇产业园区的租赁房建设和探索北部四镇集体产业园区内适当建设部分租赁房工作，拓展海淀区保障性住房建设渠道，满足北部高新技术人才居住用地的高需求。完成太舟坞项目用地预审、唐家岭项目农转用公示、盛景园用地手续办理；协调推进北部 30 个交通项目进展和海淀北部生态科技新区征地工作，以及四王府地区改造建设。

【土地整理及耕地占补平衡】

扎实开展土地整治工作，研究制定土地整治项目管理实施办法，拟制土地整治项目实施计划，全面实施农用地整治项目、农村建设用地整治项目、城镇建设用地整治项目、低丘缓坡开发项目土地综合整治；申报唐家岭、北坞村、翠湖湿地 3 个地区土地综合整治项目，新增耕地 233.33 公顷；以上庄为试点，开展高标准基本农田整治和农用地整治项目，拟制《关于开展海淀区上庄镇土地整治项目工作思路》，并展开试点前期基础工作。

认真落实耕地保护责任和“占补平衡”，完成《关于海淀区 2012 年度耕地保护责任目标履行情况的自查报告》，协调市区镇三级政府签订《海淀区 2013 年耕地保护目标管理责任书》；协调有关单位和部门，扎实开展上庄钢材市场项目、海军 1827 工程的耕地占补工作。

【土地供应计划及实施】

本年，海淀区国有建设用地供应计划指标为 204 公顷。完成供地项目 54 个，供地面积 217.14 公顷，约占计划供应量的 106%，超额完成年度计划；办理国有建设用地划拨批复、决定书、出让合同 32 件，收缴地价款 313.1 万元，划拨土地建商品房上市补交地价款 39 件，收缴地价款 664.7 万元。有效推进重点建设项目折子工程、支持小型微型企业发展、推进国家公共文化服务体系示范区和海淀区全国文明城区创建工作落实，完成龙岗路 25

号和吴家场经济适用住房项目配套附属设施、中关村一号项目和8所学校、民政局东岳老年公寓、玉渊潭阜石路敬老院的供地及手续办理，推进全区文化设施建设和达标覆盖工程。有针对性地开展土地利用专项调研和成果转化运用工作。

【保障性住房用地供应】

围绕建设中关村自主创新示范区核心区及城乡发展一体化先行区的重大战略机遇，本着全力支持产业发展用地，重点促进基础设施、保障性住房用地的原则，合理安排供地指标。完成供地项目57个，总供地面积227.3公顷，约占计划供应量的111%。

【土地储备开发】

本年，海淀区计划新增土地一级开发项目12个、新增面积260.6公顷，规划建设用地面积123.1公顷，规划建筑规模236.4万平方米。已完成新增土地一级开发项目2个、新增土地面积31.2公顷，完成比例为104%；开发土地面积54.9公顷，完成比例25%；土地储备开发项目完成供应17宗，土地面积78.7公顷，规划建筑规模98.3万平方米。土地储备开发项目共计完成投资161.4亿元，完成比例为90%，其中分中心完成投资41.2亿元，社会企业完成投资120.2亿元。

根据本年海淀区固定资产投资项目安排，海淀分局承担经营性项目供地任务约为83亿元，经营性用地13宗，土地面积约为79.4公顷。完成经营性用地7宗，总面积约38公顷，投资约86.9亿元，完成率104.7%。为海淀区玉渊潭乡F1住宅混合公建用地、F2公建混合住宅用地（配建公共租赁住房），以及田村山（西郊砂石厂西地块）保障性住房项目用地（配建商品房及公建），土地面积约为26.6公顷，涉及投资为53.6亿元，完成率64.6%。

本年土地收购储备计划需81宗地，土地面积约为238.8公顷。实际完成20宗地块的收购储备（环保园10宗、永丰基地6宗及创新园4宗），收购储备面积约为53.4公顷，另签订31宗地块的收购储备补充协议（环保园18宗、创新园12宗、永丰基地1宗），实际土地储备开发投资51亿元。

【地籍管理及土地登记】

全面推进集体建设用地使用权确权登记发证，制订《集体建设用地使用权确权登记发证工作计划》，开展集体建设用地使用权宗地情况调查摸底，起草《海淀区农村集体建设用地使用权确权登记发证办法》，组织农村集体建设用地使用权确权登记发证办法培训，通过集体土地所有权确权登记工作市级检查。研究制定《海淀区农村集体土地所有权证书使用管理办法》，规范证书管理、使用范围和证书变更等工作。全年完成土地权属审查200件，与2012年数量基本持平；完成集体土地所有权确权登记683宗，登记率为94%；确权登记面积1.4万公顷，登记率为91.3%。办理集体土地使用权确权登记发证934宗。

积极开展新农村建设集体土地调查，拟制《海淀区苏家坨镇七王坟、车耳营村新农村建设宅基地调查工作指导意见》和

《海淀区农村集体土地确权登记发证工作的实践与思考》调查报告，并在《海淀研究》第4期发表；配合国家土地督查局开展“农村宅基地管理创新”课题调研，研究探索宅基地有偿退出机制，进一步推进宅基地管理创新。

完成2012年度变更调查、城镇地籍数据汇总及2013年季度遥感监测图斑核查工作，编制《海淀区土地利用变更调查工作规则，并加强地籍、执法联动，基本实现“月清季累年更新”的变更机制。严格程序和方法，强化土地权属争议调处和土地登记疑难案件处理，完成5起土地权属争议案件、指界纠纷、土地确权案件的处理。

【土地执法监察】

开展2012年度土地卫片执法查处，查处履职到位率100%，整改到位率为72.9%，全区土地违法问责比例为0.36%，通过市国土局联合检查组的检查验收，海淀区在本次土地卫片执法检查验收中得分为100.5。严格进行本年土地变更调查执法检查，共发现违法图斑133宗，已拆除23宗（其中占耕地14宗），下发处罚决定书3宗；统一向相关乡（镇、街道办）下发督办函，明确查处意见及时限要求。加强国土资源动态巡查，共发现违法违规用地80宗（违法占用耕地17宗，违法占用非耕地63宗）、占用耕地69.1亩，占用耕地的违法用地已拆除整改15宗，占用非耕地的已拆除整改3宗。全力抓好折子工程建设中的违法查处，共梳理土地违法建设57宗和“北京市拆违专项行动第三战役”约45宗，均作相应处置。认真处理热线举报和上级交办的违法占地案件，共收到12336热线违法线索24件，其中22件按时限给予回复，2件正在调查。对举报情况属实的10件违法线索，6件已查处到位，4件正在查处中。

【信息化建设】

继续推进海淀“智慧国土”专项研究，拟定《北京市国土资源局土地业务数据整理及关联海淀试点项目》；应用市国土资源“一张图”及综合监管平台，研究推进地籍管理信息系统、档案数字化系统等向综合监管平台系统的整合集成；完成海淀分局数据库建设工作，梳理现有业务数据成果，规范数字化成果，建立相应标准、相对完整的基础数据系统；积极配合市国土局完成网站群升级改造，提高政务信息公开和信息服务水平；开展安全宣传和培训，重点强化信息安全，签订《信息安全责任书》；完善信息化保障建设，研究出台了《信息化管理制度》、《数据管理制度》、《网络与信息安全应急措施（预案）》等各项制度，增强了信息技术应用安全水平。

【地质矿产管理和地质灾害预防】

海淀辖区内共有北京市自来水集团京润泉饮用水有限公司、樱桃泉矿泉水厂及北京领先饮食品工业公司等3家矿泉水开发企业，另有德润房地产开发集团有限公司、北京大学等5家地热采矿企业。其中，矿泉水开发企业已上缴年度矿产资源补偿费4.6万元。所有企业采矿权人均按要求上报了年检材料，在实地核查中未发现违规行为，参检单位全部通过年检。同时，审核了中国国家画院等9个建设项目压覆重要矿产资源等情况。

加强防灾应急谋划与实施，认真总结“7·21”防灾应急经验，及早筹划组织，协调成立“海淀区地质灾害防汛专项分指挥部”，完善汛期突发性地质灾害应急领导小组编成职责，修订《海淀区突发性地质灾害应急预案》，细化应急转移避险预案，落实值班、报告、巡查、预警制度；利用“5·12”防灾减灾日，在凤凰岭、香山、西山公园分三个点实地宣传普及防灾避险知识。合理计划运用区政府540余万元隐患工程治理和勘查专款经费。汛期落实值班364人次，发布地质灾害预警响应7次、树立警示牌25块。

【土地登记及业务受理】

发挥窗口作用，严格程序办理，共办理日常国有建设用地使用权登记工作（非央产军产）：办理土地登记1081件（含小业主登记），其中大业主199件、小业主（含变更登记）882件。办理土地抵押登记993件，抵押贷款金额为368.21亿元。办理央产国有建设用地使用权登记工作29宗，军产保密产登记16件。

【法制宣传工作】

严格组织依法行政、法律法规日常学习和考核，邀请市国土局调控处、法制处及海淀分局法律顾问授课辅导。深入开展“六五”普法宣传教育，会同海淀区教委在中关村第三小学举行“4·22”世界地球日大型宣传活动；与国土部土地整治中心共同举办“土地整治规划实施与节约集约用地”土地日宣传研讨活动；依托《人民日报》、《海淀报》和海淀新闻等媒介强化宣传，适时发放普法宣传材料及土地管理法律法规书籍，定期组织专人到各基层单位展开宣传，现场协调解决问题。

【行政诉讼和政府信息公开工作】

加强与市国土局、区政府和法院等部门的沟通联系，实时掌握情况、交换意见、反馈信息、会商措施，制定《北京市国土资源局海淀分局行政复议与行政诉讼工作规程》，组织3次法律专题培训，有效发挥海淀分局法律顾问参与处理行政复议和行政诉讼事务的作用。本年完成3起行政诉讼、4起民事诉讼和5起行政复议案件；受理信息公开申请155件。

【信访工作】

围绕实现“四个不发生”目标，强化与区各委办局、各乡（镇）村联合，增强化解问题、解决纠纷的能力。年内办理信访件63件次，同比下降29.2%；来访50批次166人次，同比上升50%；电子访113次，同比上升39.5%。收到并办结人大政协建议提案件15件。

【调研课题】

研究制订海淀分局2013年度自主调研重点课题，确定区重点调研课题撰写单位和提纲，组织2012年度海淀分局自主调研课题优秀调研报告通报表彰；上报《海淀区城镇化土地利用情况调研报告》；协助国家土地督察局北京局开展土地利用模式调研，撰写完成《集约节约建海淀，生态优先促发展》调研报告和《关于绿色海淀2012年行动计划实施情况的工作总结》。同时，完成《海淀南部地区土地资源潜力研究》课题工作，探索多元化的开发模式，并结合中关村科学城地区提升发展规划研究，形成工作深化创新方案，年度调研工作富有成效。

【大事记】

1月16日，国土部考核组，在耕地司副巡视员刘仁芙带领下，对海淀区申报第二届国土资源节约集约模范县（市）创优活动的典型区域进行实地考核。

3月2日，市国土局副局长李军带队来海淀分局检查2012年度卫片查处进展情况，并对土地执法工作进行调研。

3月4日，海淀区委书记隋振江、区长孙文锴主持召开了海淀区三大功能区建设指挥部工作部署会。

3月19日，海淀分局以及各乡（镇）业务部门领导、玉渊潭农工商总公司负责人，召开海淀区农村集体建设用地使用权确权发证工作调研部署会，副局长武克非主持，会议通报了海淀区农村集体土地所有权确权登记工作市级检查情况，对相关工作进行具体部署。

4月2日，市国土局副局长张维、副巡视员赵建华带队来到海淀分局展开工作调研，常务副区长穆鹏参加。

4月22日，海淀分局与区教委在中关村第三小学共同举办了“4·22”世界地球日大型宣传活动，为历时一周的系列活动正式拉开帷幕。副区长韦俊出席并讲话，区环保局、农委、园林绿化局等单位主管领导参加。

5月21日，市国土局副局长张维带领机关有关人员到海淀区政府开展调研座谈，海淀区副区长龚宗元和海淀分局、海淀区北部办等领导参加。会议专题讨论海淀区经营性用地供地和土地整治规划实施综合试点工作。

6月3日，市国土局局长魏成林带领检查组到海淀区深入街道、走村入户检查地质灾害防治工作，先后到四季青镇普安店地面塌陷、香山街道办事处香山公主坟15号不稳定斜坡等地质灾害隐患点实地查看，并与有关单位交换意见，并提出具体要求。

6月6日，市国土局副巡视员樊文祯带领市储备中心有关人员，到海淀区政府调研座谈海淀区土地储备开发工作。

7月22日，国家宗教事务局与海淀区政府在国家宗教局银安殿签署《北京市海淀区凤凰岭地区旅游设施项目一期中国佛学院校舍建设项目用地土地开发建设补偿协议》。国家宗教事务局局长王作安和海淀区常务副区长穆鹏等出席座谈会和签字仪式。

10月17日，市国土局局长魏成林、副局长张维带领市储备中心负责同志到海淀区开展调研座谈，海淀区书记隋振江、区长孙文锴、副区长龚宗元参加座谈。听取了海淀分局关于土地整治规划综合试点、农村集体建设用地使用权确权、创建第三届节约集约模范县活动、土地卫片执法检查、土地储备和一级开发工作机制建设等重点工作开展情况，并就工作中需要解决的问题进行研究。

北京市国土资源局丰台分局

【土地资源概况】

丰台区位于北京市的西南部，坐标东经 116°04′—116°28′，北纬 39°46′—39°54′。东临朝阳区，北接东城区、西城区、海淀区和石景山区，西北为门头沟区，西南和东南为房山区和大兴区。辖区设 21 个街道办事处（乡、镇）。

丰台区辖区总面积 305.5263 平方公里（30552.63 公顷），土地利用现状面积详见表 4-3。

表 4-3　丰台区土地利用现状面积汇总表

地类		面积（公顷）
合计		30552.63
耕地		2249.63
其中	水田	0
	水浇地	678.95
	旱地	1570.68
园地		780.1
其中	果园	745.84
	茶园	0
	其他园地	34.26
林地		4358.68
其中	有林地	3008.86
	灌木林地	116.66
	其他林地	1233.16
草地		82.27
其中	天然牧草地	0
	人工牧草地	8.78
	其他草地	73.49

续表 4-3

地类		面积（公顷）
城镇村及工矿用地		18951.57
其中	城市	15812.58
	建制镇	104.94
	村庄	2855.2
	采矿用地	20.27
	风景名胜及特殊用地	158.58
交通运输用地		2679.71
其中	铁路用地	1052.43
	公路用地	1426.46
	农村道路	197.98
	机场用地	0
	港口码头用地	0
	管道运输用地	2.84
水域及水利设施用地		1232.69
其中	河流水面	408.07
	湖泊水面	0
	水库水面	152.08
	坑塘水面	65.71
	沿海滩涂	0
	内陆滩涂	420.32
	沟渠	75.86
	水工建筑用地	110.65
	冰川及永久积雪	0
其他土地		217.98
其中	设施农用地	217.1
	田坎	0
	盐碱地	0
	沼泽地	0
	沙地	0
	裸地	0.88

【机构设置】

北京市国土资源局丰台分局（简称丰台分局）内设办公室、综合科、地籍科、耕保征地科、土地利用科、地质矿产科、政工科、纪检监察科8个职能科室，其中办公室加挂财务科牌子；下设土地权属登记事务中心、土地利用事务中心、土地整理储备分中心、国土资源执法监察队、第一国土所、第二国土所、第三国土所7个事业单位。

截至年底，丰台分局编制内工作人员100名。其中处级干部9名，科级干部39名（含主任科员3名、副主任科员8名）；公务员33名，机关工勤4名；参照公务员管理事业单位人员14名；纳入规范管理事业单位人员9名，全额拨款事业单位工作人员40名。

分局领导班子：

局长、党组副书记	李文忠
党组书记、副局长	赵　舒（女）
副局长	董志坚
副局长	陈春节
副局长	杨　坤（女）
纪检组长、调研员	张文泉
副局长	姜新焕（女）

【土地利用总体规划】

年内，在新一轮丰台区土地利用总体规划实施过程中，丰台分局按照《北京市国土资源局建设项目用地土地利用总体规划审查分类处理工作规划》中的有关规定，对土地利用总体规划进行动态维护或局部修改。对39个项目进行规划修改或动态维护工作，其中由丰台分局动态维护项目23个，市国土局动态维护项目9个，规划局部修改的项目7个，所有项目均已完成空间布局落实方案编制工作，使用城乡建设用地机动指标7.46公顷，使用特交水建设用地机动指标112.75公顷。

【建设项目用地预审】

年内，完成建设项目用地预审92件（含预审延期项目4件），总用地面积1888.22公顷，涉及农用地524.45公顷，其中耕地163.49公顷；建设用地1354.8公顷，未利用地8.97公顷。92件预审项目中涉及居住用地20宗，储备开发用地11宗，交通运输用地30宗，公共管理与公共服务用地19宗，特殊用地2宗，商服用地7宗，工矿仓储用地1宗，水域及水利设施2宗。

【征地及农用地转用项目用地管理】

年内，共完成征（占）地14宗，审批用地面积211.31公顷。按照农转用审批程序和土地利用总体规划，分别与丰台区5个乡（镇）人民政府、1个街道办事处、2个国有农场及36个村委会签订了耕地保护目标管理责任书，确保全区2600公顷耕地保有量。

【土地整理与耕地占补平衡】

年内，共有4个项目使用耕地45.21公顷，全部实现占补平衡。开展丰台区土地整治规划编制工作。丰台区土地整治规划（2011－2015年）已通过专家论证会，正在编制土地整治规划实施方案。引导乡（镇）开展土地整理工作，解决耕地占补平衡指标不足问题。

【土地供应计划及实施】

年内，编制完成《北京市丰台区2013年度国有建设用地供应计划建议方案》和项目表，本年土地供应计划完成25个项目，土地供应166公顷。全年共受理民生、教育等22个划拨申报项目，先后为西局重点村、幼儿园等18个项目办理划拨批复，建设用地面积65公顷；为长辛店辛庄村、靛厂新村等19个保障房项目办理了划拨决定书，建设用地面积52公顷。

【保障性住房用地供应】

年内，丰台区承担了全市较大的保障性安居工程供地任务，供地面积占全市总量的15%。编制完成《丰台区2013年度保障性安居工程用地供应计划》，全面完成109公顷新增保障性安居工程供地任务（定向安置房88公顷、限价房8公顷、公租房13公顷）。

【土地市场交易】

年内，累计实现经营性用地供应约77.81公顷，完成计划供地指标62公顷的126%。其中，丽泽商务区实际供地15.56公顷，占20%；重点村实现供地37.39公顷，占48%；青龙湖会都核心区实现供地24.85公顷，占32%。成交土地面积约54.78公顷，建筑规模约84.45万平方米，成交价约112.66亿元，政府土地收益约46亿元。

【土地储备开发】

年内，累计实现储备开发投资162.11亿元，占计划投资规模150亿元的108%。其中，政府投资32.71亿元、企业投资129.4亿元，二者投资比为2：8，体现了政府主导、企业投资为主的储备开发投资良好模式。累计实现融资23.19亿元，占年度融资总规模的93%。

年内，重点功能区、重点村等储备项目累计完成开发约224.38公顷，占计划完成开发规模220公顷的102%。其中，通过公开出让完成开发113.61公顷，占实际完成开发总量的51%；通过协议出让完成开发32.36公顷，占实际完成开发总量的14%；通过划拨完成开发78.41公顷，占实际完成开发总量的35%。实现重点区域土地的有效供应。

【土地调查】

年内，土地变更调查涉及新增建设用地240宗，土地总面积114.98公顷（含耕地面积43.87公顷）。其中：违法用地227宗，总面积105.42公顷（含耕地面积40.36公顷）；合法用地10宗，总面积6.97公顷（含耕地面积3.4公顷）；军事用地3宗，总面积2.12公顷（含耕地面积0.11公顷）。已将所有需要拆除的图斑纳入全区拆违台帐，督促整改，已拆除整改65宗。

国土部下发2013年土地变更调查图斑414个，总面积301.4公顷，涉及耕地面积73.23公顷，基本农田4.81公顷。涉及乡镇村违法用地175宗，用地面积75.21公顷，耕地面积34.28公顷，基本农田2.11公顷。已经拆除30宗。

【农村集体土地使用权确权登记】

年内，启动农村集体建设用地使用权

确权登记工作，全区共有集体建设用地3544宗，面积3898.66公顷，历史发证161宗。丰台区农村集体建设用地应调查6个乡（镇），59个行政村，2122宗地，已完成调查、测绘、资料收集等工作。

【土地权属登记】

年内，办结国有土地使用权登记735件（其中初始登记638件、变更登记88件、注销登记9件）；中央在京单位国有土地使用权登记11件（其中初始登记6件、变更登记5件）、军产保密产国有土地使用权初始登记5件；办结国有土地使用权抵押登记1001件（其中国有土地使用权抵押登记545件、国有土地使用权抵押变更登记14件、国有土地使用权抵押注销登记442件）。

【土地执法监察】

年内，对2012年度卫片违法疑似图斑289个（占地面积202.58公顷，占用耕地面积68.98公顷）进行检查核实，共有违法用地198宗，总面积91.19公顷，耕地面积23.4公顷。其中拆除违法用地45宗，总面积14.15公顷，其中耕地面积7.31公顷；清理违法用地7宗，面积3.45公顷，其中耕地2.74公顷；办理临时用地、紧急用地、农村道路用地、农业结构调整共50宗，总面积32.6公顷，其中耕地10.68公顷。通过整改，违法占耕地比例下降至2.5%。立案查处29宗，已全部下达处罚决定，非立案61宗全部履职到位，通过了市、部级验收。

【信息化建设】

年初，完成国土所政务外网连接设备升级改造。成立信息化工作领导小组及办公室，全面负责丰台分局信息化工作。6月中旬结合“智慧国土”邀请市国土局信息中心专业人员举办丰台分局综合监管平台内部培训，强化综合监管平台在丰台分局业务办理中的重要作用，提高办公信息化水平和工作效率。为丰台分局全体在岗在编人员办理了CA数字证书。

【矿产资源概况】

丰台区主要矿产包括地热、矿泉水、冶金用白云岩、制灰用灰岩、水泥配料用页岩。年内，没有新增矿产地和新查明重要矿产资源储量。开发利用的矿种有矿泉水资源及地热资源2种。开发利用矿产地22处，其中矿泉水2处，地热20处。

【矿产资源开发管理】

年内，开展矿产资源巡查检查工作，扩大巡查范围，调整巡查路线，增加巡查次数，督促地方政府加强对易发生偷挖盗采地区及未利用地的管理，防止非法开采行为发生。配合区属部门联合开展打击非法沙石加工、取缔非法沙石厂的执法检查工作。及时处理群众举报并组织乡（镇）政府到现场调查核实。年内未发现有组织的非法开采矿产资源行为。

【地热资源管理】

年内，对丰台区地热开采情况进行调查和年检，区内共有地热井30眼，其中有20眼正在使用，7眼待用，3眼停用，1眼报废，3眼正在勘查。

【地质灾害防治】

年内，开展汛期地质灾害防治工作，

建立完善地质灾害防治的监管网络，建立健全灾情速报制和地质灾害气象预警预报制度，发放地质灾害防灾责任卡和防灾明白卡，分别与丰台区王佐镇、长辛店镇、北宫国家森林公园、千灵山公园签订地灾防治责任书，有效地预防和减少地质灾害的发生。为确保园博会的安全运行，开展对园博园西部鹰山和锦绣谷地区地质灾害隐患排查。争取国土部地质灾害治理经费200万元，用于区内地灾点的治理。千灵山滑坡治理项目立项批准，批复资金192万元，正在组织项目工程施工。

【节约集约用地】

年内，在2012年度国土资源节约集约创建活动达标工作的基础上，通过市级2013年度国土资源节约集约创建活动达标复核，并以生态建设为主题在人民日报刊登区领导和综述性文章扩大宣传、推进丰台区创建工作和节约集约用地理念进一步深化。

【闲置用地清查】

年内，运用出让土地批后监管系统，对丰台区出让土地开展调查工作，督促受让方依合同约定时限开竣工，防止土地闲置。集中开展丰台区2007年—2012年77个出让项目的专项调查工作。对4月1日之后的新建出让项目严格依规依程序开展全部7次监测，实现对新建出让项目的动态化监管。

【信访工作】

年内，重新梳理制定完善丰台分局举报事项办理工作流程、12336违法线索处理工作流程、信访工作制度、信访维稳突发事件应急处理机制（预案），聘请专家为丰台分局工作人员进行信访培训，提高丰台分局人员的接访能力。

共受理信访事项179件次，其中受理来信92件，接待来访87批、385人次（含集体访14批、254人次；重复访8批、40人次；电子访21件）。协调和批转12336举报案件70件左右。信访接待作为丰台分局对外反映为题重要的接收“窗口”，对信访人的疑问均给予耐心解答，争取变“来访”为“咨询”，降低立案数量。

【调研课题】

年内，承担《丰台区基本农田调研工作》调研课题，并于4月正式启动，截至年底完成课题初稿，基本摸清了丰台区基本农田的分布、地块、面积、实际使用等情况，深入分析了丰台区基本农田保护中存在的问题和原因，并有针对性地提出解决措施。

【大事记】

1月16日丰台区丽泽商务区C2商业金融用地（F－02）地块，在北京市土地交易市场招标。首创朝阳房地产发展有限公司和菲森国际企业有限公司联合体以单价14543元/平方米、总价21.8亿元中标。

1月18日，丰台区丽泽商务区C2商业金融用地（F－03、F－05）地块，在北京市土地交易市场招标。F03地块由首创朝阳房地产开发有限公司和邦泰克投资有限公司联合体以单价12113元/平方米、总价19.38亿元中标。F05地块由首创朝阳房地产开发有限公司以单价 13514 元/平方米、总价 9.46 亿元中标。

2 月 7 日，丰台分局储备分中心落实到位大红门重点村项目农发行贷款资金 9 亿元。

3 月，丰台分局荣获国土资源部“双保工程”2012 年行动成效显著单位。

6 月 14 日，丰台区工人俱乐部举办了本年丰台区全国五一劳动奖状、奖章、全国工人先锋号和首都劳动奖状、奖章、北京市工人先锋号表彰座谈会。丰台分局副局长杨坤获得首都劳动奖章称号。

7 月 3 日，丰台区花乡夏家胡同 R2 二类居住用地项目在北京市土地交易市场完成挂牌出让，是丰台区第一个城乡一体化重点村整治完成供地项目。

9 月 9 日，丰台区千灵山页岩矿不稳定斜坡治理项目正式开工并开始现场施工，标志着丰台区地质环境治理项目正式启动，进入施工阶段。

11 月 19 日，市储备中心丰台区分中心为开发主体的丰台区王佐镇魏各庄村 A－01、A－02 地块公建混合住宅用地，在北京市土地交易市场完成挂牌出让。经过 41 轮现场竞价，最终由国开东方城镇发展投资限公司和北京青龙湖国际会展有限公司联合体以 25.1 亿元竞得该地块国有建设用地使用权，实现政府收益约 12.16 亿元。

北京市国土资源局石景山分局

【土地资源概况】

石景山区在北京市西部。坐标为39°53′—39°59′，东经116°07′—116°14′。石景山区东与海淀区相连；南与丰台区搭界；西与门头沟区相邻；北与海淀区相邻。辖区设17个街道办事处（乡、镇）。

石景山区辖区总面积84.3821平方公里（8438.21公顷），土地利用现状面积详见表4-4。

表4-4 石景山区土地利用现状面积汇总表

地类		面积（公顷）
合计		8438.21
耕地		67.68
其中	水田	0
	水浇地	20.77
	旱地	46.91
园地		71.26
其中	果园	69.84
	茶园	0
	其他园地	1.42
林地		2382.1
其中	有林地	1583.53
	灌木林地	555.61
	其他林地	242.96
草地		7.18
其中	天然牧草地	0
	人工牧草地	0
	其他草地	7.18

续表 4-4

地类		面积（公顷）
城镇村及工矿用地		5359.53
其中	城市	5311.1
	建制镇	0
	村庄	0
	采矿用地	3.99
	风景名胜及特殊用地	44.44
交通运输用地		220.47
其中	铁路用地	174.94
	公路用地	28.77
	农村道路	16.76
	机场用地	0
	港口码头用地	0
	管道运输用地	0
水域及水利设施用地		310.78
其中	河流水面	236.28
	湖泊水面	0
	水库水面	2.63
	坑塘水面	9.57
	沿海滩涂	0
	内陆滩涂	0
	沟渠	54.74
	水工建筑用地	7.56
	冰川及永久积雪	0
其他土地		19.21
其中	设施农用地	16.21
	田坎	0
	盐碱地	0
	沼泽地	0
	沙地	0
	裸地	3

【机构设置】

北京市国土资源局石景山分局（简称石景山分局），内设办公室（财务科）、综合科、地籍科、土地利用科（耕地保护科）、地质矿产科、政工科和纪检监察科等七个职能科室，下设执法监察队、土地权属登记事务中心、土地利用事务中心、土地储备分中心、国土管理所和土地一级开发管理中心（区属事业单位）等六个事业单位。编制人数共80名，其中行政编制27名、事业编制53名，年内招录副科级机关工作人员2名。

分局领导班子：

局长	左小兵
党组书记、副局长	霍　丽
副局长	张　坚
纪检组长	马桂兰
副局长（正处级）	唐于龙
副局长	尚宏瑛
副调研员	魏明来

【土地利用总体规划】

年内，完成《石景山区土地利用总体规划（2006－2020）》乡级规划数据库的审查工作。

【建设项目用地预审】

2013年，完成20个项目的建设项目用地预审审批工作，审批用地面积约78.07公顷。

【征地及农用地转用项目】

完成东下庄土地一级开发项目、石景山区油库沟治理工程项目、西黄村综合改造项目A地块的征地初审工作，共计28.49公顷。张贴东下庄、西黄村综合改造项目A地块、刘娘府综合改造项目A1地块的征地公告，共计61.21公顷（其中农用地20.79公顷）。完成东下庄土地一级开发项目与刘娘府综合改造项目A1地块2个土地利用计划内项目，共计50.10公顷（其中农用地15.48公顷，耕地2.11公顷），完成2013年土地利用计划的55.09%。

【土地整理及耕地占补平衡】

年内，完成北京实兴腾飞公司五里坨油库沟治理工程项目0.17公顷耕地占用市级耕地指标的审核上报工作。

【土地供应计划及实施】

截至年底，完成《石景山区2014年度国有建设用地供应计划建议方案及附表》的编制工作，2014年，石景山区计划供应19个项目，计划供地总量为78.41公顷。

【土地供应】

本年，全区土地实际供应总量34.55公顷，其中：出让项目12个，用地面积30.47公顷；租赁项目1个，用地面积4.08公顷。完成了首钢铸造村集资建房配套幼儿园等3个项目的划拨供地方案批复工作，面积共1.69公顷。

【土地储备开发】

年内，完成供地项目6个，分别为：老古城综合改造项目D、JB地块、弹簧厂项目、银河商务区K地块、南宫住宅小区

（A、B地块）与京西商务中心（西区）商业金融用地、五里坨建设组团02号地B地块与京西商务中心（东区）商业金融用地、国际雕塑园地下文化娱乐中心项目。总供地面积39公顷，建设用地面积31公顷，总规划建筑面积104.77万平方米。其中，住宅用地供地面积为15.49公顷，建设用地面积为15.12公顷，规划建筑面积为36.05万平方米。商业用地供地面积为23.51公顷，建设用地面积为15.92公顷，规划建筑面积为68.72万平方米。全年土地总成交价120.47亿元，超过前十年土地成交金额总和，实现政府收益72.93亿元，其中可返还区财政18.38亿元。

依申请办理并批复了《北京市国土资源局石景山分局关于石景山区东下庄土地一级开发项目继续实施土地一级开发有关问题的批复》。

【出让土地批后监管】

年内，对全区31宗出让土地按照《关于加强土地出让合同批后监管的通知》要求进行了外业踏勘、现场照相、收集施工许可证和竣工备案资料，对出让项目土地进行监督管理，对涉嫌土地闲置的项目进行了清理整顿。

【政协提案办理】

年内，完成政协北京市石景山区第九届委员会第二次会议委员联名提案第171号《关于加快推进在西部地区建设三级综合医院的建议》提案的会办意见、政协北京市石景山区第九届委员会第二次会议委员联名提案第130号《关于尽快打造模式口历史文化街区的建议》提案的会办意见、政协北京市石景山区第九届委员会第二次会议委员个人提案第38号《关于"腾笼换鸟"加快载体建设的建议》提案的会办意见；协助市国土资源局完成了政协北京市十二届一次会议第0161号提案左小兵委员《关于支持石景山农村集体经济组织发展的提案》的会办意见。

【土地调查】

全年完成集体土地所有权地籍调查49件以及全部203宗集体建设用地使用权的外业调查和地籍测绘工作。

【土地权属登记】

年内，办结各权属类业务424件。其中：土地登记52件、抵押登记30件、抵押注销登记29件；城镇成套住宅分摊国有土地使用权登记115件，抵押登记79件，抵押注销登记102件；权属审核16件，勘测定界1件。

完成国有土地权属审查、登记类业务的地籍调查69件。严格执行退件制度，全年退件26件。

按市国土局要求及时向中国土地市场网上传抵押登记数据（个人房产抵押除外），年内共完成石景山区自1993年颁发土地证书以来历年登记结果808条、抵押登记结果70条。

【档案管理】

全年各类业务档案组卷、归档444卷，共20542页。其中：登记54卷，4950页；抵押登记60卷，3641页；央产土地登记1卷，100页；权属审核21卷，1214

页；城镇成套住宅分摊国有土地使用权登记115卷，3430页；城镇成套住宅分摊国有土地使用权抵押登记193卷，7207页。

年内，启动日常档案数字化工作，完成1882卷（共计84376页）专业档案的数字化工作。

【信息化建设】

全年应用综合监管平台共收31件，办结31件，其中：许可类20件，服务类11件。电子报盘应收件31件，实际收件31件，执行电子报盘比例为100%。国土综合信息系统共受理数套商品房土地出让业务5件、地籍调查业务74件、土地登记业务178件（其中小业主110件）、抵押登记业务115件（其中小业主83件）、抵押注销登记业务55件（其中小业主25件），土地权属审查业务33件，公文流转业务861件。总共受理1321件、办结1321件。共形成了274G的基础数据资源，包括基础地形图、航空遥感影像、宗地图、地下管网等数据资源；68.7G的业务数据，包括土地规划、土地利用、土地地籍、矿产资源和土地储备等数据资源。

【政府信息公开】

在石景山分局网站、首都之窗政府信息公开专栏主动公开政府信息共计301条（规划计划类2条、业务动态类299条）。共受理政府信息依申请公开29件，其中涉及征地拆迁补偿事项13件、土地登记权属事项10件、其他事项6件。制定《北京市国土资源局石景山分局依申请提供政府公开信息收费实施方案》，年内收取信息公开费用2笔，共计21.2元。

【矿产资源管理】

检查区域内矿泉水企业开采、矿产资源开发利用、矿产资源补偿费缴纳的情况。对矿泉水企业开发利用进行年检，完成数据库数据模块更新工作。开展对矿泉水企业生产用原水的水质检测，以及建设用地压覆矿产资源的核查工作。

【地质灾害防治】

修订完善石景山国土分局2013年《地质灾害防治方案》、《应急预案》、《应急通讯录》。组织相关街道、社区的群测群防员参加市国土局的培训，协调街道与群测群防员签订地灾防治《责任书》。汛期成立了应急队伍，落实双人值班、巡查检查、信息报送、地质灾害报告等制度，并对相关街道、隐患点的居民，及时发放防灾《明白卡》。开展了区域地质灾害1∶50000详查，以及地质灾害避险路线、场地现状调查工作。

经专家评审，确定石景山区域内地质灾害隐患点（共24处），涉及金顶街、广宁、苹果园、五里坨等4个街道，隐患点多为人工削坡违章建房形成人工边坡造成隐患。协调多方出资，做好地质灾害隐患点治理。年内已完成6处隐患点的治理；1处隐患点的居民已搬迁；5处隐患点正在治理。

【土地执法监察】

开展本年季度自有卫星执法检查，对全部35块图斑进行现场核查，监测面积共计12.09公顷。开展国土资源部2012年度土地矿产卫片执法检查工作，新增建设用地疑似违法图斑共6宗，监测占地面积共计1.33公顷，无涉及占用耕地图斑。立案查处3宗，监测面积共0.89公顷，均已依据土地管理法对违法当事人进行了没收罚款的处罚，没收违法用地地上建筑物总面积73236.1平方米，罚款金额共计55.75万余元，罚款已全部缴纳，没收的建筑物已移交石景山区集体经济办公室，并按照要求对相关责任人进行了处理。非立案处理2宗，占地监测面积共0.33公顷，已全部拆除完毕，拆除建筑物面积约3904.63平方米。

【党的群众路线教育实践活动】

年内，石景山分局按照市国土局统一部署，深入开展党的群众路线教育实践活动。在市国土局第四指导组的指导下，围绕“为民务实清廉”主题，认真贯彻“照镜子、正衣冠、洗洗澡、治治病”的总要求，扎实推进学习教育、听取意见，查摆问题、开展批评，整改落实、建章立制等三个环节的活动和任务，群众路线教育实践活动取得明显成效。

【党的建设和精神文明建设】

加强学习教育，先后组织石景山分局党组书记、纪检组长、党支部书记讲党课活动，严格依法行政，自觉勤政廉政，提升党员干部的政治理论水平。打造学习型机关，开展“学习十八大·爱岗实干兴国土”的知识大讲堂活动，机关各科室、局属事业单位选拔业务骨干进行业务讲座。制作了党的群众路线教育实践活动专栏，编排栏目并定期更新，反映石景山分局党的群众路线教育实践活动动态。在石景山分局内网设立专栏，汇集党的群众路线领导讲话、相关文件和动态信息，供党员干部学习。

【主题实践与文化体育活动】

加强团结进取、健康和谐的机关文化建设，成立书画、摄影、台球、乒乓球、瑜伽等兴趣小组，开展篮球、乒乓球比赛等活动。参观“永远的雷锋”、“没有共产党就没有新中国”等大型主题展览。开展“读书月”活动，广泛开展小组讨论、撰写读后感、知识答题、演讲比赛等，在石景山分局掀起学习十八大、畅谈中国梦的热潮。参加第二届“青春石景山”摄影比赛、六一儿童节画展，参观园博园、首钢老工业厂区等丰富多彩的文体活动。

建立网络宣传小组、义务宣传队和文体活动兴趣小组等组织，开展道德讲座；邀请《中国梦》的作者刘明福教授进行专题讲座，邀请区建委王晓庆做扶危济困事迹报告，引导全局干部职工增强道德意识；认真开展共建双承诺、共建帮扶等专题活动；组织全体团员青年参与北京市万亩造林活动，积极响应团区委组织的“温暖衣冬”活动，弘扬爱心，倡导志愿服务和公益生活理念，以实际行动助力公益；弘扬团结互助和扶贫济困的传统美德，石景山分局党支部部署“共产党员献爱心”捐款活动，实现全员参与，共捐款3630元。

【国土调研课题】

完成荣华重点协作调研课题《关于我区深化全面转型，实现可持续发展的战略研究》子课题《关于我区转型发展期土地开发利用的对策建议》，并形成文本材料，成果已刊登在《石景山工作》上。

【北京市第二批国际合作示范基地在建单位】

11 月 28 日，市国土局石景山分局被确定为北京市第二批国际合作示范基地在建单位，由国土部科技与国际合作司和市国土局验收挂牌。

北京市国土资源局门头沟分局

【土地资源概况】

门头沟区位于北京市西部，坐标为北纬 39°48′—40°10′，东经 115°25′—116°10′。东临海淀区和石景山区，南接房山区和丰台区，西部及西北部与河北省的涞水县、涿鹿县以及怀来县接壤，北与昌平区为邻。辖区设 13 个街道办事处（乡、镇）。

门头沟区辖区总面积 1447.8516 平方公里（144785.16 公顷）。土地利用现状面积详见表 4-5。

表 4-5　门头沟区土地利用现状面积汇总表

地类		面积（公顷）
合计		144785.16
耕地		766.74
其中	水田	0
	水浇地	110.54
	旱地	656.2
园地		5410.61
其中	果园	5340.58
	茶园	0
	其他园地	70.03
林地		100268.23
其中	有林地	15541.04
	灌木林地	78127.33
	其他林地	6599.86
草地		22987.48
其中	天然牧草地	0
	人工牧草地	0
	其他草地	22987.48

续表 4-5

地类		面积（公顷）
城镇村及工矿用地		8117.26
其中	城市	1124.75
	建制镇	2809.55
	村庄	1196.29
	采矿用地	2110.08
	风景名胜及特殊用地	876.59
交通运输用地		1458.57
其中	铁路用地	254.26
	公路用地	748.42
	农村道路	455.89
	机场用地	0
	港口码头用地	0
	管道运输用地	0
水域及水利设施用地		1575.95
其中	河流水面	794.64
	湖泊水面	0
	水库水面	471.42
	坑塘水面	31.2
	沿海滩涂	0
	内陆滩涂	92.02
	沟渠	110.22
	水工建筑用地	76.45
	冰川及永久积雪	0
其他土地		4200.32
其中	设施农用地	217.46
	田坎	87.37
	盐碱地	0
	沼泽地	0
	沙地	0
	裸地	3895.49

【机构设置】

北京市国土资源局门头沟分局（简称门头沟分局）内设6个职能科室，即：办公室（财务科）、综合科、地籍科、土地利用科（耕地保护科）、地质矿产科、政工科（纪检监察科）。下设北京市土地整理储备中心门头沟区分中心、北京市门头沟区国土资源执法监察队、北京市门头沟区土地权属登记事务中心、北京市门头沟区土地利用事务中心及北京市国土资源局门头沟分局第一、第二、第三、第四等4个国土资源管理所（办公地点分别设在永定、军庄、王平、斋堂）8个事业单位。现有编制101名，实有人数78名（其中公务员22名，工勤7名，事业编人员51名）。

分局领导班子：

局　长　　　　　　王桂忠
党组书记　　　　　吴振刚
（2005年3月—2013年9月）
副局长　　　　　　公庆联
（2005年3月—2013年7月）
副局长　　　　　　金建伟
副局长　　　　　　王晓明
副局长　　　　　　华金玉
（2013年6月任职）
纪检组长　　　　　杜钢钎

【土地利用总体规划】

年内，完成门头沟区市区乡三级基本农田保护区专项规划的编制；开展门头沟区土地整治规划编制工作，完成建设项目动态维护13件，完成建设项目规划修改1件。

【建设项目用地预审】

年内，完成建设项目用地预审59件，面积427.48公顷。

【征地及农用地转用项目用地管理】

年内，完成集体土地征收前期工作10项，面积182.83公顷；完成征地结案25项，面积539.62公顷；受理国有土地使用权划拨14项，面积43.99公顷。

【土地整理及耕地占补平衡】

年内，开展土地整理项目3个，即：妙峰山镇上苇甸等二村、清水镇黄安坨等二村、雁翅镇田庄村。通过评审土地开发整理项目5个，即：斋堂镇柏峪村、火村项目，清水镇塔河村、梁家庄村项目，妙峰山镇涧沟村项目。

共使用耕地指标7.36公顷，收缴耕地开垦费165.65万元。

【土地供应计划及实施】

年内，编制完成区《2013年度土地供应计划》。计划供应土地104.28公顷，完成供地140.33公顷（市批出让项目60.40公顷，区批划拨项目43.99公顷）。

【保障性住房用地供应】

年内，计划完成政策性住房供地指标10公顷，实际完成供地12公顷，其中：完成定向安置房供地7公顷，完成公租房供地5公顷。

【土地市场交易】

年内，完成土地入市交易7宗，成交

面积 83.47 公顷，成交额 1416200 万元，土地收益 915000 万元。

【土地储备开发】

年内，实施土地一级开发项目 18 个，其中：市区联储及分中心为主体项目 12 个，社会企业投资项目 5 个，收储项目 1 个。完成土地储备开发面积 113.29 公顷，实际土地储备开发投资 420800 万元。

【土地调查】

年内，集体土地所有权登记颁证成果通过市级验收。开展集体建设用地使用权确权登记颁证工作，调查率达到 100%，确权率达到 71.3%。

【土地权属登记】

年内，登记发放国有土地使用权证 77 宗，面积 160.01 公顷；办理土地抵押 26 宗，面积 50.46 公顷，贷款金额 392500 万元；办理国有土地注销登记 21 宗，面积 100.99 公顷；办理土地抵押权注销登记 27 宗，面积 55.04 公顷。

【土地执法监察】

年内，开展 2012 年度土地卫片执法检查工作。共核实图斑 46 个（25 宗地），涉及违法用地 16 宗，其中：立案查处 2 宗，罚款 1.5 万余元，没收建筑物 1800 平方米；非立案方式处理 14 宗，拆除建（构）筑物面积 1.9 万平方米。移交区纪检监察部门追究责任人案件 2 宗。开展利用集体土地违法建设销售（变相销售）住宅执法检查。开展土地执法巡查 934 次，发现疑似违法违规用地行为 156 起，已按相关规定进行了处理。

【信息化建设】

建立节假日网络和信息系统巡查制度，保障办公设备正常使用；深化综合事务管理系统应用，实现行政审批、信息发布、公文处理、会议管理、车辆管理、办公用品管理等行政办公事项网上办理。

【矿产资源概况】

门头沟区内矿产资源较为丰富，主要矿种包括煤炭、石灰石、叶腊石、砂石等。截至年底，门头沟区只保有固体矿山企业 1 家，矿泉水企业 3 家。

【矿产资源开发管理】

年内，开展安全生产联合执法检查 16 次；开展矿产资源储量管理工作检查 11 次；开展 2012 年度国土部矿产卫片执法检查工作，核实图斑 4 个；开展矿产资源巡查 576 次，发现非法盗采行为 21 起，已按相关规定处理；参加门头沟区专项整治及会同相关部门开展联合检查 39 次，处理盗采点 16 处，没收非法煤炭 17.91 吨、叶腊石 173.34 吨，移送公安部门涉嫌盗采人员 1 人，销毁盗采车辆 19 台，收缴盗采工具 261 件。完成清水达摩－长峪沟、军庄灰峪石灰石矿山治理项目竣工验收；开展“北京市西部山区百花山地区废弃矿山地质环境治理示范工程”达摩沟口、长峪沟三期、王平口等 3 个治理区工程建设，完成投资 4000 万元，治理面积 173.16 公顷；开展雁翅镇碣石村、永定镇岢罗坨、雁翅镇房良村、清水镇塔河村、斋堂镇柏峪村等 5 个泥石流崩塌隐患治理工程除险；完成雁翅镇田庄村、斋堂镇向阳口、大台灰地西马、清水镇洪水口、清水镇李家庄等隐患治理项目设计验收。

【地质灾害防治】

年内，经评估排查，确定涉及人员居住的地质灾害隐患点181处，确认避险场所119处；组织81名群测群防员参加了岗前培训；修订《2013年地质灾害防治工作方案》、《门头沟区突发性地质灾害防治应急预案》和《门头沟分局2013年汛期突发地质灾害应急预案》；配合门头沟区应急办成立门头沟区突发性地质灾害应急指挥部，健全门头沟分局地质灾害防治工作组织机构，将任务层层分解，责任落实到人。执行汛期值班制度与地质灾害应急调查制度；开展地质灾害防治宣传，发放防灾明白卡3000份；年内共启动预警响应20次，应急响应8起，全区共转移群众845户2091人，未发生地质灾害人员伤亡事故。

【信访工作】

年内，受理信访事项103件。其中涉地类74件，涉矿类29件，全部办结。

【调研课题】

年内，完成“关于门头沟区农村宅基地管理机制创新”、“关于门头沟分局国土资源执法监察机构队伍建设情况”、“关于城市化进程中如何有效防范违法违规占地行为”的调研报告。

【大事记】

1月5日，门头沟区区长王洪钟带队到门头沟分局调研，常务副区长陈国才、张永、张满仓，区政协副主席张乐春，区长助理彭鹏参加调研。

5月8日，市国土局副局长张维、副巡视员樊文桢带队到门头沟区就土地储备工作调研。区委书记韩子荣、区长王洪钟、常务副区长陈国才、区委办主任郑伟革，副区长石军参加调研。

5月23日，市国土局局长魏成林带队到门头沟区检查汛前地质灾害防治工作。市国土局副局长李燕飞陪同检查，区长王洪钟、常务副区长陈国才、副区长张永参加检查。

6月5日，市国土局局长魏成林带队到门头沟区检查突发地质灾害应急转移演练。市国土局副局长李燕飞陪同检查，区委书记韩子荣、区长王洪钟、常务副区长陈国才、区委办主任郑伟革参加检查。

6月7日，门头沟分局组织门头沟区财政局、农业局、审计局及市国土局有关专家到门头沟区清水镇，对燕家台、李家庄、梁家铺3个村的高标准基本农田建设项目进行验收。

7月3日，国土部廉政建设监督工作第16检查组，陕西省国土厅纪检组长杨萍带队到门头沟分局检查指导。

8月20日，国家土地督察北京局副局长牛珏带队到门头沟区，就土地例行督察整改及本年度以来土地征收等情况进行检查。

8月20日至21日，市国土局组织监理公司、设计单位及有关专家对门头沟分局承担的门头沟区清水达摩长峪沟煤矿矿山地质环境治理项目、军庄灰峪矿山环境治理项目进行竣工验收。

11 月 14 日，市国土局副局长张维带队就土地入市工作到门头沟区调研。区委书记韩子荣、区长王洪钟、常务副区长陈国才、区委办主任郑伟革参加调研。

北京市国土资源局房山分局

【土地资源概况】

房山区位于北京市西南部，坐标为北纬 39°30′－39°55′，东经 115°25′－116°15′。东北与丰台区相邻，东与大兴区以一水相隔，南和西面与河北省涿州市、涞水县相连，北与门头沟区以百花山为界。辖区设 28 个街道办事处（乡、镇）。

房山区辖区总面积 1994.7267 平方公里（199472.67 公顷），土地利用现状面积详见表 4-6。

表 4-6　房山区土地利用现状面积汇总表

地类		面积（公顷）
合计		199472.67
耕地		25252.91
其中	水田	178.64
	水浇地	17010.95
	旱地	8063.32
园地		15721.75
其中	果园	15701.68
	茶园	0
	其他园地	20.07
林地		60752.86
其中	有林地	15442.82
	灌木林地	34296.35
	其他林地	11013.69
草地		45669.68
其中	天然牧草地	0
	人工牧草地	6.02
	其他草地	45663.66

续表 4-6

地类		面积（公顷）
城镇村及工矿用地		30516.56
其中	城市	9682.86
	建制镇	3570.85
	村庄	13707.22
	采矿用地	2902.69
	风景名胜及特殊用地	652.94
交通运输用地		5073.63
其中	铁路用地	656.81
	公路用地	2527.84
	农村道路	1884.94
	机场用地	0
	港口码头用地	0
	管道运输用地	4.04
水域及水利设施用地		7045.7
其中	河流水面	1613.59
	湖泊水面	0
	水库水面	370.27
	坑塘水面	861.9
	沿海滩涂	0
	内陆滩涂	2891.19
	沟渠	681.63
	水工建筑用地	627.12
	冰川及永久积雪	0
其他土地		9439.58
其中	设施农用地	1616.55
	田坎	462.07
	盐碱地	0
	沼泽地	0
	沙地	0
	裸地	7360.96

【机构设置】

北京市国土资源局房山分局（简称房山分局）。内设办公室、综合科、地籍科、耕地保护科、土地利用科、地质矿产科、财务科、政工科8个行政科室。下设6个事业单位，分别为：北京市房山区土地权属登记事务中心；北京市房山区土地利用事务中心；北京市土地整理储备中心房山区分中心；北京市房山区国土资源执法监察队；北京市国土资源局房山分局第一国土资源管理所；北京市国土资源局房山分局第二国土资源管理所，北京市国土资源局房山分局第三国土资源管理所、北京市国土资源局房山分局第四国土资源管理所、北京市国土资源局房山分局第五国土资源管理所、北京市国土资源局房山分局第六国土资源管理所。本年，全局在编人员共有131名，其中公务员37名，事业单位94名。

分局领导班子：

党组书记、局长	于英虎
纪检组长	李泽田
副局长	周振国
副局长	鲁永来
副局长	石广欣
副局长	王景岗

【土地利用总体规划】

年内，房山分局完成全区24个乡镇土地规划宣传成果制作和公告工作。

年内，《房山区市区乡三级基本农田保护区专项规划（2010－2020年）》通过市国土局组织的专家评审。该项规划结合房山区耕地和基本农田保护面临的新形势，统筹协调基本农田划定和城乡建设用地需求关系，划定市区乡三级基本农田保护区范围，落实保护区边界，制定保护区管制规则，提出实施保障措施，为优化基本农田空间布局，推进保护区土地综合整治，提升土地集约节约利用水平提供依据，对于加快不可预见的重大项目落地、简化用地审批程序、促进基本农田保护具有重要意义。

【建设项目用地预审】

年内，房山区共有市级绿色通道项目总计321个，其中，已办理用地预审212个，已取得征地批准文件146个，已办完出让或划拨65个，完成登记发证28个。年内，房山分局发挥预审在保护耕地、节约集约用地方面的作用，共完成预审69件，用地总规模719.2公顷。

【征地及农用地转用项目用地管理】

年内，房山分局共受理征占及划拨用地35宗，涉及用地面积797.19公顷。其中共办理征地结案33宗，用地面积为632.69公顷，24.13亿元征地补偿安置费用全部监管到帐，涉及农转非人员2749名。

【土地整理及耕地占补平衡】

年内，房山分局共有在施各类土地开发整理项目19个，其中市级项目10个，区级项目9个。建设总规模3115.87公顷，预算投资22892万元，预计新增耕地604.40公顷。共完成12个项目（约157亩）的耕地占补平衡工作。

完成高标准基本农田建设任务。共完

成高标准基本农田建设1666.67公顷。同时，按照《2013年北京市房山区高标准基本农田建设实施方案》，分局新整合了6个高标准基本农田建设项目。涉及张坊镇、大石窝镇、长沟镇、石楼镇、琉璃河镇和窦店镇等6个乡镇。建设总规模2800公顷，其中基本农田面积2433.33公顷。

【土地供应计划及实施】

年内，房山区共实现土地供应489.6公顷，完成年初供地计划的181%。其中出让475.8公顷，划拨13.8公顷。

【保障性住房用地供应】

年内，实现保障房供地104公顷，超额完成市政府下达的保障房供地任务。完成了房山区首宗自住型商品房项目供地，用地面积15公顷，建筑规模19万平方米，按每套90平方米核算，可建设自住型商品房1500套。

【土地市场交易】

年内，完成土地储备项目入市成交467公顷，完成计划的234%，实现政府土地收入206亿元，其中政府收益82.5亿元，首次突破200亿元大关。

【土地储备开发】

年内，完成土地储备投资50亿元，完成计划的111%，新增土地储备开发216公顷，完成计划的186%，完成土地储备开发342公顷，完成计划的137%。

【土地调查和土地权属登记】

1. 房山区农村集体土地所有权确权通过市级验收

房山区农村土地确权登记发证工作，涉及24个乡、镇（街道办事处），465个村集体经济组织，涉及全区的3390宗集体土地所有权宗地，全部按时完成调查，调查率100%，宗地数约占全市宗地总量的七分之一，居全市首位，其中，发证宗地为3187宗，发证率94%，发证面积为1654.93平方公里，完成了市级下达的发证率90%的工作目标。

年内，房山分局开展了集体建设用地使用权权属调查和复核工作。全区涉及集体建设用地使用权共23个街道（乡、镇）。经调查复核，全区集体建设用地涉及的宗地有6243宗，符合确权条件的宗地3191宗，面积为2966.35公顷；其中符合确权发证条件的宗地832宗，面积为767.6公顷。

2. 稳步展开房山区界址点普查及恢复工作

按照北京市农村土地确权登记颁证工作领导小组《关于开展界址点情况普查及恢复工作的通知》、《地籍调查技术规程》的要求，需对房山区界址点情况普查，对于经现场核实界标损坏或者移动的重要界址点进行恢复。为此，房山区颁证办成立房山区界址点普查及恢复领导小组。经统计，全区需要恢复的重要界址点共20190个，其中三村交界点1639个、两个以上权属交汇点8566个、乡镇交界点5376个、区县交界点1150个、省市交界点1822个、飞地交界点1637个；界址种类界址点共20190个，其中混凝土界址标桩11105个、石灰界址标桩2019个、带铝帽的钢钉界址标桩2019个、喷漆界址标注5047个。

【土地执法监察】

年内，房山分局按时完成2012年度土地卫片执法检查，违法比例降至2.2%，顺利通过验收；对市国土局曝光的22宗“小产权房”项目进行分类处理，配合区有关部门和乡镇拆除新建续建疑似“小产权房”项目4宗共2.6万平方米；加大土地违法案件查处力度，下发处罚决定书106份，没收地上物建筑15.8万平方米，罚款744万元，移送公安机关追究刑事责任3宗。

【信息化建设】

1. 开展“4·22”第44个世界地球日宣传活动

4月22日，房山分局联合区水务局、区旅游委开展“4·22”第44个世界地球日宣传活动，以“珍惜地球资源、转变发展方式——促进生态文明共建美丽中国”为主题，大力宣传地质环境保护、地质灾害防治和如何保护地球等相关知识。活动现场设立宣传台和宣传展板，向过往群众发放涉及国土资源法律法规、地质灾害防治和“4·22“世界地球日等内容的宣传材料，并设立咨询点，接受现场咨询。活动共发放宣传材料800份、科普读物20本、宣传画50张，设立宣传展板20块。

2. 开展“6·25”第23个全国土地日宣传活动

6月25日，房山分局在长阳、城关、琉璃河、南窖、十渡、青龙湖6个乡（镇）设立会场开展“珍惜土地资源，节约集约用地”的主题宣传活动，市国土局党组成员、总规划师丁晓参加宣传活动。活动以国土资源部门在促进节约集约用地方面的新举措、新成效，汛期地质灾害防治为重点宣传内容，通过悬挂宣传横幅张贴宣传口号、开展主题展览、现场咨询、向过往群众发放宣传资料等形式普及土地管理法律知识，唤醒全社会珍惜、保护土地资源和防灾减灾意识。活动共发放土地日特刊5000份、知识手册5000份、折页5000份、宣传扇6000个以及地质灾害防治材料10000份。

【矿产资源概况】

房山区已发现矿产资源种类20余种，尤其是以煤炭、建材为主的非金属矿产分布，储量大、品种多，质量好，是房山区有特色的优势矿产。截至年底，共有矿山企业19家，其中非煤矿山6家，矿泉水1家，地热12家。

【地质勘察储量管理】

1. 2个矿山地质环境治理项目通过市国土局验收

史家营长沟关闭矿山治理项目和大石窝镇独树村大理石矿矿山治理项目，共涉及5个治理区，其中，史家营长沟关闭矿山环境治理项目包括霞云岭板岩治理区、长沟白云岩治理区、史家营煤矿治理区，投入资金1145.8万元，恢复可利用地38.25公顷；大石窝镇独树村大理石矿矿山环境治理项目，投入资金427.45万元，恢复可利用地20.27公顷。

实施矿山生态环境恢复治理保证金项目。本年，房山区共征缴保证金1738万元，返还2420万元，实施了2个项目，其中，大安山煤矿实施了矸石坡恢复治理，治理面积3.3公顷，修建净化水处理站1座，总投入资金约2737.97万元，其中保证金返还1370万元，企业自筹1367.97万元；长沟峪煤矿对矿区沟道、裂缝及塌陷坑、矸石坡进行治理，并实施污水处理工程，总治理面积3.1公顷，投入资金1415.8万元，其中保证金返还1050万元，企业自筹365.8万元。是房山区自2009年实施矿山生态环境恢复治理保证金制度以来，矿山企业实施保证金治理项目规模最大，实现保证金返还金额最多的一年。

2. 顺利推进西部山区百花山地区废弃煤矿矿山地质环境治理示范工程（房山矿区）

该项目国家拨付资金6000万元，其中，大石窝治理区已完工；曹家坊治理区和莲花庵治理区已完成工程量的70%；长沟治理区进入编写设计方案阶段。

3. 加强地质遗迹保护工作

年内，房山分局按照市国土局统一部署，对辖区内房山世界地质公园、十渡、石花洞国家地质公园、圣莲山市级地质公园开展地质公园监督检查。在自查、自评的基础上通过市国土局组织专家进行检查评审，十渡国家地质公园被评合格，石花洞国家地质公园被评优秀。

【矿产资源开发管理】

年内，房山分局继续保持打击非法开采高压态势。完成2012年度矿产卫片执法检查，违法图斑全部查处整改到位；调查涉矿案件108件，查处超层越界开采、盗采案件25起，炸封非法矿点423处。

创新思路强化打击非法开采长效机制。强化组织领导，成立由区委书记刘伟任政委，区委副书记、区长祁红任总指挥的房山区打击非法开采矿产资源工作指挥部，统一领导全区打非工作。下放打非权限，涉矿街道（乡、镇）作为打击非法开采矿产资源工作责任主体，根据区政府授权，行使打击非法开采处罚权，坚决做到早发现、早制止、早处理。增强打非力量，由区委政法委、公安分局、房山分局（区整规办）联合牵头，成立100人的房山区打击非法开采小分队，负责全区打非工作的指挥、组织和协调工作，小分队实施集中驻扎，准军事化管理。强化联合打非，区领导带队深入一线，充分发挥部门合力，对非法开采实施高压打击、坚决打击。

【地质灾害防治】

1. 严防地质灾害确保人民群众生命财产安全

加强地灾隐患点排查，充分发挥全区197名乡（镇）群测群防员作用，同时加大排查力度，发现隐患及时上报并采取积极有效措施进行处置；制定应急预案，明确地质灾害应急组织体系、职责任务、应急响应、应急处置、启动程序，积极开展预案演练；加强宣传，设置警示牌，通过张贴地质灾害宣传画、发放宣传手册，向群众宣传突发性地质灾害防治知识，并向险村、险户发放地质灾害防灾明白卡，要求险户张贴上墙，且在各地质灾害隐患点设置警示标志；加强应急值班，如遇三级或三级以上地质灾害气象预警预报，局领导班子、各科所长、地矿科、国土所全员必须到岗到位。

2. 开展地质灾害防治应急演练

年内，房山分局联合南窖乡、韩村河镇分别举办北沟区域和南沟区域突发性地质灾害应急演练，演练内容涵盖监测预警、指挥决策、群众避险转移、应急救援等应对突发性地质灾害的各个方面，并模拟强降雨、持续降雨天气来临前、出现临灾征兆后，特别是针对断路、通信中断等特殊情况下的群众撤离和安置。根据地质灾害容易突发的特点，提出“早安排、早转移、晚返回”的工作要求，并确定贴近实战的“何时走、和谁走、如何走、到哪去、带何物”的避险转移要点。

3. 完成房山区1∶50000地质灾害隐患详查

2月25日该项工作正式启动，通过详查显示，房山区共有地质灾害隐患点791处，其中，存在险村险户的地质灾害险患点421处，威胁户数7837户、人口22344人。122个行政村中有120个行政村设有避险场地（所），总数量为217个，其中结合避险路线及场所容纳情况综合评价，适宜的212个，不适宜的5个。详查工作做到全面覆盖、不留死角，为应急处置、防灾减灾工作提供基础地质依据。

4. 市委书记郭金龙到房山区检查指导防汛工作

6月14日，中共中央政治局委员、市委书记郭金龙到房山区检查指导防汛工作。市委常委、统战部长牛有成，市委常委、市委秘书长赵凤桐，副市长林克庆，市国土局局长魏成林，区委书记刘伟，区委副书记、区长祁红，区委副书记、区委政法委书记曾赞荣陪同检查。实地查看大石河综合治理工程河北镇三福村段现场和佛子庄乡英水沟沟道清理工作现场，听取了房山区地质灾害隐患情况及避险路线的介绍。郭金龙要求全市各部门、各区（县）要严格按照防汛预案，出现汛情确保第一时间到岗到位，开展交通、排水、救援等工作；要加强值守，公安、消防、水务、园林绿化等部门要提前到位，确保汛期安全。

【信访工作】

全年，共接待来信、来访举报162件，（其中来信举报99件、来访举报63件），受理118件，全部依法依规办结完毕。

【大事记】

1月25日，房山分局召开打击非法开采工作会，副区长吕守军出席会议，区督查室、区安监局、区财政局、区监察局、区发改委、区公安分局等单位党政正职参加会议。

3月1日，房山区召开2013年土地储备供地项目专题汇报会，专题研究房山区2013年土地储备供地工作，区委书记刘伟，区委副书记、区长祁红，区委常委、区委办主任赵军，区委常委、副区长吴会杰出席会议。

3月13日，市国土局副局长张维带领有关处室到房山区专题调研土地储备及保障性住房供地工作，房山区区委常委、副区长吴会杰陪同调研。

4月11日，房山区召开农村集体土地确权市级检查验收工作总结会。

4月25日，国土资源部地质环境司地质环境保护处处长袁小虹就推进房山世界地质公园建设及再评估工作到房山区调研。

5月14日，房山分局在南窖乡水峪村开展地质灾害防治应急演练，市国土局局长魏成林，副巡视员郭创兴，区委副书记、区政法委书记曾赞荣，区委常委、副区长吴会杰等领导参加活动。

5月30日，市国土局副局长李燕飞率有关处室到大安山乡瞧煤涧村检查居民房屋倒塌及和地质灾害隐患治理情况。

6月14日，市委书记郭金龙到房山区检查指导防汛工作，市委常委、统战部长牛有成，市委常委、市委秘书长赵凤桐，副市长林克庆，市国土局局长魏成林，房山区委书记刘伟，区长祁红，区委副书记、区委政法委书记曾赞荣陪同检查。

8月8日，房山分局成立党的群众路线教育实践活动领导小组及办公室。

8月13日，房山分局召开党的群众路线教育实践活动动员部署会，分局全体党员参加动员会，市国土局党的群众路线教育实践活动第七指导组组长总规划师丁晓、副组长征地处处长王瑾参加会议。

8月27日，房山区委常委、副区长吴会杰带队到青龙湖镇上万村、河北镇东庄子村、周口店镇穆岩寺沟等非法开采现场，检查打击非法开采矿产资源情况。

9月4日，市国土局党组成员、总规划师、党的群众路线教育实践活动第7指导组组长丁晓率市国土局有关处室到房山国土分局，深入房山分局6个国土所进行调研。

10月23日，市国土局党组书记张国玉率有关处室到房山分局调研，结合党的群众路线教育实践活动的深入开展，详细了解地质灾害隐患治理和废弃矿山修复工作。

11月13日，房山区召开打击私挖盗采工作会，房山区区委副书记、区政法委书记曾赞荣，区委常委、公安分局局长鹿进宝，区委常委、副区长吴会杰参加会议。

北京市国土资源局通州分局

【土地资源概况】

通州区位于北京市东南部，北纬39°36′至40°02′，东经116°32′至116°54′。东隔潮白河与河北省三河市、大厂回族自治县、香河县相连；西邻朝阳区、大兴区；南和天津市武清县、河北省廊坊市交界；北与顺义区接壤。全区辖10个镇、1个民族乡、4个街道办事处。

通州区辖区总面积905.7921平方公里（90579.21公顷）土地利用现状面积详见表4-7。

表4-7　通州区土地利用现状面积汇总表

地类		面积（公顷）
合计		90579.21
耕地		34083.97
其中	水田	685.39
	水浇地	32828.36
	旱地	570.22
园地		3580.66
其中	果园	3565.32
	茶园	0
	其他园地	15.34
林地		8056.48
其中	有林地	1193.42
	灌木林地	0
	其他林地	6863.06
草地		124.18
其中	天然牧草地	0
	人工牧草地	0
	其他草地	124.18

续表 4-7

地类		面积（公顷）
城镇村及工矿用地		29311.21
其中	城市	6110.68
	建制镇	5534.09
	村庄	16888.35
	采矿用地	59.36
	风景名胜及特殊用地	718.73
交通运输用地		4775.16
其中	铁路用地	330.2
	公路用地	2326.26
	农村道路	2118.7
	机场用地	0
	港口码头用地	0
	管道运输用地	0
水域及水利设施用地		8757.28
其中	河流水面	2086.47
	湖泊水面	0
	水库水面	0
	坑塘水面	3024.72
	沿海滩涂	0
	内陆滩涂	188.53
	沟渠	2636.04
	水工建筑用地	821.52
	冰川及永久积雪	0
其他土地		1890.27
其中	设施农用地	1890.27
	田坎	0
	盐碱地	0
	沼泽地	0
	沙地	0
	裸地	0

【机构设置】

北京市国土资源局通州分局（简称通州分局）内设办公室、综合科、地籍科、耕保征地科、土地利用科、财务科、政工科、纪检监察科 8 个科室，机关行政编制 31 名（实有人数 30 人）；机关工勤编制 5 名（实有人数 4 人）。下设北京市通州区土地权属登记事务中心、北京市通州区土地利用事务中心、北京市土地整理储备中心通州区分中心、北京市通州区国土资源执法监察队、北京市国土资源局通州分局第一国土资源管理所、北京市国土资源局通州分局第二国土资源管理所、北京市国土资源局通州分局第三国土资源管理所、北京市国土资源局通州分局第四国土资源管理所 8 个事业单位，编制 82 名，实有人数 71 人。

分局领导班子：

党组书记　　　　刘占恩
局　长　　　　　靳　京
党组副书记　　　高聪全
副局长　　　　　张士祥
副局长　　　　　康振宇
副局长　　　　　王满屯
副局长　　　　　王　玥（女）
纪检组长　　　　张洪星
（2013 年 6 月 19 日任职）

【土地利用总体规划】

完成《通州区市区乡三级基本农田保护区专项规划（2010—2020 年）》编制工作，形成了文本、说明、图件、数据库等规划成果，划定了三级基本农田保护区范围，优化用地布局，促进基本农田集中连片，确保保护区内耕地总量增加，城乡建设用地总量减少；制定保护区管理规则、基本农田保护责任机制、规划实施监督和实施评价机制、保障措施确保规划顺利实施，该成果 7 月 23 日获市国土局批复。通州区开始实施多划定基本农田政策，在全市率先对永乐店永德路、国际种业园区和徐尹路综合检查站 3 个项目的规划进行动态维护涉及基本农田的调整，3 个项目总面积 47.7 公顷，共涉及核减多划定基本农田 8.33 公顷。

制定规划动态维护程序及《通州区土地利用总体规划（2006—2020 年）预留建设用地机动指标使用办法》，获得通州区人民政府批准。完成规划动态维护项目 12 个，总面积 114.68 公顷。其中，彩虹之门、永德路、徐尹路综合检查站以及于家务国际种业园区项目为市区重点工程，四个项目总面积 80.4 公顷；其余 8 个项目均为公共公益及民生项目，包括北运河榆林庄闸改建项目、漷县镇周起营村宅基地、马驹桥大杜社中学等，总面积 34.64 公顷。

按照市国土局颁发的《关于区（县）、乡镇新一轮土地利用总体规划宣传及成果备案有关通知》要求，通州分局开展了土地规划成果的宣传和公示工作。将区级规划和乡（镇）级规划公告、土地利用总体规划图在通州区政府网站、信息公开网站和通州分局网站进行公示；将规划文本、说明、图集设计制作并印刷数百册，发放到相关委办局、各乡（镇）政府以及局内各部门，为规划顺利实施奠定基础。

【建设项目用地预审】

年内，加大重点项目审批力度，结合

全市行政审批制度改革，尽可能的缩短办理时限，简化审批环节。办理国际医疗服务区等建设项目用地预审 162 件，用地总面积约 2801. 82 公顷，办理件数和用地面积分别比去年同期增 10. 96% 和 46. 69% 。

【征地及农用地转用项目用地管理】

年内，文化旅游区土地一级开发等 51 个征占地项目获市政府批复，总用地面积约 911. 84 公顷，其中农用地 505. 76 公顷，涉及占用耕地 240. 9 公顷，获批件数和用地面积分别比去年增 920% 和 817% 。征地项目涉及农转非 5097 人。其中转劳 2986 人、超转 1616 人。对历年市、区签定出让合同未按合同约定时间开工建设（涉嫌闲置）项目进行清理，57 个项目涉闲闲置，对这些企业下发“限期开工通知书”，要求按通知书约定的时间开工建设，形成动态督办机制，并向通州区政府做了专题汇报。

【土地整理及耕地占补平衡】

年内，完成 4 个高标准基本农田建设项目，建设总规模 5047 公顷，建成高标准基本农田 4613 公顷，总投资 2. 06 亿元。其中，通州区西集镇等 2 个镇共 15 个村基本农田整理项目通过竣工验收。进行永乐店镇、漷县镇、宋庄镇共涉及 59 个村的 3 个高标准基本农田整理项目，总投资约 1. 7 亿元。

为 10 个建设项目占补平衡补充耕地指标 30. 42 公顷。

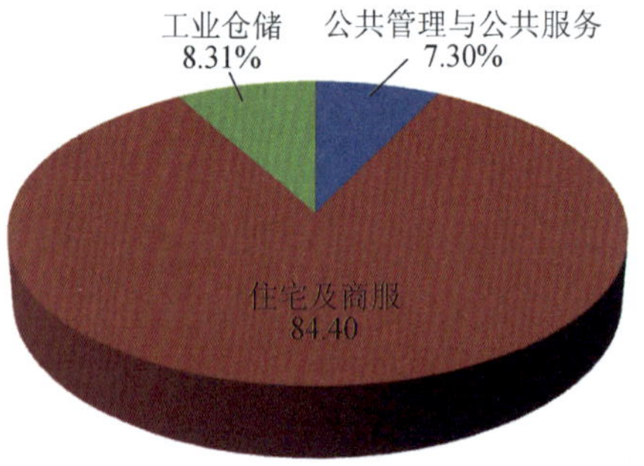

图 4-1　通州分局 2013 年国有建设用地供应结构图

【土地供应计划及实施】

国有建设用地计划供应总指标 354 公顷，年内，实际供应 228. 95 公顷，完成计划指标的 64. 68% 。在供地结构上，公共管理与公共服务用地占 7. 30% ，住宅及商服用地占 84. 40% ，工业仓储用地占 8. 31% 。本年通州分局国有建设用地供应结构如图 4-1 所示。

【保障性住房用地供应】

本年计划保障性住房项目供地 60. 99 公顷，实际完成 5 宗保障性住房项目供地，供地面积 29. 43 公顷，完成任务指标的 48% ；积极保障自住型商品房供地，选取于家务次中心一期等两个项目配建约 44 万平方米自住型商品房。

【土地市场交易】

年内，完成26个项目上市交易，总用地面积163.78公顷，建设用地103.2公顷，建筑规模294.96万平方米。成交价格292.77亿元，位居全市之首，其中政府土地收益约142.9亿元，占全区财政收入的42.09%。

【土地储备开发】

年内，新取得授权批复项目共8个地块，分别是彩虹之门项目和国际医疗服务区的7个地块，项目总用地面积约252公顷；完成土地储备开发项目26宗（已全部上市交易），总用地面积163.78公顷，建设用地103.2公顷，建筑规模294.96万平米；在施储备开发项目共39个、162个地块，总用地面积4168公顷。

【土地调查】

年内，根据集体建设用地调查的要求，对2009年底前形成、未确权登记的集体建设用地进行调查，通州区10个镇、452个行政村未确权登记集体建设用地8776宗，调查率达到100%。

根据国土部下发通州区2013年度土地变更调查监测图斑797块情况，经过调查核实，实际变化图斑分割为815块，总面积为551.16公顷。初步调查统计结果，监测新增图斑共316块，面积160.58公顷。其中，占耕地面积96.61公顷，占基本农田面积8.75公顷；伪变化图斑409块，总面积390.58公顷，占耕地面积186.18公顷，占基本农田176.39公顷。

【土地权属登记】

年内，国有土地登记270宗、面积688.02公顷。其中初始登记76宗、面积384.26公顷（出让47宗、面积180.41公顷，划拨19宗、面积44.65公顷，政府储备10宗、面积159.2公顷；变更登记194宗、面积303.76公顷（大业主16宗、36.7公顷，小业主116宗、面积2.23公顷，其他62宗、面积264.83公顷）。本年通州分局土地登记分类结构如图4-2所示。

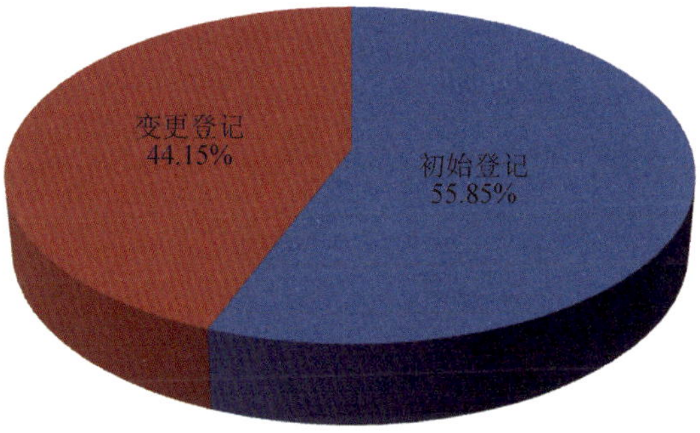

图4-2　通州分局土地登记分类图

土地抵押登记262件、抵押面积1135.42公顷、抵押贷款599.58亿元。其中政府储备抵押22件、抵押贷款275.42亿元；土地抵押注销登记219件。

【土地执法监察】

利用“6·25”第23个全国土地日和“12·4”法制宣传日，加强法规政策的宣传，在全区设12个宣传点，通州中心公园为主会场，各乡（镇）设分会场，运用悬挂横幅标语、广播、现场解答等形式进行宣传，发放普法宣传品近3万份。

根据全区违法用地的态势，以完善工作机制为主线，加大执法检查的力度。完善组织机构，严格责任落实，成立通州区土地卫片执法检查工作协调小组，印发《通州区2012年度土地卫片执法检查工作实施方案》，严格落实通州区的执法联动机制职责，部署和督导拆除违法用地建筑专项工作。建立区级违法用地警示约谈机制，通州区委组织部、区监察局联合通州分局对违法用地占地面积全市排名前12名的7个乡镇政府主要领导进行警示约谈工作，提出整改意见，暂停被约谈乡镇政府相关用地审批；联合通州区农委对全区147个农业项目进行现场核查，通过核查验收的项目129宗，推进农业项目超标准建设行为的管控工作。同通州区公安机关建立联合查处机制，3宗案件的责任人自行拆除违法用地建设。建立全区违法用地台账，对于违法用地实行倒排工期的工作方法，督促乡（镇）按计划完成每周拆违任务，区政府领导每周听取完成情况报告，做到任务目标具体化，督导工作清晰明了化，共下发行政处罚决定书153份，收缴罚款共计268.6万元。

根据市国土局《关于坚决杜绝新建严肃查处续建续售“小产权房”的紧急通知》（京国土监〔2013〕88号）文件精神，对2008年以来建设的小产权房、变相销售小产权房行为进行清理，共梳理出38处小产权房及村民自住楼项目，涉及永顺镇12处，梨园镇8处，张家湾镇6处，宋庄镇5处，漷县镇2处，潞城镇1处，西集镇1处，台湖镇1处、马驹桥镇1处，于家务乡1处。

【信息化建设】

建立信息化建设领导小组，及时研究信息化建设中的问题，加强对信息化建设的领导；建立健全基础设备管理、信息应用安全管理两个方面的十九条制度，并抓好落实；做好信息化建设的培训工作，对各科室信息化建设专兼职人员进行了3次培训，受训近100人次；做好信息系统及终端运行维护工作，确保网络安全稳定运行；加强网站建设，及时更新信息，年内更新公示公告28条，工作信息72条。

【地热资源管理】

依据《矿产资源开发登记管理办法》和《北京市矿产资源管理条例》的有关规定，开展2012年度地热资源开发利用年检工作，及时下发年检通知，对地热开发利用单位进行现场检查、核实，根据综合年检情况，东方化工厂等3家用热单位通过年检。

【地质灾害防治】

加强对拟选址在地质灾害易发区内的建设用地预审项目地质灾害危险性评估工作的管理，认真审慎、科学合理出具地矿部门意见，参与联合预审项目。加强批后监管，努力避免出现因地质灾害原因引起的工程质量问题及建设项目对地质环境的不良影响；做好辖区内三级地质灾害评估备案工作，完成地质灾害危险性评估备案5件，建设项目是否压覆重要矿产资源核查1件，协助市国土局作好地灾评估单位资质管理工作。

【信访工作】

加强组织领导，建立信访工作长效机制。坚持信访工作领导小组定期研究信访工作的领导机制，不断完善工作机制，实行办案质量责任制、执法质量考评制、案件责任追究制等。加强专职信访接待员队伍建设，坚持局领导轮流进行信访值班。全年接待来电240个，涉及240人，同比下降42%；来信58封，涉及124人；来访举报31批次，涉及137人次，其中集体访6批次，涉及87人，重复访4批次，涉及27人次；分局长信箱信访件94件，同比持平。信访量同比下降了14%。国土部、市国土局转办、12336举报电话反映违法行为219件，同比上升35%。

【调研课题】

年内，完成调研课题9项。《关于城镇化与土地一级开发的思考》、《从房价与地价关系看招拍挂制度》、《论小产权房的现状和解决途径》获第五届北京土地青年论文比赛一等奖；《通州区西集镇违法用地查处机制的创新》获二等奖；《浅谈土地执法监察工作信息化建设》、《对国土资源执法难的思考》、《浅谈如何有效提高国土所执法效能》、《试论公共管理，土地政策与新型城市化》获三等奖。

【大事记】

1月8日，通州区监察局、通州分局召开了通州区2012年度土地违法违规用地警示约谈会，各乡（镇）主管乡（镇）长、农业局、交通局、园林局、水务局负责人参加会议。

3月27日，国家土地督察北京局副局长牛珏、专员蔡可军带队对通州区2012年和2013年一季度土地征收及农用地转用工作进行审核督察。

4月11日，完成运河核心区Ⅷ－10地块F3其它类多功能用地及台湖镇4－1－011、4－1－013、4－1－018、4－1－026、4－1－037地块F3其他类多功能用地4－1－022地块F2公建混合住宅用地上市交易工作。

4月25、26日，国家土地总督察办公室副巡视员丁志如、国家土地督察北京局副专员于明科带队到通州区开展城镇化土地利用情况调研，通州区委常委、常务副区长崔志成参加调研。

6月20日，市国土局对2012年度卫片违法严重的通州区宋庄镇政府进行了约谈。

7月23日，《通州区市区乡三级基本农田保护区专项规划（2010—2020年）》获市国土局批复。

8月14日，台湖镇4－1－007地块商业金融用地成功成交。该项目总用地面积4.39公顷，建设用地3.46公顷，建筑规模10.39万平方米，竞得人为北京万科企业有限公司，成交价为102000万元，政府收益81206万元。

9月13日，通州区委组织部、通州区

监察局、通州分局联合对通州区 2012 年度国土部卫片执法检查违法违规用地面积在全市排名前 12 的七个乡（镇）政府（宋庄、马驹桥、台湖、张家湾、漷县、梨园、潞城）的主要领导进行警示约谈。

11 月 23 日，通州区公安局、通州国土、宋庄镇村干部等按照相关规定联合执法，拆除宋庄镇双埠头村泡沫厂的违法建筑。

12 月 13 日，通州分局强制拆除宋庄镇违法建筑赏石苑小产权楼，赏石苑占地面积 9.33 万平方米，建筑面积 12000 平方米。

北京市国土资源局顺义分局

【土地资源概况】

顺义区位于北京市东北部，坐标为40°00′—40°18′，东经116°28′—116°58′。东邻平谷，北连怀柔、密云，西接昌平、朝阳区，南接通州区、河北三河市。辖区设19个乡（镇）。

顺义区辖区总面积1019.5063平方公里（101950.63公顷），土地利用现状面积详见表4-8。

表4-8 顺义区土地利用现状面积汇总表

地类		面积（公顷）
合计		101950.63
耕地		33990.4
其中	水田	209.54
	水浇地	32566.53
	旱地	1214.33
园地		5003.01
其中	果园	4980.29
	茶园	0
	其他园地	22.72
林地		15380.53
其中	有林地	8249.37
	灌木林地	1619.91
	其他林地	5511.25
草地		1786.38
其中	天然牧草地	0
	人工牧草地	68.26
	其他草地	1718.12

续表 4-8

地类		面积（公顷）
城镇村及工矿用地		27789.36
其中	城市	5772.53
	建制镇	8365
	村庄	12951.91
	采矿用地	385.52
	风景名胜及特殊用地	314.4
交通运输用地		7173.71
其中	铁路用地	258.18
	公路用地	2977.5
	农村道路	1659.72
	机场用地	2278.31
	港口码头用地	0
	管道运输用地	0
水域及水利设施用地		7743.61
其中	河流水面	2193.7
	湖泊水面	0
	水库水面	86.19
	坑塘水面	2565.22
	沿海滩涂	0
	内陆滩涂	95.71
	沟渠	2313.87
	水工建筑用地	488.92
	冰川及永久积雪	0
其他土地		3083.63
其中	设施农用地	2925.11
	田坎	0.5
	盐碱地	0
	沼泽地	90.15
	沙地	0
	裸地	67.87

【机构设置】

北京市国土资源局顺义分局（简称顺义分局），内设土地利用科、地籍科、耕地保护科、地质矿产科、综合科、财务科、纪检监察科、政工科9个职能科室。机关行政编制34名，实有26名。机关工勤编制6名，实有6名。下设北京市顺义区土地权属登记事务中心、北京市顺义区国土资源执法队、北京市土地管理储备中心顺义区分中心、北京市顺义区土地利用事务中心、第一国土资源管理所、第二国土资源管理所、第三国土资源管理所、第四国土资源管理所8个事业单位，编制87名，实有74名。

分局领导班子：

局长、党组书记	韩风桐
副局长	王军生
副局长	纪品良
副局长	赵丽婷
纪检组长	张晓梅
副局长	杜井龙

【建设项目预审工作】

完成建设项目预审110项，涉及用地总面积约1134.98公顷。

【征地及农用地转用项目用地管理】

共办理征地手续29宗，用地面积约651.43公顷，其中农转用170.11公顷，补充耕地78.27公顷。

【高标准基本农田建设工作】

整体对木林镇、龙湾屯镇、张镇、大孙各庄镇、北石槽镇五个镇的10万亩基本农田进行了农业生产设施的全面改造。

在围绕浅山建设的基础上，完善农田的设施建设，改造农业生产环境。共争取市级财政资金补贴3亿元，修路500条，打井151眼，修建泄水井380座，埋设管线14.5万米，建设机井房213座；整理出新增耕地1000公顷，腾退建设用地约13.33公顷。形成了田成块、路相通、林成网、旱能灌、涝能排的生产格局，为五彩浅山镇旅游观光、农业采摘发展拓宽了空间。

【土地储备开发】

本年，顺义区累计完成一级开发投资55.09亿元，其中分中心为主体项目完成投资33.18亿元，占投资总量的60%，累计完成一级开发面积284.34公顷，顺利完成年度指标。

【保障性住房用地供应】

本年顺义区保障房供地指标共计99公顷。完成保障性安居工程用地供应10宗，总用地面积98.23公顷，占全年任务指标的99%。其中公租房用地3宗，总用地面积22.61公顷；定向安置房用地5宗，总用地面积59.58公顷；限价房用地2宗，总用地面积15.77公顷。

【土地市场交易】

年内，顺义区共完成入市交易土地18宗，总用地面积129.67公顷，总成交价108.9亿元，实现政府土地收益56.21亿元。

其中：经营性用地入市10宗，总用地面积87.27公顷，总成交价101.89亿元；工业用地招拍挂 8 宗，总用地面积 42.4 公顷。

【农村集体土地确权登记颁证工作】

年内，集体土地所有权确权登记应发宗地数 1730 宗，面积 79001.17 公顷；已发证宗地数 1599 宗，面积 75814.02 公顷，其中村集体所有权宗地 1506 宗，面积 75442.37 公顷；镇集体所有权宗地 93 宗，面积 371.65 公顷。发证率按面积算为 96.19%，按宗地计算为 95.52%。顺义区农村集体土地建设用地使用权外业调查工作已经完成，共计 5800 宗地。

【土地执法监察】

年内，严格执行土地法，坚持依法用地，依法管理，认真落实耕地保护政策，大力开展土地市场治理整顿，全区土地资源保护和利用工作取得了长足进展，土地市场秩序明显改善，为促进区域经济社会发展做出了重要贡献。在实际工作中，分局对存在的违法违规用地问题做到不回避，采取得力措施应对违规用地问题；不等待，自己动手加快处理已出现的各类违法占地案件；不松懈，坚持依法依规用地。在行动上，做到“四个坚决拆除”，对已经挂账的违法占地坚决拆除，并复耕到位；对顶风作案的违法建设坚决拆除；对有严重影响城市规划和市容市貌的违法建设坚决拆除；对存在重大消防和质量安全隐患的违法建设坚决拆除。

2012 年度土地矿产卫片顺义区整改阶段共拆除违法新增建设 88 宗，占地面积 28.56 公顷，其中耕地 4.37 公顷。顺义区违法用地占用耕地面积占新增建设用地占用耕地总面积的比例为 2.49%（在全市十四个区县中排名第一位），计入问责比例为 2.49%（在全市十四个区县中排名第一位）。依法履职到位率和整改查处到位率均为 100%（在全市十四个区县中排名第一位）。按照全市统一验收标准，在 12 次卫片执法检查验收中得分为 103 分（在全市十四个区县中排名第一位），顺利通过验收。

【土地批后监管】

年内，对区内 142 宗出让项目用地使用情况逐宗调查和踏勘，留取影像资料，收集项目建设有关资料。两年来，收缴历史欠缴出让金 6116.55 万元；资金占用费 106.11 万元；滞纳金 1524.7 万元，合计 7747.36 万元。

【信访工作】

年内，共接待群众来访 820 批。其中，接待日来访 399 批，比去年下降 27%；日常来访 114 批；到市局越级访 307 批。接收来信 110 件，比去年下降了 52%；化解重点访 26 宗，占总数的 45%。

【土地权属登记】

1. 办理土地抵押权初始登记 350 宗，抵押总面积 831.97 公顷，贷款总金额 386.9 亿元。办理国有土地使用权抵押权注销登记 322 宗，抵押注销总面积 859.42 公顷，抵押注销贷款总金额 270.96 亿元。

2. 办理国有土地使用权登记 453 宗，登记总面积 493.1 公顷。其中，国有土地使用权初始登记 65 宗，共 159.33 公顷；国有土地使用权变更登记 388 宗，共

333.77 公顷。

3. 办理宅基地使用权登记 375 宗，其中，初始登记 25 宗，变更登记 16 宗，挂失补办 168 宗，宅基地更名 166 宗，登记总面积 13.36 公顷。

【信息化建设】

1. 对国有建设用地使用权土地登记和土地抵押权初始登记结果进行网上主动公开，本年度分局在市局网站上共公布土地登记结果 356 条，其中国有建设用地使用权登记 180 条，土地抵押权初始登记 176 条。

2. 办理承办件 1568 件，完成 1507 件，按时办结率 100%。其中：政府信息公开 500 件，办结 491 件；建设性是否压覆重要矿产资源核查受理 25 件，办结 24 件；地质灾害危险性评估受理 1 件，办结 1 件；宅基地业务受理 367 件，办结 325 件；小业主变更登记业务受理 295 件，办结 290 件；小业主抵押登记业务受理 129 件，办结 128 件；小业主抵押注销登记业务受理 120 件，办结 119 件；建设项目用地预审业务受理 111 件，办结 110 件。

【矿产资源管理】

年内，根据市国土局要求压减矿山数量，将原有 6 家固体矿山企业整合为现有的 4 家，固体矿山减少率达到 30%，整合后 4 家固体矿山企业全部达到中型以上生产规模。

【行政处罚案件审核和办理】

年内，完成立案审核 87 件，下达处罚决定书 87 份，已申请法院强执案件 25 件，行政应诉 18 件，上诉应诉 9 件，行政复议 7 件。

【党的群众路线教育实践活动】

1. 开展学习教育活动

以三个党支部为单位，组织学习《论群众路线》、《厉行节约、反对浪费》、《习近平总书记重要讲话选编》等书籍，观看《雨中的树》、《周恩来的四个昼夜》、《孔繁森》等电影作品，撰写个人学习心得，并畅谈学习体会。

2. 开展廉政党课活动

市国土局监察处处长孟庆秋上了一堂以“认清形势、依法履职、确保平安”为主题的党课；顺义分局党组书记、局长韩凤桐作了题为《牢记宗旨、永葆先进、“五个围绕”抓好教育实践活动》的专题培训；邀请区委党校岳彦飞讲师从群众路线的内涵和本质，做群众工作面临的新形势与新变化，以及做好群众工作的路径选择三个方面为党员干部授课。

3. 开展参观学习活动

组织党员干部参观焦庄户地道战遗址，重温《入党誓词》；到国家博物馆，参观《复兴之路》大型主题展览；到北京市反腐倡廉警示教育基地进行参观学习。

4. 开展其他形式活动

以问卷调查的方式向全区各职能单位、各镇以及用地单位等征求分局“四风”方面存在的意见建议。共发放问卷调查 79 份，反馈意见 18 条；召开班子民主生活会，领导干部对照“四风”方面存在的问题进行对照检查。

【大事记】

1 月 21 日，顺义分局组织召开科级干部述职大会，总结2012年工作，安排部署2013的工作任务，全体干部职工参加会议。

3月13日至3月15日，市颁证检查组对顺义区农村集体土地所有权确权登记外业测量成果、数据库成果、文件资料及土地登记成果进行检查。

3月22日，国家土地督察北京局到顺义区对2012年度及2013年一季度农用地转用、土地征收及土地利用总体规划实施等情况进行集中核查。

4月16日至4月22日，顺义分局围绕第44个地球日“珍惜地球资源，转变发展方式——促进生态文明，共建美丽中国”活动主题，开展形式多样的主题宣传周活动。4月22日，在仁和镇文体广场设立宣传站，向群众发放宣传资料、进行现场答疑。

6月24日至6月28日，顺义分局在第23个全国土地日之际，围绕“珍惜土地资源，节约集约用地”宣传主题，开展形式多样的主题宣传周活动。

7月1日，顺义分局组织开展以“党旗引领成长”为主题知识竞赛答题活动，70余名党员干部以及入党积极分子现场观看比赛。

7月26日，顺义分局组织召开2013年度区高标准基本农田建设专家评审会。该项目共涉及4个镇，16个项目，总规模15万亩，其中基本农田7.2万亩。

8月21日，顺义分局召开党的群众路线教育实践活动动员部署大会，统一思想，提高认识。配合市国土局督导组，在参会人员范围内对顺义分局领导班子及成员进行民主评议。

9月25日，市国土局执法总队到顺义区验收2012年度土地矿产卫片执法检查和整改查处情况，并顺利通过验收。

9月27日，顺义分局召开2013年高标准基本农田建设项目启动会，大孙各庄镇等4个镇主管土地的副镇长及相关工作人员，审计单位、设计单位、监理单位、验收单位相关负责人及相关工作人员，基本农田建设指挥部相关人员参加会议。

10月11日，国家检查组对顺义区农村集体土地所有权确权登记发证工作的组织情况、工作成效及成果质量进行了全面的检查。这标志着顺义区农村集体土地所有权确权登记发证工作顺利完成。

10月15日，顺义分局组织全体党员到北京市反腐倡廉警示教育基地进行参观学习。

11月6日上午，市国土局副局长张维、市储备中心主任师宏亚到顺义分局调研，专题听取2014年经营性用地及保障性安居工程用地供地计划汇报。顺义区副区长赵贵恒、顺义分局局长韩凤桐及区储备分中心工作人员参加调研会议。

12月2日，顺义新城30街区32－05－02地块（北小营工业）项目以1008.8012万元的价格成交，竞得人为科雅（北京）新型装饰材料有限公司。

北京市国土资源局大兴分局

【土地资源概况】

大兴区位于北京南郊。坐标为39°26′—39°51′，东经116°13′—116°43′。东与通州区相邻，南与河北省固安县、廊坊市接壤，西隔永定河与房山区、河北省涿州市相望。北与丰台、朝阳两区相连。辖区设22个街道办事处（镇）。

大兴区辖区总面积约1036.3366平方公里（103633.66公顷），土地利用现状面积详见表4-9。

表4-9　大兴区土地利用现状面积汇总表

地类		面积（公顷）
合计		103633.66
耕地		41132.74
其中	水田	0
	水浇地	40076.42
	旱地	1056.32
园地		8248.4
其中	果园	8021.9
	茶园	0
	其他园地	226.5
林地		6591.33
其中	有林地	4634.05
	灌木林地	2.15
	其他林地	1955.13
草地		357.51
其中	天然牧草地	0
	人工牧草地	0
	其他草地	357.51

续表 4-9

地类		面积（公顷）
城镇村及工矿用地		34117.59
其中	城市	17418.68
	建制镇	3768.43
	村庄	12554.6
	采矿用地	29.02
	风景名胜及特殊用地	346.86
交通运输用地		4040.59
其中	铁路用地	514.28
	公路用地	1560.33
	农村道路	1965.98
	机场用地	0
	港口码头用地	0
	管道运输用地	0
水域及水利设施用地		6613.83
其中	河流水面	1211.19
	湖泊水面	0
	水库水面	158.13
	坑塘水面	360.65
	沿海滩涂	0
	内陆滩涂	2695
	沟渠	1495.48
	水工建筑用地	693.38
	冰川及永久积雪	0
其他土地		2531.67
其中	设施农用地	2531.67
	田坎	0
	盐碱地	0
	沼泽地	0
	沙地	0
	裸地	0

【机构设置】

北京市国土资源局大兴分局（简称大兴分局）内设办公室、综合科、地籍科、耕地保护科、土地利用科、地质矿产科、政工科、纪检监察科共8个职能科室，编制33名，实有32名，其中工勤人员2名；下设北京市土地整理储备中心大兴区分中心、土地利用事务中心、土地权属登记事务中心、国土资源执法监察队和国土资源管理所（4个）共8个事业单位，编制87名，实有77名。

分局领导班子：

局长、党组书记	芦亚静
副局长	国玉栋
（2013年3月任现职）	
副局长	景文成
副局长	孙龙广
纪检组长	李　刚
副局长	邵国军
（2013年6月任现职）	

【土地利用总体规划】

年内，完成《市区乡三级基本农田保护区专项规划》的编制工作；开展《北京市大兴区土地整治规划》编制工作；完成黄村镇孙村组团货运枢纽、京开路东侧天宫院土地一级开发、中都奔驰配套零部件排序分拣中心、采育镇邵各庄组团育祥街道路工程、南海子公园二期、三元奶粉、京沪高铁附属工程等14个项目的规划动态维护；开展《大兴区土地利用总体规划（2006－2020年）》宣传工作。

配合市国土局及区园林绿化局做好2013年平原造林地块选择工作；配合区经信委对本年需要腾退的10个工业项目、工业区18个基础设施的建设进行是否符合规划的审核。

【建设项目用地预审】

共审批建设项目用地预审55件，用地面积约510公顷；回复区发改委项目用地征求意见函81件。

【征地及农用地转用项目用地管理】

年内，受理土地征收和农转用项目17个，总面积约328公顷（农用地171公顷），其中：已经市政府批准的项目有22个（含2012年项目），批准面积约409公顷（农用地257公顷）；完成征地公告项目19个，面积315公顷（农用地180公顷）；占地公告5个，面积约59公顷（其中农用地27公顷）；办结征地结案项目13个，面积149公顷。

【土地整理及耕地占补平衡】

全年，市国土局分配大兴区高标准基本农田建设任务2000公顷。年内，完成4个大兴区高标准基本农田建设年度实施方案编制工作，并通过专家评审，下达项目批复，拟建成高标准基本农田2380公顷。通过公开招投标，确定3家中标单位，4个项目建设总规模为3253公顷。

完成2012年度高标准基本农田建设项目的验收入库工作。

建设用地占耕地实现了占补平衡，共补充耕地31.6公顷，收缴耕地开垦费852.59万元。

【土地供应计划及实施】

全年完成开发项目任务指标260公

顷，计划新增指标160公顷，项目投资任务指标50亿元。实际完成开发项目土地面积181公顷，完成计划的70%；新增项目土地面积473公顷，完成计划的295%；完成投资50.11亿元，完成计划100%；供地面积161公顷。

【保障性住房用地供应】

年内，住宅用地计划供应合计160公顷（含亦庄），其中商品住宅计划供应105公顷；保障性安居工程用地计划供应55公顷（公租房7公顷、经适房7公顷、定向安置房41公顷）。

分解指标完成情况：按照已对社会公布的《2013年大兴区保障性安居工程用地计划（含亦庄）》，用地落实总量172.55公顷；其中新增供应总量中公租房用地4.02公顷，定向安置房用地41.38公顷；历年已供未开工等方式落实保障性安居工程用地总量中公租房用地16.48公顷，经济适用住房用地12公顷，限价商品房用地15.99公顷，定向安置房用地82.68公顷。

通过土地交易市场，竞配建出公租房共计2.05万平方米；竞配建出限价房27.16万平方米。

【土地市场交易】

年内，经营性用地项目地块成交13宗，总用地面积161.53公顷，建设用地面积107.96公顷，总建筑规模173.25万平方米，总成交价164.75亿元，实现政府收益83.54亿元；工业用地项目地块成交17宗，总用地面积139.12公顷，建设用地面积90.1公顷，总成交价9.40亿元，政府收益1.47亿元。

【土地储备开发】

年内，结转在施项目共27个（62个分项目），土地总面积约2059公顷，其中建设用地约1127公顷，代征地约932公顷。规划建筑规模约1890万平方米。

【土地调查】

开展集体建设用地使用状况调查专项工作，摸清集体建设用地的规模、结构及使用情况，完成全区5700块、5700公顷范围的集体建设用地外业调查工作，向市国土局和区政府提交了调查报告。

对国土部共下发的2012年度65个疑似非新增建设用地图斑和214个疑似新增建设用地图斑进行外业进行核查。

对大兴区前三季度共719个监测图斑外业核实工作。

【土地权属登记】

年内，各类使用权登记件共受理432件，办结396宗（含2012年受理2013年办结），其中，国有土地使用权登记338宗，面积864.65公顷；集体土地使用权登记58宗，面积29.49公顷。对国有土地使用权登记按登记类型区分：初始登记119宗，面积365.86公顷；变更登记144宗，面积253.69公顷；注销登记75宗，面积245.10公顷。

各类抵押登记件共受理496件，其中初始登记297件，涉及贷款金额383.32亿元，结果在5个工作日内全部主动公开。

地籍调查业务共受理175件，办结149件（含2012年受理2013年办结）。

权属审查业务共受理157件，办结147件（含2012年受理2013年办结）。

勘测定界业务共受理核实勘测定界现状数据成果63件，另对13件原有成果按市国土局要求进行了格式调整。

协助人民法院执行查封、解封土地45件；回复协执办理情况6件；受理政府信息依申请公开查询业务24件；处理行政诉讼14起，复议案件2起。

完成全区农村集体建设用地使用权的外业核实共7582宗，落实空间位置的集体土地证1175宗。

【土地执法监察】

年内，共立案查处37宗非法占地行为，涉及应拆除构建物约4.5万余平方米，涉及没收构建物约11万平方米，收缴罚款近280万元；依法向区人民法院申请强制执行24宗，另向法院执行局申请强制执行案件21宗；同时办结往年未结案件6宗。

核查国土部2012年度卫片，涉及宗地203宗115.5公顷，同时依法处理其中111宗违法用地行为。此项工作已顺利通过国土部的验收。

核查2013年前三季度自有卫片，涉及宗地720宗440余公顷，同时依法处理了其中118宗违法用地行为。

【信息化建设】

年内，向各科室及用地单位提供308个项目各类图件1939张，其中：预审131个项目199张；征地31个项目194张；执法监察75个项目452张；耕地占补平衡7个项目99张；其它类业务64个项目995张。

为进一步做好档案数字化工作，分别在6月和9月组织开展了档案数字化、档案信息化安全自检工作。

积极推进实现地籍管理系统建设，日常登记业务现已实现带图作业审批，小业主楼盘已建设完成并在线运行。

【地质灾害防治】

年内，组织“5·12”防震减灾日宣传工作，共发放800余套地质灾害防治宣传海报。完成地质灾害评估备案工作16件。

【信访工作】

继续实行大兴分局领导带班接访制度，年内共受理涉及土地问题信访件和举报件300件，其中，群众举报件214件，信访件3批次，分局长信箱留言83件。

【大事记】

1月17日，市国土局纪检组长周新华带队、人事处副处长苏贤清到大兴分局国土所对全面建设情况调研，市局、大兴分局有关领导参加调研。

2月21日，市国土局副局长张维率规划处、征地处、储备中心、执法监察总队、规划中心一行到大兴区对土地供应及新机场土规调整、征地、拆迁等工作进行调研。

4月23日，市国土局副巡视员樊文祯带队市国土局规划处、规划中心主要负责人、大兴区副区长谢冠超以及大兴分局、榆垡镇有关领导一同调研，对新机场、新航城项目用地进行实地踏勘，就新机场用地及建设等情况进行了研讨。

6月26日，国土部咨询研究中心土地咨询部主任李尚杰一行六人，来大兴区就农村集体经济组织改制和资产管理有关情况进行调研，区委常委、副区长戴明超，市国土局地籍处处长郑全智等有关领导参加调研。

8月19日和10月24日，国家土地督察查北京局副主任张靖带队到大兴开展维护被征地农民合法权益专项督查工作。

11月14日，市国土局副局长谢俊奇带领地籍处、登记中心、法制处、信息中心同志到大兴分局调研集体建设用地使用权确权登记发证、宅基地依申请公开事项涉及应诉的有关问题及机房信息化升级改造工作。

北京市国土资源局昌平分局

【土地资源概况】

昌平区位于北京市西北部，位于北纬40°02′—40°23′、东经115°50′—116°29′，东邻顺义区，南与朝阳区、海淀区毗邻，西与门头沟区和河北省怀来县接壤，北与延庆区、怀柔区相连。辖区设20个街道办事处（镇）。

昌平区辖区总面积为1342.4674平方公里（134246.74公顷）。土地利用现状面积详见表4-10。

表4-10　昌平区土地利用现状面积汇总表

地类		面积（公顷）
合计		134246.74
耕地		11842.92
其中	水田	83.5
	水浇地	8983.84
	旱地	2775.58
园地		12717.71
其中	果园	12656.87
	茶园	0
	其他园地	60.84
林地		63551.29
其中	有林地	15384.75
	灌木林地	39577.98
	其他林地	8588.56
草地		1532.28
其中	天然牧草地	0
	人工牧草地	16.73
	其他草地	1515.55

续表 4-10

地类		面积（公顷）
城镇村及工矿用地		33356.87
其中	城市	3980.3
	建制镇	12203.14
	村庄	9749
	采矿用地	1102.78
	风景名胜及特殊用地	6321.65
交通运输用地		5083.05
其中	铁路用地	701.01
	公路用地	3085.31
	农村道路	1288.09
	机场用地	7.43
	港口码头用地	0
	管道运输用地	1.21
水域及水利设施用地		4213.33
其中	河流水面	940.28
	湖泊水面	0
	水库水面	848.8
	坑塘水面	850.37
	沿海滩涂	0
	内陆滩涂	141.95
	沟渠	1261.9
	水工建筑用地	170.03
	冰川及永久积雪	0
其他土地		1949.29
其中	设施农用地	1708.08
	田坎	133.82
	盐碱地	0
	沼泽地	0
	沙地	0
	裸地	107.39

【机构设置】

北京市国土资源局昌平分局（简称昌平分局）内设办公室、政工科、财务科、综合科、地籍科、土地利用科（耕地保护科）、地质矿产科，共7个行政科室，设纪检监察科，机关行政编制31名，机关工勤编制3个（实有机关行政人员31名，工勤人员3名）；下设北京市昌平区土地权属登记事务中心、北京市昌平区土地利用事务中心、北京市土地整理储备中心昌平区分中心、北京市昌平区国土资源执法监察队、北京市国土资源局昌平分局第一国土资源管理所、第二国土资源管理所、第三国土资源管理所、第四国土资源管理所、第五国土资源管理所，共9个事业单位，事业单位人员编制共计95名（实有91名）。

分局领导班子：

局　　长	汪少群
党组书记、副局长	张少伟
副局长	梁　英
副局长	李亚琴
纪检组长	王维舟
副局长	张兴国
副局长	许启明

【土地利用总体规划】

完成“昌平区市区镇（街）三级基本农田保护区专项规划”报审稿修改并上报市国土局，调整了保护区划定方案、保护区内拟占用基本农田的重点建设项目列表及长陵镇、十三陵镇、兴寿镇三镇行政界线。启动北部山区延寿、十三陵和兴寿三镇土地利用总体规划编制工作。

【建设项目用地预审】

年内，共审核完成建设项目用地预审69件，项目总用地面积848.96公顷，其中农用地402.96公顷（占总用面积的47.75%），建设用地398.4公顷（占46.93%），未利用地47.6公顷（占5.6%）。与2012年相比，本年预审项目数量和用地规模有所下降。

【征地及农用地转用项目用地管理】

年内，审核上报征地及农转用项目15件，总用地面积351.70公顷，其中农用地173.95公顷，建设用地170.27公顷、未利用土地7.48公顷。全年获得批准的征地及农用地转用项目19个，总用地面积408.10公顷，其中农用地176.44公顷，建设用地222.29公顷，未利用地9.37公顷。

【土地整理及耕地占补平衡】

年内，昌平区在施土地整治项目共8个，建设总规模1308.46公顷，新增耕地80.13公顷（详见表4-11）；在施的高标准基本农田整理项目1个，建设规模942.97公顷，可建成高标准基本农田734.08公顷。上报征地及农转用项目涉及补充耕地69.45公顷，已全部按规定落实了耕地占补平衡。

表 4-11 昌平区 2013 年土地开发整理在施项目情况

（单位：公顷）

序号	项目名称	建设规模	新增耕地	立项批复年度	实施状态
1	阳坊镇基本农田整理项目	421.36	15.89	2006.9	竣工未验收
2	长陵镇上口村改善农业生产条件项目	6.86		2007.12	正在验收
3	长陵镇黑山寨村改善农业生产条件项目	6.82		2007.12	正在验收
4	流村镇流石港村改善农业生产条件项目	6.43		2007.12	正在验收
5	南口镇李庄村改善农业生产条件项目	18.08		2007.12	正在验收
6	流村镇马刨泉等五个村基本农田整理项目	342.95	23.89	2007.12	在施
7	南口镇前洼等9个村基本农田整理项目	481.16	16.57	2008.12	正在验收
8	流村镇马刨泉村土地开发项目	24.81	23.78	2008.12	正在验收
合计		1308.47	80.13		

【土地供应计划及实施】

年内，完成了昌平区本年度土地供应计划编制工作，拟安排供应国有建设用地面积约 523.15 公顷。本年昌平区土地供应计划用途结构详见表 4-12。

表 4-12 昌平区 2013 年土地供应计划用途结构表

（单位：公顷、%）

	合计	交通运输用地	公共管理与公共设施用地	工矿仓储用地	商服用地	住宅用地			
						商品住宅用地	限价房用地	公共租赁房用地	定向安置房用地
计划供应面积	523.15	40.31	308.47	42.49	30.81	71.4			29.67
所占比例（%）	100	8	59	8	6	13			6

市国土局、市发改委、市规划委联合印发的《关于印发北京市 2013 年度国有建设用地供应计划的通知》，明确公共管理与公共服务、交通运输、水域及水利设施和特殊用地等指标实行全市统筹安排；住宅、商服和工矿仓储用地分解落实到区县和具体地块。具体分解到昌平区的国有建设用地供应指标为 202 公顷，其中：工矿仓储用地 42 公顷，商服用地 8 公顷，住宅用地 152 公顷（含商品住宅用地 71 公顷、保障性安居工程用地 81 公顷）。

【保障性住房用地供应】

年内，完成保障性住房项目土地供应 82.9 公顷，超额完成任务（市政府下达昌平区的任务量为 81 公顷）。其中：限价商品住房用地8.58公顷，公共租赁住房用地32.52公顷，定向安置房用地41.80公顷。

【土地市场交易】

年内，通过招拍挂方式成交12宗，其中经营性项目用地8宗，土地总面积102.21公顷，规划建筑面积151.97万平方米，实现政府土地收益约513962万元；工业项目用地4宗，土地面积47.26公顷，规划建筑面积48.96万平方米，实现政府土地收益约8528万元。

【土地储备开发】

本年完成土地储备开发投资45.55亿元，完成土地储备开发面积278.43公顷，完成市政府下达任务。

【土地调查】

年内，共完成地籍调查211件，出具土地权属审查告知书103项，数据库更新8宗，完成地类审核25项，向用地单位回函53件。为征地、预审等提供了详实的数据基础。另外协助分局相关科室核实地类293宗。

【土地权属登记】

年内，完成国有土地使用权日常登记发证715宗，面积1785.52公顷。其中，国有土地使用权初始登记51宗，面积199.89公顷；国有土地使用权变更登记194宗，面积177.81公顷；土地储备用地变更登记14宗，面积44.81公顷；法院协助执行土地登记2宗，面积0.06公顷；补证土地登记2宗，面积2.60公顷；土地注销登记9宗，面积217.4公顷；国有土地使用权抵押登记236宗，抵押土地面积549.09公顷，抵押贷款金额295.8亿元；国有土地使用权抵押注销登记207宗，注销抵押土地面积593.86公顷，注销抵押贷款金额327.22亿元。

【农村土地确权登记颁证】

年内，农村集体土地所有权确权登记工作分别通过市国土局预检、复检和市农村土地确权登记颁证工作领导小组验收。8月15日启动全区农村集体建设用地使用权确权登记颁证工作。

【土地执法监察】

1. 违法案件查处

年内，共立案处罚土地违法用地案件193宗，涉及土地面积288.06公顷，处罚款2823.22万元，收缴罚款3358.53万元。共送达《责令停止国土资源违法行为通知书》621份。

2. 2012年度土地矿产卫片执法检查

按照国土资源部和北京市国土资源局有关要求，利用卫星监测成果开展第2012年度卫片执法检查，对全区442个疑似违法用地图斑进行核查，认定违法用地268宗，总面积126.83公顷，其中耕地19.22公顷。截至年底，共拆除违法用地108宗，总面积23.03公顷。拆除建筑物面积约22073平方米，退还耕地面积6.58公顷。

3. 动态巡查工作

年内，共巡查发现违法占地395宗，违法占地面积87.32公顷，其中耕地16.87公顷。对发现的违法占地行为，全部下达《责令停止国土资源违法行为通知书》，及时向区政府报告情况，同时函告区拆违办、规划昌平分局、住建委、城管等相关部门及街道（镇）。

4. 打击盗采砂石行为和关闭非法砂石加工厂专项行动

在全区开展打击盗采砂石行为和关闭非法砂石加工厂专项行动。共出动执法人员6000余人次，出动执法车辆900余次，查扣盗采车辆设备25台，立案16宗，罚款60.5万元人民币。

【信息化建设】

年内，完成新网站上线工作，坚持“信息公开、在线办事和公众参与”三大功能定位，实现分站栏目与市国土局主站栏目的关联发布，实现办事事项结果查询和交易信息查询，实现服务型政府的新网络互动平台。完成国土所计算机的内网接入工作。

【矿产资源概况】

年内，昌平区共发现矿产29种，其中金属矿产10种，非金属矿产19种。共发现金属、非金属矿床和矿点94处，其中经过详查或勘探，向国家提交了储量报告的矿床26处，未做地质工作但经调查肯定的矿点68处。截至年底，全区开发利用的固体矿产资源4家、年产矿石量约350万吨。分别是水泥用灰岩1家、制灰用灰岩1家，建筑用白云岩1家、建筑用花岗岩1家；开发利用矿泉水企业3家，年产矿泉水近1000吨；现有热水井120余眼，开发利用地热资源的单位33家，年开采热水300多万吨。

【地质勘查储量管理】

年内，完成2家探矿权年检，开展矿山企业的储量动态监测工作并组织检测报告的评审；完成矿山企业占用、消耗资源量的登记、统计工作。完成19件建设项目压覆重要矿产核查初审。

【矿产资源开发管理】

对矿山企业是否存在超层越界开采等行为进行自检部署和抽查。配合区安监局开展了非煤矿山安全整治，并就发现的问题督促企业按期整改；打击私挖盗采砂石的专项行动，制止违法采矿行为；实施矿山环境恢复保证金制度，缴存保证金280.95多万元；按规定配合市国土局完成3家矿山的矿产资源开发利用方案和采矿权款价评估；完成全部矿山企业的储量动态监测工作；完成4家固体矿山、3家矿泉水企业、33家地热单位的采矿权年检，建立矿山企业开发利用台帐，完成矿山企业占用、消耗资源量的登记、统计工作，全面足额完成资源补偿费和采矿权使用费的征收，征收补偿费63.1万元。

【地热资源管理】

年内，配合市国土局完成33家地热利用单位日常监督检查和采矿许可证的年检初审，年检合格率100%。征收采矿权使用费2.3万元。

【地质灾害防治】

编制《昌平区地质灾害防治规划(2011－2020)》，并于5月15日获得区政府批准并发布实施；印发《2013年度地质灾害防治方案》；组织召开了全区地质灾害防治工作部署会，与相关各镇签订了地质灾害防治责任书；健全群测群防网络，发放防灾明白卡427份；设立警示牌140个；开展隐患点排查和再排查，组织十三陵镇果庄村和延寿镇花甲村开展村级地质灾害避险转移实景演练，组建专业人员参加的应急调查组，在汛期不定期检查各镇“七包七落实”的落实情况；开展南口镇不稳定斜坡地质灾害治理工程。年内，发生小型崩塌4次，无人员伤亡和财产损失。

【矿山环境治理】

实施延寿镇海子村花岗岩矿区地质环境质量项目，截至年底工程部分已基本完成。

【信访工作】

年内，共调查处理市政府、市国土局及区信访办转来的各类信访案件285件。其中土地信访共收到220件，全部办结，办结率100%。矿产资源信访共收到信访件65件，全部办结，办结率100%。

年内，共接到市国土局执法总队12336违法线索转办单386件，其中，25件涉及矿产的转办单，361件涉及土地的转办单。386件违法线索已全部调查完毕汇报给市局，办结率100%。

【接受审核督察和例行督察】

年内，国家土地督察北京局对昌平分局开展历时一个月的例行督察，督察组共查阅各类卷宗资料1268件，实地核查各类用地现场1052个，对崔村镇6300公顷镇域（2600个地块）进行全覆盖的土地利用现状调查，并针对昌平区《例行督察意见书》，拟定《昌平区关于土地例行督察整改工作方案》和《昌平区土地例行督察发现问题整改任务分解方案》，对《例行督察意见书》指出的耕地保护等7类问题集中整改。同时，以土地例行督察为契机，建立健全制止和查处违法用地违法建设行为共同责任机制，区委、区政府研究出台了“1+7”制度文件，“1”是1个意见，即：《关于建立制止和查处违法用地违法建设共同责任机制的意见》（京昌发〔2013〕13号）；“7”是7项配套制度，即：《关于建立昌平区制止和查处违法用地违法建设信息平台的实施方案》、《昌平区制止和查处违法用地违法建设工作联席会议制度》、《昌平区制止和查处违法用地违法建设部门主动履职和联动工作制度》、《昌平区耕地和基本农田保护目标管理工作制度》、《关于进一步规范设施农业管理促进农业生产发展的意见》、《昌平区违反土地管理规定行为警示约谈办法（暂行）》、《关于建立依法打击违法用地违法建设行为行政执法与刑事司法衔接机制的工作方案》。

年底，昌平区例行督察发现问题整改工作通过国家土地督察北京局检查组的核查。

北京市国土资源局平谷分局

【土地资源概况】

平谷区位于北京市东北部，坐标为北纬 40°02′—40°22′，东经 116°55′—117°24′。辖区设 14 个镇、2 个乡、2 个街道办事处。

平谷区辖区总面积 948.2404 平方公里（94824.04 公顷），土地利用现状面积详见表 4-13。

表 4-13 平谷区土地利用现状面积汇总表

地类		面积（公顷）
合计		94824.04
耕地		11885.23
其中	水田	9.88
	水浇地	9246.79
	旱地	2628.56
园地		23515.16
其中	果园	23480.39
	茶园	0
	其他园地	34.77
林地		34893.58
其中	有林地	21971.36
	灌木林地	3720.47
	其他林地	9201.75
草地		6119.98
其中	天然牧草地	0
	人工牧草地	0
	其他草地	6119.98

续表 4-13

地类		面积（公顷）
城镇村及工矿用地		10245.23
其中	城市	2083.72
	建制镇	2367.15
	村庄	5457.62
	采矿用地	129.93
	风景名胜及特殊用地	206.81
交通运输用地		2504.46
其中	铁路用地	76.43
	公路用地	1295.28
	农村道路	1132.75
	机场用地	0
	港口码头用地	0
	管道运输用地	0
水域及水利设施用地		4036.89
其中	河流水面	1033.9
	湖泊水面	0
	水库水面	510
	坑塘水面	1734.54
	沿海滩涂	0
	内陆滩涂	254.22
	沟渠	404.85
	水工建筑用地	99.38
	冰川及永久积雪	0
其他土地		1623.51
其中	设施农用地	920.2
	田坎	77.67
	盐碱地	0
	沼泽地	0
	沙地	0
	裸地	625.64

【机构设置】

北京市国土资源局平谷分局（简称平谷分局）内设办公室、政工科、纪检监察科、财务科、综合科、耕保征地科、土地利用科、地籍科、地质矿产科等9个行政科室；下设国土资源执法监察队、土地权属登记事务中心、土地利用事务中心、土地整理储备中心和国土资源管理一、二、三、四所等8个事业单位。年末，平谷分局人员共有123名，其中机关工作人员34名，参照公务员管理12名，规范工资人员13名，事业单位人员54名，退休人员10名。

分局领导班子：

党组书记、副局长　付景玉

局长　王国韬

（2013.4.23任职）

副局长　崔宝祥

副局长　张洪元

副局长　张雅民

副局长　常　亮

【基本农田专项规划编制】

《平谷区三级基本农田保护区专项规划（2011－2015年）》已于2012年12月通过专家评审。平谷分局结合新的政策要求，进行了修改调整，已上报区政府。共完成14宗用地动态维护项目的方案审查工作，并报市国土局备案；有3宗项目的方案初审工作，已获得市国土局批准。

【建设项目用地预审】

完成建设项目用地预审52宗，占地面积457.23公顷。其中公共管理与公共服务用地24宗，占地144.73公顷；交通运输用地6宗，占地127.26公顷；储备用地5宗，占地78.32公顷；工矿仓储用地7宗，占地30.18公顷；商服用地4宗，占地8.27公顷；水域及水利设施用地2宗，占地51.27公顷；住宅用地4宗，占地17.20公顷。

建设项目征求意见复函63宗，审查意见34宗。

【征地及农用地转用项目用地管理】

年内，共完成5个项目的征地批复，总用地面积约94.69公顷；征地结案5宗，总用地面积约42.66公顷；审批临时占地项目4宗、设施农用地3宗。

共审批土地出让项目15宗，土地出让总面积45.99公顷，收缴土地出让金3179.30万元，为2012年全年土地出让总面积的3.7倍、土地出让金3.47倍。办理地价款核实16宗，地价款3876.69万元已全额缴清。

【宅基地审批】

“着力解决一批农村居民急需住房问题”是2013年区政府为民办实事项目中的第一项。全区各乡镇上报急需宅基地的村庄数量214个，需要占地约140公顷，平谷分局采取摸底、核图、洪灾水灾评估、土地利用规划调整、农转用五个步骤进行实施，目前96个村的地形图测量已完成对接确认，67个村的地灾洪灾报告已完成专家评审并报市国土局备案，19个村已完成土地利用规划调整，正在继续推进后续工作。

【土地整理及耕地占补平衡】

本年，在施的小开荒、土地开发整

理、高标准基本农田建设共16个项目，7个小开荒项目已获市国土局终验；3个土地开发整理项目均完成水资源论证相关工作；6个高标准基本农田建设项目规划设计均已通过专家评审，对其中4个项目已下达规划设计批复，并上报区财政局进行财政审核。

【土地供应计划及实施】

本年，平谷区国有建设用地供应计划指标总计169公顷，其中住宅用地为29公顷（包括政策性住房4公顷，商品住宅为25公顷），商服用地为36公顷，工业用地为104公顷。

平谷区已完成量为89.05公顷（不含划拨用地），完成比例为52.69%。其中住宅用地已供应34.07公顷，完成比例117.49%；商服用地已供应8.98公顷，完成比例为24.94%；工业用地已供应46公顷，完成比例44.23%。

完成经营性用地供应51.2公顷，实现政府收益8.07亿元。

【保障性住房用地供应】

平谷区完成保障性住房供应4公顷，是2013年北京市第一个完成保障性住房供地任务的区（县）。

【土地市场交易】

年内，14个地块入市交易，土地面积66.68公顷，其中经营性用地4宗，土地面积39.05公顷，工业用地10宗，土地面积27.63公顷，政府收益8.25亿元。

【土地储备开发】

年内，实现固定资产投资183090.29万元。其中经营性用地供应4宗，供应面积为39.05公顷，固定资产投资166500万元；实现工业用地供应10宗，供应总面积为27.63公顷，固定资产投资16590.29万元。

按照市国土局下达平谷区2013年国有建设用地储备开发计划指标，应完成建设用地新增规模指标为30公顷，实际完成新增规模为45.61公顷，完成比例152%；计划完成开发指标为120公顷，实际完成开发面积为69.62公顷，完成比例为58%；计划投资指标为15亿元，截至年底，累计已投资8.95亿元，完成投资比例60%。

【土地调查】

年内，平谷区集体土地确权登记颁证工作进展顺利，全区集体土地所有权宗地总数为1606宗，面积84572.83公顷。全区已确权登记1571宗，确权登记面积84573.48公顷，确权登记率为97.82%，完成确权登记面积81792.81公顷，登记发证率为96.71%，完成了发证率90%的目标。

8月20日，启动东高村集体建设用地使用权确权登记颁证试点工作，全面开展平谷区集体建设用地补充调查工作。平谷区18个街道办事处（乡、镇）共设集体建设用地使用权宗地2568宗，全部完成了地籍调查工作，调查率100%。

共完成土地登记275宗，面积为542.17公顷。

主动升级地籍信息系统，制订技术方案，加强地籍管理信息系统的建设。

【土地权属登记】

年内，完成日常土地登记291宗，面积575.724公顷。其中，国有土地使用权初始登记52宗，面积104.63公顷；国有土地使用权变更登记76宗，面积126.69公顷；国有土地使用权注销登记3宗，面积为1.41公顷；国有土地使用权抵押权初始登记91宗，面积为240.13公顷，抵押贷款金额863917.32万元；国有土地使用权抵押权注销登记69宗，面积为102.864公顷。

【土地执法监察】

完成2012年度卫片执法检查，全区问责比例为1.82%，较2011年度卫片执法检查中全区问责比例的12.33%下降85.24%。在执法监察工作中坚持“早发现、早制止、早处置”的原则，切实履行“保障发展、保护资源”职责。

【信息化建设】

应用综合监管平台信息发布子系统实现了对平谷分局外网网站、市国土局内网网站、政府信息公开子站信息的同时发布。政府信息公开每月收集信息，保证主动公开政府信息15个工作日内在网上公开。本年，主动公开政府信息共431条，其中征地结案2件，征地公示2件，宅基地6件，建设用地预审56件，抵押登记100件，国有土地使用权登记99件，合同变更1件，土地使用权转让3件，土地使用权出让12件，工业和经营性国有建设用地使用权招拍挂8件，地质灾害危险性评估报告备案6件，建设项目压覆重要矿产资源核查12件，办公室1件，123件划拨前公示。

推行“一站式”服务。共受理行政许可和行政服务事项共464件，已办结423件；受理政府信息依申请公开共325件，与去年同比增加了277.91%；接待咨询1650余人次。

【矿产资源概况】

平谷区矿产资源丰富，已知的矿物有：金、铜、铅、锌、钨、钼、锰、铁、钾、石英岩、大理石、花岗岩、水泥灰岩、重晶石、麦饭石、白垩等20多种。黄金矿线由东到西长约60公里，曾是北京市黄金主要产地，现已禁采。

【矿产资源开发管理】

年内，成立矿产执法队，配备专用车辆，在加大巡查和查处的同时加强与乡镇和相关部门的协作，参与12次联合执法行动，打掉35家非法开采加工经营砂石料（含炼金摇床12家）点位，查扣各类车辆18辆，挖掘机2台，装载机1台，罚款6万元。

办理神怡谷泉矿泉水年检1件。

【地质灾害防治】

1. 建立群防群测网，防灾避险有对策。全区设立警示牌250块，逐户发放防灾避险明白卡，对10个乡（镇）的主管领导、工作人员和67个村的村干部、景区负责人进行防灾知识培训，并对地灾隐患点的警示牌以及明白卡内容的掌握情况进行拉网式检查，确保防范措施落实到位。

2. 建立各种应急预案，完善专业应急处置力量。为落实汛前地灾防治工作职责，平谷分局制定了工作方案和地灾应急预案，建立了雨情预警值班、应急机制，强化应急处置责任，做到统一领导，分级负责，快速反应。分局在6月5、6、9日指导了熊儿寨乡南岔村、金海湖镇红石门村、大华山镇李家峪村、南独乐河镇北寨村、刘家店镇孔城峪村地质灾害避险转移演练，演练中5个乡镇5个村共转移1099人。

3. 建立地灾防治项目，筑牢防灾设施。争取特大型地质灾害防治资金预算500万元，用于李家峪、南岔、彰作、上堡子等4个地灾治理项目立项。其中，南岔项目已接近完成，彰作项目、上堡子项目已经开工。2013年矿山地质环境治理示范工程立项孔城峪金矿废弃矿山治理项目，已完成基本设计，通过专家初审。

新增夏各庄镇为地质灾害防治镇。

【信访工作】

年内，采取变上访为下访、主动约谈、领导接待、立案调查等措施，将信访工作视为发现问题的渠道，确保及时发现、及时立案、及时查处。同时与乡（镇）、区信访办建立联动机制，召开12次信访专题会议。年内，平谷分局共接到12336违法线索登记转办件214件，信访转办件226件，已全部按照信访条例及市国土局362号文办理完毕。

【调研课题】

1. 解决农民宅基地审批难的问题。
2. 加强国土所建设，夯实基层工作。

【大事记】

1月10日，国土资源部考察组集中听取了平谷区创建区县领导情况陈述，考察组对平谷区创建活动给予高度肯定。

3月27、28日，平谷分局组织北京市地质研究所专家，会同金海湖镇彰作村、上堡子村和熊尔寨乡魏家湾村和南岔村的村委会书记赶赴各村域面临的地质灾害隐患点现场，共同商讨治理方案。

4月9日，平谷分局组织各乡镇核实上报申请宅基地的213个村庄及选址面积。

4月22日至23日，平谷分局会同区查违办、水务、工商、环保、公安、发改委（供电公司）对东高村镇、夏各庄镇、南独乐河镇、金海湖镇砂石料加工经营场所，实施联合执法断电行动。

4月23日，王国韬到任平谷分局党组副书记、局长。

6月25日，平谷区被国土部评选为第二届国土资源节约集约模范县（市）。

7月10日，平谷区农村集体土地所有权确权登记发证成果通过北京市农村土地确权登记颁证工作领导小组验收。

8月9日，区监察局、平谷分局向金海湖镇政府就媒体曝光有关问题和2012年度土地卫片查处工作对镇政府进行预警约谈。

9月24日，市国土局党组书记张国玉会同人事处处长王翠杰一行，就党的群众路线服务基层工作到分局金海湖所调研。

9月27日，平谷区黄松峪国家级地质公园正式揭碑开园，国土资源部地质环境司司长关凤峻、北京市国土资源局局长魏成林、副局长李燕飞及平谷区委书记张吉福、区长姜帆等领导参加揭碑仪式。

12 月 9 日，国家土地督察北京局一行来平谷区开展维护被征地农民合法权益、整改纠正征地补偿按安置不落实、违规征占土地侵害农民合法权益等问题进行专项督察。

北京市国土资源局怀柔分局

【土地资源概况】

怀柔区是北京市的远郊区，地处燕山南麓，北京东北部，北纬40°14′-41°04′，东经116°17′-116°55′。东临密云县，南与顺义区、昌平区相连，西与延庆县搭界，北与河北省赤城县、丰宁县、滦平县接壤。辖区设14个乡（镇）。

怀柔区地域面积2122.8233平方公里（212282.33公顷），土地利用现状面积详见表4-14。

表4-14　怀柔区土地利用现状面积汇总表

地类		面积（公顷）
合计		212282.33
耕地		10134.98
其中	水田	0
	水浇地	5288.81
	旱地	4846.17
园地		17829.7
其中	果园	17492.93
	茶园	0
	其他园地	336.77
林地		162947.54
其中	有林地	78140.47
	灌木林地	58005.23
	其他林地	26801.84
草地		1560.74
其中	天然牧草地	0
	人工牧草地	2.04
	其他草地	1558.7

续表 4-14

地类		面积（公顷）
城镇村及工矿用地		10224.51
其中	城市	953.57
	建制镇	3334.64
	村庄	4614.82
	采矿用地	753.45
	风景名胜及特殊用地	568.03
交通运输用地		2753.73
其中	铁路用地	450.07
	公路用地	1253.45
	农村道路	1050.21
	机场用地	0
	港口码头用地	0
	管道运输用地	0
水域及水利设施用地		4874.02
其中	河流水面	2675.09
	湖泊水面	0
	水库水面	1057.06
	坑塘水面	187.35
	沿海滩涂	0
	内陆滩涂	207.85
	沟渠	456.09
	水工建筑用地	290.58
	冰川及永久积雪	0
其他土地		1957.11
其中	设施农用地	823.16
	田坎	447.33
	盐碱地	0
	沼泽地	0
	沙地	0
	裸地	686.62

【机构设置】

北京市国土资源局怀柔分局（简称“怀柔分局）内设办公室、综合科、地籍科、耕保征地科、土地利用科、地质矿产科、财务科、纪检监察科8个行政科室，行政编制37名，工勤人员5名；下设北京市土地整理储备中心怀柔区分中心、北京市怀柔区土地权属登记事务中心（北京市怀柔区土地利用事务中心）、北京市怀柔区国土资源执法监察队及6个国土所10个事业单位，在岗职工93名。

怀柔分局领导班子成员：

局长	孙宪海
党组书记	周相民
党组副书记	唐军生
副局长	王永兴
副局长	胡海玲
副局长	要启明
副局长	桂友明
副局长	常淑霞

【土地利用总体规划】

年内，《怀柔区市区乡三级基本农田保护区专项规划（2010—2020年）》通过批复。

本轮规划中，规划期内重大项目和不易确定具体位置的建设项目占用基本农田的，在不突破保护区多划定基本农田面积前提下，可用怀柔区660公顷的多划定基本农田予以补充。

【建设项目用地预审】

年内，办理各类建设项目用地预审41件，总用地面积为287.87公顷，其中农用地190.2公顷（含耕地81.13公顷），建设用地88.46公顷，未利用地9.21公顷。

【征地及农用地转用项目用地管理】

合理调整基本农田保护布局，确保基本农田保护面积和质量不降低；完善基本农田保护相关措施，建立和完善区、镇、村三级基本农田保护档案，签订《2013年度耕地保护目标管理责任书》，严格管理，从严控制新增建设用地占用耕地。

年内，完成宅基地审批15件，完成乡镇（村）公共设施、公益事业使用集体建设用地审批1件，完成设施农业用地审批11件，完成集体土地征收（农用地转为建设用地）审批件13件。

【土地整理及耕地占补平衡】

年内，在施土地开发整理项目14个，建设总规模53.25公顷，总投资预算1.6亿元。其中，5个项目市国土局已完成终验待批复。

【土地市场交易】

完成土地供应2宗，总面积为73.21公顷，其中建设用地面积为38.10公顷，土地成交价格23.33亿元，实现政府收益5.67亿元。

【土地储备开发】

年内，梳理确定土地一级开发在施项目7个（13个地块），土地面积约454.16公顷；新增土地一级开发项目2个，总占地面积461.9公顷。

【土地供应计划及实施】

年内，怀柔区本年土地供应总量为129公顷，其中商品住宅用地35公顷，商服用地49公顷，工矿仓储用地45公顷。

年内，完成供地项目3个86.11公顷，完成计划的66.6%。分别为：怀柔区雁栖经济开发区13街区059地块，用途为工业，用地面积12.9公顷；北京雁栖湖生态发展示范区土地一级开发项目（5组团），主要用途为居住和旅游设施，用地面积68.24公顷；杨家园住宅小区土地一级开发项目，用途为商品住宅，用地面积4.97公顷。

尚未完成供地9个，其中工矿仓储用地7个（工业用地4个，科研用地3个）；多功能用地1个；商服用地1个。9个供地分别为：

1. 中国科学院声学纳米所项目

2. 中科学生态中心（一期）

3. 中科院自动化所项目

4. 中科九章石油设备有限公司科研项目

5—8. 北京市长城伟业投资开发总公司申报的怀柔新城13－051地块的4个工业用地

9. 雁栖湖生态示范区土地一级开发项目

【保障性住房用地供应】

年内，完成保障性安居工程供应计划编制工作。3月，依据《北京市保障性安居工程用地供应计划编制工作指导意见》（京国土调〔2013〕34号），结合怀柔区“十二五”规划，经与怀柔区相关部门多次研究，编制了怀柔区保障性安居工程用地供应计划，将怀柔镇新贤街定向安置房项目，做为怀柔区2013年度500套保障性安居工程项目指标任务，该项目土地面积为2.36公顷。

【农村土地确权登记发证】

年内，全区农村集体土地所有权确权登记发证应发证宗地2060宗，面积约200635.6公顷。已发证宗地1882宗，发证面积约187883.2公顷。

【土地权属登记】

审核办结国有土地使用权登记81件，面积约129.7公顷。其中国有土地出让登记发证71件，面积约105公顷；划拨登记发证10件，面积约24.7公顷；办理国有土地使用权注销登记5件，面积约24.5公顷。

审查办结抵押登记发证107件，抵押面积263.1公顷，贷款金额106.5亿元；办结抵押注销登记138件。

审核办结集体土地使用权登记22件，面积约58.1公顷。

【土地执法监察】

1月，国土部下发怀柔区年度土地变更调查图斑256块，总面积420.95公顷，其中耕地101.69公顷。通过外业核查及内业审核梳理，监测图斑中新增建设用地138块图斑，总面积187.68公顷，其中耕地面积62.99公顷。2012年度土地卫片执法检查共涉及27宗项目（合并图斑后），其中示范区联络线项目占34块图斑、怀柔新城庙彩项目（B地块）占21块图斑及时尚岛一期占11块图斑。27宗项目中合法用地13宗，占地面积56.94公顷，耕地6.06公顷；其中违法用地14宗，占地面积22.59公顷，其中耕地4.56公顷。立案查处10宗，全部下发处罚决定书；非立案查处4宗，已拆除复耕1宗，面积0.13公顷；其余3宗均为市、区重点工程及雁栖湖国际会都示范区的配套设施，怀柔分局已向怀柔区政府报告相关情况。全区计入问责的耕地面积4.56公顷，问责比例7.89%。执法监察队巡查里程2000公里，共发现涉嫌违法用地项目110宗，占地面积50.63公顷，其中耕地面积14.04公顷。怀柔分局信访工作不断创新工作机制，加大化解社会矛盾力度，全年共接到各类信访12件，其中12336违法线索举报热线收到28件，市区批转、局长信箱、来信来访共45件，已全部办结。

打击盗采工作中，日常巡查11500余人次，巡查行程19万余公里。发现涉嫌盗采行为42起，查（暂）扣涉嫌盗采机械车辆71台（辆）。对盗采人员实施行政处罚33人（次），行政罚款115.4万元。受理群众举报142次，办理12336、市长信箱信访件36件，打击盗采联合执法队在日常巡查工作中，注重与区相关部门和镇（乡）政府的协调配合。协调公安机关查处盗采行为17次，向公安机关移送涉嫌非法采矿犯罪案件4起，向乡（镇）政府发函11次。取缔拆除超范围生产砂石矿石加工厂31家。

【信息化建设】

市国土局综合监管平台应用。深化应用市国土资源综合监管平台系统，完善事务管理模块（OA系统）及土地登记系统功能，在系统运行中梳理并及时反馈各类问题和建议共193条；向市国土局信息中心申请安排苍穹公司人员驻场解决登记发证业务网上审批及制证多项问题，完成登记件查错及补录工作，其中：地籍案卷剪裁、修正约1778页、核对及检查案卷错误约264卷、补录归户卡号约1787卷、登记卡打印约1626个、土地证打印约204个、归户卡打印331个；做好即时信息推送系统的准备、测试、安装和更新工作；完成登记业务数据库转移挂接，实现数据实时更新和带图作业功能，现已进入试运行工作；完成干部在线学习个人信息增加、维护和报名工作；完成怀柔分局信息化工作领导小组和信息化工作办公室调整的方案，并上报市国土局备案；“事务管理”模块录入2358件，其中外单位来文2021件，拟稿发文111件，内部公文流转79件，信息报送126件，发送通知公告21件；“行政审批”模块共办理各类行政许可服务类业务共169卷，其中154卷达到数据闭合标准。

信息化基础运维工作。完成怀柔分局科级负责人14台计算机设备更新和给联合执法队旧计算机设备交接工作；完成文件保险箱软件部署安装工作；完成“北京服务您”应急软件和《怀柔分局数字证书管理办法》编制工作；完成保密责任书整理归档和2012年后新入职人员的责任书补签工作；解决各科室计算机软硬件和网络日常零维护共计470次，会场设备调试148次。

门户网站信息发布工作。本年怀柔分局门户网站共计发布信息3730条。

【矿产资源概况】

怀柔区矿产资源较为丰富，有固体矿产资源、矿泉水、地热资源等类型。其中已发现的固体矿产有八四大类、八亚类，三十多个矿种。历代已开采的矿种有金、银、铜、铁、钼、萤石、粘土、石灰石、花岗岩等十余种。目前全区有矿山企业 4 个，开采矿种有铁、水泥灰岩、矿泉水等。

【地质勘查储量管理】

按照市国土局矿山储量动态管理工作要求，北京兴发水泥有限公司委托北京市地质工程设计研究院对其所属的制碱用灰岩矿区进行了本年度检测工作。并按时报送了将经专家评审后的《北京市怀柔区北京兴发水泥有限公司石灰石 2013 年度矿山储量年报》。北京怀柔前安岭铁矿有限公司因本年停产，因此未进行矿山储量动态检测工作。

【矿产资源开发管理】

截至年底，全区有非煤矿山企业 4 个，其中铁矿 1 家、矿泉水 2 家、水泥灰岩矿 1 家。

加强对矿山企业依法缴费宣传。本年共收矿产资源补偿费费 687496.74 元，采矿权使用费 3000 元；矿山环境恢复治理保证金 139.2 万元。

【地质灾害防治】

年内，突发性地质灾害隐患点共 715 处，地质环境点 840 处，其中地质灾害隐患点包括崩塌 420 处，泥石流 223 处，不稳定斜坡 66 处和滑坡 6 处。按威胁对象的不同可分为四大类：险村险户、道路、景区和其它（农田和空房）隐患点。险村险户隐患点共计 227 处，涉及怀柔区 11 个乡（镇），86 个行政村，5028 人；道路隐患点 319 处，涉及国道 G111 怀柔段，怀柔区各省道、县（乡）道沿线及其它各类乡村道路；景区隐患点共计 73 处，涉及怀柔的数十个景区及景区范围内的部分度假村、饭店等；其它类型（农田和空房）隐患点共计 96 处，涉及怀柔区 10 个乡（镇）及 50 个行政村。按照市国土局及怀柔区有关工作要求，结合怀柔区防汛工作特点和以往汛期地质灾害的基本做法，健全和完善了地质灾害预案、方案、责任制等制度建设，提高工作标准和要求，细化工作环节。及时通过印发文件、召开会议、实地检查、隐患点再排查、加强监测和值守、细化预警预报传送方式、开展应急演练等多种方式，强化地质灾害易发区域的防治工作，落实各项防治措施。同时，还通过发送地质灾害预防指南、宣传图册、手册、折页等形式，大力宣传普及地质灾害防治政策法规以及预防、避险、自救和互救等地质灾害防治知识和自我防护意识，提高了应对能力。本年积极争取财政资金共约 450 万元，对汤河口东湾子、长哨营大地、九渡河撞道口、二道关等村的地质灾害隐患进行了工程治理，消除了地质灾害隐患给周边群众带来的生命财产威胁。

【国土宣传与信息工作】

本年累计报送信息 871 条，整理编辑多头采用 1303 条。报送总数量比 2012 年增长 100.6%，多头采用数量比 2012 年增长113.6%。其中：市国土资源信息网和怀柔分局外网同时上网信息575条；市国土局办《国土资源信息》采用42条；《怀柔信息》、《怀柔报》等采用49条；编辑《怀柔国土资源信息》113期，刊登长、短信息634条，图片336张。同时，《中国国土资源报》、国土部《内部要情》、市政府《昨日市情》各采用1条。《怀柔信息》评优信息3条，区领导批示信息1条。怀柔分局报送信息并采用数量在市局办组织的考评中名列各区（县）分局第三名。

【信访工作】

年内，接到各类信访210批（件），其中咨询83批154人次，市区批转件40件，市长信箱11件，北京市综合信访系统3件，局长信箱73件，来访咨询83批154人次，其中个访82批134人次，集体访1批20人次。咨询内容涉及宅基地使用问题的，有41批；涉及征占地补偿问题的5批；涉及违法用地的，有21批；其他问题的，有16批。办理12336举报电话100件。

【大事记】

2月22日，为确保雁栖湖“国际会都”项目2014年具备接待高端国际峰会条件，怀柔区区长齐静主持召开北京雁栖湖生态发展示范区土地一级开发项目专题调度会。

5月3日，怀柔区委常委、纪委书记周燕一行6人到怀柔分局调研。

5月9日，市国土局副局长、汛期地质灾害防治工作领导小组副组长李燕飞带领检查组一行8人来到怀柔，对汛前地质灾害防治各项工作进行检查、指导。

6月6日，市国土局副局长张维、副巡视员樊文祯带领市储备中心、市国土局执法总队等有关领导到怀柔区调研土地储备开发工作。

10月24日，市国土局副局长谢俊奇带领地籍处李红艳、李绍学，登记中心彭宏伟，调研怀柔区农村集体建设用地使用权发证和地籍变更调查工作。

北京市国土资源局密云分局

【土地资源概况】

密云县位于北京市东北部，是北京市的远郊县。坐标为40°14′—40°48′，东经116°41′—117°30′，北、东与河北省滦平县、承德县、兴隆县接壤；西、南、东南与本市的怀柔区、顺义区、平谷区毗邻。辖区设19个街道办事处（乡、镇）

密云县辖区总面积2225.9214平方公里（222592.14公顷），土地利用现状面积详见表4-15。

表4-15 密云县土地利用现状面积汇总表

地类		面积（公顷）
合计		222592.14
耕地		16469.86
其中	水田	0
	水浇地	6625.75
	旱地	9844.11
园地		30152.3
其中	果园	30132.3
	茶园	0
	其他园地	20
林地		130382.63
其中	有林地	57098.77
	灌木林地	37472.85
	其他林地	35811.01
草地		2346.13
其中	天然牧草地	0
	人工牧草地	14.01
	其他草地	2332.12

续表 4-15

地类		面积（公顷）
城镇村及工矿用地		13873.21
其中	城市	0
	建制镇	5074.11
	村庄	7794.33
	采矿用地	943.32
	风景名胜及特殊用地	61.45
交通运输用地		3248.31
其中	铁路用地	419.1
	公路用地	1610.65
	农村道路	1218.56
	机场用地	0
	港口码头用地	0
	管道运输用地	0
水域及水利设施用地		22397.93
其中	河流水面	2803.8
	湖泊水面	0
	水库水面	8250.58
	坑塘水面	268.69
	沿海滩涂	0
	内陆滩涂	10195.3
	沟渠	564.85
	水工建筑用地	314.71
	冰川及永久积雪	0
其他土地		3721.77
其中	设施农用地	1019.03
	田坎	640.61
	盐碱地	0
	沼泽地	0
	沙地	0
	裸地	2062.13

【机构设置】

北京市国土资源局密云分局（简称密云分局）内设办公室、土地利用科、耕保科、地籍科、财务科、执法监察科、纪检监察科等7个职能科室，其中办公室、土地执法科、地籍科分别加挂政工科、地质矿产科、综合科牌子，编制28人，实有27人。下属单位有：土地储备分中心、权属登记事务中心、土地利用事务中心、矿产执法队、国土一所、国土二所、国土三所、国土四所、国土五所、国土六所等10个事业单位，编制103人，其中参公编制15人，实有14人，规范管理编制15人，实有15人，事业编制73人，实有68人。

分局领导班子

党组书记　局长	孙全春
党组副书记　副局长	王国辅
副局长	张义臣
纪检组长	潘连筠
副局长	王永望

【土地利用规划】

密云县市区乡三级基本农田保护区专项规划经过密云分局编制、密云县政府论证、市国土局审查等一些列过程后，于10月经市国土局正式批复同意。该规划是基本农田多划定政策使用的前提，它的实施将有效解决密云县重大民生、公益项目占用基本农田而无法落地的难题。

编制完成密云县土地整治专项规划，并经县政府论证。

【建设项目用地预审】

年内，共完成建设用地预审项目31个，总建设用地面积77.46公顷，其中农用地37.88公顷，建设用地37.84公顷，未利用地1.74公顷。全年为基本农田整理项目、密云县老旧住宅小区改造四期工程项目等，共计69个项目，核发了建设项目用地预审意见的函。

【征地及农用地转用项目用地管理】

年内，审核集体农用地转为建设用地项目1个，用地总面积15.06公顷。办理征地手续3宗，总面积1.51公顷。征收土地结案项目6个，面积226.54公顷。

【土地整理及耕地占补平衡】

年内，实施5个区（县）自筹的土地开发整理项目，总建设规模22.15公顷，预计新增耕地约8.89公顷；实施5个高标准基本农田整治项目，总面积2000公顷，不涉及新增耕地。纳入耕地占补平衡考核范围的项目共计4个，共补充耕地指标9.76公顷。

【土地供应】

年内，完成土地供应12宗，总用地面积约201.22公顷，建筑规模151.04万平方米。土地总成交价款41.73亿元，含土地开发成本24.33亿元，政府收益17.40亿元。其中，经营性用地项目5个（含商务区A－1项目），总用地面积168.16公顷，建筑规模120.58万平方米，总成交价款40.20亿元，含土地开发成本23.09亿元，政府收益17.10亿元；完成工业用地入市交易7宗，总用地面积33.06公顷，建筑规模30.46万平方米，土地总成交价款1.53亿元，含土地开发成本 1.24 亿元，政府收益 0.29 亿元。

【保障性住房用地供应】

年内，共完成保障性住房供地 3 公顷，含保障性安居工程用地计划新增供应公租房（含廉租房）用地 2 公顷。计划外限价商品房供地指标 1 公顷。新增供应公租房（含廉租房）用地指标落实在观光塔住宅土地一级开发项目 C 地块；限价房供地指标以配建方式落实在观光塔住宅土地一级开发项目 D 地块，该地块于 2 月底以挂牌方式出让。

【国有土地使用权划拨】

按照国土资源部《划拨用地目录》和市国土局《实施〈划拨用地目录〉细则》的要求，共为 6 个项目核发划拨决定书，用地总面积 10.66 公顷。

【国有土地使用权出让及合同变更】

年内，共办理国有建设用地使用权出让 15 宗，其中，新建工业项目 7 宗地，出让面积 24.39 公顷，收取政府土地收益 15284 万元。全年共完成北京黄金实业有限公司、北京古北水镇旅游有限公司等 9 个项目的国有建设用地使用权出让合同变更工作。

【宅基地报批】

年内，受理 10 个乡（镇）40 个行政村 102 户住宅用地申请，经逐户现场勘察核实，对 5 个乡（镇）10 个行政村 33 户农村村民住宅用地，按程序完成了审批和备案工作。

【第三届国土资源节约集约模范县（市）创建活动】

年内，密云县开展了第三届国土资源节约集约模范县（市）创建活动的达标考核工作。按照指标体系收集测算数据上报市局，经计算，密云县在达标考核阶段总体得分为 79.77 分，且所有考核项目均达到 60 分以上，达到了国土资源节约集约模范县（市）达标考核要求。

【地籍管理】

年内，共办理土地权属审查 92 宗，面积 409.32 公顷。共处理权属争议 18 件，行政诉讼 1 件。在季度变更调查的基础上，完成年度 348 个图斑的变更调查外业核实，内业整理工作。农村集体建设用地使用权确权登记颁证工作，已完成全部外业调查，共调查 1942 宗，除西田各庄镇沿村、建新、大辛庄三个村明确表示并出具承诺不参与使用权调查外，全部调查测量完成，调查率 100%。

【土地权属登记】

截至年底，共办理国有建设用地使用权登记 130 件，登记土地面积 472.04 公顷；共办理国有建设用地使用权土地注销登记 6 件，涉及土地面积 113.51 公顷；共办理日常集体建设用地使用权土地登记 10 件，涉及土地面积 11.29 公顷。共办理国有建设用地使用权抵押权登记 144 件，涉及土地面积 366.15 公顷，贷款金额 724965.43 万元；共办理国有建设用地使用权抵押权注销登记 100 件，涉及土地面积 836.72 公顷，贷款金额 359135.70 万元。

【国土资源执法监察】

年内，立案查处土地违法案件36宗，占地面积共6.09公顷，依法依规将违法建筑物全部拆除；完成本年土地变更调查工作，实地核查349个变化图斑，监测面积277.81公顷。查扣盗采盗运矿产资源机械、车辆25台（辆），其中钩机2台，铲车4辆，重型卡车8辆，六轮农用车11辆。

【服务窗口建设】

年内，共受理行政许可和行政服务事项及其他事项810件，办结804件，按时办结率为100%。受理有关业务公文47件，整理、装订并移交到局档案室各类业务档案共计841件。受理法院协助执行43件。接待业务咨询2600余人次。入驻密云县综合行政服务中心以来，国土局窗口连续8年获得“红旗窗口”标牌，工作人员曾全部获得“服务标兵”荣誉称号。本年度再次获得了“绿色环境先锋岗”，张金凤、王红月两名同志被评为“优质高效服务标兵”。

【矿产资源】

密云县矿产资源丰富，金属矿物有铁、金、银、钨、铬、铅、锌等，其中，铁矿已探明储量9.67亿吨，占全市铁矿储量98%以上，主要分布在水库周边地区，包括太师屯、不老屯、高岭、巨各庄、冯家峪、石城、穆家峪7个镇。非金属矿以砂石、石灰石为主，其中砂石储量最大，主要分布在潮白河流域和西田各庄镇、十里堡镇等地。

【矿产资源开发管理】

年内，按时完成县域内7家矿产资源企业本年矿产资源开发利用年检工作，完善矿产资源统计基础表。完成对县属5家铁矿企业是否存在超层越界开采行为的执法检查工作，未发现越界开采行为。收缴本年矿产资源补偿费750.95万元，采矿权使用费0.95万元。

【地质灾害防治】

密云县大部分山区乡（镇）均位于地质灾害易发区，密云分局采取多项措施重点做好汛期地质灾害防治工作。成立汛期地质灾害应急指挥部和应急调查队，逐级建立并落实防灾责任制，严格执行地质灾害险情巡查、灾害应急调查、灾情速报、汛期24小时值班等制度，及时、有效地预防和处理地质灾害；完善群测群防体系，各镇、村专门设立群测群防员，负责密云县地质灾害隐患点灾害情况的监测、记录和上报工作，建立隐患台帐，落实“七包七落实”政策；按全市统一部署组织技术单位和各有关乡（镇）开展1∶5万地质灾害详查和避险场所、避险路线的评估调查，摸清底数，对今后的地质灾害防治工作夯实了基础；加强对全县地质灾害易发区的巡查力度，掌握隐患发展情况，提前采取措施，避免灾害发生；认真开展宣传教育，向受地质灾害威胁群众发放地质灾害防治明白卡，提高群众防灾避险意识。密云县地质灾害防治工作经受住了汛期多次强降雨的考验。

【矿山环境治理】

年内，重点对水库周边废弃铁矿矿山

地质环境治理示范工程进行了实施，在施7个项目区，主要位于巨各庄、太师屯、高岭等镇以及首云、威克、建昌铁矿内，项目的外业工程部分已近完工，预计2014年验收。

【普法宣传】

以“4·22”世界地球日、“6·25”土地宣传日、“12·4”法治宣传日为契机，积极开展国土资源法制宣传活动，通过新闻媒体播报、手机短信平台、悬挂横幅、展板、发放宣传资料、设立街头宣传点等多种形式宣传国土资源相关政策、法律法规和基本知识，倡导珍惜地球资源、建设美丽中国的理念，提高广大群众依法依规用地和节约集约利用资源的意识。

【信访工作】

截至年底，密云分局共接待来访173批401人次，共收到来信85件，办结率100%，办理12336违法举报线索117件，处理率100%。有效解决信访问题，维护了社会稳定。

【大事记】

4月，北京市密云水库周边废弃铁矿矿山地质环境治理示范工程确定8个治理区，首云治理区首先开始施工，这也是本年第一个开工的矿山治理项目。

5月15日，市国土局局长魏成林、地质环境处处长于秀治一行到密云县检查地质灾害防治工作，并入户察看地质灾害明白卡情况。

5月23日，市国土局组织对2011年区（县）投资的密云县冯家峪镇土地整理项目、密云县太师屯镇土地开发项目和市级投资的密云县高岭镇土地整理项目等3个项目进行总验收。3个项目通过总验收，建设规模211.53公顷，新增耕地84.10公顷。

6月，《密云县市区乡基本农田三级保护规划》及《密云县土地整治规划》初步成果通过密云县人民政府常务会审查。

7月14日晚至15日下午4时，密云县迎来今年入汛以来最大的一场雨，多处地区降雨量均在150mm以上。密云分局坚持雨中巡查，地矿科冒雨到冯家峪镇排查4处突发地质灾害隐患点，各国土所同时开展巡查，全局共出动32人次、10车次，共排查21处隐患点。对查出的隐患点及时与当地镇政府进行沟通提出防范意见和措施。

7月，密云县农村集体土地所有权确权登记发证工作通过市级验收。

9月3日至6日，财政部、国土部派检查组对密云县2012年批复的地质环境示范工程项目进行检查评估。实施情况给予肯定，同时提出需要改进完善的问题

9月3日，市国土局副局长张维主持召开专家部门联审会，对密云县市区乡三级基本农田保护区专项规划进行审查。专项规划通过评审验收

11月9日，密云分局组织专家对密云县五家铁矿企业实施的矿山生态环境恢复保证金项目进行验收，市国土局地环处参加了验收。各矿山企业都按照《矿山地质环境保护与治理恢复方案》完成了矿山生态环境恢复工作，通过验收。

北京市国土资源局延庆分局

【土地资源概况】

延庆县地处北京市西北部。坐标为北纬 40°16′－40°47′，东经 115°44′－116°34′。东、南与怀柔区、昌平区相邻，西、北与河北省怀来县、赤城县接壤。辖区设 15 个乡（镇）。

延庆县辖区总面积 1994.8848 平方公里（199488.48 公顷），土地利用现状面积详见表 4-16。

表 4-16 延庆县土地利用现状面积汇总表

地类		面积（公顷）
合计		199488.48
耕地		28154.09
其中	水田	102.01
	水浇地	10228.14
	旱地	17823.94
园地		10722.35
其中	果园	10533.54
	茶园	0
	其他园地	188.81
林地		135668.85
其中	有林地	57114.7
	灌木林地	52427.87
	其他林地	26126.28
草地		2854.67
其中	天然牧草地	0
	人工牧草地	94.4
	其他草地	2760.27

续表 4-16

地类		面积（公顷）
城镇村及工矿用地		9284.67
其中	城市	0
	建制镇	3418.13
	村庄	5232.99
	采矿用地	4.67
	风景名胜及特殊用地	628.88
交通运输用地		3507.53
其中	铁路用地	283.59
	公路用地	1916.1
	农村道路	1299.79
	机场用地	8.05
	港口码头用地	0
	管道运输用地	0
水域及水利设施用地		6420.92
其中	河流水面	728.64
	湖泊水面	0
	水库水面	1261.32
	坑塘水面	270.07
	沿海滩涂	0
	内陆滩涂	335.37
	沟渠	513.87
	水工建筑用地	3311.65
	冰川及永久积雪	0
其他土地		2875.4
其中	设施农用地	1016.42
	田坎	1142.56
	盐碱地	0
	沼泽地	0
	沙地	0
	裸地	716.42

【机构设置】

北京市国土资源局延庆分局（简称延庆分局）内设办公室（财务科）、综合科、地籍科（地质矿产科）、土地利用科（耕地保护科）4 个行政科室，设纪检监察科（政工科）；编制 35 名，其中行政编制 23 名，工勤人员 12 名；实际在编 24 名，其中行政人员 22 名，工勤 2 名。下设北京市土地整理储备中心延庆县分中心、北京市延庆县土地权属登记事务中心、北京市延庆县土地利用事务中心，北京市延庆县国土资源执法监察队及 6 个国土资源管理所：第一、第二、第三、第四、第五、第六国土资源管理所；共 10 个事业单位，编制 103 名，实际在编 91 名。

分局领导班子：

局长、党组书记	姜卫国
副局长	刘亚利
副局长	徐　智
副局长	房秀利
纪检组长	孙仲军
副局长	李淑华

【土地利用总体规划】

年内，延庆县三级基本农田保护区专项规划经市国土局批准实施。

【建设项目用地预审】

年内，办理建设项目用地预审 30 件，面积 207.62 公顷，其中建设用地面积为 147.59 公顷，未利用地面积为 1.66 公顷，农用地面积为 58.37 公顷（其中耕地面积为 13.16 公顷，未占用基本农田）。

【征地及农用地转用项目用地管理】

年内，共受理集体土地征收前期及农用地转用前期项目 18 宗，其中征收前期项目 13 宗，农用地转用前期项目 5 宗，拟征占地 115.01 公顷。完成征地结案 9 宗，落实征地补偿费 7935.44 万元。

【土地整理及耕地占补平衡】

年内，共为 9 个建设项目实施“占补平衡”，涉及面积 14.22 公顷。分别为：延庆县张山营镇水峪村土地一级开发项目、延庆县香营乡山底下村东部地块土地一级开发项目、延庆县旧县镇三里庄村西北地块土地一级开发项目、延庆县张山营镇姚家营村西侧地块土地一级开发项目、延庆站张山营镇西羊坊村 A 地块土地一级开发项目、延庆县智能电网研究示范项目、延庆县大榆树镇宗家营文化大院项目、延庆县北京工商管理专修学院原占地土地一级开发项目（一期）、延庆县葡萄大会葡萄博览园配套基础设施项目。

年内，开始实施延庆镇、大榆树镇、井庄镇和香营乡 4 个高标准基本农田建设项目，项目建设面积 3467 公顷。

【土地供应计划及实施】

年内，完成土地供应 12 宗，其中入市交易 5 宗，4 宗为世界葡萄大会酒庄项目，1 宗为居住用地，总面积 29.13 公顷，成交价 7.89 亿元，政府收益 6.58 亿元；协议出让 2 宗，面积 1.76 公顷；划拨 5 宗，面积 3.6 公顷。

【保障性住房用地供应】

10 月 15 日，北京万科企业有限公司、北京天运房地产综合开发经营有限责任公司和北京城建投资开发股份有限公司联合体竞得延庆县沈家营镇东王化营村西侧地块，配建保障性住房面积 7.1 万平方米，超额完成年度保障性住房用地任务。

【土地储备开发】

年内，在施储备开发项目 18 个，面积 402.62 公顷，其中：2012 年底结转项目 12 个，面积 385.97 公顷；新增项目 6 个，面积 16.65 公顷。

【土地市场交易】

年内，完成土地一级开发项目 6 个，面积 41.44 公顷。完成入市交易地块五宗，面积 29.13 公顷，其中：住宅（含保障性住房）项目一宗，面积 16.61 公顷；旅游设施项目四宗，面积为 12.52 公顷。

【土地调查】

开展本年土地变更调查与遥感监测工作，共实地调查新增建设用地 362 宗，面积 167.43 公顷，其中耕地 45.23 公顷。年内，完成了延庆县农村集体建设用地使用权调查工作，共调查宗地 1928 宗，面积 1220.31 公顷，调查率 100%。

【土地权属登记】

年内，延庆县农村集体土地所有权确权登记发证工作通过国土部、市国土局专家组验收，此次登记发证共调查宗地 3038 宗，完成确权登记宗地 2947 宗，发证率 97.01%。完成国有土地使用权登记 68 宗；完成国有土地使用权抵押登记 40 宗，抵押金额 15.42 亿元；完成国有土地使用权抵押注销登记 48 宗，抵押金额 16.47 亿元；完成国有土地使用权抵押变更登记 1 宗，抵押金额 0.14 亿元。

【土地执法监察】

年内，发现违法用地、盗采砂石等国土资源违法行为 127 起，其中立案处理 22 件，非立案处理 105 起。违法占地案件 20 起，罚款 37.93 万元，没收违法建设不动产 5 处，已将不动产交由县政府进行处置，结案 1 件，剩余 19 件履行相关行政处罚程序；矿产违法 2 起，共没收违法所得 14.35 万元，并处罚款共计 11 万元；105 起非立案方式已处理完毕。年内，共拆除违法建筑 9 宗，涉及面积 1.75 公顷，其中耕地 1.08 公顷。

【信息化建设】

切实加强地籍管理信息系统和数据库建设。着眼以图管地、以证管地，加快实施地籍管理信息系统、地籍数据库系统，严格地籍数据库管理。（写的较虚。没有实际东西。）

【矿产资源概况】

据《北京市延庆县国土资源及地质环境综合调查》资料统计：延庆县矿产资源丰富。金属矿产主要有铁、铜、铅、锌、钼、铂、钯 7 个矿种；非金属矿产主要有冶金辅助原料矿产、化工原料矿产、建筑材料矿产等共计 13 个矿种；能源矿产主要是泥炭和天然气的产出；水气矿产主要是含锶硅质量重碳酸钙型弱碱性微硬度低矿化度水。县域内没有固体矿山企业。

【矿产资源开发管理】

年内，完成2家地热勘探项目探矿权初检工作。

【地热资源管理】

完成3家地热开发利用单位采矿权年度检查工作。

【创建世界地质公园】

年内，在申报、推荐评审等工作环节配合世界地质公园创建工作，9月9日，北京延庆地质公园成功入选联合国教科文组织世界地质公园网络名录，被授予中国延庆世界地质公园称号。

【地质灾害防治工作】

年内，开展地质灾害隐患点核查工作，更新明白卡和警示牌，开展多角度宣传活动，全县91名群测群防员经培训全部持证上岗。完成1∶50000地质灾害隐患详查及避险场地安全性评价工作。落实地质灾害演练，群测群防系统得到进一步完善。年内，延庆县未因地质灾害发生人员伤亡事故，实现安全度汛。

【信访工作】

年内，共接待来访154批次206人次。其中群体访2批次，12人次；受理群众来信23件；受理国土违法举报43件，所有群众来信来访均得到了及时答复，未发生重大不良信访事件。

【大事记】

3月26日至3月29日，市颁证办到延庆县检查农村集体土地所有权确权登记发证工作。此次检查标志延庆县农村集体土地所有权确权登记发证工作结束。

5月31日，国土部地质环境司司长关凤俊、市国土局局长魏成林带队的检查组，对延庆县地质灾害防治及世界地质公园创建工作进行检查指导。

7月20日，延庆地质博物馆正式开馆，市国土局副局长李燕飞和县委常委、宣传部部长、常务副县长张素枝为延庆地质博物馆揭牌。

7月28日至31日，联合国教科文组织世界地质公园网络执行局专家来延，就延庆申报地质公园进行实地评估考察，国土部地质环境司副司长陈小宁、市国土局局长魏成林等领导参加了会见。

9月9日，联合国教科文组织世界地质公园网络执行局在韩国济州岛召开世界地质公园评审会，经与会专家投票表决，北京延庆地质公园成功入选联合国教科文组织世界地质公园网络名录，被授予中国延庆世界地质公园称号，北京延庆地质公园晋级世界地质公园。

10月10日，国土部地籍司副司长冯文利率领国土部农村集体土地确权登记发证国家级抽查第三组一行五人到延庆检查所有权登记发证工作，对延庆县所有权发证工作成果充分肯定。

10月11日，延庆县召开2013年第一次工业用地收储价格联审会，会议研究通过了四海镇四海村北门外（四海印刷厂）、四海镇四海村（四海镇政府）两宗国有划拨土地的评估方法和收储价格。

10月15日，北京市延庆县沈家营镇东王化营村西侧A－03、B－05地块R2二类居住用地（配建“经济适用住房”、“限价商品住房”）交易成功，北京万科企业有限公司、北京天运房地产综合开发经营有限责任公司和北京城建投资开发股份有限公司联合体以7亿元现场竞报限价商品住房面积7.1万平方米，竞得北京市延庆县沈家营镇东王化营村西侧A－03、B－05地块R2二类居住用地（配建“经济适用住房”、“限价商品住房”）地块国有建设用地使用权。

11月28日，延庆分局作为市国土局第二批国际合作示范建设基地挂牌。国土部科技与对外合作司副司长白星碧、市国土局副局长谢俊奇、昌平区政府副区长孙卫共同为基地揭牌。

北京市国土资源局经济技术开发区分局

【土地资源概况】

北京经济技术开发区（以下简称开发区）对北京东南部地区约57平方公里的区域实施经济管辖，其管理范围如下：

1. 1994年8月25日国务院《关于同意设立北京经济技术开发区的批复》（国函〔1994〕89号）批准开发区规划面积10平方公里，四至范围为：东到东环路，南到新凤河，西至凉水河，北至北环路。

2. 2002年8月8日，《关于北京经济技术开发区扩大发展用地的复函》（外经贸资开函〔2002〕779号）和《北京市人民政府关于北京经济技术开发区扩大发展用地的通知》（京政发〔2003〕10号）批准开发区在一期15.8平方公里的基础上向京津塘高速路东和凉水河以西扩展，其中，京津塘路以东约14平方公里，四至范围为：京津塘路以东，大羊坊路以南，大羊坊路及通马路以西，凉水河以北；凉水河以西约10平方公里，四至范围为：凉水河以西，旧头路以东，六环路及新凤河以北。

3. 2000年8月22日，《关于对北京经济技术开发区启动北侧绿化隔离带绿化试点工作的批复》（京国土房管权字〔2000〕第234号）批准开发区启动北侧绿化隔离带试点工作，绿化带内建设用地涉及有偿使用的，出让合同由开发区管委会房地局签订，土地置换等房地报批手续，可由开发区房地局统一办理，开发区管委会保证北侧绿化带的实现。2001年7月3日，《关于北京经济技术开发区北侧绿化隔离地区土地置换的批复》（京政地〔2001〕92号）同意由开发区管委会实施北侧绿化带拆迁安置及绿化工作，组织实施498公顷（7470亩）绿化隔离地区的土地置换方案，通过土地转换和整理后，将原零星分散的建设用地都整理到北侧绿化带南部，绿化用地则集中到北部，至此，北侧绿化带总用地面积4.98平方公里，南起开发区北环路北红线，东至京津塘高速公路西红线，北至规划公路一环，西至凉水河东岸纳入开发区管理范围。

4. 2010年，根据《北京市人民政府关于同意授权北京经济技术开发区管委会统一开发和管理亦庄新城范围内大兴区12平方公里产业及配套用地的批复》（京政函〔2010〕59号），北京市人民政府同意授权北京经济技术开发区管理委员会按照《北京经济技术开发区条例》和《北京市人民政府关于实施〈北京经济技术开发区条例〉办法》，统一开发和管理亦庄新城范围内大兴区 12 平方公里产业和配套用地。

【机构设置】

北京市国土资源局经济技术开发区分局（简称经济技术开发区分局）职能如下：根据国家及本市有关规定，负责办理开发区内国有土地使用权出让手续；受理开发区内国有土地使用权登记申请，按规定报市政府批准后，代发国有土地使用证。编制 7 名，领导职数 1 正 2 副。

本年从事国土资源管理的工作人员 9 名，其中公务员 4 名，事业单位编制 5 名。

分局领导领导班子：

局长　　　　王俊杰
书　记　　　尚健明
副局长　　　张　丹
调研员　　　庞　雁
调研员　　　魏　军

【土地供应计划及实施】

根据开发区项目引进情况和土地一级开发进度以及近年来土地供应情况，编制开发区 2013 年土地供应计划。

本年，北京经济技术开发区计划供地面积 120.47 公顷，其中工业仓储用地 86.57 公顷；商服用地 3.3 公顷；住宅用地 30.6 公顷（含商品住宅 26.6 公顷），公租房用地面积 4 公顷。

北京经济技术开发区共计出让土地 107.04 公顷，其中包括工业仓储用地 16 宗，面积 74.32 公顷；商服用地 1 宗，面积 0.58 公顷；住宅用地 3 宗，面积 20.24 公顷（含公租房用地约 9.38 公顷）；科教用地 1 宗，面积 11.89 公顷。

【保障性住房用地供应】

本年，共供应保障性住房用地 9.38 公顷，全部为公租房用地。

【土地市场交易】

本年，共签订出让合同 21 宗，总面积 107.04 公顷，其中工业用地 16 宗，74.32 公顷，商服用地 1 宗，0.58 公顷，科教用地 1 宗，面积 11.89 公顷，住宅用地 3 宗，面积 20.24 公顷。

【土地权属登记】

开发区分局继续加强土地登记规范化建设工作，顺利通过市土地登记中心组织的 4 个季度土地登记规范化检查，各项土地登记权属数据如下：

1. 初始登记，全年共办理初始登记登记 32 宗，登记面积 288.25 公顷，均为出让建设用地使用权初始登记。

2. 转移登记，全年共办理转移登记 12 宗，登记面积 29.32 公顷。

3. 注销登记，全年共办理注销登记 1 宗，面积 6.11 公顷。

4. 抵押登记，全年办理抵押登记 171 宗，抵押土地面积 378.096 公顷，抵押物价值 567.79 元，贷款金额 207.83 元。其中商服用地 21 宗，面积 57.131 公顷，评估金额 239.00 亿元，贷款金额 83.11 亿元；工矿仓储用地 142 宗，面积 295.588 公顷，评估金额 240.76 亿元，贷款金额 89.38 亿元；公用管理与公共服务用地 3 宗，面积 7.435 公顷，评估金额 18.18 亿元，贷款金额7.09亿元；住宅用地5宗，面积17.937公顷，评估金额44.89亿元，贷款金额28亿元。经济技术开发区分局抵押登记情况详见表4-17。

表4-17　经济技术开发区分局抵押登记情况表

项目	宗数	面积（公顷）	评估金额（亿元）	贷款金额（亿元）
商服用地	21	57.131	239.00	83.11
工矿仓储用地	142	295.588	240.76	89.38
公用管理与公共服务用地	3	7.435	18.18	7.09
住宅用地	5	17.937	44.89	28
交通运输用地	0	0.00	0.00	0.00
政府储备用地	0	0.00	0.00	0.00
综合用地	0	0.00	0.00	0.00
特殊用地	0	0.00	0.00	0.00
其他土地	0	0.00	0.00	0.00
总　　计	171	411.70	474.33	156.73

全年共办理抵押注销登记110宗，注销抵押登记面积277.09公顷。

【大事记】

7月15日，制定《北京经济技术开发区关于进一步加强工业用地管理提高土地节约集约利用水平的实施意见》。

7月，制定《开发区房地局关于强化管理重点服务提高服务质量的工作意见》，重点服务优秀企业，提高服务质量。

4月22日，开展第44个世界地球日主题宣传活动。

6月25日，开展第23个全国土地日主题宣传活动。

学术社团

北京土地学会

【学会概况】

北京土地学会（简称土地学会）成立于2002年7月31日，是北京地区从事土地管理、土地科技、土地经济理论研究的具有社会公益性质的非营利性社会团体。

土地学会内设机构“四部一室”：综合办公室、学术部、培训部、编辑部、咨询部。年内，驻会工作人员6名。土地学会下设8个专业委员会，即土地经济和土地市场专业委员会、土地科普和学科教育专业委员会、耕地保护与土地整理专业委员会、地籍管理和土地信息技术专业委员会、土地利用规划专业委员会、土地价格和土地估价专业委员会、土地法学专业委员会、土地储备开发专业委员会。

年内，新增团体会员29名，截至年底，共有团体会员185个，个人会员39名。团体会员单位中，国土资源系统单位37个，占总数的20%；房地产行业单位43个，占总数的23.24%；中央与地方科研高校9个，占总数的4.87%；土地规划、整理和科技公司93个，占总数的50.27%；其他各类单位3个，占总数的1.62%。

【理事会换届】

年内，召开土地学会第三届会员大会，完成第三届理事会换届。会议审议通过《北京土地学会第二届理事会工作报告》、《北京土地学会第二届监事会工作报告》、《北京土地学会章程》、《北京土地学会会费管理办法》等文件，选举产生新一届理事会、监事会，安家盛连任第三届理事会会长，市国土局局长魏成林任名誉会长。新一届理事会理事126名，常务理事43名。

【学术交流】

年内，围绕国土资源管理中心任务，组织开展学术交流活动16次，共计2000余人次参加。

年度主题论坛会。召开《重视土地发展权促进新型城镇化》主题论坛。邀请市国土资源局副局长张维，北京土地学会副会长北京大学教授林坚，北京土地学会顾问国务院发展研究中心研究员刘守英，首佳评估公司董事长高喜善等从不同角度，就土地科学管理与经济社会可持续发展、农村集体建设用地制度变迁与改进路向、农村居民点整合与土地资源开发利用潜力等问题进行主题发言。

学术讲座、学术报告会。会同土地学会各专业委员会举办学术讲座、学术报告会。主题围绕“土地财政、征地制度及建设用地流转”、“保障土地健康与生态环境安全对策”、“统筹城乡建设用地配置的地票模式探讨”、“论不动产统一登记与国家地籍”、“研讨北京地质生态系统，加强国土资源科学管理”、“中心城功能优化与新城发展”、“房地产业与新型城镇化协调发展”、“大脚革命与美丽中国”、“征地制度改革问题研究”、“台湾台中市绿色都市规划与未来发展”、“英国土地制度及房地产市场的有关问题”等多方面，分别邀请政府部门、大专院校专家学者专题讲解。

学术论坛活动。组织召开《城乡一体化发展，建设和谐首都》学术论坛活动。邀请市国土局张维副局长、首都经济贸易大学张强教授等专家以《转变观念、改革创新、科学规划，有序推进首都城乡一体化发展》、《城乡一体化背景下的新型城镇化——自工业化后视角的反思》为题，从理论与实践角度进行全面的剖析解读。

青年学术论文交流。北京土地青年学术论文交流是土地学会每年组织的一项品牌学术活动。年内，组织开展第五届青年学术论文交流活动，会员单位、市国土局40岁以下青年土地工作者积极参加，共征集论文稿件138篇。经组织专家评审，评选一等奖14篇，二等奖28篇，三等奖42篇、鼓励奖54名。征集论文汇编成册，印发市国土局有关部门、会员单位240余册。分别向中国土地学会学术年会、海峡两岸学术交流会、市社科联和市科协主题论坛等各类学术交流活动推荐论文。为扩大论文交流影响，举办《北京土地青年学术论文演讲交流会》，6位一等奖论文作者进行演讲交流。演讲会上，由市国土局研究室、人事处、科技处、机关党委和学会领导组成评审组，综合评审打分，同时邀请中国农业大学教授朱道林和学会副会长史贤英进行现场点评。经点评专家的现场点评以及专家评委的打分，规划中心王艳、怀柔分局第三国土所高月、朝阳分局胡枭等3名青年选手获得演讲优秀奖。

区域学术交流。参加中国土地学会城市分会年度秘书长会议；参加2013年海峡两岸“土地制度改革与城镇化健康发展”学术交流会；承办第三届直辖市土地学会联席会议；应台湾（中国）土地改革协会邀请，组织会员单位一行18人赴台学习交流；参加中国土地学会在广州市组织召开的本年度中国土地学会18城市分会主任会议及全国土地学会秘书长会议；参加中国土地学会在上海召开的主题为《土地整治与新型城镇化、新农村建设》学术年会，由学会选送，来自市国土局张洪克、北京师范大学于伟的论文均评为“2013年中国土地学会学术年会优秀论文”，入选中国土地学会学术年会论文集。

【科普宣传】

年内，土地学会继续发挥媒介作用，突出宣传重点，积极开展科普宣传活动。

重点主题宣传。会同市国土局相关部门组织开展“4. 22”地球日、“6. 25”土地日、“北京市科技周”等宣传活动。会同东城分局在东直门内大街开展第23个全国“6. 25”土地日，本次宣传主题为《珍惜土地资源，节约集约用地》，制作宣传展板，发放宣传资料。举办“6.25”土地纪念日网上论坛活动。围绕土地日主题就耕地保护、城乡一体化、土地节约集约利用等展开讨论，共征集稿件18篇，20余人参与网上论坛。

科普宣传进校园。土地学会联合中关村第二小学共同举办主题为“爱地球、爱科学、爱北京”的科普知识进校园活动，特邀市地质调查研究院副总工程师吕金波教授深入校园为同学们作“北京岩石，地球结构，生态文明”主题演讲。为同学们普及科学知识，激发爱科学热情。

科普宣传到乡镇。土地学会会同海淀区科协，在海淀区西北旺镇永丰屯村联合举办“保障土地健康与生态安全对策”科普下乡培训讲座，邀请北京师范大学地理学与遥感科学学院教授赵烨做了“保障土地健康与生态安全对策”主题讲座，50余位村民认真聆听，并就关心的问题与专家进行咨询和交流。

【教育培训】

北京土地学会培训中心（简称培训中心）是经北京市教育行政主管部门正式批准的社会力量办学机构。年内，培训中心围绕行业教育培训和职业素质培训共组织培训、研讨活动8次，参与学习培训人数计468人。培训内容涉及农村集体土地确权登记发证、土地复垦方案编制、农村土地综合整治、土地利用总体规划修编、国有建设用地使用权出让及出让地价评估等多方面业务内容。

【课题研究】

年内，完成中关村管委会《中关村国家自主创新示范区农村集体建设用地利用政策研究》报告和《中关村国家自主创新示范区利用集体建设用地发展高新技术产业和相关配套设施建设管理办法（试行）》代拟稿。课题成果已通过专家评审验收。

承接《探索农村集体建设用地利用新模式》课题，针对北京市昌平区集体建设用地利用现状和存在问题，探索研究农村集体建设用地利用新模式。截至年底，已完成成果初稿。

承接《北京市土地权属争议调查调处新机制研究》课题，围绕北京市土地权属争议调查调处的现实问题进行研究，分析了北京市土地权属争议的特征、类型和调处工作现状，借鉴国内外土地权属争议调查调处的经验，搜集整理土地权属争议调查调处法律法规和案例，提出基于不动产统一登记发展趋势的权属争议调查调处新机制，对现实工作具有指导意义。截至年底，已完成成果初稿。

【《北京土地》】

《北京土地》为土地学会内部发行会刊。年内，共出版发行《北京土地》9期，其中双月刊6期、增刊3期，内容涵盖地籍管理、规划科技、土地利用、征地与耕地保护、法规和监察、土地储备、地矿管理等各个方面。全年共计出版发行8650册。

【承担专项工作】

北京市乙级土地规划机构评审推荐和年检工作。乙级土地规划机构评审推荐工作是中国土地学会授权各省级土地学会的专项工作。年内，学会工作组根据中国土地学会有关规定，结合北京市实际明确制定《北京市土地规划乙级机构管理实施办法（试行）》，进一步明确乙级机构的评选推荐标准。年内，土地学会组织 2 批次评审推荐工作，评选推荐 21 家单位纳入北京市乙级规划机构名录。完成乙级规划机构年检工作，根据乙级规划机构资质基本要求，重点针对企业年度业绩和继续教育学习等情况进行年度检查，94 家乙级规划机构通过年检，核发年度资质认证书。

《北京志·国土资源志》编纂工作。受市国土局委托协助局研究室承担《北京志·国土资源志》编纂工作。本年是第二轮志书编纂的攻坚阶段。年内，加强修志相关人员业务培训工作，继续开展修志培训工作。组织召开志书初稿专家评议会，根据志书初稿完成进度，年内 3 次组织召开分章节的志书初稿专家评议会，对志书初稿进行研讨，广泛征求意见，对初稿不断充实修改完善。启动阶段性未完成工作，着手完成志书概述、大事记、附录内容撰写任务，使志书初稿框架内容基本完整。加强志书第二篇地质矿产章节的撰写工作，统一志书初稿涉地和涉矿部分的撰写口径和原则，尽量保持志书全书的写作风格的一致性。与市志办加强联系，多次邀请市志办的领导和有关专家来局指导工作，进行修志工作写作培训辅导，参加志书初稿专家评议会，对国土资源志的撰写工作和志书初稿提出宝贵意见和建议。截至年底，已初步完成志书初稿撰写任务。

《北京市国土资源年鉴》编纂工作。受市国土局委托协助局研究室，连续七年承担《北京市国土资源年鉴》编纂工作。年内，土地学会对以往年鉴编撰工作进行认真总结，加强年鉴撰写力量，充实年鉴撰写工作人员，同时内部加强业务培训和学习，提高工作人员业务水平，重点对年鉴框架进行修改完善，使其更趋合理，加强重点环节复核机制。年内，出版第 1 版《2013 北京市国土资源年鉴》，发行 500 册。截至年底，《北京市国土资源年鉴》累计出版发行 3500 册。

配合撰写《国土资源管理形势分析报告》工作。受市国土局委托协助局调控监测处承担《国土资源管理形势分析报告》编写工作。国土资源管理形势分析工作是按照国土资源部统一要求，省市级国土资源管理部门按季上报国土资源管理形势分析报告的专项工作。报告要求及时捕捉国土资源管理重点、难点，加强形势分析研判，有效提高国土资源管理水平，为社会经济发展服务。学会积极配合市国土局调控监测处，抓紧启动前期工作，在市国土局的主导下，成立专项工作领导小组，完善组织机制，明确相关责任部门；根据国土部要求，结合市国土局实际印发工作通知和工作方案，明确工作要求；落实专项工作信息报送责任人，建立专项工作信息报送机制；优选落实技术支撑单位，分工负责，共同承担报告的搜集、撰写工作；统筹协调学会各专业委员会，根据需要对形势分析报告进行会商分析。年内，完成第三季度和全年的形势分析报告编写任务。

北京房地产估价师和土地估价师协会

【协会概况】

北京房地产估价师和土地估价师协会（以下简称估价师协会）经北京市民政局批准成立于2004年10月，是北京市房地产、土地评估行业的自律组织。会长1名、秘书长1名、监事长1名、常务理事35人、理事69人。共有会员单位156家，其中具有房地产评估资质的机构145家，具有土地评估资质的机构89家。

估价师协会除秘书处负责日常办公外，下设2个中心，即培训中心、信息中心；6个专业委员会即规划发展与对外交流委员会、会员会籍与权益保障委员会、专家鉴定委员会、技术标准委员会、教育委员会、行业自律委员会；2个办公室和1个编辑部即专家鉴定办公室、地价动态监测办公室及《北京估价师》通讯编辑部。

【教育培训】

年内，根据北京市土地管理及估价师行业管理需要，组织各类教育培训活动10余次，共计2500余人次参加。

年度估价机构负责人继续教育。围绕《国五条》实施后的土地新政及《民事诉讼法》等议题，估价机构负责人继续教育在北京唯实国际文化交流中心举行培训。150余名机构负责人参加。

举办农村集体土地使用权流转培训。年内，在成都举办针对农村集体土地流转政策、农村集体建设用地评估、农用地价评估、宅基地评估等内容的农村集体土地使用权流转培训会。来自全国近20个省市的210名政府主管部门和估价相关行业的人员参加培训。

举办土地空间的节约集约利用及评价培训。年内，在广西举办以“土地空间的节约集约利用及评价”为主题的培训。会议邀请来自国土资源部法律中心、中国人民大学公共管理学院等地，并长期研究土地节约集约利用及空间价格评估的专家学者进行讲解。共有300余人参加培训。

组织召开集体土地上腾退拆迁评估研讨会。年内，组织召开北京市集体土地上腾退拆迁评估研讨会。会议主要围绕房屋拆迁腾退的相关法规、当前现实情况等问题进行讨论。共有27家估价机构的代表参加讨论。

专业继续教育培训会。年内，根据估价师协会继续教育计划，分别在上、下半年举办2次关于估价政策、估价技术、

《国有建设用地出让评估规范》以及近期评估行业发展常见的问题的大型专业继续教育培训。培训会分别邀请政府部门有关领导、大专院校专家学者进行专题讲座。共有1000余名估价师参加培训。

土地报告评审及土地报告评审专家培训会。土地报告评审及土地报告评审专家培训会是中国土地估价师协会举办，协会承办的专项土地估价师继续教育培训会。年内，协会共承办2次土地报告评审工作会和2次土地报告评审专家培训会，来自全国的750余人参加会议。

【学术交流】

专题研讨会。年内，估价师协会组织召开4次关于北京市地价动态监测形式研讨会。研讨会主要针对每季度的地价监测结果进行分析并且对下一季度的形势进行重点分析和判断。研讨会邀请市国土局调控和监测处相关领导、国土资源部勘测规划院及行业内专家一起进行讨论。

区域学术交流。年内，参加中国土地估价师协会组织的土地估价应用系统交流会、《国有建设用地使用权出让地价评估技术规范（试行）》解读会、全国土地估价行业协会负责人联席会。与中国矿业权估价师协会进行行业管理和人员管理的经验交流。第八届京津沪渝四直辖市房地产和土地估价行业联谊会在北京唯实国际文化交流中心举行。本次会议主要围绕“司法鉴定评估中行业共同面对的问题及举办司法鉴定培训”进行深入探讨。

专题培训。年内，受北京市高级人民法院委托，组织28家参与北京市高级人民法院的司法鉴定机构进行司法评估填报系统专题培训会。市高院鉴定拍卖办公室相关领导对“北京市法院司法鉴定拍卖委托管理系统”如何使用进行培训。系统运行后，市高院可对鉴定和拍卖工作实现动态监管。

【课题研究】

年内，协助市土地储备中心，完成《北京市企业国有建设用地使用权收购补偿价格评估技术指引（试行）》课题研究。经专家验收合格，该《指引》已向北京市土地整理储备中心进行备案，向全行业发布试行。

年内，北京市住建委委托的《北京市国有土地上房屋征收补偿方案研究》、《北京市集体土地上房屋征收政策研究》、《北京市公共租赁住房项目所在区域市场租金评估指引》3个课题顺利通过专家验收。

【专项工作】

北京市地价动态监测工作。受市国土局委托对北京市地价进行监测，并对监测的数据进行汇总、分析、上报。年内，共有57家土地评估机构的238名土地估价师参与地价动态监测工作。

北京市土地评估机构B级资信评审工作。年内，会同估价师协会相关专业委员会开展评审工作。经过审核，批准26家土地评估机构获得土地B级资信称号。

北京市土地估价机构资质年检工作。年内，完成在我市执业的土地估价机构资质年检工作。经审核，共有25家机构获得土地资质。

北京市土地估价师执业登记、变更、注销。年内，完成北京市土地估价师执业登记127人次，其中，初始登记66人次，省内转移登记17人次，跨省转移登记40人次，注销登记4人次。

全国土地估价师资格考试举行。受市国土局委托，估价师协会负责全国土地估价师资格考试（北京考区）的报名工作，共有1144名考生参加本年度考试。

【内部建设】

年内，通过网站发布信息，首次面向全行业公开招聘秘书长。经过考核小组考核，吴芳同志任第三届理事会秘书长。

年内，完成土地估价报告评审、信访投诉案件汇总、楼盘统计和房价跟踪、司法鉴定案例库统计以及地价动态监测技术承担单位变更等工作。

年内，出版4期《北京估价师》通讯。

【党建文化工作】

年内，经北京市东城区社会工作党委研究批准成立和平里街道社会工作党委，协会党总支书记高千里被选举为街道社工委委员。党总支书记高千里、宣传部长龚秋平参加由和平里街道工委组织的“共植友谊林”活动。组织1名入党积极分子学习，批准1名预备党员转正，现有党员47名。

年内，组织第一届“估价师杯”网球比赛，市国土局、北京中介协会、北京市估价机构等8个代表队参加。

【表彰奖励】

年内，协会党总支分别获得中共东城区委员会和和平里街道工委颁发的“先进基层党组织”称号。

统计资料

统计资料

2013年国土资源主要统计指标分析

【土地利用计划安排使用情况】

北京市土地利用计划安排使用新增建设用地2454.46公顷，同比下降15.15%，其中农用地使用量为2297.28公顷，同比下降14.02%；耕地使用量为951.63公顷，同比下降19.30%（详见图6-1）。

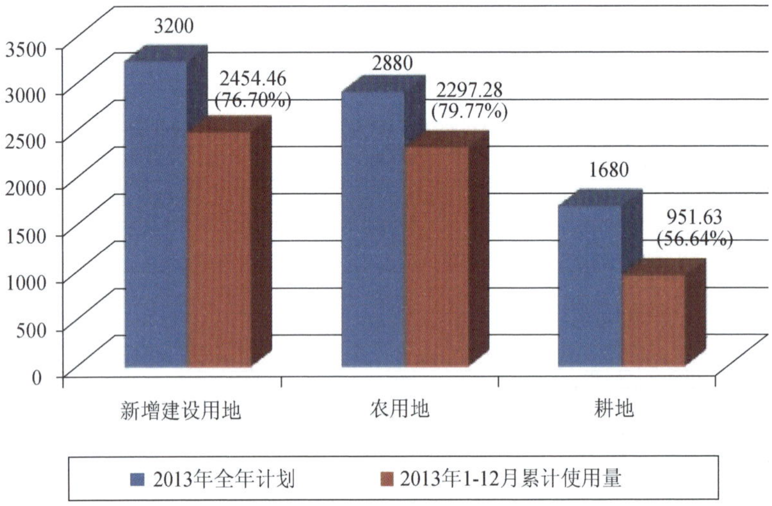

图6-1　土地利用计划安排使用量情况（计量单位：公顷）

【建设项目土地预审情况】

全市共批复1060个建设用地预审项目，同比增长3.72%；拟用地总面积13433.91公顷，同比增长39.43%。其中，建设用地面积7245.86公顷，同比增长26.66%；农用地面积5885.79公顷，同比增长60.38%；未利用地面积302.26公顷，同比增长23.87%（详见图6-2）。

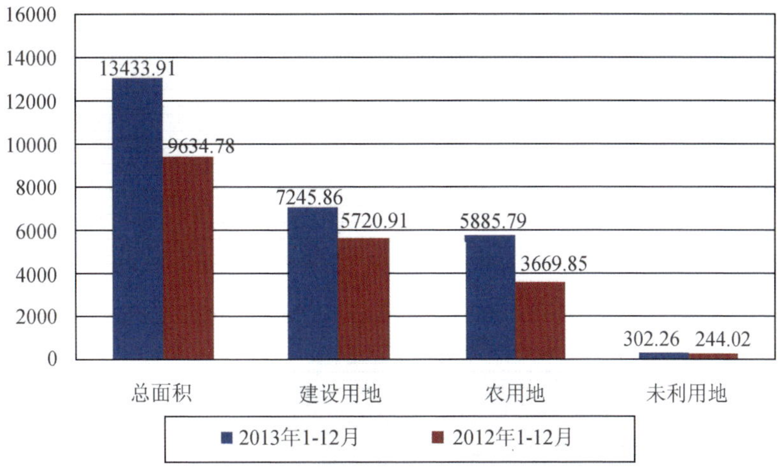

图 6-2　建设项目土地预审情况对比图（计量单位：公顷）

按用途分，以储备用地、交通运输用地、公共管理与公共服务用地为主。其中，储备用地 4888.99 公顷，交通运输用地 3472.15 公顷，公共管理与公共服务用地 2502.01 公顷，分别占预审总面积的 36.39%、25.85%、18.62%（详见图 6-3）。

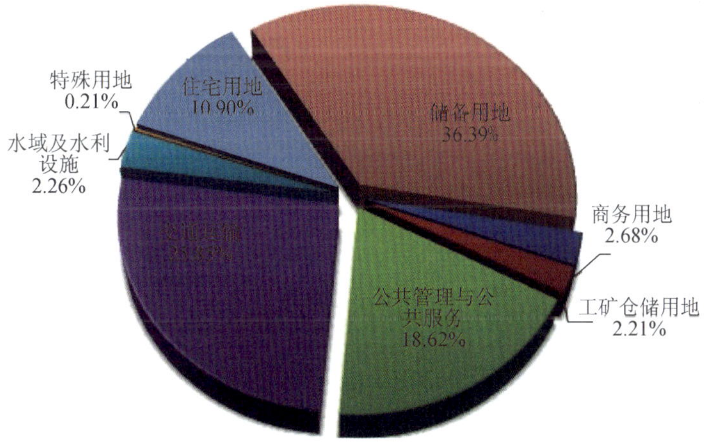

图 6-3　建设项目土地预审用地类型结构图

【批准建设用地情况】

全市共批准建设用地总面积 3891.64 公顷，同比下降 14.33%。国务院批准建设用地面积 626.72 公顷，占总批准建设用地面积的 16.10%；市政府批准建设用地面积 3264.92 公顷，占批准建设用地总面积的 83.90%。其中，农用地转用 1912.91 公顷（含耕地 862.31 公顷，同比增长 17.36%），同比下降 7.92%；未利用地 89.09 公顷，同比增长 16.06%。

主要分布在通州、顺义、大兴、昌

平，面积分别为911.84公顷、707.86公顷、426.85公顷、408.10公顷。全市批准的建设用地面积大部分位于城市发展新区，有力促进了城市发展和生态安全格局的实现。

按用途分，公共管理与公共服务用地面积1499.05公顷；交通运输用地面积859.30公顷；住宅用地面积839.42公顷，分别占批准建设用地总面积的38.52%、22.08%、21.57%（详见图6-4）。

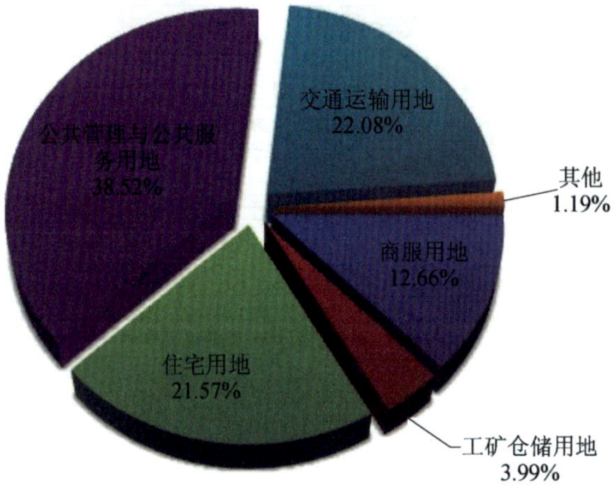

图6-4　批准建设用地类型结构情况图

【国有建设用地供应总量情况】

全市国有建设用地供应684宗，土地面积3822.36公顷。其中通过出让方式供应（签订合同）328宗，土地面积1739.39公顷，同比增长61.47%；划拨方式供应142宗，土地面积350.42公顷，同比下降22.10%；以征代划方式供应214宗，土地面积1732.56公顷，同比下降15.60%（详见图6-5）。

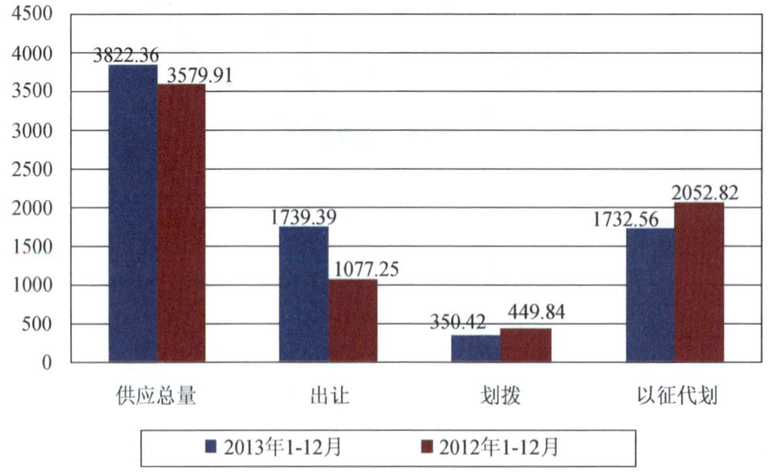

图6-5　土地供应总量情况对比图（计量单位：公顷）

土地出让、划拨、以征代划分别占国有土地供应总量的 45.51%、9.17%、45.33%（详见图 6-6）。

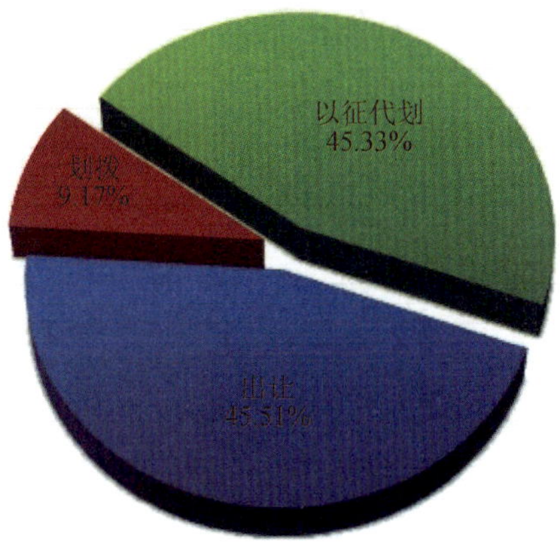

图 6-6 土地供应总量情况结构图（计量单位：公顷）

1. 出让方式（签订合同）供应情况

全市国有土地出让 1739.39 公顷（不含现状补办项目），其中，通过土地招拍挂方式出让土地 1349.33 公顷，占出让总面积的 77.57%，以协议方式出让土地 390.07 公顷，占出让总面积的 22.43%。

按用途分，以住宅用地和工矿仓储用地为主。其中，住宅用地占出让总面积的 50.35%；同比增长 1.2 倍；工矿仓储用地占出让总面积的 25.81%，同比下降 3.44%（详见图 6-7）。

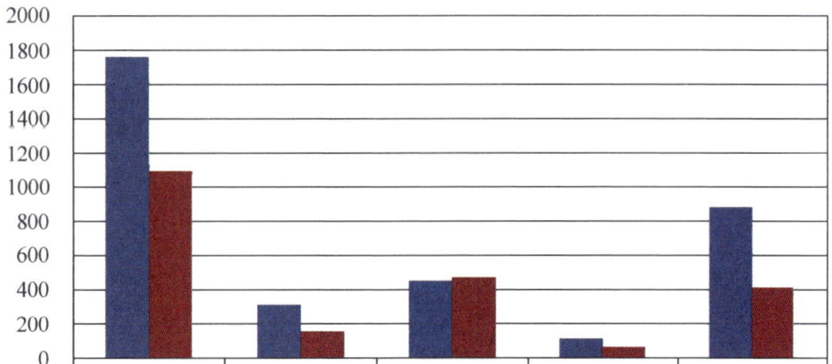

	出让总面积	商服用地	工矿仓储用地	公共管理与公共服务用地	住宅用地
2013年1-12月	1739.39	304.49	449.00	109.39	875.73
2012年1-12月	1077.25	149.58	465.01	59.18	403.48

图 6-7 国有建设用地土地出让情况对比图（计量单位：公顷）

2. 划拨方式供应情况

从用地类型来看，公共管理与公共服务用地面积 189.55 公顷，同比下降 3.63%；住宅用地面积 116.56 公顷，同比下降49.14%，其中，经济适用房面积107.30公顷，同比下降53.16%，廉租住房用地面积9.26公顷，同比增长61倍；交通运输用地面积43.83公顷，同比增长了1.6倍。

3. 以征代划方式供应情况

从用地类型来看，代征道路面积697.63公顷，同比下降18.84%，代征绿地768.90公顷，同比下降16.44%；交通运输用地161.66公顷，同比下降22.23%。

【现状补办项目协议出让情况】

现状补办协议出让项目228宗，同比下降3.39%；出让面积267.3公顷，同比下降30.82%，成交价款39.11亿元，同比增长67.93%。

在用地类型上，公共管理与公共服务用地18宗，面积为99.08公顷；商服用地130宗，面积为62.25公顷；工矿仓储用地25宗，面积为83.39公顷；在空间分布上主要集中在昌平、丰台、朝阳、海淀、大兴等5个区（县）（详见图6-8）。

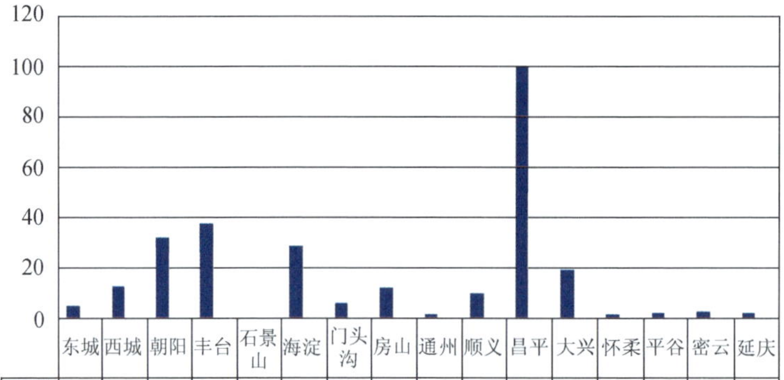

	东城	西城	朝阳	丰台	石景山	海淀	门头沟	房山	通州	顺义	昌平	大兴	怀柔	平谷	密云	延庆
面积	4.29	12.3	31.1	36.9	0.18	28.2	5.90	11.4	1.38	9.64	99.8	18.7	1.25	1.9	2.22	1.76
比重	1.61	4.62	11.6	13.8	0.07	10.5	2.21	4.29	0.52	3.61	37.3	7.02	0.47	0.71	0.83	0.66

图6-8　现状补办协议出让空间分布图（计量单位：公顷）

【国有土地入市交易成交情况】

全市国有土地入市交易223宗，面积2118.64公顷，同比增长58.06%。从土地市场供地方式看，土地招标535.28公顷，土地挂牌1583.36公顷。从土地市场供地结构看，商服用地313.32公顷，同比增长近75.65%；工矿仓储用地543.88公顷，同比下降24.22%；住宅用地1261.45公顷（全部为普通商品房），同比增长近1.8倍（详见图6-9）；土地入市交易成交价款1853.15亿元，较去年同期增长176.34%。

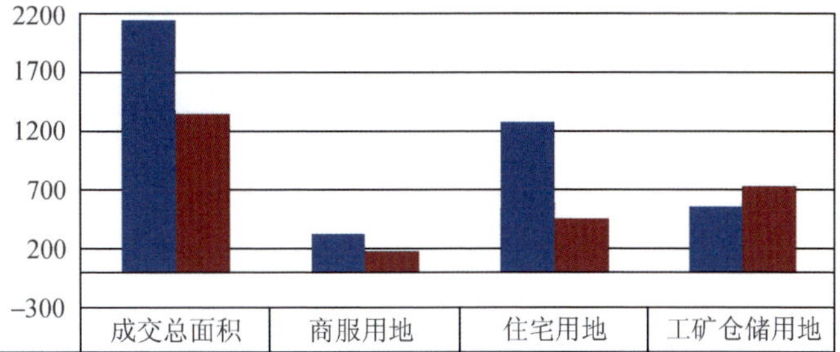

	成交总面积	商服用地	住宅用地	工矿仓储用地
2013年1-12月	2118.64	313.32	1261.45	543.88
2012年1-12月	1340.4	178.38	444.29	717.73

图6-9　土地入市交易成交量对比图（计量单位：公顷）

【国有土地登记发证及土地抵押情况】

全市国有土地使用权登记发证8607宗，同比增长10.60%；登记发证面积6230.96公顷，同比下降20.07%。

国有土地使用权抵押登记发证6345宗，抵押面积7723.07公顷，同比分别增长15.87%、11.63%，贷款金额7305.48亿元，同比增长45.09%。

【地矿资源情况】

矿产资源方面，矿产资源勘查有效许可证10件，与上年同期相比略有减少（去年同期14件）；主要矿种采矿有效许可证190件，与去年同期基本持平（去年同期192件）。地质灾害方面，为最大程度确保人民群众生命财产安全，北京市启动密云县、房山区、门头沟区泥石流地质灾害实时监测示范工程和突发地质灾害监测预警系统。截止到12月底，发布突发地质灾害气象风险预警24次，指导群众防灾避险转移30191人；共开展应急调查50次，确定地质灾害灾情39起，其中房山11起、怀柔8起、延庆8起、门头沟6起、密云4起，海淀、昌平各1起，造成直接经济损失43.06万元，有效避免人员伤亡。

【国土资源违法案件查处情况】

继续发挥专项行动工作机制作用，加强重点区域的土地执法巡查，充分发挥部门、政府联动合力的优势，通过立案查处与非立案限期整改，加大力度、加快进度落实案件查处和整改。截至目前，全市共立案查处土地违法案件508件，同比下降了12.86%；涉及土地面积410.55公顷，同比下降了25.75%，其中耕地24.01公顷，同比下降13.16%；土地违法共结案391件，同比下降21.49%；收缴罚没款2919.20万元，同比下降29.21%。

全市共立案查处地矿违法案件56件，以个人无证开采为主，目前共结案55件；收缴罚没款139.73万元，同比增长4.5倍。

表 6-1 建设项目预审批复情况(按区县分列)

2013 年 1—12 月

计量单位:公顷

	项目个数	建设用地规模						备 注
			农用地			建设用地	未利用地	
				耕地	占用基本农田			
甲	1	2	3	4	5	6	7	8
合　计	1060	13433.91	5885.79	3046.15	1285.57	7245.86	302.26	
东城区	30	107.48				107.48		
西城区	29	63.17				63.17		
朝阳区	133	1179.34	208.07	56.26	7.00	971.05	0.22	
海淀区	103	519.46	151.82	22.22		367.20	0.44	
丰台区	91	1842.46	566.70	190.29		1266.76	9.00	
石景山区	21	78.27	14.19	1.63		63.95	0.13	
门头沟区	59	527.21	162.75	13.31		362.10	2.36	
房山区	79	916.84	422.77	267.85	8.83	464.26	29.81	
通州区	170	3110.84	1479.00	823.92	58.56	1594.85	36.99	
顺义区	37	285.51	27.16	8.48		258.35		
昌平区	76	872.01	403.22	134.24		421.75	47.04	
大兴区	57	2323.56	1659.37	1236.82	1194.49	528.70	135.49	
怀柔区	44	299.18	191.07	81.95		98.90	9.21	
平谷区	53	460.15	243.02	113.07	5.43	204.93	12.20	
密云县	31	77.46	36.16	13.59		39.56	1.74	
延庆县	30	221.68	67.03	15.34		153.30	1.35	
跨区县项目	14	540.23	253.46	67.18	11.26	270.49	16.28	
备注:涉及亦庄开发区项目情况	3	9.06				9.06		

表 6-1 建设项目预审批复情况(按用途分列)

2013 年 1—12 月

计量单位：公顷

	项目个数	建设用地规模						备 注
			农用地			建设用地	未利用地	
				耕地	占用基本农田			
甲	1	2	3	4	5	6	7	8
合 计	1060	13433.91	5885.79	3046.15	1285.57	7245.86	302.26	
商服用地	70	360.27	49.98	26.45		300.83	9.46	
工矿仓储用地	61	296.31	96.11	54.41		199.14	1.06	
公共管理与公共服务用地	433	2502.01	869.95	393.41	12.63	1589.00	43.06	
交通运输用地	162	3472.15	2214.79	1406.25	1220.07	1188.45	68.91	
水域及水利设施	21	420.70	93.97	23.58		228.40	98.33	
特殊用地	11	28.82	14.30	1.56		14.52		
住宅用地	138	1464.66	308.05	104.25		1143.69	12.92	
储备用地	164	4888.99	2238.64	1036.24	52.87	2581.83	68.52	

表 6-2 审批建设用地情况(一)

2013 年 1—12 月

计量单位：公顷

	批准建设用地合计					国务院批准建设用地					省级政府审批				
		新增建设用地					新增建设用地					新增建设用地			
			农用地转用		未利用地			农用地转用		未利用地			农用地转用		未利用地
				耕地					耕地					耕地	
甲	1	2	3	4	5	7	8	9	10	11	13	14	15	16	17
合计	3891.6386	2001.9942	1912.9065	862.3119	89.0877	626.7169	130.1656	126.8764	40.6970	3.2892	3264.9217	1871.8286	1786.0301	821.6149	85.7985
市辖区	3732.6915	1912.1394	1839.7347	824.9069	72.4047	626.7169	130.1656	126.8764	40.6970	3.2892	3105.9746	1781.9738	1712.8583	784.2099	69.1155
东城区															
西城区															
朝阳区	221.4501	74.0918	73.7791	24.1156	0.3127	221.4501	74.0918	73.7791	24.1156	0.3127					
丰台区	209.6684	68.3972	67.9487	45.2142	0.4485	82.8476	20.6217	20.1732	15.7348	0.4485	126.8208	47.7755	47.7755	29.4794	
石景山区	70.4761	16.2726	15.3733	0.8317	0.8993	70.4761	16.2726	15.3733	0.8317	0.8993					
海淀区	196.4876	116.3981	116.0581	13.9123	0.3400	34.0768	16.3801	16.1278		0.2523	162.4108	100.0180	99.9303	13.9123	0.0877
门头沟区	277.8470	88.3487	86.3833	23.7410	1.9654						277.8470	88.3487	86.3833	23.7410	1.9654
房山区	113.7260	46.7201	39.3675	21.8778	7.3526						113.7260	46.7201	39.3675	21.8778	7.3526
通州区	911.8423	520.8367	505.7590	240.8962	15.0777						911.8423	520.8367	505.7590	240.8962	15.0777
顺义区	707.8561	414.7069	383.9646	153.0031	30.7423						707.8561	414.7069	383.9646	153.0031	30.7423
昌平区	408.0956	177.9743	169.2441	72.1573	8.7302	201.2577	2.6301	1.2537	0.0149	1.3764	206.8379	175.3442	167.9904	72.1424	7.3538
大兴区	426.8474	221.9003	216.6957	112.8865	5.2046	16.6086	0.1693	0.1693			410.2388	221.7310	216.5264	112.8865	5.2046
怀柔区	122.9511	113.3082	111.9768	68.7208	1.3314						122.9511	113.3082	111.9768	68.7208	1.3314
平谷区	65.4438	53.1845	53.1845	47.5504							65.4438	53.1845	53.1845	47.5504	
亦庄开发区															
县	158.9471	89.8548	73.1718	37.4050	16.6830						158.9471	89.8548	73.1718	37.4050	16.6830
密云县	42.7821	24.4577	22.2381	16.9497	2.2196						42.7821	24.4577	22.2381	16.9497	2.2196
延庆县	116.1650	65.3971	50.9337	20.4553	14.4634						116.1650	65.3971	50.9337	20.4553	14.4634

表 6-2 审批建设用地情况(二)

2013 年 1—12 月

计量单位：公顷

	城镇村建设用地							单独选址建设用地				
		商服用地	工矿仓储用地	住宅用地	公用管理与公共服务用地	交通运输用地	其他		交通运输用地	水利设施用地	能源用地	其他
甲	1	2	3	4	5	6	7	8	9	10	11	12
合　计	3837.1775	492.5647	155.1436	839.4188	1499.0507	849.3051	1.6946	54.4611	9.9854			44.4757
市辖区	3678.2304	479.2045	154.7089	820.1767	1399.2675	823.1782	1.6946	54.4611	9.9854			44.4757
东城区												
西城区												
朝阳区	221.4501		3.2460	85.6752	44.4510	88.0779						
丰台区	209.6684	10.5267		39.7356	134.1494	25.2567						
石景山区	70.4761			54.7036	9.5695	6.2030						
海淀区	196.4876			53.7990	80.8677	60.1263	1.6946					
门头沟区	277.8470	42.8811		93.2866	76.4349	65.2444						
房山区	113.7260	2.6152	1.3346	59.5788	28.7822	21.4152						
通州区	907.7986	101.8291	35.3914	178.0978	396.9596	195.5207		4.0437	4.0437			
顺义区	704.8492	259.4675	26.9665	59.5592	197.7592	161.0968		3.0069	3.0069			
昌平区	362.8928		1.3193	64.7210	237.5467	59.3058		45.2028	2.8988			42.3040
大兴区	426.8474	47.9981	11.9279	115.4913	145.3511	106.0790						
怀柔区	122.9511		55.7441	13.4160	31.1984	22.5926						
平谷区	63.2361	13.8868	18.7791	2.1126	16.1978	12.2598		2.2077	0.0360			2.1717
亦庄开发区												
县	158.9471	13.3602	0.4347	19.2421	99.7832	26.1269						
密云县	42.7821				32.7445	10.0376						
延庆县	116.1650	13.3602	0.4347	19.2421	67.0387	16.0893						

表 6-3 国有土地供应签订合同情况(一)

（按区县分列）

2013 年 1—12 月

计量单位：宗、公顷、万平方米、万元

	出让小计					协议出让				
	宗地数	面积		规划建筑面积	成交价款	宗地数	面积		规划建筑面积	成交价款
			新增					新增		
甲	1	2	3	4	5	6	7	8	9	10
合计	328	1739.3876	1647.3803	3384.1770	18179207.50	95	390.0667	380.3686	982.0093	478565.95
市辖区	312	1622.7322	1531.3254	3226.9487	17733758.50	95	390.0667	380.3686	982.0093	478565.95
东城区	2	2.3887	1.1149	13.4632	283022.45	1	1.1149	1.1149	4.8832	5242.45
西城区	1	0.2407		2.4393	3234.12	1	0.2407		2.4393	3234.12
朝阳区	18	73.8155	60.4665	176.6708	2448868.24	7	13.5494	9.2434	58.8190	79268.24
丰台区	19	46.0090	44.4006	143.6911	1175853.62	13	21.7880	20.1796	63.0428	49253.62
石景山区	11	33.5022	26.0955	112.3247	1208459.35	3	2.0948	0.8000	7.5515	3758.35
海淀区	42	160.7346	159.1785	434.7239	996618.21	37	134.7297	133.1736	384.7368	203444.21
门头沟区	11	63.4620	54.5045	116.7733	848909.99	4	15.1010	14.6984	44.7308	8734.99
房山区	45	298.3719	298.0824	472.3840	2059928.84	6	35.1796	34.8901	62.0221	12598.00
通州区	39	155.5899	120.9512	388.9737	3273905.78	5	21.3137	21.3137	57.5661	15995.72
顺义区	28	140.5884	133.9409	241.3467	1081911.34	4	29.1424	29.1424	65.0647	19966.48
昌平区	21	212.6715	208.5156	415.2673	1767324.34	9	93.0958	93.0958	183.2554	68202.68
大兴区	37	238.7572	235.2602	411.8541	1686669.16	4	22.1322	22.1322	47.8448	8576.16
怀柔区	3	51.0121	51.0121	46.6701	246400.00					
平谷区	19	72.7221	64.9361	109.8989	233772.75					
亦庄开发区	16	72.8664	72.8664	140.4676	418880.31	1	0.5845	0.5845	0.0528	290.93
县	16	116.6554	116.0549	157.2283	445449.00					
密云县	11	87.5278	87.5278	121.7549	366584.00					
延庆县	5	29.1276	28.5271	35.4734	78865.00					

表 6-3 国有土地供应签订合同情况(一)

(按区县分列)

2013 年 1—12 月

计量单位：宗、公顷、万平方米、万元

	招标出让					拍卖出让					挂牌出让				
	宗地数	面积		规划建筑面积	成交价款	宗地数	面积		规划建筑面积	成交价款	宗地数	面积		规划建筑面积	成交价款
			新增					新增					新增		
甲	11	12	13	14	15	16	17	18	19	20	21	22	23	24	25
合计	51	299.2751	261.8220	693.2316	6795950.64						182	1050.0458	1005.1897	1703.9361	10904690.91
市辖区	48	241.1766	203.7235	616.1335	6477250.64						169	991.4889	947.2333	1628.8059	10777941.91
东城区	1	1.2738		3.5800	277780.00										
西城区															
朝阳区	2	6.5220		18.2619	124600.00						9	53.7441	51.2231	99.5899	2245000.00
丰台区	4	5.9576	5.9576	50.3900	698600.00						2	18.2634	18.2634	30.2583	428000.00
石景山区	4	16.2525	14.1454	55.7177	674800.00						4	15.1549	11.1501	49.0555	529901.00
海淀区	1	15.9082	15.9082	30.7345	465000.00						4	10.0967	10.0967	19.2526	328174.00
门头沟区	3	34.4166	28.5265	49.4788	633000.00						4	13.9444	11.2796	22.5637	207175.00
房山区	2	7.5974	7.5974	20.5677	117308.84						37	255.5949	255.5949	389.7942	1930022.00
通州区	20	55.0458	33.3857	204.2616	2142800.80						14	79.2304	66.2518	127.1460	1115109.26
顺义区	6	42.1450	42.1450	75.6521	550101.00						18	69.3010	62.6535	100.6299	511843.86
昌平区	3	38.3523	38.3523	76.0870	693880.00						9	81.2234	77.0675	155.9249	1005241.66
大兴区	2	17.7054	17.7054	26.4022	99380.00						31	198.9196	195.4226	337.6071	1578713.00
怀柔区											3	51.0121	51.0121	46.6701	246400.00
平谷区											19	72.7221	64.9361	109.8989	233772.75
亦庄开发区											15	72.2819	72.2819	140.4148	418589.38
县	3	58.0985	58.0985	82.0981	318700.00						13	58.5569	57.9564	75.1302	126749.00
密云县	3	58.0985	58.0985	82.0981	318700.00						8	29.4293	29.4293	39.6568	47884.00
延庆县											5	29.1276	28.5271	35.4734	78865.00

表 6-3　国有土地供应签订合同情况（一）

（按用地类型分列）

2013 年 1—12 月

计量单位：宗、公顷、万平方米、万元

		出让小计					协议出让				
		宗地数	面积		规划建筑面积	成交价款	宗地数	面积		规划建筑面积	成交价款
				新增					新增		
甲		1	2	3	4	5	6	7	8	9	10
合　计		328	1739.3876	1647.3803	3384.1770	18179207.50	95	390.0667	380.3686	982.0093	478565.95
商服用地		100	304.4916	270.2520	798.3513	6574452.92	32	23.7374	17.1392	77.4262	49218.28
工矿仓储用地		91	448.9995	442.3520	634.8536	461071.32	1	2.5569	2.5569	4.8815	1281.41
住宅用地		98	875.7288	828.3090	1689.2789	10922481.56	25	255.6920	255.6920	639.3494	208241.56
其中	高档住宅用地										
	普通商品住房用地	71	616.5646	575.0349	1043.3246	10215771.95	1	18.8988	18.8988	38.0751	6931.95
	中低价位、中小套型用地	4	30.9113	30.9113	56.0006	525500.00					
	经济适用住房用地	1	5.8901	20.1697	230000.00						
	廉租住房用地	1	7.5360	7.5360	8.1716	236000.00					
	其他住房用地	25	245.7381	245.7381	617.6130	240709.61	24	236.7932	236.7932	601.2743	201309.61
公共管理与公共服务用地		38	109.3948	105.6944	258.3560	219797.18	36	107.3075	104.2076	257.0150	218420.18
特殊用地											
交通运输用地		1	0.7729	0.7729	3.3372	1404.52	1	0.7729	0.7729	3.3372	1404.52
水利设施用地											

表 6-3　国有土地供应签订合同情况（一）

（按用地类型分列）

2013 年 1—12 月　　　　计量单位：宗、公顷、万平方米、万元

	招标出让					拍卖出让					挂牌出让				
	宗地数	面积	面积：新增	规划建筑面积	成交价款	宗地数	面积	面积：新增	规划建筑面积	成交价款	宗地数	面积	面积：新增	规划建筑面积	成交价款
甲	11	12	13	14	15	16	17	18	19	20	21	22	23	24	25
合计	51	299.2751	261.3220	698.2316	6795950.64						182	1050.0458	1005.1897	1703.9361	10904690.91
商服用地	33	114.2300	100.9111	382.2665	3724020.64						35	166.5242	152.2017	338.6586	2801214.00
工矿仓储用地											90	446.4426	439.7951	629.9721	459789.91
住宅用地	18	185.0451	160.9109	315.9651	3071930.00						55	434.9917	411.7061	733.9644	7642310.00
其中：高档住宅用地															
其中：普通商品住房用地	17	179.1550	160.9109	295.7954	2841930.00						53	418.5108	395.2252	709.4541	7366910.00
其中：中低价位、中小套型用地	1	7.9062	7.9062	16.6030	71000.00						3	23.0051	23.0051	39.3976	454500.00
其中：经济适用住房用地	1	5.8901		20.1697	230000.00										
其中：廉租住房用地											1	7.5360	7.5360	8.1716	236000.00
其中：其他住房用地											1	8.9449	8.9449	16.3387	39400.00
公共管理与公共服务用地											2	2.0873	1.4868	1.3410	1377.00
特殊用地															
交通运输用地															
水利设施用地															

表 6-3　国有土地供应签订合同情况(二)

（按区县分列）

2013 年 1—12 月

计量单位：宗、公顷、万平方米、万元

	划拨				租赁					其他供地方式				
	宗地数	面积		规划建筑面积	宗地数	面积		规划建筑面积	租金	宗地数	面积		规划建筑面积	收入
			新增				新增					新增		
	1	2	3	4	5	6	7	8	9	10	11	12	13	14
合计	142	350.4173	286.1648	515.1857										
市辖区	131	334.5528	276.4874	505.0751										
东城区	2	3.7986		16.4737										
西城区	6	2.0000	0.5023	7.7537										
朝阳区	17	30.7580	13.4476	90.2736										
丰台区	18	67.9505	67.1637	142.6798										
石景山区														
海淀区	19	29.6088	17.6701	58.9089										
门头沟区	10	24.0413	21.4262	41.6944										
房山区	11	15.2776	15.2776	30.3589										
通州区	12	16.2891	9.9106	23.7029										
顺义区	8	23.6581	20.7195	11.2564										
昌平区	4	60.5081	60.0081	23.8397										
大兴区	13	33.1001	33.1001	24.0765										
怀柔区	3	16.0386	10.1948	24.6109										
平谷区	8	11.5240	7.0668	9.4457										
亦庄开发区														
县	11	15.8645	9.6774	10.1106										
密云县	6	10.6606	4.4735	9.0837										
延庆县	5	5.2039	5.2039	1.0269										

表 6-3 国有土地供应签订合同情况(二)

(按用地类型分列)

2013 年 1—12 月

计量单位:宗、公顷、万平方米、万元

	划拨				租赁					其他供地方式				
	宗地数	面积		规划建筑面积	宗地数	面积		规划建筑面积	租金	宗地数	面积		规划建筑面积	收入
			新增				新增					新增		
	1	2	3	4	5	6	7	8	9	10	11	12	13	14
合　计	142	350.4173	286.1648	515.1857										
商服用地														
工矿仓储用地														
住宅用地	37	116.5589	81.6996	345.1167										
其中：高档住宅用地														
普通商品住房用地														
中低价位、中小套型用地														
经济适用住房用地	33	107.3028	75.3886	325.5005										
廉租住房用地	4	9.2561	6.3110	19.6162										
公共管理与公共服务用地	98	189.5487	161.5401	167.9005										
特殊用地	2	0.4800		0.6852										
交通运输用地	5	43.8297	42.9251	1.4833										
水域及水利设施用地														

表 6-4 国有土地使用权交易情况

（按区县分列）

2013 年 1—12 月

	转让			出租		
	宗数（宗）	面积（公顷）	转让金（万元）	宗数（宗）	面积（公顷）	租金（万元）
甲	1	2	3	4	5	6
合　计	29	70.7972	280193.77			
市辖区	23	55.9468	276715.17			
东城区						
西城区	1	0.9049	136745.70			
朝阳区	2	0.2719	7278.32			
丰台区	2	3.3823	48480.65			
石景山区						
海淀区						
门头沟区						
房山区	1	0.6373	6370.00			
通州区	5	12.1802	10636.15			
顺义区	6	21.8169	15386.96			
昌平区	4	15.7433	51231.39			
大兴区						
怀柔区	1	0.2100	70.00			
平谷区						
亦庄开发区	1	0.8000	516.00			
县	6	14.8504	3478.60			
密云县						
延庆县	6	14.8504	3478.60			

表6-4　国有土地使用权交易情况

（按用地类型分列）

2013 年 1—12 月

	转让			出租		
	宗数（宗）	面积（公顷）	转让金（万元）	宗数（宗）	面积（公顷）	租金（万元）
甲	1	2	3	4	5	6
合　计	29	70.7972	280193.77			
商服用地	6	16.2788	90293.06			
工矿仓储用地	18	49.1518	42603.58			
住宅用地	1	0.9049	136745.70			
其中：别墅、高档公寓						
其中：普通商品房	1	0.9049	136745.70			
其中：经济适用房						
其中：其他住房						
公共管理与公共服务用地		2	3.2377	9934.43		
特殊用地	2	1.2240	617.00			

表 6-5　北京市国有建设用地使用权登记发证统计表

计量单位:宗、万平方米

项目	合计		初始登记		变更登记	
	宗数	面积	宗数	面积	宗数	面积
累计	8607	6230.96	1330	3251.72	7277	2979.24
东城区	673	119.06	111	35.71	562	83.35
西城区	457	31.53	96	15.12	361	16.41
朝阳区	3633	818.70	178	349.34	3455	469.36
丰台区	724	413.90	140	248.13	584	165.77
石景山区	158	62.49	33	51.54	125	10.95
海淀区	1015	575.19	148	439.34	867	135.85
门头沟区	77	160.01	61	121.93	16	38.08
房山区	204	628.04	133	410.43	71	217.61
通州区	242	639.74	69	371.86	173	267.88
顺义区	453	493.10	65	159.33	388	333.77
昌平区	264	346.83	41	115.57	223	231.26
大兴区	258	611.38	116	358.93	142	252.45
怀柔区	80	128.85	13	50.98	67	77.87
平谷区	128	231.32	52	104.63	76	126.69
密云县	121	467.86	35	122.17	86	345.69
延庆县	63	155.41	7	8.47	56	146.94
北京经济技术开发区	57	347.55	32	288.24	25	59.31

表6-6　北京市国有建设用地使用权抵押权登记发证统计表

计量单位:宗、万平方米、万元

项目	宗数	抵押面积	评估金额	贷款金额
合计	6345	7723.071	171582904.84	73054780.36
东城区	404	54.075	12411903.01	4785411.48
西城区	233	27.918	7774735.65	3419063.07
朝阳区	2199	757.006	61432268.47	24064966.33
丰台区	559	249.910	11133861.70	5648612.82
石景山区	107	137.665	2156611.53	1152042.27
海淀区	835	294.202	10653937.25	5745210.96
门头沟区	26	50.460	981260.80	392517.74
房山区	128	526.876	5415316.41	2064342.22
通州区	415	1759.770	22312969.00	9226468.76
顺义区	357	896.867	8478732.82	4240882.91
昌平区	231	587.930	8141209.61	3022344.44
大兴区	293	1028.974	10693038.56	4487397.54
怀柔区	114	276.828	1120578.95	1074304.00
平谷区	91	240.129	2060019.64	863917.32
密云县	141	358.615	984163.48	717811.43
延庆县	41	97.755	156509.71	73657.70
北京经济技术开发区	171	378.091	5675788.25	2075829.37

表 6-7　勘查许可证发放情况

计量单位：个、宗、万元

矿种	勘查许可证发证			勘查权出让			
				协议出让方式		招拍挂出让方式	
	新立	有效	注销	宗数	价款金额	宗数	价款金额
甲	1	2	3	4	5	6	7
合计		10					
地热		10					

表6-8 主要矿种采矿许可证发放情况

计量单位：个、宗、万元

	采矿许可证发证			采矿权出让			
	许可证数			协议出让方式		招拍挂出让方式	
	新立	有效	注销	宗数	价款金额	宗数	价款金额
甲	1	2	3	4	5	6	7
合计		191	1				
地热		147					
矿泉水		33	1				
煤		5					
铁矿		6					

表 6-9 北京市矿产种类统计表

矿类		探明有资源储量并编入储量表的矿种			已发现但尚未探明资源储量的矿种	
		名称及矿产地数	矿种数		名称	矿种数
合计		353	67			60
能源矿产		煤（29）	1		地热、石油、天然气	3
金属矿产	黑色金属矿产（53）	铁（46）、锰（1）、铬铁矿（2）、钒（2）、钛（2）	5	19		
金属矿产	有色、贵金属及稀有稀散元素矿产（63）	铜（8）、铅（7）、锌（9）、铝土矿（1）、钨（3）、铋（1）、钼（8）、镁（2）、铂（1）、钯（1）、金（14）、银（5）、镓（2）、镉（1）	14		镍、钴、锡、汞、锑、铑、铱、钌、锇、铌、钽、铍、锆、锶、铈、锗、铟、铊、铼、硒、碲、铀、钍	23
非金属矿产	冶金辅助原料非金属矿产（43）	红柱石（1）、普通萤石（1）、熔剂用灰岩（12）、冶金用白云岩（12）、冶金用石英岩（4）、铸型用砂（1）、冶金用脉石英（4）、耐火粘土（7）、铁矾土（1）	9	47	兰晶石、矽线石、堇青石	3
非金属矿产	化工原料非金属矿产（43）	硫铁矿（3）、电石用灰岩（8）、制碱用灰岩（1）、含钾砂页岩（2）、含钾岩石（1）、泥炭（28）	6		磷、硼、重晶石、蛇纹岩	4
非金属矿产	建筑材料及其它非金属矿产（122）	石棉（2）、石墨（2）、滑石（1）、长石（2）、叶腊石（1）、透辉石（3）、玉石（4）、水泥用灰岩（23）、建筑石料用灰岩（5）、制灰用灰岩（11）、泥灰岩（1）、玻璃用石英岩（1）、玻璃用砂岩（1）、水泥配料用砂岩（5）、建筑用砂（9）、砖瓦用砂（3）、水泥配料用脉石英（1）、天然油石（2）、陶粒页岩（3）、砖瓦用页岩（6）、水泥配料用页岩（2）、陶瓷土（3）、砖瓦用粘土（7）、水泥配料用粘土（6）、饰面用角闪岩（1）、饰面用辉长岩（1）、饰面用闪长岩（1）、铸石用辉绿岩（2）、建筑用花岗岩（1）、饰面用花岗岩（4）、饰面用大理岩（7）、饰面用板岩（1）	32		兰石棉、石膏、高岭土、蛭石、沸石、石榴子石、伊利石、累托石、海泡石、冰洲石、云母、电气石、方解石、方柱石、板岩、陶粒用粘土、白垩、砚石、光学水晶、熔炼水晶、压电水晶、刚玉、麦饭石、透闪石	24
水气矿产					地下水、矿泉水、医疗矿泉水	3

注：矿种后括号内数字为矿产地数

表 6-10 北京市地质遗迹一览表

分类	亚类	地质遗迹名称
地质地貌遗迹	花岗岩地貌	黑熊山花岗岩地貌
		云峰山花岗岩地貌
		青龙峡花岗岩地貌
		云蒙山花岗岩地貌
		紫云山花岗岩地貌
		三峪花岗岩地貌
		幽谷神潭花岗岩地貌
		清凉谷花岗岩地貌
		精灵谷花岗岩地貌
		桃园仙谷花岗岩地貌
		云蒙峡花岗岩地貌
		莲花山花岗岩地貌
		碓白峪花岗岩地貌
		松山花岗岩地貌
		古崖居花岗岩地貌
		凤凰岭花岗岩地貌
		白虎涧花岗岩地貌
		房山花岗岩地貌
		大杨山花岗岩地貌
		盘山花岗岩地貌
		古北口－金山岭－司马台古花岗岩地貌
	溶洞	石花洞
		银狐洞
		黄院洞
		八奇洞
		背阴洞
		佗窖洞
		西园洞
		鸡毛洞
		清风洞
地质地貌遗迹	溶洞	孔水洞
		双鹿洞
		张良洞
		蝙蝠洞
		大窟窿洞
		老道洞
		仙栖洞
		三清洞
		龙仙宫
		华严洞
		云水洞
		京东大溶洞
	火山及熔岩地貌	沿河城卫生院古火山机构
		百花山(白草畔)火山岩地貌
		妙峰山火山岩地貌
		燕羽山火山岩地貌
		佛爷顶火山岩地貌
		凤驼梁火山岩地貌
		灵山火山岩地貌
		香山火山岩地貌
		钵尔塘古火山口
		倪家洼火山角砾岩管
		梨树沟火山角砾岩管
		黄松峪火山角砾岩管
		三羊古火山机构
	岩溶地貌	十渡岩溶地貌
		上方山岩溶地貌
		圣莲山岩溶地貌
		龙庆峡岩溶地貌
		天生桥溶蚀地貌
		老象峰岩溶地貌

续表 6-10

分类	亚类	地质遗迹名称
地质地貌遗迹	冰川地貌	灵岳寺冰川遗迹
	砂岩地貌	石林峡砂岩峰林地貌
		飞龙谷砂岩地貌
		塔洼砂岩地貌
		小昆仑山
	峡谷地貌	永定河大峡谷地貌
		白河峡谷地貌
		拒马河峡谷地貌
		京东大峡谷地貌
		堆白峪峡谷地貌
		青龙峡峡谷地貌
		乌龙峡谷地貌
		龙门涧岩溶峡谷地貌
		湖洞水峡谷地貌
		龙庆峡峡谷地貌
		龙门涧石围屏
		湖洞水“一线天”
		孤山寨“一线天”
		碓白峪“一线天”
	冰川地貌	潭柘寺冰川遗迹
		模式口第四纪冰川擦痕
典型地层剖面	新生代	马兰砾石层沉积剖面
		马兰黄土标准剖面
		周口店“北京人”一号挖掘点洞穴沉积剖面
		太平山北坡下更新统剖面
		第三系长辛店砾岩
	中生代	坨里唐县期砾石层
		西山陆相下白垩统剖面
	古生代	丁家滩－下苇甸寒武－奥陶系地层剖面
	中上元古代	十三陵中上元古代地层剖面
古人类、古生物化石及遗址	古人类化石及遗址	周口店北京猿人遗址
		新洞人遗址
		周口店田园洞人遗址
		山顶洞人遗址
		东胡林人遗址
		上宅人遗址
		雪山人遗址
	古生物化石及遗址	下德龙湾木化石群
		灰峪石炭二叠系地层化石群
		下苇甸－丁家滩地层三叶虫化石
		微古植物及藻类化石
		大灰厂一带化石群
		覆盾甲龙类恐龙足迹
构造形迹	断层	八宝山断裂
		北石城断裂
		王老铺逆断层
	褶皱	七渡背斜
		六道河背斜
		红石湾穹隆
		排字岭单斜
	夷平面	东灵期夷平面
		百花期夷平面
		东岳期夷平面
		狼虎期夷平面
		唐县期夷平面
	不整合	黄松峪底砾岩角度不整合
	动力作用构造	房山岩体周围
		韧性剪切带及剥离断层
		牛口峪旋卷构造
		圣莲山一带固态流变构造
		周口店地区褶叠层和固态流变构造

续表 6-10

分类	亚类	地质遗迹名称
地质灾害遗迹	泥地流	番字牌西沟泥石流遗迹
		怀柔怀北镇于家西沟泥石流遗迹
	滑坡、塌陷、地裂缝	戒台寺滑坡
		顺义区高丽营镇西王路村地裂缝
矿物、岩石、奇石及其典型产地	矿物	叶腊石
		萤石
		红柱石菊花石
	特殊岩石	高庄－石窝汉白玉
		密云沙厂环斑花岗岩
		潭柘寺紫石
		“圣米”
		京粉翠（蔷薇辉石）
	奇石	金海石
		轩辕石
	典型矿产地及古采冶遗址	塔洼金矿
		杨树底下金矿
		铂（钯）矿
		砂厂铁矿
	沉积构造	硅质结核
		叠层石
		风暴岩
		海相沉积波痕群
		鳄鱼石
		斑马石

分类	亚类	地质遗迹名称
有特殊意义的水体资源	河流	永定河
		拒马河
		潮白河
	湖泊	昆明湖
		密云水库
		怀柔水库
		十三陵水库
		官厅水库
	湿地	汉石桥湿地
		野鸭湖湿地
	泉	玉泉山泉址
		河北大泉
		潭柘寺泉
		马刨泉
		珍珠泉
	温泉	小汤山温泉
		汤泉观温泉
	潭和瀑布	碓臼峪潭群
		京西十八潭
		黑龙潭
		白龙潭
		九龙十八潭
		幽谷神潭
		京都第一瀑
		三叠瀑布
		通天瀑

表 6-11 2013 年度北京市矿产资源开发利用情况（按矿种分类）

矿种	矿山企业数					从业人员（个）	年产矿量		实际采矿能力（万吨/年）	工业总产值（万元）	综合利用产值（万元）	矿产品销售收入（万元）	利润总额（万元）
	合计	大型	中型	小型	小矿		万吨	万立方米					
合计	65	6	16	38	5	22120	1656.19	0	2162.28	643928.66	60290.16	606269.13	85049.68
煤炭	5	2	3	0	0	15255	500.07	0	460	353303.03	6250	366482	71644.48
铁矿	6	1	4	1	0	5100	473.13	0	577.95	236551	20426	221727.33	22752.1
熔剂用灰岩	2	1	1	0	0	134	52.81	0	50	4000	674.1	4000	1423
制碱用灰岩	1	1	0	0	0	30	36.71	0	70	19356.55	18030.34	238.82	22.82
叶蜡石	1	0	0	1	0	90	0.74	0	0.74	1822.3	0	1269.8	362
水泥用灰岩	7	1	6	0	0	418	378.4	0	780	22548	14814.28	7015.5	-11578.87
建筑石料用灰岩	2	0	0	2	0	81	150.05	0	103.05	927.23	13	660.35	496.81
建筑用白云岩	2	0	0	2	0	46	27.28	0	40	657.44	57.44	177.44	15.2
玻璃用砂岩	1	0	1	0	0	18	24.83	0	30	1257.88	0	1327.83	-142.92
砖瓦用页岩	3	0	0	3	0	139	0	0	42	0	0	0	0
建筑用花岗岩	1	0	1	0	0	24	9.5	0	8	27	25	27	1
建筑用大理岩	1	0	0	0	1	100	0	0	0.54	0	0	0	0
矿泉水	33	0	0	29	4	685	2.67	0	0	3478.23	0	3343.06	54.06

表 6-11 2012 年度北京市矿产资源开发利用情况(按经济类型分列)

矿种	矿山企业数					从业人员(个)	年产矿量		实际采矿能力(万吨/年)	工业总产值(万元)	综合利用产值(万元)	矿产品销售收入(万元)	利润总额(万元)
	合计	大型	中型	小型	小矿		万吨	万立方米					
合计	65	6	16	38	5	22120	1656.19	0	2162.28	643928.66	60290.16	606469.1	85049.68
一、内资企业	62	6	16	36	4	22008	1655.81	0	2162.28	642001.66	60290.16	604542.1	84932.88
国有企业	12	2	4	6	0	1687	439.97	0	450	71353.11	4675.1	63447.02	10697.58
集体企业	13	0	3	9	1	978	248.63	0	276.33	34701.05	3986.44	29802.65	2824.76
股份合作企业	4	0	1	2	1	47	40	0	50	12497	9183.28	2912	-11948.94
联营企业	1	0	0	1	0	18	0.02	0	0	60	0	50	0.2
有限责任公司	19	1	4	14	0	2647	216.6	0	684	91696.92	18140	87593.54	8649.42
股份有限公司	9	3	3	3	0	16587	701.08	0	693.95	431636.58	24280.34	420699.79	74710.74
私营企业	4	0	1	1	2	44	9.51	0	8	57	25	37.1	-0.88
二、港、澳、台商投资企业	2	0	0	2	0	104	0.37	0	0	1927	0	1927	116.8
港、澳、台商投资企业	2	0	0	2	0	104	0.37	0	0	1927	0	1927	116.8
三、外商投资企业	1	0	0	0	1	8	0	0	0	0	0	0	0
外商投资企业	1	0	0	0	1	8	0	0	0	0	0	0	0

表 6-12 北京市地质勘查资质证书统计表

统计截止日期:2013 年 12 月 31 日

序号	单位名称	资质证号	批准资质
1	北京安泰联合科技有限公司	11201111500001	地质钻探:丙级。
2	北京奥瑞安能源技术开发有限公司	01201311500207	气体矿产勘查:甲级;固体矿产勘查:甲级;地质钻探:甲级。
		11201211502006	固体矿产勘查:乙级;地质钻探:丙级。
3	北京宝地益联地质勘查工程技术有限公司	01201011500123	固体矿产勘查:甲级;水文地质、工程地质、环境地质调查:甲级;地球物理勘查:甲级。
		11201311600006	气体矿产勘查:乙级;地质钻探:丙级。
4	北京宝益地环工程技术咨询有限责任公司	01201311500055	液体矿产勘查:甲级;水文地质、工程地质、环境地质调查:甲级。
5	北京波特耐尔石油技术有限公司	11201311500002	地质钻探:丙级。
6	北京布鲁兰德资源科技有限公司	11201011500014	固体矿产勘查:丙级。
7	北京城建勘测设计研究院有限责任公司	11201311500017	区域地质调查:乙级;水文地质、工程地质、环境地质调查:乙级。
8	北京达创高科科技有限公司	11201111500002	地球物理勘查:丙级。
9	北京大地高科煤层气工程技术研究院	01201311100054	液体矿产勘查:甲级;气体矿产勘查:甲级;固体矿产勘查:甲级;水文地质、工程地质、环境地质调查:甲级;地质钻探:甲级。
10	北京地大地质科技公司	11200911100005	地质钻探:乙级;水文地质、工程地质、环境地质调查:丙级。
11	北京地大捷飞勘测技术研究院	01201321300167	固体矿产勘查:甲级;地球物理勘查:甲级。
		11201321300032	地质钻探:丙级。
12	北京地调地质勘查有限公司	11200911500007	固体矿产勘查:丙级。
13	北京帝测科技有限公司	11201311500015	固体矿产勘查:丙级。
14	北京东兴普搏地质勘查有限公司	11201321500012	地质钻探:乙级。
15	北京恩地科技发展有限责任公司	11200911500008	固体矿产勘查:乙级。
16	北京高科能源投资有限公司	11201111500029	地质钻探:丙级。
17	北京海地人资源咨询有限责任公司	11201011700003	固体矿产勘查:丙级。
18	北京航天勘察设计研究院有限公司	11201321100011	液体矿产勘查:乙级;水文地质、工程地质、环境地质调查:乙级;地质钻探:乙级。

续表 6-12

序号	单位名称	资质证号	批准资质
19	北京合地威技术开发有限公司	11201211502012	地球物理勘查:乙级;地质钻探:丙级。
20	北京恒金源钻探技术有限公司	11201311500005	地质钻探:乙级。
21	北京华安奥特科技有限公司	11201221502022	固体矿产勘查:丙级;地球物理勘查:丙级。
22	北京华昌新业物探技术服务有限公司	11200911500011	地球物理勘查:乙级。
23	北京华地四维勘测技术有限公司	11200911500012	地球物理勘查:乙级。
24	北京华清荣益地能科技开发有限公司	11201311500026	水文地质、工程地质、环境地质调查:丙级;地质钻探:丙级。
25	北京华清荣昊新能源开发有限责任公司	01201321500014	地质钻探:甲级。
		11201221502024	地质钻探:乙级;液体矿产勘查:丙级;水文地质、工程地质、环境地质调查:丙级。
26	北京华清双泉水井工程有限公司	01200911500201	地质钻探:甲级。
		11200911600079	地球物理勘查:乙级;地质钻探:乙级;液体矿产勘查:丙级;水文地质、工程地质、环境地质调查:丙级。
27	北京华夏建龙矿业科技有限公司	11200911500015	固体矿产勘查:乙级。
28	北京惠友达勘察有限公司	11201211502013	固体矿产勘查:丙级;地球物理勘查:丙级。
29	北京汇盛达勘探技术有限公司	11201311500022	地质钻探:丙级。
30	北京佳奥特矿产技术有限公司	11201121500010	固体矿产勘查:丙级。
31	北京桔灯地球物理勘探股份有限公司	11201311600008	地球物理勘查:乙级;固体矿产勘查:丙级。
32	北京捷奥斯地质勘查有限公司	11201111500016	地球物理勘查:乙级;固体矿产勘查:丙级。
33	北京金百通矿产技术开发有限公司	11200911500024	固体矿产勘查:丙级。
34	北京金有地质勘查有限责任公司	01201311500211	固体矿产勘查:甲级。
		11201321500029	地质钻(坑)探:乙级;水文地质、工程地质、环境地质调查:丙级。
35	北京京地顺成工程技术咨询有限公司	01201311500053	固体矿产勘查:甲级。
36	北京京煤集团地质勘探队	11201121100017	固体矿产勘查:丙级;地质钻探:丙级。
37	北京九尊能源技术股份有限公司	01201211602194	气体矿产勘查:甲级。

续表 6-12

序号	单位名称	资质证号	批准资质
38	北京聚正中能源工程技术服务有限公司	11200911500023	地质钻探:乙级。
39	北京勘察技术工程有限公司	01201311500213	固体矿产勘查:甲级;地球物理勘查:甲级。
		11201321500010	区域地质调查:乙级;水文地质、工程地质、环境地质调查:乙级;地球化学勘查:乙级;地质钻探:丙级。
40	北京科若思技术开发股份有限公司	11201311600013	地球物理勘查:丙级;地质钻探:丙级。
41	北京矿冶研究总院	01201011100125	地质实验测试:甲级。
42	北京隆科兴市政管网技术有限公司	11201321500030	地球物理勘查:乙级。
43	北京奇陆地质矿产研究所	11200911300021	固体矿产勘查:乙级。
44	北京瑞丰勘查有限责任公司	11200911500026	固体矿产勘查:丙级。
45	北京三泰通地勘察技术发展有限公司	01200911500005	固体矿产勘查:甲级。
		11200911900001	地球物理勘查:乙级;地质钻探:乙级。
46	北京盛世蓝筹矿业投资有限公司	11200911500027	固体矿产勘查:乙级。
47	北京盛特伟业科技发展有限公司	11200911500028	固体矿产勘查:丙级。
48	北京石大开元石油技术有限公司	11200911500029	地质钻探:丙级。
49	北京市大地开源地质工程有限公司	01201331500219	地质钻探:甲级。
		11200911500030	固体矿产勘查:乙级。
50	北京市地热研究院	11201121100033	液体矿产勘查:乙级;水文地质、工程地质、环境地质调查:乙级。
51	北京市地质调查研究院	01201331100205	区域地质调查:甲级;固体矿产勘查:甲级。
		11201011100018	液体矿产勘查:乙级;水文地质、工程地质、环境地质调查:乙级;地球化学勘查:乙级;地球物理勘查:丙级。
52	北京市地质工程勘察院	01201121100094	液体矿产勘查:甲级;水文地质、工程地质、环境地质调查:甲级;地质钻探:甲级。
		11201121100018	地球物理勘查:丙级。
53	北京市地质工程设计研究院	11200911100083	液体矿产勘查:乙级;水文地质、工程地质、环境地质调查:乙级。

续表 6-12

序号	单位名称	资质证号	批准资质
54	北京市地质勘察技术院	11201311100004	液体矿产勘查:乙级;气体矿产勘查:乙级;水文地质、工程地质、环境地质调查:乙级;地球化学勘查:乙级。
55	北京市地质矿产勘查开发总公司	01201331100218	液体矿产勘查:甲级;固体矿产勘查:甲级;水文地质、工程地质、环境地质调查:甲级;地质钻探:甲级。
		11200911100034	地球物理勘查:乙级。
56	北京市地质研究所	01201121100154	区域地质调查:甲级;固体矿产勘查:甲级;遥感地质调查:甲级。
		11201221102004	水文地质、工程地质、环境地质调查:乙级;地球物理勘查:乙级;遥感地质调查:乙级。
57	北京市华清源泉地质勘查有限责任公司	11200911500037	地质钻探:丙级。
58	北京市勘察设计研究院有限公司	11200911500038	水文地质、工程地质、环境地质调查:乙级;地质钻(坑)探:乙级。液体矿产勘查:丙级。
59	北京市水工环地热工程勘察有限公司	11201111500019	液体矿产勘查:丙级;水文地质、工程地质、环境地质调查:丙级;地质钻探:丙级。
60	北京市水文地质工程地质大队(北京市地质环境监测总站)	01201221102175	液体矿产勘查:甲级;水文地质、工程地质、环境地质调查:甲级。
61	北京市中成华瑞油气技术有限公司	11201311500024	地质钻探:丙级。
62	北京天地鸿图测绘有限公司	11200911600084	固体矿产勘查:丙级。
63	北京天和众邦勘探技术股份有限公司	11201311600001	地质钻探:丙级。
64	北京通拓工程科技有限公司	11201011500019	固体矿产勘查:丙级。
65	北京万地地质工程公司	11200911100040	地质钻探:乙级。
66	北京西蒙矿产勘查有限责任公司	01201211502192	固体矿产勘查:甲级。
67	北京西域纵横能源科技有限公司	11200911500042	固体矿产勘查:乙级。
68	北京星辰地质勘查有限责任公司	11201021500010	液体矿产勘查:丙级;水文地质、工程地质、环境地质调查:丙级;地质钻探:丙级。
69	北京雅友通路政管网技术有限公司	11201011500020	地球物理勘查:丙级。

续表 6-12

序号	单位名称	资质证号	批准资质
70	北京依科瑞德地源科技有限责任公司	11201111500021	地质钻探：乙级。
71	北京元亨利贞投资管理有限公司	11200911500045	固体矿产勘查：乙级。
72	北京贞成华亿能源技术有限公司	11201321600028	气体矿产勘查：乙级。
73	北京中地创见工程勘察设计院	01201311300210	液体矿产勘查：甲级；固体矿产勘查：甲级；地质钻探：甲级。
74	北京中地调国际矿业投资有限公司	11201111500022	固体矿产勘查：丙级。
75	北京中核大地矿业勘查开发有限公司	01201321100023	区域地质调查：甲级；固体矿产勘查：甲级；地质钻探：甲级。
		11201121500023	固体矿产勘查：乙级；水文地质、工程地质、环境地质调查：乙级；地球物理勘查：乙级。
76	北京中交工程勘察有限公司	11200911500047	水文地质、工程地质、环境地质调查：丙级。
77	北京中金泰科勘探技术有限公司	11201121500024	固体矿产勘查：乙级。
78	北京中煤大地技术开发有限公司	01201211502196	气体矿产勘查：甲级；固体矿产勘查：甲级；地质钻探：甲级。
79	北京中煤建机电设备有限公司	11201311500023	地球物理勘查：丙级。
80	北京中色金泰地质勘查科技有限公司	01201221602141	固体矿产勘查：甲级；地质钻探：甲级。
81	北京中色泰格地质资源勘查科技有限公司	01201111500027	固体矿产勘查：甲级；地球物理勘查：甲级。
82	北京中色物探有限公司	01201311500206	固体矿产勘查：甲级；地球物理勘查：甲级。
83	北京中色资源环境工程有限公司	11201221502007	固体矿产勘查：乙级；水文地质、工程地质、环境地质调查：乙级；地质钻探：乙级。
84	北京中资环钻探有限公司	01201331500223	地质钻探：甲级。
		11201111500004	固体矿产勘查：丙级。
85	北京众博达石油科技有限公司	11200911500053	地质钻探：丙级。
86	北京众合兴勘查技术有限公司	11201121500006	地质钻探：乙级。
87	德惠同利（北京）石油技术服务有限公司	11201311500016	地质钻探：丙级。
88	国土资源实物地质资料中心	11201121100007	区域地质调查：乙级；固体矿产勘查：乙级。

续表 6-12

序号	单位名称	资质证号	批准资质
89	核工业北京地质研究院	01201311100199	区域地质调查:甲级;固体矿产勘查:甲级;水文地质、工程地质、环境地质调查:甲级;地球物理勘查:甲级;地球化学勘查:甲级;遥感地质调查:甲级;地质实验测试(岩矿鉴定、岩矿测试):甲级。
		11200911100054	水文地质、工程地质、环境地质调查:乙级;地球物理勘查:乙级;地球化学勘查:乙级。
90	恒达新创(北京)地球物理技术有限公司	11201111500025	地球物理勘查:丙级。
91	凯地地质勘查(北京)有限公司	11201211502017	地质钻探:丙级。
92	明达化工地质有限责任公司	01201211502193	固体矿产勘查:甲级;地质钻(坑)探:甲级。
		11201311500009	水文地质、工程地质、环境地质调查:乙级。
93	明科矿业(中国)有限公司	11201223300001	固体矿产勘查:乙级。
94	派力工程有限公司	01201331500222	地质钻探:甲级。
		11201123100011	液体矿产勘查:乙级;固体矿产勘查:乙级;水文地质、工程地质、环境地质调查:乙级。
95	神华地质勘查有限责任公司	01201211502195	液体矿产勘查:甲级;气体矿产勘查:甲级;固体矿产勘查:甲级;水文地质、工程地质、环境地质调查:甲级;地球物理勘查:甲级;遥感地质调查:甲级;地质钻探:甲级。
		11200911100059	水文地质、工程地质、环境地质调查:乙级;地球物理勘查:乙级。
96	首钢地质勘查院地质研究所	01201011100013	固体矿产勘查:甲级;地质钻探:甲级。
		11200911100060	水文地质、工程地质、环境地质调查:乙级;地球物理勘查:乙级;地质钻探:乙级。
97	天元矿业有限责任公司	11201221502001	固体矿产勘查:丙级。
98	维克特地质勘查(北京)有限公司	11201223302023	地质钻探:丙级。
99	五矿勘查开发有限公司	01201211502035	固体矿产勘查:甲级。
100	有色金属矿产地质调查中心	01201311100203	区域地质调查:甲级;固体矿产勘查:甲级;遥感地质调查:甲级。

续表 6-12

序号	单位名称	资质证号	批准资质
101	正元国际矿业有限公司	01201331500224	固体矿产勘查:甲级。
		11200911500064	水文地质、工程地质、环境地质调查:丙级;地球化学勘查:丙级。
102	中兵勘察设计研究院	11201221102003	水文地质、工程地质、环境地质调查:乙级;地球物理勘查:乙级;地质钻探:丙级。
103	中材地质工程勘查研究院有限公司	01201311500208	固体矿产勘查:甲级。
		11201221102020	区域地质调查:乙级;水文地质、工程地质、环境地质调查:乙级;地球物理勘查:乙级。
104	中地宝联(北京)建设工程有限公司	01201011500126	固体矿产勘查:甲级。
		11201311500020	地质钻探:丙级。
105	中地地矿建设有限公司	01201311500214	固体矿产勘查:甲级。
		11200911500068	固体矿产勘查:乙级;地质钻探:乙级;水文地质、工程地质、环境地质调查:丙级。
106	中地国际工程有限公司	01201011500127	地质钻探:甲级。
107	中地远洋(北京)矿业技术有限公司	01201111500185	固体矿产勘查:甲级。
108	中国地质大学(北京)地质调查研究院	01201311100052	区域地质调查:甲级;固体矿产勘查:甲级;地球物理勘查:甲级;地球化学勘查:甲级。
109	中国地质调查局油气资源调查中心	01201311100204	气体矿产勘查:甲级。
110	中国地质工程集团公司	01201221102022	水文地质、工程地质、环境地质调查:甲级;地质钻探:甲级。
111	中国地质科学院地质力学研究所	01201011100011	固体矿产勘查:甲级;水文地质、工程地质、环境地质调查:甲级。
		11201311100018	区域地质调查:乙级。
112	中国地质科学院地质研究所	01201311100051	区域地质调查:甲级;固体矿产勘查:甲级。
113	中国地质科学院矿产资源研究所	01201311100202	固体矿产勘查:甲级。
		11200911100070	区域地质调查:乙级;液体矿产勘查:乙级;地球物理勘查:乙级;地球化学勘查:乙级;地质实验测试(岩矿鉴定):乙级。
114	中国地质矿业总公司	01201011100014	固体矿产勘查:甲级。
		11200911100071	固体矿产勘查:乙级;地质钻(坑)探:乙级。
115	中国国土资源航空物探遥感中心	01201331100865	航空地质调查:甲级;遥感地质调查:甲级。

续表6-12

序号	单位名称	资质证号	批准资质
116	中国海洋石油总公司	01201331100217	海洋地质调查:甲级;石油天然气矿产勘查(海洋):甲级;石油天然气矿产勘查(陆地):乙级。
117	中国华电工程(集团)有限公司	11201311100025	气体矿产勘查:乙级。
118	中国黄金集团地质有限公司	01201331500220	固体矿产勘查:甲级。
		11201311100014	地质钻探:丙级。
119	中国建筑材料工业地质勘查中心北京总队	01201311100201	固体矿产勘查:甲级。
		11200911100072	区域地质调查:乙级;地质实验测试(岩矿测试):乙级;水文地质、工程地质、环境地质调查:丙级。
120	中国煤炭地质总局地球物理勘探研究院	01201311100200	区域地质调查:甲级;气体矿产勘查:甲级;固体矿产勘查:甲级;地球物理勘查:甲级。
		11201211102011	液体矿产勘查:乙级;水文地质、工程地质、环境地质调查:乙级;地质钻探:丙级。
121	中国煤炭地质总局勘查总院	01201331100864	区域地质调查:甲级;液体矿产勘查:甲级;气体矿产勘查:甲级;固体矿产勘查:甲级;水文地质、工程地质、环境地质调查:甲级;地球物理勘查:甲级;遥感地质调查:甲级;地质钻(坑)探:甲级。
		11200911100074	地球化学勘查:乙级。
122	中国煤炭地质总局特种技术勘探中心	01201211102197	区域地质调查:甲级;液体矿产勘查:甲级;气体矿产勘查:甲级;固体矿产勘查:甲级;水文地质、工程地质、环境地质调查:甲级;地球物理勘查:甲级;地球化学勘查:甲级。
		11201211102009	地质钻探:丙级。
123	中国石油化工集团公司	01201331100216	石油天然气矿产勘查(陆地):甲级;石油天然气矿产勘查(海洋):乙级。
124	中国石油天然气集团公司	01201331100215	石油天然气矿产勘查(陆地):甲级;石油天然气矿产勘查(海洋):乙级。
125	中国冶金地质总局矿产资源研究院	01201321100010	区域地质调查:甲级;固体矿产勘查:甲级;遥感地质调查:甲级。
126	中海油能源发展股份有限公司	11201111100032	地质钻探:乙级。

续表 6-12

序号	单位名称	资质证号	批准资质
127	中航勘察设计研究院有限公司	11201021100022	水文地质、工程地质、环境地质调查:乙级。
128	中化地质矿山总局化工地质调查总院	01201321100185	固体矿产勘查:甲级。
		11201321100031	地质钻探:丙级。
129	中化石油勘探开发有限公司	11201311100021	气体矿产勘查:乙级。
130	中科远航矿业有限公司	11200911500077	固体矿产勘查:乙级;地球物理勘查:乙级。
131	中矿(北京)国际地质矿业有限责任公司	11200911500076	固体矿产勘查:乙级;地球物理勘查:丙级;地质钻(坑)探:丙级。
132	中矿资源勘探股份有限公司	01201311600212	固体矿产勘查:甲级;地质钻探:甲级。
		11201121600027	水文地质、工程地质、环境地质调查:乙级;地质坑探:乙级;地球物理勘查:丙级。
133	中联煤层气有限责任公司	01201331500221	气体矿产勘查:甲级。
134	中煤地质工程总公司	01201011100016	气体矿产勘查:甲级;固体矿产勘查:甲级;地质钻探:甲级。
135	中色地科矿产勘查股份有限公司	01201311600209	固体矿产勘查:甲级;地球物理勘查:甲级;地球化学勘查:甲级;地质钻探:甲级。
136	中色金地资源科技有限公司	01201011500130	固体矿产勘查:甲级。
137	中石油煤层气有限责任公司	01200911500205	气体矿产勘查:甲级。
138	中铁第五勘察设计院集团有限公司	11201221502019	液体矿产勘查:乙级;水文地质、工程地质、环境地质调查:乙级;固体矿产勘查:丙级。
139	中铁资源地质勘查有限公司	01201011500131	固体矿产勘查:甲级。
140	北京思源建井有限责任公司	11201121500020	液体矿产勘查:乙级;水文地质、工程地质、环境地质调查:乙级;地质钻探:乙级。
141	北京市华清地热开发有限责任公司	11200911500036	固体矿产勘查:乙级;地球物理勘查:乙级;地球化学勘查:乙级;地质坑探:丙级。
142	北京鑫德地质勘探有限公司	11200911500043	固体矿产勘查:丙级。

2013 年北京市国土资源相关法律法规和规范性文件目录

第一部分　综合类

	名称	文号	日期
1	国务院关于废止和修改部分行政法规的决定	国务院令第 638 号	20130718
2	国务院关于修改部分行政法规的决定	国务院令第 645 号	20131207
3	国土资源部关于进一步加强国土资源行政复议工作的意见	国土资发［2013］6 号	20130124
4	北京市人民政府关于进一步推进本市投资项目审批制度改革的意见	京政发［2013］25 号	20130826
5	北京市人民政府关于取消和下放 246 项行政审批项目的通知	京政发［2013］26 号	20130827
6	北京市人民政府关于取消和下放一批行政审批事项的通知	京政发［2013］36 号	20131128
7	北京市人民政府办公厅关于贯彻实施《机关事务管理条例》的意见	京政办发［2013］42 号	20130725
8	北京市人民政府办公厅关于做好当前政府信息公开重点工作的通知	京政办发［2013］50 号	20130823
9	北京市人民政府办公厅印发关于进一步优化投资项目审批流程办法（试行）的通知	京政办函［2013］86 号	20131015
10	北京市国土资源局关于落实市政府优化完善本市固定资产投资项目办理流程及相关工作机制的通知	京国土调［2013］48 号	20130130
11	北京市国土资源局关于转发《北京市人民政府关于进一步推进本市投资项目审批制度改革的意见》通知	京国土法［2013］421 号	20130909

续表

	名称	文号	日期
12	关于取消和下放行政审批事项有关问题的通知	京国土法［2013］435 号	20130917
13	北京市国土资源局关于公布行政规范性文件目录的通知	京国土法［2013］551 号	20131126
14	北京市国土资源局关于公布废止的行政规范性文件的通知（第四批）	京国土法［2013］552 号	20131126
15	北京市国土资源局关于转发《北京市人民政府关于取消和下放一批行政审批项目的通知》的通知	京国土法［2013］585 号	20131212
16	关于印发北京市国土资源局部门预算执行情况审计办法的通知	京国土审［2013］599 号	20131218
17	关于落实党政机关停止新建楼堂馆所和清理办公用房涉及供地有关问题的工作意见	京国土用［2013］605 号	20131219

第二部分　土地管理

	名称	文号	日期
18	国土资源部关于发布《土地整治项目验收规程》等 4 项行业标准的公告	国土资源部公告 2013 年第 16 号	20131012
19	国土资源部办公厅关于发布《国有建设用地使用权出让地价评估技术规范(试行)》的通知	国土资厅发［2013］20 号	20130408
20	国土资源部办公厅关于下放部分建设项目用地预审权限的通知	国土资厅发［2013］44 号	20131008
21	国土资源部办公厅 住房城乡建设部办公厅关于坚决遏制违法建设、销售“小产权房”的紧急通知	国土资电发［2013］70 号	20131122
22	北京市蔬菜零售网点建设管理办法	市政府令第 249 号	20131008
23	北京市地下文物保护管理办法	市政府令第 251 号	20131107
24	北京市人民政府办公厅贯彻落实《国务院办公厅关于继续做好房地产市场调控工作的通知》精神进一步做好本市房地产市场调控工作的通知	京政办发［2013］17 号	20130330
25	北京市人民政府办公厅关于印发严厉打击违法用地违法建设专项行动工作方案的通知	京政办发［2013］41 号	20130807

附录

续表

	名称	文号	日期
26	北京市人民政府办公厅转发市教委等部门关于加强本市居住区配套教育设施规划建设管理意见的通知	京政办发［2013］44 号	20130807
27	北京市人民政府办公厅印发关于进一步鼓励和引导民间资本投资文化创意产业若干政策的通知	京政办发［2013］52 号	20131001
28	北京市人民政府办公厅印发关于加快本市养老机构建设实施办法的通知	京政办发［2013］56 号	20131031
29	关于进一步规范征地工作有关问题的通知	京国土征［2013］52 号	20130205
30	关于印发《北京市国土资源局关于进一步规范建设项目用地预审工作的规定》的通知	京国土规［2013］68 号	20130218
43	北京市国土资源局 北京市监察局关于坚决杜绝新建严肃查处续建续售“小产权房”的紧急通知	京国土监［2013］88 号	20130228
31	关于印发北京市 2013 年度国有建设用地供应计划的通知	京国土调［2013］160 号	20130402
32	关于加强土地储备融资与资金管理的通知	京国土财［2013］166 号	20130402
33	北京市国土资源局转发国土资源部办公厅关于印发土地储备机构名录（第一批）的通知	京国土储［2013］195 号	20130417
34	北京市国土资源局关于严格市区乡三级基本农田保护区专项规划实施管理的通知	京国土勘规［2013］211 号	20130428
35	北京市国土资源局 北京市地方税务局关于进一步加强土地登记与税收管理相关工作的通知	京国土调［2013］213 号	20130502
36	关于北京市中心城区棚户区改造和环境整治有关问题的通知	京国土用［2013］344 号	20130722
37	关于执行国土资源部土地整治项目相关行业标准的通知	京国土耕［2013］558 号	20131202
38	关于启用北京市全国宗地统一代码的通知	京国土籍［2013］600 号	20131218
39	关于下发《北京市全国宗地统一代码应用实施方案》的通知	京国土登［2013］602 号	20131218
40	北京市国土资源局 北京市住房和城乡建设委员会关于坚决遏制违法建设销售“小产权房”的通知	京国土监［2013］607 号	20131220

续表

	名称	文号	日期
41	关于规范企业投资土地一级开发项目利润有关问题的意见	京国土储［2013］635 号	20131230
42	北京市国土资源局关于征地及农转用管理等有关问题的通知	京国土征［2013］649 号	20140106

第三部分　矿产资源管理

	名称	文号	日期
44	国土资源部关于进一步规范矿产资源补偿费征收管理的通知	国土资发［2013］77 号	20130704
45	关于贯彻落实《矿产资源规划编制实施办法》严格规划管理的通知	国土资厅发［2013］24 号	20130506
46	国土资源部办公厅关于认真贯彻落实《古生物化石保护条例实施办法》的通知	国土资厅发［2013］36 号	20130731
47	北京市人民政府办公厅关于进一步做好金属非金属矿山整顿工作的通知	京政办发［2013］15 号	20130329
48	北京市国土资源局关于印发《北京市矿产资源开发利用年检办法》的通知	京国土矿［2013］87 号	20130227
49	关于落实地质灾害易发区紧急避险搬迁用地有关问题的通知	京国土征［2013］306 号	20130704
50	关于进一步规范地质灾害危险性评估工作的通知	京国土环［2013］311 号	20130708
51	关于进一步加强矿山生态环境恢复治理保证金项目监督管理工作的通知	京国土环［2013］428 号	20130911
52	关于印发《北京市地热资源开发利用方案编制大纲和审查大纲（试行）》的通知	京国土热［2013］447 号	20130927
53	关于印发《北京市国土资源局地质环境类项目管理办法》的通知	京国土环［2013］500 号	20131023

第四部分　司法解释和文件

	名称	文号	日期
54	最高人民法院关于违法的建筑物、构筑物、设施等强制拆除问题的批复	法释［2013］5 号	20130327

2013 年政府信息公开年度报告

引言

本报告是根据《中华人民共和国政府信息公开条例》（以下简称《条例》）要求，由北京市国土资源局编制的 2013 年度政府信息公开年度报告。

全文包括概述，主动公开政府信息的情况，依申请公开政府信息和不予公开政府信息的情况，政府信息公开的收费及减免情况，政府信息公开咨询情况，因政府信息公开申请行政复议、提起行政诉讼的情况，政府信息公开工作存在的主要问题、改进情况和其他需要报告的事项。

本报告中所列数据的统计期限自 2013 年 1 月 1 日起，至 2013 年 12 月 31 日止。本报告的电子版可在局政府网站（http://www.bjgtj.gov.cn）下载。如对本报告有任何疑问，请联系：北京市国土资源局政府信息公开受理室 64409795。

一、概述

2013 年，本局紧紧围绕建设服务型政府、提高服务质量的总要求，贯彻落实上级有关指示精神，结合工作实际，突出工作重点，进一步加大公开力度、完善工作机制，不断适应社会发展的需要、满足社会公众的期待，更加积极主动地做好政府信息公开工作。

主要特点：

（一）广开公开渠道，大力推进政府信息主动公开

积极优化政府信息公开渠道。进一步规范政府信息公开专栏建设，完善国土资源政府信息公开目录。为方便群众查询，对局外网主页进行优化更新，畅通门户网站、电子信息屏等现有公开渠道，及时、全面、准确地主动公开各类政府信息，增强信息公布主动性、权威性和时效性。加强“民意征集”、“局长信箱”、“网上调查”、“12336 投诉热线办理情况”等渠道的交流力度，提高了公众参与量，进一步提升政民互动交流效果。借助开展“地球日”、“土地日”等活动，宣传土地政策，传递政府信息。每月通报所属单位主动公开政府信息的公开情况，按发布数量多少进行排名，通过比对相互促进。

（二）突出重点领域，扎实推进征地信息公开

将征地信息公开列为今年国土资源政府信息公开工作的重要内容，对征地信息公开工作任务进行细化分解。专门召开征地信息公开动员部署会，明确任务，并有计划地加以推进。突出抓好五个重点环节。一是认真开展征地前期调查工作。对拟征收土地权属、地类、面积及地上附着物有关情况详细调查、摸清情况，为制定征收补偿方案、确保顺利征地奠定基础。二是完善“告知、确认、听证”制度，明确要求各地征地报批前必须将征地用途、位置、补偿标准、安置方式等告知被征地集体和农民。三是将征地信息公开作为用地审批的必要条件。四是通过政府信息平台、门户网站等多种渠道及时发布征地政策和信息，确保被征地农民和社会组织对征地有关事项应知尽知。五是将新办征地批文及时网上同步公开，对2008年5月《条例》颁布实施以来的1536件征地批复进行梳理，并以扫描件的形式全部网上主动公开，对过去已有的征地类信息正逐年梳理、逐步公开，为征地信息公开化奠定基础。

（三）坚持服务至上，切实做好依申请公开工作

为进一步方便群众，及时修订了《北京市国土资源局政府信息公开指南》，增加了网上电子邮件申请方式，从操作层面对国土资源政府信息依申请公开的受理范围、办理程序以及时限、告知等方面做出了具体规定。全局系统十七个受理窗口的工作人员，坚持一切以群众满意为准则，做到服务态度文明礼貌、热情耐心、认真负责；各业务处（科）的具体经办人员，主动加强与申请对象的沟通，了解掌握真实诉求，认真研究答复意见，严格按照法定时间和法定程序答复申请人，受理和答复工作流程规范有序。

（四）夯实工作基础，提高整体工作水平

结合北京市出台《政府信息公开工作规定》，紧密联系国土资源政府信息公开工作实际，认真总结过去经验，提出了一些建设性意见。加强对本系统政府信息公开工作的指导。结合2012年各单位政府信息公开工作实际，在认真总结分析的基础上，专门下发了《2012年度国土资源政府信息公开工作情况》通报，肯定了工作成绩，指出了存在的问题，提出了解决办法，明确了努力方向。坚持每月编制业务办理情况简报，每季度发布政府信息公开情况报告，讲评各单位工作情况。注重人才培养。3月份，市局专门组织政府信息公开工作培训会，局领导分别就当前政府信息公开工作形势分析、具体工作标准和要求进行了专题辅导。法制处、调控和监测处、信息中心分别从法律法规、实际操作和技术支撑等不同侧面，就如何做好政府信息公开工作进行了讲授。从3月份开始，按每期两个分局参加、集中三个月时间的形式，在市局开展政府信息公开工作轮训，对夯实工作基础，提升工作水平，发挥了积极的作用。加强政府信息公开重难点问题研究，东城国土分局《对做好国土资源政府信息公开工作的思考》获第五届北京土地青年学术论文三等奖。结合工作实际，编撰政府信息公开案例15份。

二、政府信息主动公开情况

本局 2013 年度共主动公开政府信息 20597 条。主动公开信息中，机构职能 52 条，占 0.25%；法规文件 5 条，占 0.02%；规划计划 56 条，占 0.27%；行政职责 18 条，占 0.09%；业务动态 20466 条，占 99.36%。

接受公民、法人及其他组织政府信息公开方面的咨询 8404 人次。其中，现场咨询 4538 人次，占总数的 54%；电话咨询 3866 人次，占总数的 46%；网上咨询尚无内容。

三、政府信息依申请公开情况

（一）申请情况

本局 2013 年度共受理政府信息公开申请 3795 件。受理的 3795 件申请中，当面申请 2828 件，占 74.5%；以传真方式申请 7 件，占 0.2%；以互联网方式申请 4 件，占 0.1%；以信函形式申请 956 件，占 25.2%。申请内容主要涉及土地预审、征地批复、土地一级开发授权批复及相关内容，土地权属登记情况及政策信息、土地利用及出让相关材料等内容。

（二）答复情况

本局 2013 年度共答复 3993 件，其中：

同意公开 1988 件，占 49.8%；

同意部分公开 86 件，占 2.2%；

不予公开 70 件，占 1.8%；

信息不存在的 1332 件，占 33.4%；

非本机关掌握的 115 件，占 2.9%；

申请内容不明确的 331 件，占 8.3%；

非政府信息的 19 件，占 0.5%；

已主动公开的 52 件，占 2.6%。

（三）依申请公开政府信息收费情况

本局 2013 年共收取依申请公开政府信息检索费、复印费 2656.9 元，对特殊困难申请人减免 206.8 元，对政府信息的邮寄费用全部免收。

四、行政复议和行政诉讼情况

（一）行政复议

2013 年，针对政府信息依申请公开发生行政复议 256 件。其中维持 162 件，驳回或终止 2 件，撤销 3 件，责令履行 2 件，未审结 87 件。

（二）行政诉讼

2013 年，针对政府信息依申请公开发生行政诉讼案 62 件。

五、主要问题和改进措施

2013 年，本局政府信息公开工作取得了一定的成效，但还存在着一些不足：一是主动公开发布信息的标准还不够统一；二是依申请公开政府信息办理的规范性上仍需加强。申请人因对答复不满意，引发的行政复议和诉讼案件较多。

2014 年的政府信息公开工作重点：一是继续加大主动公开工作力度。重点解决信息发布不及时、位置不准确、形式不统一等问题。二是继续抓好轮训、培训工作。针对轮训工作中暴露出的问题，进一步扩大培训范围，增加轮训内容，明确轮训要求，提升轮训效果。三是加强重难点问题的调查研究。在已经完成的重点调研科目的基础上，紧密联系工作实际，按照区分重点、实地调研、制定对策、会商解决的方法步骤，力争每季度研究解决一个问题，使已有的调研成果具体化，增加工作针对性、实用性。

附图与附表

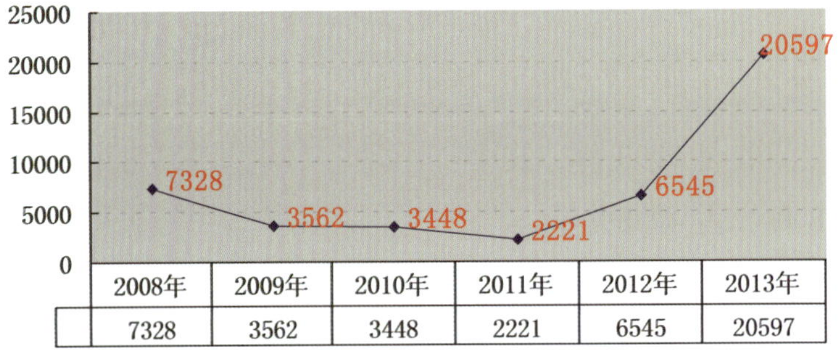

主动公开政府信息数据对比

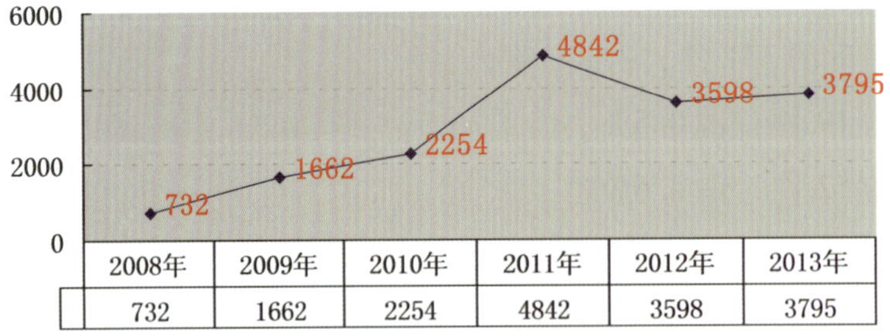

依申请公开政府信息数据对比

附表一：主动公开情况统计

指　　标	单位	数量
主动公开信息数	条	20597
其中：全文电子化的主动公开信息数	条	20597
新增的行政规范性文件数	条	10

附表二：依申请公开情况统计

指　　标	单位	数 量
本年度申请总数	条	3795
其中：1. 当面申请数	条	2828
2. 传真申请数	条	7
3. 互联网申请数	条	4
4. 信函申请数	条	956
对申请的答复总数	条	3993
其中：1. 同意公开答复数	条	1988
2. 同意部分公开答复数	条	86
3. 不予公开答复总数	条	70
4. 信息不存在数	条	1332
5. 非本机关掌握	条	115
6. 申请内容不明确	条	331
7. 非政府信息	条	19
8. 已主动公开	条	52

附表三：复议、诉讼、申诉情况统计表

指　　标	单位	数 量
行政复议数	件	256
行政诉讼数	件	62
行政申诉数	件	0

2013 年北京市国土资源局荣获奖励情况

集体奖项

市国土局

1. 被国土资源部办公厅评为 2013 年度国土资源信息工作先进单位

2. 北京市模范职工之家

3. 北京市直机关第一届青年技能大赛（公务礼仪竞赛）三等奖

4.《青藏高原生长的深部过程与地表隆升》项目获 2012 年度国土资源科学技术奖一等奖

5.《土地利用规划和空间管制的生态学途径与案例》项目获 2012 年度国土资源科学技术奖二等奖

6.《北京浅层地温能勘查开发关键技术研究及其工程应用》项目获 2013 年度国土资源科学技术奖二等奖

7. 市国土局派驻北京市固定资产投资项目行政审批综合服务大厅受理窗口，荣获优质服务示范窗口和年度最佳服务窗口称号

区（县）分局

▲东城分局

1. 国土部国土资源管理系统推进依法行政中期先进单位

2. 东城区法治文化单位建设示范点

3. 东城区直属机关工委 2012－2013 年先进基层党组织

4. 自主调研课题《北京市文保区土地供应方式研究》获自主调研优秀组织单位奖

▲西城分局

1. 国土部国土资源管理系统“六五”普法中期先进单位

2. 市国土局 2012 年度规范化检查工作中荣获土地登记规范化检查第二名

3. 被市国土局授予规范化建设先进单位荣誉称号

4. 市国土局国土系统廉政文化进机关活动优秀组织奖

5.《划拨土地改变用途研究》调研课题获西城区调研课题评选二等奖

▲朝阳分局

1. 国土部全国土地市场动态监测监管工作先进单位荣誉称号

2. 国土资源系统财务管理综合业绩突出单位

▲海淀分局

1. 国土部国土资源管理系统推进依法行政中期先进单位

▲丰台分局

1. 国土部国土资源管理系统“六五”普法中期先进单位

2. 第九届中国（北京）国际园林博览会组委会评为第九届中国（北京）国际园林博览会先进集体

3. 国土资源系统财务管理综合业绩突出单位

4. 第五届北京土地青年学术交流论文征集优秀组织奖

5. 财务科被北京市妇女联合会、北京市总工会、北京市人力资源和社会保障局评为2013 年度北京市三八红旗集体

6. 第三国土管理所被市国土局、市人力社保局评为北京市 2010－2012 年度国土资源管理先进集体

7. 第三国土管理所被市国土局评为 2012 年度北京市优秀国土资源管理所

▲石景山分局

1. 首都文明单位标兵

2. 石景山区先进基层党组织

3. 储备分中心被共青团北京市委员会授予 2012 年度青年文明号荣誉称号

▲昌平分局

1. 北京市交通安全委员会市级交通安全先进单位

2. 市国土局和市人力资源和社会保障局 2010—2012 年北京市国土资源管理先进单位

3. 第五届北京土地青年学术交流论文征集优秀组织奖

4. 国土资源系统财务管理综合业绩突出单位

▲通州分局

1. 国土部国土资源管理系统“六五”普法中期先进单位

2. 通州区优秀机关党组织

▲门头沟分局

1. 国土部国土资源管理系统推进依法行政中期先进单位

2. 国土系统廉政文化进机关活动优秀组织奖

3. 国土资源系统财务管理综合业绩突出单位

▲顺义分局

1. “国土系统廉政文化进机关活动”优秀组织奖
2. 国土资源系统财务管理综合业绩突出单位

▲房山分局

1. 房山区文明单位标兵
2. 房山区服务一区一城建设先进单位
3. 房山区服务一区一城建设特殊贡献奖
4. 房山区学习型机关建设工作组学习型机关建设品牌单位
5. 房山区依法治区领导小组办公室百场法制课评比优秀组织奖
6. 国土系统廉政文化进机关活动优秀组织奖
7. 市国土局、市人力资源和社会保障局 2010－2012 年国土资源管理先进集体
8. 国土资源系统财务管理综合业绩突出单位

▲平谷分局

1. 平谷区机关工委系统五星级党组织即先进基层党组织荣誉称号
2. 国土系统廉政文化进机关活动优秀组织奖

▲密云分局

1. 国土资源系统财务管理综合业绩突出单位

▲延庆分局

1. 中共延庆县委员会、延庆县人民政府优秀市县双管单位
2. 延庆县安全生产委员会安全生产工作先进单位
3. 国土系统廉政文化进机关活动优秀组织奖

▲怀柔分局

1. 市献血办北京市无偿献血工作予以表彰
2. 第二国土所被市国土局评为北京市优秀国土资源管理所

直属事业单位

▲规划中心

1. 国土资源系统财务管理综合业绩突出单位

▲利用中心

1. 国土部全国土地市场动态监测监管工作先进单位

▲储备中心

1. 国土系统廉政文化进机关活动优秀组织奖

▲信息中心

1. 北京市国土资源综合监管平台荣获中国信息化（国土资源领域）成果奖二等奖（第一名）

2. 北京市国土资源综合监管平台荣获2013年中国地理信息科技进步奖二等奖（第一名）

3. 北京市国土资源综合监管平台荣获2012年中国电子政务创新应用奖

4. 市国土局市直机关第一届青年技能大赛公文写作大赛一等奖

5. 国土资源系统财务管理综合业绩突出单位

▲服务中心

1. 东城区安委会车辆安全先进单位

2. 国土系统廉政文化进机关活动优秀组织奖

机关处室

▲法制处

1. 国土部国土资源管理系统“六五”普法中期先进单位

▲耕保处

1. 国土资源管理系统文明处室

▲人事处

1. 市委组织部、市人力社保局北京市公务员管理工作先进集体

个人奖项

市国土局机关

1. 2012中国电子政务年度人物

谢俊奇

2. 国土部全国土地市场动态监测监管工作先进个人

赵守胜

3. 北京市保密系统先进个人

丁家良

4. 首都和谐家庭

周丹丹

5. 青年国土之星

徐磊　燕彦　王友才　周丹丹　张会昌　华金玉　刘静　李爽　赵炜　张先

6. 国土资源系统优秀信息工作者

李鸿雁　张俊涛

7. 优质服务明星
   霍宏　宋敬伟　赵彦清
8. 北京市直机关第一届青年技能大赛公文写作竞赛通知通报类三等奖
   孙健
9. 北京市直机关第一届青年技能大赛公文写作竞赛请示报告类三等奖
   张洪克
10. 北京市直机关第一届青年技能大赛公文写作竞赛领导讲话类三等奖
   王琨

区（县）分局

▲东城分局
1. 东城区直机关工委 2012 – 2013 年区直机关优秀共产党员
   崔雨萌
2. 东城区直机关工委 2012 – 2013 年区直机关优秀党务工作者
   张志斌
3. 东城区安全生产委员会东城区安全生产监督监察先进个人
   佟琪

▲朝阳分局
1. 国土部国土资源管理系统推进依法行政中期先进个人
   武鸿

▲丰台分局
1. 国土部全国土地市场动态监测监管工作先进个人
   齐志新

▲石景山分局
1. 国土部国土资源管理系统推进依法行政中期先进个人
   赵晓宾

▲昌平分局
1. 国土部国土资源管理系统推进依法行政中期先进个人
   张行民

▲通州分局
1. 通州区“五星”党员
   杨憬民　李梅　杨奕　陈光　王修庆　周颖　朱超

▲大兴分局
1. 国土部国土资源管理系统“六五”普法中期先进个人

刘昕

2. 国土部全国土地市场动态监测监管工作先进个人

张伟

▲门头沟分局

1. 国土部全国土地市场动态监测监管工作先进个人

李淑英

▲顺义分局

1. 国土部国土资源管理系统“六五”普法中期先进个人

张晓梅

▲房山分局

1. 国土部国土资源管理系统推进依法行政中期先进个人

任燕

▲平谷分局

1. 国土部国土资源管理系统“六五”普法中期先进个人

常亮

2. 平谷区机关工委系统优秀共产党员

朱宝泉

3. 平谷区机关工委系统优秀党务工作者

张海静

▲密云分局

1. 国土部国土资源管理系统“六五”普法中期先进个人

崔亮

▲延庆分局

1. 国土部国土资源管理系统推进依法行政中期先进个人

刘亚利

▲怀柔分局

1. 国土部国土资源管理系统“六五”普法中期先进个人

林凤娥

直属事业单位

1. 国土部全国土地市场动态监测监管工作先进个人

雷蕾

2. 青年国土之星

施洪新　杨磊　邱磊　闫岩　刘明　王瑜鸥　晋璟瑶　寇宗森　李建林

杨松毓　闫大壮　柴旭　王鹏　李亮

3. 北京市直机关第一届青年技能大赛公文写作竞赛工作规划类一等奖
张克锋　李建林

4. 北京市直机关第一届青年技能大赛公文写作竞赛计划方案类二等奖
燕新程　汪征辉　胡科明

5. 北京市直机关第一届青年技能大赛公文写作竞赛会议纪要类三等奖
闫大壮

2013年北京市国土资源局调研课题目录

调查研究课题

市局机关处室（11项）

1.《关于赴天津开展城乡建设用地增减挂钩专项调研的报告》（耕保处）
2.《北京市耕地整体租赁管护机制相关测算及政策建议》（耕保处）
3.《北京市农村宅基地审批与住房建设有关情况、问题及建议》（耕保处）
4.《关于北京市农业人口转非相关费用测算的报告》（耕保处）
5.《关于我市新农村“五+三”工程项目建设用地有关问题及建议》（耕保处）
6.《北京市土地整治管理机制研究》（耕保处）
7.《北京市耕地占补平衡情况及建议》（耕保处）
8.《北京市在施土地整治项目有关问题的解决方案》（耕保处）
9.《北京市国土资源标准化管理战略研究》（科技处）
10.《北京市土地信息共享数据元标准》（科技处）
11.《北京市地类认定规范》（科技处）

直属事业单位（2项）

1.《地质资料信息服务集群化产业化试点（北京）——数据城市地质研究》（登记中心）
2.《地质资料信息服务集群化推广及产业化研究——北京数字城市地质资料数据中心建设试点》（登记中心）

区县国土分局（25项）

东城分局

1.《东城区土地节约集约利用分析研究》
2.《利用二调成果促进土地节约集约利用》
3.《北京市文保区土地供应方式研究》

西城分局

1.《西城区土地利用开发现状评价和规划意见》

2.《旧城改造（文保区）土地利用》

3.《划拨土地改变用途研究》

海淀分局

1.《海淀区城镇化土地利用情况调研报告》

2.《集约节约建海淀，生态优先促发展》

3.《关于绿色海淀2012年行动计划实施情况的工作总结》

4.《海淀南部地区土地资源潜力研究》

丰台分局

1.《丰台区基本农田调研工作》

石景山分局

1.《关于我区深化全面转型，实现可持续发展的战略研究》子课题《关于我区转型发展期土地开发利用的对策建议》

门头沟分局

1.《关于门头沟区农村宅基地管理机制创新》

2.《关于门头沟分局国土资源执法监察机构队伍建设情况》

3.《关于城市化进程中如何有效防范违法违规占地行为》

通州分局

1.《关于城镇化与土地一级开发的思考》

2.《从房价与地价关系看招拍挂制度》

3.《论小产权房的现状和解决途径》

4.《通州区西集镇违法用地查处机制的创新》

5.《浅谈土地执法监察工作信息化建设》

6.《对国土资源执法难的思考》

7.《浅谈如何有效提高国土所执法效能》

8.《试论公共管理，土地政策与新型城市化》

平谷分局

1.《解决农民宅基地审批难的问题》

2.《加强国土所建设，夯实基层工作》

学术社团

1.《中关村国家自主创新示范区核心区（海淀园）土地优化利用研究》（土地学会）

2.《中关村国家自主创新示范区农村集体建设用地利用政策研究》（土地学会）

3.《探索农村集体建设用地利用新模式》（土地学会）

4.《北京市土地权属争议调查调处新机制研究》（土地学会）

5.《北京市企业国有建设用地使用权收购补偿价格评估技术指引（试行）》（估价师协会）

6.《北京市国有土地上房屋征收补偿方案研究》（估价师协会）

7.《北京市集体土地上房屋征收政策研究》（估价师协会）

8.《北京市公共租赁住房项目所在区域市场租金评估指引》（估价师协会）

全力助推“一区一城”新房山建设 实现“新城新业新生活”的房山梦

在北京市国土局和房山区委、区政府的正确领导下，房山国土分局深入学习贯彻党的“十八大”和“十八届三中全会”精神，大力弘扬“三敢精神”，以“三千”的工作状态（即:千方百计想方设法攻坚克难、千言万语上下左右沟通协调、千辛万苦真抓实干不辱使命），以“四个力求”的工作思路（即:力求突破、力求服务、力求创新、力求实效），为加快推进房山“一区一城”建设，实现“新城新业新生活”的房山梦积极工作。既有效维护了国土资源利用秩序，又有力促进了区域经济社会又好又快发展。

服务保障经济社会发展达到新高度

一是土地储备工作取得历史性突破。2013年完成土地储备投资50亿元，完成计划的111%；新增土地储备开发面积216公顷，完成计划的186%；完成土地储备开发342公顷，完成计划的137%；土地储备项目入市成交467公顷，完成计划的234%，实现政府土地收入206亿元，完成区委、区政府下达任务的103%。创下历史新高。**二是重大项目用地得到有力保障**。实行重点园区、重大项目主管领导分工负责制，坚持实行现场办公、提供主动服务，在项目用地手续办理过程中提前介入、专人负责、全程跟踪，基础设施、重点工程、重大项目用地得到全力保障。

国土资源保护和管理取得新成效

一是耕地保护继续加强。严格落实土地管理和耕地保护目标责任制,大力推进土地整治，19个在施项目预计新增耕地9000余亩；加快高标准基本农田建设，完成建设面积2.5万亩，新整合高标准基本农田项目6个，已进入施工阶段。

二是执法监管成效显著。严厉查处违法违规用地行为,积极参与全市“打击违法用地、违法建设”行动，严格督促违法项目拆除整改到位，共拆除整改64宗（占地376.8亩）。加大土地违法案件查处力度，下发行政处罚决定书106份，没收地上物建筑15.8万平方米，罚款744万元，移送公安机关追究刑事责任3宗。

房山分局主动帮助驻区企业解决难题
厂长亲自送来锦旗表示感谢

在党的群众路线实践教育活动中
以无记名投票形式征求意见和建议

现场为山区百姓发土地证

改善民生和维护权益取得新实效

一是超额完成保障房供地任务。完成保障房供地104公顷，建筑规模约112万平方米，超额完成市政府下达的保障房供地任务。**二是切实维护被征地农民合法权益。**严格执行征地公示公告制度，加强征地补偿安置监管，24.13亿元征地补偿安置费全部监管到位。**三是科学有效防治地质灾害。**开展了1：5万地质灾害隐患点详查，组建了乡镇、村级群测群防员队伍并持证上岗；组织了地质灾害应急演练及隐患排查，2013年汛期没有发生地质灾害伤亡事故。

房山区史家营乡矿山关闭地质环境治理项目（治理前）

自身建设水平得到新提升

一是工作作风明显转变。认真贯彻执行中央“八项规定”，扎实开展党的群众路线教育实践活动，领导班子和党员干部理想信念更加坚定，宗旨意识、服务意识、廉洁意识、厉行节约意识明显增强。**二是干部职工能力素质切实增强。**继续以“提升综合素质，强化履职能力”为着力点，组织了一系列业务知识培训，干部职工的综合素质得到有力提升。**三是制度建设进一步加强。**进一步加强依法行政；建立重大、疑难、复杂问题联席会制度，加强制度建设，加强财务、公务用车和安全防范管理，出台了加强作风建设以及廉洁自律方面的相关规定，干部职工勤政廉政意识进一步增强。

房山区史家营乡矿山关闭地质环境治理项目（治理后）

丰富多彩的业余活动

积极开展提升干部职工综合素质活动

积极组织乡镇开展汛期地质灾害应急演练

新一轮打击非法开采高潮在房山掀起

土地政策法规深入基层

北京市国土资源局延庆分局

北京市国土资源局延庆分局（简称国土延庆分局）紧密围绕市国土局党组和延庆县委、县政府的中心工作，按照延庆县“生态立县”理念，规范管理秩序、保障发展用地、推进社会民生，为全县经济社会平稳发展做出积极贡献。

真抓实干效果显著，打击违法履职到位。一抓项目，积极推进县政府多项重点工作折子工程，确保县重点项目按期完成。二抓供地，充分发挥规划闸门管控作用，保证项目合规用地，年内共办理建设项目用地预审 30 件，涉及面积 207.62 公顷。办理国有土地入市交易 5 宗，总面积 29.13 公顷，成交价 7.89 亿元，政府收益 6.58 亿元；划拨 5 宗，面积 3.6 公顷；协议出让 2 宗，面积 1.76 公顷。三抓违法，大力宣传涉地法律法规，年内对 127 起违法用地、盗采砂石等违法违规行为进行查处。对卫片执法检查发现的变化图斑 100% 做到依法履职。

多措并举保护资源，开发整理落在实处。严格执行“占补平衡”政策，为 9 个项目实施“占补平衡”，涉及面积 14.22 公顷。切实落实“批后监管”工作，防止土地闲置和违约建设。推行“全域统筹、分级管理、集约高效、绿色生态”保护战略，将耕地和基本农田保护纳入对乡镇政府目标考评范畴。年内，在施储备开发项目 18 个，面积 402.62 公顷，其中：2012 年底结转项目 12 个，面积 385.97 公顷；新增项目 6 个，面积 16.65 公顷。

5 月 16 日，市国土局郭创兴副巡视员带队检查延庆县井庄镇地质灾害防治工作

5 月 21 日，国土延庆分局姜卫国局长巡查延庆县千家店镇茨顶村地质灾害隐患点

5 月 27 日，国土延庆分局召开全县地质灾害部署动员会

6 月 5 日，国土延庆分局会同县政府应急办、县气象局、旅游局等部门在延庆县香营乡小川村举行地质灾害暨防汛应急演练

7 月 20 日，市国土局李燕飞副局长、市国土局地环处于秀治处长参加延庆县地质博物馆开馆典礼

7 月 20 日，延庆县地质博物馆开馆

硅化木景区大门

硅化木

乌龙峡谷

恐龙公园

硅化木保护亭

9 月 9 日，北京延庆地质公园成功入选联合国教科文组织世界地质公园名录，被授予”中国延庆世界地质公园“称号

关注民生心系真情，为民谋利保障民生。坚持开展地质灾害隐患点核查工作，通过宣传、教育、预防，确保了安全度汛。顺利完成延庆县农村集体土地所有权确权登记发证验收工作，切实开展使用权外业复核工作。年内，完成国有土地使用权登记 68 宗、国有土地使用权抵押登记 40 宗、国有土地使用权抵押注销登记 48 宗、国有土地使用权抵押变更登记 1 宗，提升了土地资产利用效益。延庆县沈家营镇东王化营村西侧地块成功摘牌，配建保障性住房面积 7.1 万平方米。

强基固本提升效能，深入群众得到民心。严格执行党风廉政建设责任制，加强反腐倡廉教育，加强制约和监督机制建设。推行信息化防控，规范权力及其运行，不断提高干部职工思想上的坚定性、行动上的自觉性和工作上的创造性。创新“三进两促”活动，深化“群众满意的基层站所（服务窗口）”创建工作，提升分局政风行风建设水平。全程代理服务日趋规范，服务窗口共受理各类事项 275 件。依法依规做好政府信息公开工作，确保了群众的知情权。积极开展党的群众路线教育实践活动，把思想统一到党的正确领导上来，为民办事旨在为民、重在办事、成于务实，通过多种方式的活动和日常工作，做群众信赖的贴心人。

10 月 10 日，国土资源部地籍司冯文利副司长率领国土资源部农村集体土地确权登记发证国家级抽查第三组一行五人到延庆检查所有权登记发证工作

第二批国际合作基地揭牌

国土延庆分局举办“改进作风年”专题民主生活会

市国土局李军副局长参加延庆分局党的群众路线教育实践活动专题民主生活会

北京市国土资源局大兴分局

国家土地督察查北京局张靖副主任带队对大兴区征地是否存在侵害农民权益突出问题等情况进行实地核查

国土部咨询研究中心赴大兴开展农村集体土地产权制度改革课题调研

市国土局周新华纪检组长带领人事处苏贤清副处长到大兴分局国土所对建设情况调研

市国土局谢俊奇副局长到大兴分局调研

大兴分局组织到西大营村开展相关帮扶工作

分局班子研究工作

北京市国土资源局大兴分局在市局党组和区委、区政府的领导下，不断加强和规范土地管理和土地市场建设，认真贯彻落实国家和首都各项宏观调控政策，积极稳妥推进各项重点工程的实施落地，为大兴新区发展提供了有力保障。

提高认识，加强领导，完成各项工作任务。一是完成土地开发投资和保障性住房供地任务。完成土地开发181公顷，实现投资50.14亿元。成交土地30宗，总用地面积300公顷。保障房供地172.6公顷。二是加快办理项目报批。完成建设用地预审55件、回复区发改委项目用地征求意见函81件、完成集体土地征收和农转用项目17个。三是完成国土部2012年度卫片、2013年前三季度自有卫片执法检查工作。四是日常巡查和重点巡查相结合，严厉打击土地违法行为。五是完成大兴区农村集体土地所有权确权登记发证验收工作，稳步推进集体土地使用权登记发证工作。六是加强基本农田建设，严格落实耕地占补平衡制度。启动四个高标准基本农田项目，共计2380公顷；补充耕地31.6公顷。七是完成2012年度土地变更调查问题图斑复核及2013年度土地变更调查与季度遥感监测工作。八是严格建设项目用地批后监管，多形式督促企业开工。九是加强地籍管理等工作，确保准确无误。受理各类业务1890件，办结1839件，其中：各类使用权登记件432件；各类抵押登记件496件。十是配合区重点工程项目，做好规划和土地调查。

强化意识，突出重点，稳步推进区折子工程及重点工程专项工作。一是积极主动介入新机场项目征地各项前期准备工作。二是完成城乡结合部改造重点项目确权登记及使用权登记工作。三是开展维护被征地农民合法权益专项整治工作。

制定计划，贯彻落实，加强自身建设。一是学习贯彻党的十八大精神，落实“中央八项规定”。二是积极开展党的群众路线教育实践活动。三是贯彻落实党风廉政建设责任制，严格干部选拔任用制。加强风险防控，积极推进“三个体系”建设。

大兴区土地整治规划（2011-2015）通过专家组评审

大兴分局组织乡镇干部普法培训宣讲国家严格保护耕地和基本农田法律法规、合法合规用地申请途径等

分局举办以“我运动、我健康、我快乐”为主题的趣味运动会，活跃职工文化生活

分局组织参观“永远的雷锋”主题展览基层巡展

北京市国土资源局怀柔分局

在市国土局和怀柔区委、区政府的领导下，怀柔分局深入学习贯彻党的十八大精神，坚持科学发展观，紧紧围绕怀柔区加快推进文化科技高端产业新区建设、紧紧围绕全市国土资源系统中心工作，深入开展党的群众路线教育实践活动，扎实推进“三大折子”工程等重大项目落地，全力推动雁栖湖生态示范区建设供地，进一步转变工作思路，改进工作方法，积极推动工作落实。

强化三种意识，积极主动服务，全力促进区域经济社会发展。一是树立超前服务意识。及时召开镇乡和用地单位“三大折子”工程项目对接会，了解掌握项目用地情况。二是树立主动服务意识。深入用地单位，提供政策咨询及业务帮助，进行现场指导。三是树立提前介入服务意识。用地单位咨询土地预审业务时，依据土地利用总体规划和产业供地政策给予把关，避免项目单位在工作中走弯路。

怀柔分局指导农民搬迁项目

加强协调督促，突出以APEC会议会址供地为重点的重大项目落地。本年在怀柔区政府“三折”工程中，共梳理出涉地项目124项。怀柔分局坚持“管理中体现服务，服务中延伸管理”的原则，按照“急事急办、重点标识、专人专盯”的工作方法和“保证重点，兼顾一般”的原则，确定以北京雁栖湖生态发展示范区为重点的7个土地一级开发项目，土地总面积约454.16公顷。其中生态示范区项目面积为368.97公顷，预计总投资约61亿元。

怀柔分局举办科长大讲堂培训会

加强全面基础工作，国土资源水平不断提升。本年，怀柔区土地供应总量为129公顷，其中商品住宅用地35公顷，商服用地49公顷，工矿仓储用地45公顷。年度完成供地项目3个86.11公顷，完成计划的66.6%。

本年，全区农村集体土地所有权确权登记发证应发证宗地2060宗，面积约200635.6公顷。已发证宗地1882宗，发证面积约187883.2公顷。国有土地使用权登记。审核办结国有土地使用权登记81件，面积约129.7万平方米。其中国有土地出让登记发证71件，面积约105万平方米；划拨登记发证10件，面积约24.7万平方米；办理国有土地使用权注销登记5件，面积约24.5万平方米。

怀柔分局领导班子集体学习

怀柔分局进行地质灾害防治工作

怀柔分局干部职工参观明镜昭廉文化园

怀柔区 APEC 会议会展中心

怀柔区 APEC 会址日出东方酒店

本年，土地卫片执法检查共涉及27宗项目，其中示范区联络线项目占34块图斑、怀柔新城庙彩项目（B地块）占21块图斑及时尚岛一期占11块图斑。27宗项目中合法用地13宗，占地面积56.94公顷，耕地6.06公顷；其中违法用地14宗，占地面积22.59公顷，其中耕地4.56公顷。立案查处10宗，全部下发处罚决定书;非立案查处4宗，全区计入问责的耕地面积4.56公顷，问责比例7.89%。执法监察队巡查里程2000公里，共发现涉嫌违法用地项目110宗，占地面积50.63公顷，其中耕地面积14.04公顷。

围绕中心，深入开展党的群众路线教育实践活动。“为民务实清廉”是教育实践活动的主题，怀柔分局立足实际，聚焦作风，扎实推进中心工作。在党的群众路线教育实践活动中结合推动各项工作任务的完成，领导班子成员带头和科级以上党员领导干部真抓实干，率先垂范，坚持深入基层、深入群众，深入供地一线，以实际行动带动怀柔分局工作作风的转变。

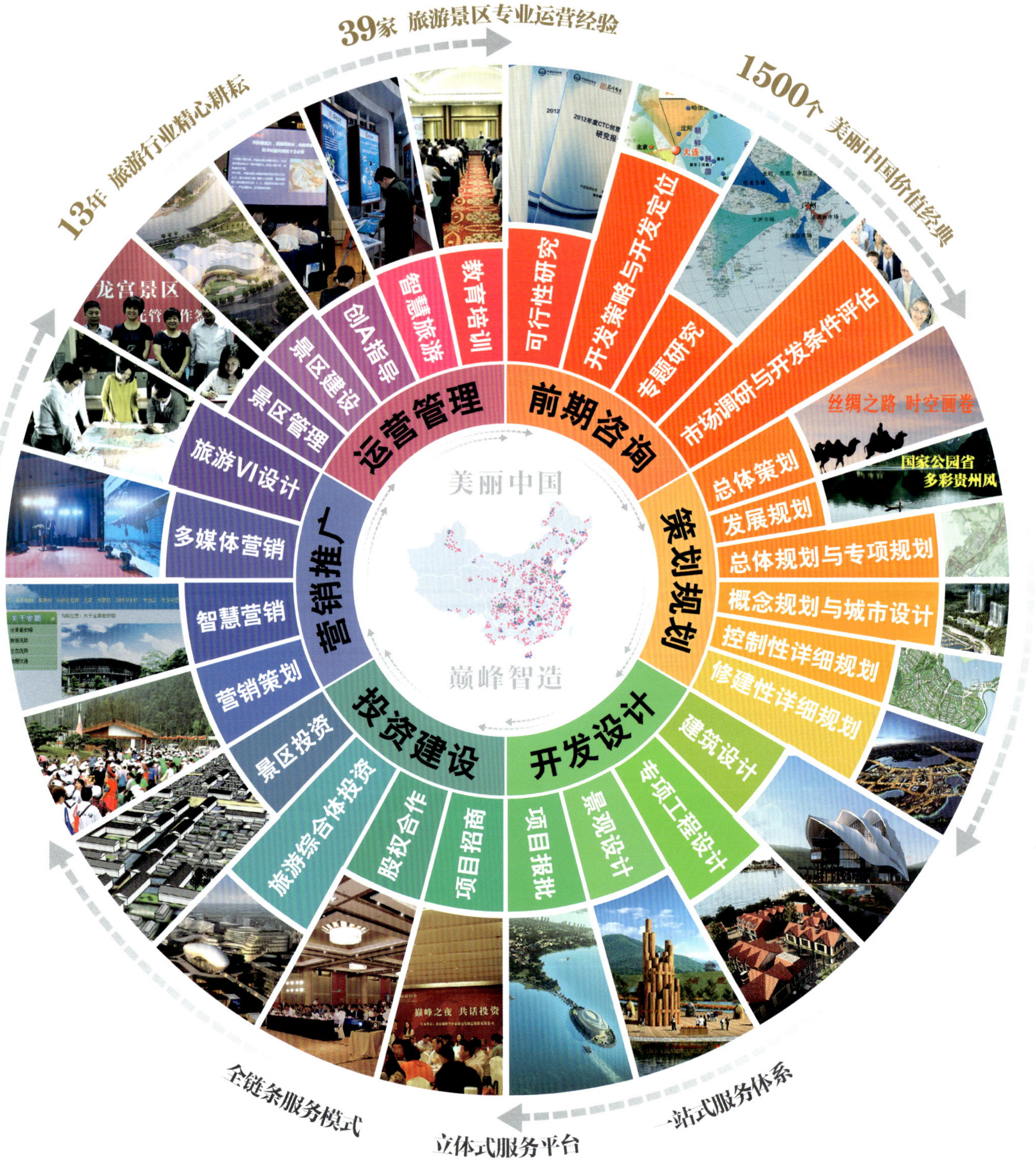
39家 旅游景区专业运营经验
1500个 美丽中国价值经典
13年 旅游行业精心耕耘
全链条服务模式
立体式服务平台
一站式服务体系
美丽中国
巅峰智造
前期咨询
可行性研究
开发策略与开发定位
专题研究
市场调研与开发条件评估
策划规划
总体策划
发展规划
总体规划与专项规划
概念规划与城市设计
控制性详细规划
修建性详细规划
开发设计
建筑设计
专项工程设计
景观设计
项目报批
投资建设
项目招商
股权合作
旅游综合体投资
景区投资
营销推广
营销策划
智慧营销
多媒体营销
旅游VI设计
运营管理
景区管理
景区建设
创A指导
智慧旅游
教育培训
龙宫景区
丝绸之路 时空画卷
国家公园省
多彩贵州风
巅峰之夜 共话投资